Jule Sandgi

Vom Sinn des Leidens

Das Leben, es wird reicher in mir

Alle Orte und Namen wurden anonymisiert, um die Privatsphäre der Menschen zu schützen, denen ich in meinem Leben begegnet bin. Ihnen danke ich. Auch mein Name ist ein Pseudonym.

Jule Sandgi

Bereits erschienen:

Jule Sandgi
AIDS – (m)eine Lebensaufgabe
Erkenntnis- und Entwicklungsprozesse
Autobiographie. Band I: 1968-1998
412 Seiten, ISBN 978-3-940210-14-2

Erhältlich über www.aids-biographie.de

Jule Sandgi

Vom Sinn des Leidens

Das Leben, es wird reicher in mir
_____

Autobiographie

Band II: 1998-2005

Impressum

© 2009 bei der Autorin
jule-sandgi@t-online.de

Weitere Informationen finden Sie im Internet unter
www.aids-biographie.de

Herstellung und Vertrieb:

Jule Sandgi
Postfach 550207
44210 Dortmund

Umschlagbild: Samira Henke, 12. Klasse einer Rudolf Steiner Schule
Umschlaggestaltung: Projekt Höllerer, München
Bild Seite 5: Job Schöne-Warnefeld
Bild Seite 9: Fenja Volkmann
Textsatz: Pascal Libuschewski
Druck: Winterwork

ISBN 978-3-940210-17-3
1. Auflage, 2009

Inhaltsverzeichnis

Vorwort	10
Wahn und Wirklichkeit - Schichten der Realität	12
In der Zwangsjacke der modernen Psychiatrie	73
Der Weg durch das Feuer	94
Heilungswege aus dem Innern	103
Das Auragerät - forschen und beraten	107
Osteopathie - Diagnostik und Heilung	115
Ein Traum entscheidet über eine wichtige Lebenswende	123
Erfüllung finden im Studium und einer großen Schicksalsaufgabe	140
Innere Begegnung mit den Abgründen des Menschseins	164
Höllenqualen und vom Sinn des Leidens	177
Mut zum Heilen - Würde im Kranksein	221
Endlich wieder zu Hause! Das Leben neu ergreifen	279
Totales Loslassen - Hadern und Akzeptanz beim Sterben	312
Point of no Return?	337
Integration von Traumata - Heilung auf tiefster Ebene	369
Neue Perspektiven	406
Nachwort und Danksagung	418

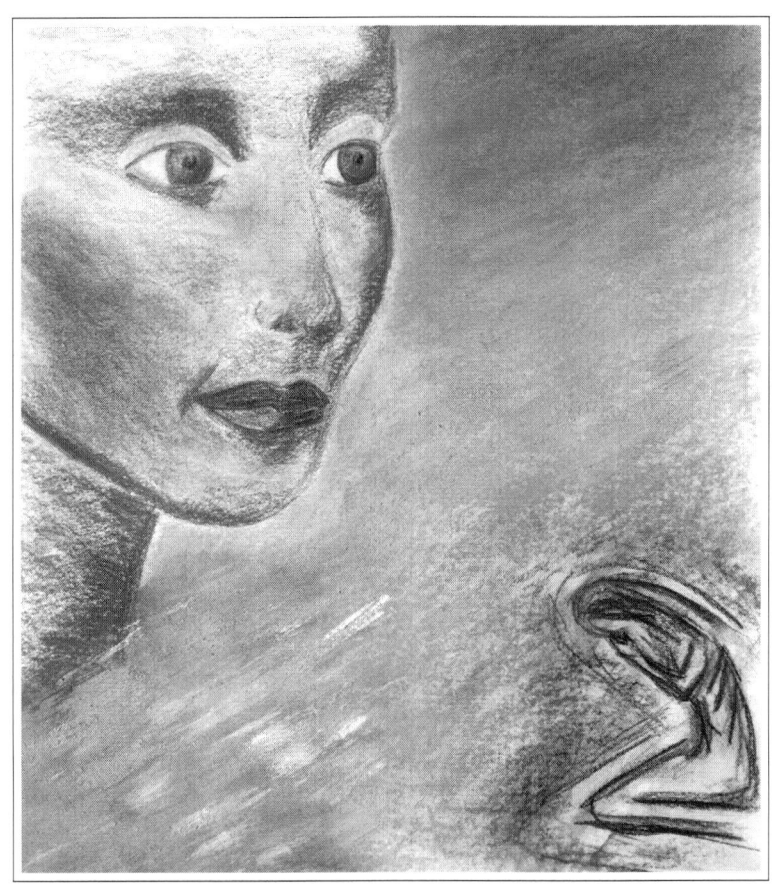

Vorwort

Einführend möchte ich erklären, dass ich meine beiden Bücher für ein professionelles Lektorat in Auftrag gegeben hatte. Erst nach dem Druck des ersten Bandes wurde die mangelhafte Arbeit deutlich. Ich bitte dies zu entschuldigen. Dieser zweite Band wurde nach besten Möglichkeiten nachgearbeitet. Und doch ist die sprachliche Qualität und Durchgestaltung sicher nicht mit dem Lektorat eines professionellen Verlages zu vergleichen. Ich hoffe, dass Sie sich auf den Inhalt konzentrieren können und meine eher einfache Sprache mit all ihren Mängeln Sie trotzdem bereichern kann.

Die Ausführungen in diesem Buch beinhalten spirituelle Erlebnisse, die Tiefen des Lebens zeigen, die sehr außergewöhnlich und sicher für manche befremdlich erscheinen. Falls Sie beim Lesen merken, dass es Ihnen zu viel wird, möchte ich Sie bitten, vielleicht eine Pause zu machen oder an späteren Stellen weiterzulesen.

Mit diesen Beschreibungen meiner spirituellen Erlebnisse, die medizinisch als Psychosen definiert wurden, möchte ich aufwecken für etwas, das in unserer Gesellschaft möglichst verdrängt werden soll. Psychiatrisch erkrankte Menschen werden abgelehnt, isoliert, durch Medikamente ruhig gestellt, der Sinn, der hinter der Erkrankung liegt, verleugnet. Ich versuche einen konstruktiven und vor allem langfristig heilenden Umgang mit solchen Erlebnissen zu beschreiben, ein Umgang, der mir unbedingt notwendig erscheint, um umzudenken und vielleicht Wege aufzuzeigen, um andere Menschen aus ihrer Isolation und Ruhigstellung zu erlösen. Er soll deutlich machen, dass es einen Weg aus diesem Teufelskreis von Medikamenten geben und ein tieferer Sinn hinter all dem Leiden erlebbar werden kann.

Ein anderes wichtiges Anliegen in diesem Buch war mir, zu beschreiben, wie wertvoll es für mich wurde, schwerste lebensbedrohliche Erkrankungen, tiefstes körperliches Leiden ausschließlich durch ganzheitliche Heilmethoden zu überwinden. Ich versuche darzustellen, wie es sich auf meine eigene Entwicklung und Heilkräfte, aber auch auf die Menschen, die mich begleitet haben oder mir begegnet sind, ausgewirkt hat. Auch dies sehe ich in Bezug auf eine Gesellschaft, in der körperliche Symptome so leicht auszuschalten sind, jedoch dabei vergessen wird, wie wertvoll, wesentlich sich ein Durchleben, ein Überwinden einer Krankheit auf die weitere Entwicklung und Empfindung von Leben auswirken kann. Nur dadurch kann sich der Mensch in seinem ganzen Wesen, seinem ureigenen Reichtum und nicht nur in seiner Funktionalität begegnen.

Wahn und Wirklichkeit - Schichten der Realität

Nach der Überwindung einer mehrere Monate andauernden lebensbedrohlichen Erkrankung wurde ich vier Wochen lang in einem Krankenhaus behandelt. Der zuständige AIDS-Spezialist Dr. Lauscher riet mir zu einer Nachkur in einem Kurzentrum auf einer Insel. Eine Woche nach der Entlassung, Mitte Oktober 1998, war die Abreise: Ich war bepackt mit über 50 Kilo Gepäck. Mal wieder war es mir nicht gelungen, mich auf die wichtigsten Dinge zu konzentrieren. Lore, meine Nachbarin, half mir noch, mein Gepäck runterzutragen. Dann verabschiedeten wir uns. Meine Mutter und ihr Lebensgefährte fuhren mich zum Flughafen. Es tat mir gut, den Abschied mit meiner Mutter zu erleben.

Das Gepäck durfte ich ohne Zuzahlung mitnehmen, weil die Reise über 6 Wochen geplant war. Nach einiger Aufregung beim Einchecken hatte ich das Glück, im Flugzeug einen Fensterplatz zu haben. Insgesamt war der Flug sehr anstrengend. Ich merkte deutlich, wie sehr mein Immunsystem durch die Bedingungen überbeansprucht war. Nach kurzer Zeit entwickelte ich starke Schmerzen im Bereich der Milz. Es ist bekannt, dass Flüge immunschädigend wirken.

Bei herrlichstem Sonnenschein kam ich schließlich an meinem Urlaubsort an. Ein Taxi brachte mich zum Kurzentrum. Mein Appartement war ungefähr 45 qm groß. Es entsprach meinen Bedürfnissen. Ich fühlte mich sofort sehr wohl. Nach dem Auspacken war es Zeit, zum Abendessen zu gehen. Im hauseigenen Restaurant gab es ein Gericht mit Fleisch aus biologischer Tierhaltung und ein vegetarisches Angebot. Die Betreiber waren bemüht, so viel wie möglich aus biologischem Anbau zu beziehen, was auf der Insel nicht leicht war. Das Meiste musste deshalb aus dem Ausland bestellt werden. Der Ursprung dieses Zentrums war eine Finca, die ungefähr 3 km entfernt lag. Dort wurde von einer Gärtnerin biologischer Anbau betrieben. Das Essen war geschmacklich hervorragend, kaum zu übertreffen, und auch immer sehr kreativ, liebevoll angerichtet. Im Zentrum herrschte eine herzliche, familiäre Atmosphäre. Dadurch wurde das Essen immer zu einem schönen Ereignis des Tages.

Insgesamt wohnten hier ungefähr sechzig Gäste und vierzig in den zugehörigen Außenstellen. Hierzu gehörte außer der Finca noch ein Haus, das ungefähr einen Kilometer entfernt lag. Auf dem Gelände des Zentrums, in dem ich wohnte, gab es auch einen Bioladen, in dem ich alles Wichtige kaufen konnte.

Am ersten Abend fühlte ich mich in dieser Gemeinschaft noch sehr unsicher. Ich setzte mich draußen an einen freien Tisch zum Essen. Kurze Zeit später fragte mich ein Ehepaar, ob sie sich zu mir setzen könnten. Natürlich freute ich mich. Bereits nach kurzer Zeit kamen wir in intensive Gespräche. Sie erzählten mir, dass sie noch eine Woche im Kurzentrum sein würden. Margarete saß wegen Multipler Sklerose im Rollstuhl. Auch sie ließ sich fast ausschließlich naturheilkundlich behandeln. Paul war Leiter eines sehr großen Reiseunternehmens. Es war ein Geschenk, sie kennenzulernen. Die Beiden strahlten eine große Liebe in ihrer langjährigen Ehe aus und verwirklichten einen tiefsinnigen, konstruktiven, gemeinsamen Umgang mit einer so schweren Erkrankung. Bei ihnen konnte ich erleben, dass sie die Krankheit wirklich für ihre eigene Entwicklung genutzt hatten und dabei nicht in der Opferrolle und in aufgestauten Gefühlen hängen blieben. Es war eine große Bereicherung und Freude, sie zu erleben. Für Margarete wurde der Aufenthalt auf der Insel mit der vulkanischen Energie in ihrem Krankheitsprozess sehr schwierig. Bei ihr entwickelten sich starke Krankheitssymptome und schwere Schlafstörungen. Noch monatelang danach litt sie unter dieser Verschlechterung. Eine solche Reaktion war eigentlich unüblich für MS-Patientinnen, weil diese Insel wegen des heilsamen Klimas eigentlich dafür empfohlen wird.

In diesem Zentrum machten fast nur anthroposophisch orientierte Menschen Urlaub oder Kur. Dadurch entstand immer recht schnell eine gemeinsame Gesprächsbasis. Am nächsten Morgen setzte ich mich zu einer jungen Frau an den Tisch. Es stellte sich heraus, dass Karin aus der gleichen Stadt kam wie ich. Durch Karin lernte ich ein Schweizer Pärchen kennen, das auf Hochzeitsreise war. Melissa war bereits im letzten Jahr hier gewesen und hatte während dieser Zeit eine schwere Psychose entwickelt, weshalb sie in die Psychiatrie eingewiesen wurde. Bei dieser Grenz-Erfahrung war es wohl zu intensiven spirituellen Erlebnissen gekommen. Später wurde klar, dass sie unter einer psychiatrischen Erkrankung litt, die immer wieder zu Psychosen führte. Deshalb muss sie dauerhaft mit Psychopharmaka behandelt werden. Gerade durch die vulkanische Energie dieser Insel wird eine solche Krankheitstendenz verstärkt, was ich später auch an mir selbst erleben sollte.

Kurz vor meiner Abreise aus Deutschland hatte ich erfahren, dass auf dieser Insel ein anthroposophisch orientierter Heiler namens Paolo lebte. Er unterrichtete in Deutschland Ärzte, Heileurythmisten, -pädagogen und Krankenschwestern in verschiedenen Ausbildungsgruppen. Soweit ich weiß, hat Paolo in Deutschland keine Zulassung für seine Tätigkeit als Heiler und behandelt deshalb in seinem Heimatland hier auf der Insel. Karin war mit ihm befreundet und Melissa und Franz waren in einer seiner Ausbildungsgruppen in der Schweiz. Paolo besitzt außergewöhnliche Fähigkeiten im heilerischen und hellsichtig-diagnostischen Bereich. Erst später erfuhr ich, dass er auf der Grundlage der Osteopathie heilt. Ein erfolgreicher Osteopath, den ich 2006 kennenlernte, beschreibt die Osteopathie so: „Osteopathie ist eine sanfte, manuelle Behandlungsmethode, die sich zur Diagnostik und Therapie nahezu ausschließlich der Hände bedient. Entwickelt wurde die osteopathische Medizin von dem amerikanischen Arzt Dr. Andrew Taylor Still. Seine Heilmethode baut auf einem eigenständig entwickelten philosophischen Konzept auf, das die menschlichen physiologischen und personalen Bewegungsvorgänge in ihrer Rhythmik und Vitalität zu erfassen und auszubilden sucht und sie als Grundlage aller Lebensregulation auffasst."

Margarete und Paul waren dieser Heilmethode gegenüber erst skeptisch, jedoch entschieden sie sich nach einem Gespräch mit Karin, Melissa und Franz doch, ihn aufzusuchen. Paolo wollte während der nächsten Wochen verreisen. So bekam ich erst für drei Wochen später einen Termin. Genau in dem Moment, als ich anrief, wurde ein Termin abgesagt. Weil ich länger auf der Insel bleiben wollte, überließ ich ihn Margarete. So fuhren wir am selben Tag zu ihm. Für Margarete war es ein angenehmes Erlebnis, weil Paolo ihr sehr kompetent erschien und einfühlsam war.

Auch Melissa und Franz waren nur in der ersten Woche meines Urlaubes da. Sie luden mich zu einem Ausflug ein. Morgens fuhren wir los, durchkreuzten die gesamte Insel, um dann mit einem Schiff zu einer kleinen Insel zu fahren. Dort wanderten wir einige Stunden am Meer entlang. Es wunderte mich, dass ich dies trotz der glühenden Sonne so gut durchhielt. Ich merkte, wie sehr der Wind, die klare Luft meine Lungen wieder kräftigte und das Atmen freier wurde. Es tat mir so gut. Gerade die Fahrt auf den starken Wellen an diesem Tag hat mir gut gefallen. Von der Natur fühlte ich mich in meinem Herzen tief bewegt, auch als wir auf dem Rückweg durch die Weinberge und die Vulkan-Landschaft fuhren. Dies waren sehr heilsame Momente nach der langen Zeit des Leidens - ein wunderbarer Tag, geprägt von den erfüllenden menschlichen Begegnungen mit Melissa und Franz und dieser berührenden Natur. Mit ihnen konnte ich sogar über meine Erkrankung sprechen. Sie waren an meinen Erfahrungen und meinem alternativ heilerischen Umgang sehr interessiert. Besonders Paul war an den geistigen Heilweisen von Bärbel interessiert. Ich gab ihm einige Unterlagen von ihr. Kurz nach diesem Urlaub suchte er sie persönlich in Deutschland auf.

In der ersten Woche ging ich in die medizinische Einrichtung des Zentrums. Der anthroposophische Arzt verschrieb mir zweimal wöchentlich Massage und Heileurythmie. Die Massage führte ein Einheimischer durch. Für mich war es noch eine große Herausforderung, mich von einem Mann anfassen zu lassen. Dabei kam es einige Male zu Auslösern von traumatischen Erinnerungen, die ich jedoch verarbeiten konnte. So war es insgesamt eine heilsame Erfahrung mit ihm, weil er so ruhig und achtsam mit mir umging.

Maria war meine Heileurythmistin. Sie arbeitete vollkommen anders als die Heileurythmistin im Krankenhaus. Ihr war es wichtig gewesen, nur wenige Übungen mit sehr viel Bewusstheit und Andacht durchzuführen. Bei Maria waren es viele Übungen, mehr spielerisch, leicht und lebendiger. Beides hat seine eigene Qualität, und doch hatte ich das Gefühl, dass die langsame, bewusste Durchführung heilsamer ist. Maria und ich kamen recht schnell in ausführlichere Gespräche.

> *Mir wurde so vieles bewusst von den letzten Jahren. Oft hatte ich das Gefühl, es kann gar nicht mein Leben sein, ich könnte das gar nicht ertragen, es würde mich zerreißen, wenn es Wirklichkeit wäre. In diesem Moment fühlte ich, dass es mein Leben war, und es war sehr schwer auszuhalten.*

Seit der Trennung von Josef erlebte ich es permanent als einen starken Schmerz, einen großen Mangel in meinem Leben, in keiner Partnerschaft mehr leben zu können. Seit meiner Ansteckung war dies ein mehr oder weniger großes Thema. In den letzten zwei Jahren war es in den Hintergrund gerückt, weil ich sehr viel Kraft in die Bewältigung meiner Seelenreinigung, meiner Vergangenheit und in die Erkenntnisprozesse investiert hatte. Während des Krankenhausaufenthaltes war dieser Beziehungswunsch durch die Befreiung aus dem Leiden, dem Kontakt mit Andrea, bei der ich die glückliche Beziehung zu ihrem Lebenspartner erlebt hatte, und wahrscheinlich durch den geplanten Urlaub wieder stark in den Vordergrund gerückt. Jetzt merkte ich dies sehr. Wenn ich die Lebensumstände der Zeit nach der Ansteckung ansehe, empfinde ich diese Realität, keinen Partner mehr gehabt zu haben in all den Jahren, als das Belastendste. Ich war in der Partnerschaft mit Josef glücklich gewesen. Dies war danach nicht mehr möglich geworden.

Die zweite Woche war etwas ruhiger. Ich merkte, wie extrem aufgedreht ich gewesen war und wusste, dass ich dringend mehr zur Ruhe kommen musste. Sonntags hatte das Restaurant im Zentrum geschlossen und ich ging allein außerhalb essen. Dabei saß ich neben einer Familie, bei der die Mutter der Frau von Herrn Berber sehr ähnlich sah. Durch die so ausgelösten Erinnerungen an die Gerichtsprozesse und durch den Sonnenuntergang am Rand der Berge, die ins Meer ragten, geriet ich in eine sehr melancholische, sogar depressive Stimmung. Mir wurde so vieles bewusst von den letzten Jahren. Oft hatte ich das Gefühl, es kann gar nicht mein Leben sein, ich könnte das gar nicht ertragen, es würde mich zerreißen, wenn es Wirklichkeit wäre. In diesem Moment fühlte ich, dass es mein Leben war, und es war sehr schwer auszuhalten.

Ich ging am nächsten Tag zum Arzt und wir redeten darüber. Er konnte mir einige veranschaulichende Bilder aufzeigen, die es mir erleichterten, mit diesem Aufgebrochenen besser umzugehen. Durch die Konfrontation mit meinen Lebensgrundlagen war ich jedoch wieder etwas mehr im Kontakt mit mir selbst. Neben dem dadurch ausgelösten Leiden fühlte ich mich auch besser, nicht so aufgedreht, weit weg von mir. Irgendwann traute ich mich zum Schwimmen ins Meer. Die medizinische Einrichtung bot unter therapeutischer Leitung Fahrten zu einem Strand mit schwarzem Heilsand. Der Weg dahin führte über die Klippen. Das Klettern darin hat mir sehr gut gefallen. Dann gingen wir im Meer schwimmen. Es war wunderbar.

Jeder grub sich im Sand eine Grube, in die er sich hineinlegen konnte. Nach dem Schwimmen buddelte Maria uns darin ein. Der Sand war von der Sonne aufgeladen. So wirkte die Hitze ähnlich wie in der Sauna. Dies wiederholten wir einige Male. Für mich war es einfach wunderbar. Ich konnte es total genießen. Auch in der Gruppe hatten wir sehr viel Spaß. Zum Abschluss machten wir gemeinsam

Eurythmie am Strand. Dabei arbeitete Maria mit Vorstellungen von Reinigungsenergien. So fühlte ich mich hinterher sehr gut.

In der Stadt kaufte ich mir einen Schnorchel und eine Taucherbrille. In den nächsten Wochen ging ich mehrmals zum Schnorcheln. An beiden Seiten dieses Strandes waren große Klippen, und dementsprechend war auch die Unterwasserwelt mit kleineren Riffen übersät. Ich konnte viele verschiedene bunte Fische beobachten. Es war eines der schönsten Erlebnisse meines Lebens. Noch heute sehne ich mich immer wieder danach, dies zu wiederholen.

Nach ungefähr zwei Wochen entschloss ich mich, den Aufenthalt auf insgesamt neun Wochen zu verlängern. Mir gefiel es hier sehr gut. Bereits vor der Reise hatte ich mir überlegt, dass ich mir vorstellen könnte, für längere Zeit dort zu leben. Die Erwartungen, die ich vorher gehabt hatte, wurden sogar noch übertroffen. Das Zentrum, die Urlauber, die Unterkunft, die medizinische Versorgung, die Insel, alles tat mir so gut. Nach all den anstrengenden und leidvollen Jahren konnte ich das Leben so richtig genießen, und dies wollte ich so lange wie möglich tun.

Zwischen Maria und mir entwickelte sich nach kurzer Zeit auch außerhalb der Therapie ein freundschaftlicher Kontakt. Sie war sehr an meinen Lebenserfahrungen und meinem Umgang damit interessiert. Bei der Heileurythmie konnte sie mir aufzeigen, wie sich meine seelischen und körperlichen Krankheitsprozesse auf meinen Körperausdruck ausgewirkt hatten. Zum Beispiel war meine Atmung sehr beeinträchtigt. Immer wieder hielt ich den Atem lange an. Sie erklärte mir, warum ich immer wieder den Atem anhielt. Dorothee und Doris hatten mir dies auch mehrfach gesagt. Außerdem waren meine Körperbewegungen deutlich gestört. Sie konnte wahrnehmen, wie wenig ich mich mit meinem Körper verbunden fühlte. So machte ich unter ihrer Anleitung Übungen, die diese Fähigkeiten und Rhythmen wieder stärkten.

Nach zwei Wochen erzählte Maria mir, dass ihr Lebensgefährte, Robert, für zwei Wochen aus der Schweiz kommen würde. Er sei ein naturheilkundlich arbeitender Arzt. Jedes Mal, wenn er sie besuchte, würde er therapeutisch auf der Insel arbeiten. Zur Diagnostik nutzte er Auraphotographie und Irisdiagnose. Seit einiger Zeit war er auf der Insel damit beschäftigt, die Energie von Plätzen zu erkunden und diese für Heilzwecke zu nutzen. In den letzten Jahren hatte er viel Erfahrung darin gesammelt, mit Frauen, die Gewalt erlebt hatten, körpertherapeutisch zu arbeiten. Sein Ziel dabei war, dass die Frauen dadurch ihr Urvertrauen und ihren Bezug zum Körper wieder stärken konnten. Maria wollte unbedingt, dass ich ihn kennen lernte. Sie könnte sich vorstellen, dass unsere spirituellen Grundlagen gut zusammenpassen würden. Genau zu diesem Zeitpunkt war mein Umzug in die Außenanlage des Zentrums. Dies war ein Haus mit acht Appartements, in dem auch Angestellte wohnten, wie auch Maria. Mein Appartement war riesig groß. Auch dort fühlte ich mich sofort wohl. Davor war eine Terrasse mit einem großen Baum und Strelicien. Sie blühten gerade und waren wunderschön. Große Kakteen, Palmen und ein Swimmingpool waren im Innenhof. Von meiner Terrasse hatte ich die Sicht auf das Meer. Es war einfach göttlich. Der Weg zum Zentrum jedoch war sehr beschwerlich für mich. Er führte durch Hauptverkehrsbereiche, und ich fühlte mich durch den gerade überwundenen Krankheitsprozess noch sehr erschöpft und empfindlich gegenüber so vielen Einflüssen.

Zu diesem Zeitpunkt wusste ich noch nicht, dass ich lernen musste, die Entwicklungen, die in meinem äußeren Leben geschahen, differenziert wahrzunehmen und vor allem zu unterscheiden und mich von manchem abzugrenzen.

Einen Tag später kam Robert. Beim Abendessen im Zentrum stellte Maria ihn mir vor. Wir verabredeten uns zum Frühstück am nächsten Morgen. In dieser Nacht schlief ich nicht so gut. Fast immer bellten mehrere Hunde ein paar Stunden lang, die in diesen Gebieten die Wohnhäuser bewachten, sodass Schlafen sehr schwierig war. Morgens holte ich Brötchen und machte uns Frühstück auf meiner Terrasse. Wir unterhielten uns über meine Krankheit und Roberts spirituelle Sicht dazu. Er glaubte, dass sie nur über den Zugang zu einem bestimmten Wesensglied zu heilen wäre. Die Kenntnis, um darin zu heilen, hätten nur wenige. Insgesamt erschien Robert mir so, als hätte er viel Erfahrung. Er hatte über Jahre eine Praxis geleitet mit mehreren angestellten Heilpraktikern. Bei seiner Arbeit versuchte er, sich aus seiner inneren Führung heraus leiten zu lassen.

Schon zu diesem Zeitpunkt entstanden viele Übertragungen aus der Vergangenheit und Auslöser durch ihn. Ich musste mich bemühen, klar und erwachsen zu bleiben. Durch die Art von Roberts Ausstrahlung und seinem Verhalten wurde in mir ein kleinkindlicher Zustand aktiviert, über den ich schwer die Kontrolle behalten konnte, um angemessen, selbstverantwortlich zu reagieren, ähnlich wie bei Dorothee. Vor allem aber wurde ich innerlich sehr traurig und verwirrt. Äußerlich schaffte ich es relativ gut, erwachsen zu wirken, so zu argumentieren und mich entsprechend zu verhalten.

Im Laufe dieses Gespräches erklärte ich ihm diese wechselnden inneren Zustände, aber weder verstand er sie wirklich, noch glaubte er mir. Die Aktivierung dieser inneren Zustände hatte ich erstmalig bei Dorothee kennengelernt. Manchmal hatte ich dies auch bei Marlies erlebt. Sie treten vorwiegend auf, wenn traumatische Erinnerungen der Vergangenheit geweckt werden. Robert erklärte mir, dass er aus seiner inneren Führung für mich ein Behandlungskonzept bekommen hätte, das er in den zwei Wochen seines Besuches mit mir ausführen könnte. Zu der Art seiner Behandlung erklärte er wenig. Maria hatte sie mir vorher so dargestellt, dass es sich um Massagen und Körpertherapie handeln würde. Wir verabredeten uns für den Abend, um mit der Behandlung anzufangen.

Ich war etwas aufgeregt, als er kam. Er fing mit einer Rückenmassage an. Bereits an diesem ersten Abend wurden seine Berührungen erotisch. Erst konnte ich dies gar nicht einordnen und auch nicht fragen, warum er es tat. Dadurch geriet ich total durcheinander, war völlig verwirrt. Vor allem jedoch war ich traurig und konnte nicht mehr richtig denken. Es war mir so peinlich. Schwierig war, dass ich nicht weinen konnte, obwohl ich vor Traurigkeit fast zu platzen schien. Als ich ihm davon erzählte, erklärte Robert mir eine imaginäre Technik, wie ich meine Traurigkeit gedanklich auflösen könnte. Dies versuchte ich auch. Jedoch zeigte es keine lindernde Wirkung. Nach ungefähr anderthalb Stunden beendete er die „Behandlung" und ging.

Völlig aufgelöst blieb ich zurück. Ich konnte kaum schlafen. Einerseits war Robert mir sympathisch, andererseits konnte ich das Geschehene nicht einordnen. So begannen Schlafstörungen und Gedankenüberflutungen. Welchen Sinn hatte unsere Begegnung? Innerhalb der ersten Woche seines Aufenthaltes behandelte er mich dreimal. Sein Vorgehen wurde immer sexueller. Dabei geriet ich immer weiter außer mir. Große Gefühlsschwankungen entstanden. Ich driftete ab und schlief kaum noch. Bereits nach dem zweiten Mal begannen Angstzustände und Wahnvorstellungen. Ich konnte das Geschehene nicht mehr bewältigen.

Bei der „therapeutischen Arbeit", wie er sie nannte, hatte ich mit großen Ängsten, Trauer und innerem Schmerz durch traumatische Erinnerungen zu kämpfen. Immer wieder animierte Robert mich, diese loszulassen, und meine Grenzen zu überwinden. Vieles war mir peinlich. Er wollte, dass ich all diese Gefühle und Schranken überwinden sollte. Das probierte ich dann auch. Ich wollte gesünder werden und ließ mich von ihm überzeugen, dass seine Methoden dazu führen könnten. Dabei wurde ich immer mehr überflutet und war völlig überlastet.

Beim zweiten Mal kam es zu etwas, was ich im Nachhinein für das Bedenklichste, Folgenschwerste halte. In dem Moment jedoch durchschaute ich es nicht. Robert aktivierte mittels einer bestimmten Technik im Bereich der Lendenwirbelsäule die Kundalini-Energie, ohne mir vorher etwas davon zu erklären. Man nennt die Kundalini-Energie das, was durch jahrelange, intensive spirituelle, geistige Arbeit (z.B. durch bestimmte Meditationen, Yoga, Tantra usw.) aktiviert wird, um zur Einheit von Körper, Seele und Geist zu gelangen, zur „Erleuchtung" zu finden. Durch diese bewusste (für mich unvorbereitete) Aktivierung der Kundalini-Energie wurden noch mehr Gefühle freigesetzt. Erotische Gefühle waren verbunden mit größten Ängsten. Ich war massiv überfordert, diese großen Gefühlsschwankungen zu steuern. In den ganzen Jahren zuvor hatte ich mir natürlicherweise Nähe und Geborgenheit gewünscht. Erneut in einer Partnerschaft zu leben, war nach der Ansteckung immer mein größter Wunsch gewesen. Dabei ging es mir jedoch weniger um Sexualität. Mein eigentliches Bedürfnis war, den Halt und die Geborgenheit darin zu erleben, die ich auch mit Josef erfahren hatte. Deshalb sehnte ich mich danach, in Roberts Arm liegen zu dürfen. Dies teilte ich ihm auch immer wieder mit. Ich versuchte, ihm verständlich zu machen, dass ich glaubte, dass diese Art von Nähe für mich schon eine große Überwindung wäre. Dabei konnte ich mir vorstellen, dass dies sogar heilsam sein könnte. Er war jedoch der Meinung, dass mir dies nicht wirklich helfen würde. Deshalb war er dazu nur manchmal zwischendurch bereit. Für Robert war wichtig, dass ich lernen sollte, meine Ängste im Zusammenhang mit Männern zu überwinden.

Heute glaube ich, dass diese Blockaden, die sich mir als Ängste, Trauer oder peinliches Berührtsein zeigten, wichtig für mich gewesen sind. Diese Grenzen sind aus traumatischen Erlebnissen entstanden oder zeigten zum Teil auch eine natürliche Schamgrenze. Indem ich sie überschritt, zerstörte ich mein eigenes, wichtiges Schutzsystem. Ich geriet in eine Offenheit, in der ich keinerlei Halt mehr hatte, in eine Grenzenlosigkeit, die ich nicht mehr mit meinem Bewusstsein steuern konnte. Nach dieser Kundalini-Aktivierung begannen die Wahnvorstellungen in mir. In den Zeiten zwischen unserem Zusammensein hatte ich Panikzustände, Verfolgungswahn, Vorstellungen von sadistischem Verhalten und extremer Gewalt. Dies alles wurde immer unaushaltbarer. Ich fühlte mich unter extremer Spannung und litt unter starker Unruhe. Mit all dem war ich allein an einem fremden Ort. Hinzu kam, dass ich mich aber auch nach der Nähe sehnte. Immer wieder versuchte ich, mir klarzumachen, dass ich den Kontakt beenden müsste. Jedoch fühlte ich mich durch seine Art des Umgangs mit mir sehr abhängig.

Nach dem Termin mit der Kundalini-Aktivierung teilte ich Robert mit, dass ich das so nicht weitermachen könne. Ich würde viel mehr Zeit brauchen, um zuzulassen, was er von mir erwartete. Es sei so viel ausgelöst worden, mit dem ich nicht klarkommen würde. Erst reagierte er so, dass er mir die Schuld dafür gab, und machte mir sogar Vorwürfe, dann aber stimmte er zu und räumte sogar ein, dass er selbst bereits darüber nachgedacht hätte. In den folgenden Tagen konnte er sich jedoch nur geringfügig in seinem Verhalten mir gegenüber ändern.

Im Nachhinein ist nur schwer zu verstehen, warum ich das zugelassen habe. Robert wirkte jedoch so überzeugend in seinen Erklärungen, dass ich glaubte, dass er wüsste, was er tat, dass er Erfahrung darin hätte und seine „Therapie" heilsam sein sollte. Aus dieser Vorstellung heraus und der nicht zu stoppenden Verwirrung und sicher auch durch die angeregten sexuellen Gefühle und dem generellen Bedürfnis nach Nähe, ließ ich dies zu. Dazu muss ich noch erklären, dass ich zu diesem Zeitpunkt noch eine fast unrealistische Vorstellung hatte, ganz gesund werden und das Virus überwinden zu können. Immer wieder hatten hellsichtige Menschen diese Möglichkeit in meinem Schicksal gesehen. Auch Bärbel war überzeugt davon. Mit diesem Ziel hatte ich enorm viel an mir gearbeitet, Selbstreflexion, naturheilkundliche, geistheilerische Kurse und Heilbehandlungen in den letzten Jahren gemacht. Ich tat alles, was mir hilfreich erschien, um doch noch ganz gesund zu werden.

Mit dieser Motivation und inneren Überzeugung fing ich die Therapie bei Robert an, bei der ich im Laufe der nächsten zwei Wochen meine ethischen, menschlichen und religiösen Grundeinstellungen überschreiten ließ und auch selbst mitmachte. Im Nachhinein kann ich erkennen, dass ich durch die Kraft, die ich in ihm sah und die durch ihn wirkte, sofort eine große Abhängigkeit entstanden ist und so etwas wie „schwarze Magie" wirkte. Durch diese Abhängigkeit glaubte ich sehr vieles, was ich heute als völlig irreal empfinde. Im Nachhinein erkläre ich es mir zusätzlich durch meine sehr labile Situation, die jahrelange Existenzbedrohung, die daraus entstandene große Bedürftigkeit und meine traumatische Vorgeschichte, die dies möglich machte. Auch dass ich allein im Ausland war, wird dazu beigetragen haben, dass ich nicht so reagiert habe, wie es mir sonst möglich gewesen wäre. Mein gesunder Menschenverstand hatte es sehr schwer, sich durchzusetzen. Ich glaubte vieles, so wie Robert es rechtfertigte.

Warum es so weit gekommen ist, dass ich seinen Ausführungen geglaubt habe, lag aber nicht nur an seiner Überzeugungskraft (der schon viele zum Opfer gefallen waren). Eine andere Voraussetzung dafür war, dass ich mich zu diesem Zeitpunkt, wie ich bereits beschrieben habe, in einer Entwicklungsphase befand, in der ich mich von der geistigen Welt sehr geführt gefühlt habe. Ich hatte viele spirituelle Erfahrungen gemacht, die mich überzeugten, dass es keinen Zufall gab. Im Laufe der letzten Jahre hatte ich so viel erlebt, das meinen Glauben an diese geistige Führung unerschütterlich gemacht hatte. Deshalb glaubte ich auch, dass diese Begegnung mit Robert und Maria von meiner geistigen Führung geplant war und so ablaufen sollte. Zu diesem Zeitpunkt wusste ich noch nicht, dass ich lernen musste, die Entwicklungen, die in meinem äußeren Leben geschahen, differenziert wahrzunehmen und vor allem zu unterscheiden und mich von manchem abzugrenzen. Ich kann mir vorstellen, dass diese noch vorhandene, eher abgehobene Vorstellung von Spiritualität in Bezug auf den Umgang mit der Führung durch die geistige Welt durch dieses Erlebnis korrigiert werden sollte. Ein neuer Lernprozess begann.

Nach einiger Zeit erfuhr ich, dass für Robert bereits rechtliche Schwierigkeiten durch diese Art von „Körpertherapie" entstanden waren. Während der Jahre seiner beruflichen Tätigkeit als Arzt hatte er mit einigen Frauen auf diese sexuelle Weise „gearbeitet". Mindestens eine war in Folge dessen in die Psychiatrie eingewiesen worden. Maria hatte sich vor einigen Jahren auch als Patientin von ihm über einen langen Zeitraum ambulant in seiner Praxis „behandeln" lassen. Dabei hatte sie sich in ihn verliebt. Später haben mir die Beiden erzählt, dass eine der Frauen ihn wegen sexuellen Missbrauchs gerichtlich angezeigt hatte. Deshalb wurde ihm die ärztliche Lizenz entzogen. Robert hatte sogar einige Zeit im Gefängnis verbracht. Das Gerichtsverfahren war in der Schweiz noch nicht beendet. Roberts Ehefrau ließ sich in dieser Zeit deshalb von ihm scheiden. Als es zu den rechtlichen Auseinandersetzungen gekommen war, hatte Maria zu Robert und seiner „Therapiemethode" gestanden, weil er ihr - so glaubte und empfand sie es zumindest - geholfen hatte. Dadurch war ihre Lebenspartnerschaft entstanden. Sie erklärten mir all dies auf eine Weise, bei der ich mich voll mit ihnen identifizieren und mitfühlen konnte. Es war für mich sehr überzeugend, und ich war in meiner Gesamtlebenssituation gut zu beeinflussen. Dadurch geriet ich immer mehr in seinen „Bann". Ich hatte mich von Robert blenden lassen. Später erzählte er mir, dass sich andere „Patientinnen" immer wieder in ihn verliebt hätten, aber es sei jedes Mal sehr schwierig geworden, weil sie dann immer mehr wollten, nämlich eine Partnerschaft mit ihm. Noch immer waren sowohl Robert, als auch Maria vollkommen überzeugt davon, dass diese Therapiemethode heilsam sei.

Durch die vielen verschiedenen Ebenen, die von ihm angesprochen wurden, war ich vollständig überfordert: Einerseits die geweckten Sehnsüchte, daneben die berechtigten extremen Zweifel, ob der Kontakt in dieser Form überhaupt sein sollte, und dann waren da noch die massiven Überflutungen mit vergangenen traumatischen Erlebnissen. Ich war überhaupt nicht in der Lage, den Kontakt durch eine Willensentscheidung zu beenden, überdrehte immer mehr. Dadurch geriet ich in extremste seelische Zustände. Einerseits erlebte ich die tiefste Dunkelheit in Form von Angst, Bedrohung, Sadismus, Gewalt, Zweifel, andererseits absolute Höhenflüge, Zustände höchster Erfüllung, Erleuchtungsphantasien, Vorstellungen vom Gesundwerden und Ähnlichem. Ich wurde überwältigt von verschiedenen Emotionen wie Bedürftigkeit, Trauer, Erotik, Hoffnung, Zweifeln, Ängsten, Abhängigkeit etc. Vor allem aber war ich sehr verwirrt. Dies alles war nicht mehr zu verbinden. Immer wieder versuchte ich Robert klar zu machen, dass ich diese „Behandlung" nicht verkraften könne, dass sie mich noch mehr durcheinander brächte, dass ich sie nicht wolle, aber er konnte mich mehrmals wieder überreden und überzeugen. Ich fühlte mich extrem zerrissen, war nicht mehr bei mir. Meine realistische Einstellung konnte ich nicht durchsetzen.

Im Nachhinein denke ich, dass wie bereits ausgeführt, durch diese vielen Einflüsse eine vollkommene Schutzlosigkeit in mir entstanden ist. Dazu gehörten sicher auch der vorausgegangene rapide Gewichtsverlust, das lange Fieber, die schwere Krankheit, die hohe AIDS-Virusbelastung im Blut, die Auseinandersetzung mit dem Sterben, dann das völlig andere Klima, allein auf dieser Insel mit den spezifischen Erdenergien, die Hitze und dieser eben dieser immens starke Wunsch nach Gesundheit.

Ich traf in diesem Moment die innere Entscheidung, doch eine Chemotherapie zu Hause anzufangen, weil ich nicht sterben wollte.

In der Zwischenzeit hatte ich Miriam kennengelernt. Gemeinsam mit einer anderen Frau fuhr ich mit einer organisierten Gruppe in ein Naturschutzgebiet. Es war tief beeindruckend. Immer wieder war ich so ergriffen von der Natur, von den gewaltigen Kräften, die ich spüren konnte, dass ich weinen musste. Ich liebe es, die Naturgewalten so existentiell zu erleben, auch bei Gewittern oder anderen

Unwettern. Bei einer Vorführung wurde uns gezeigt, wie nah die Glut direkt unter der Erdoberfläche in stärkster Hitze wirksam war. Wasser wurde in ein kleines Loch geschüttet, mitten in der Natur, und es schoss durch die Hitze sofort hoch. An einer anderen Stelle konnte mittels brennbarer Stoffe gezeigt werden, dass beispielsweise ein Zweig, wenn er nur minimal tief in ein Loch gehalten wurde, anfing zu brennen. Es war beeindruckend. Dabei dachte ich oft an meine Mutter. Ich hätte sie gern dabei gehabt und ihr alles gezeigt. Es war einfach wunderbar.

Genauso erfüllend war unsere Zeit danach am Meer. Es war ein Küstenabschnitt, in dem man nicht schwimmen konnte, weil die Brandung zu stark war. So gingen wir an den hohen Wellen entlang über das Lavagestein. Es war ein absolut schönes Erlebnis. Ich konnte es sehr genießen. Dabei hatten wir intensive, tiefe, wertvolle Gespräche.

Nach zwei Wochen hatte sich der Arzt im Zentrum verabschiedet. Frau Dr. Fender übernahm die ärztliche Leitung. Ihr gehörte auch die Privatpraxis, in der Paolo arbeitete. Sie hatte jahrelang Erfahrungen mit HIV-Patienten gemacht. Dies war sehr hilfreich, weil ich dadurch frei mit ihr sprechen konnte und sie es sowohl fachlich als auch menschlich nachvollziehen konnte. Sie riet mir, einen Termin bei Paolo zu machen. Er würde fähig sein, ein klareres Bild bezüglich meiner Erkrankung in spiritueller Hinsicht zu erkennen. Daraus könnten sich neue Behandlungsansätze ergeben. Miriam war extra wegen Paolo hierher geflogen. „Zufällig" war ihr Termin direkt nach meinem. So fuhren wir gemeinsam zu ihm. Ich war als Erste dran. Der Termin dauerte eine Stunde. Zunächst erzählte ich Paolo meine Krankengeschichte und wie ich mich behandeln ließ. Dann sollte ich mich auf eine Liege legen. Noch immer geriet ich in große Panik, wenn mich jemand körperlich berührte. Dieses Mal konzentrierte ich mich auf positive Imaginationen, stellte mir Licht in meinem Körper vor. Dadurch wurde es etwas leichter, besser loszulassen. Es war ein ganz bewusster Prozess. Ich wusste, dass dies notwendig war, damit er es leichter hatte, mich wahrnehmen zu können. Paolo machte nichts anderes, als ungefähr 15 Minuten seine Hände unter meine Füße zu legen. Danach legte er sie noch mal kurz auf den Bauch und kurz auf den Herzbereich. Dann konnte ich aufstehen. In dieser Zeit hatte er mittels seiner Hellsichtigkeit die Beschaffenheit meiner Wesensglieder erkannt. Außerdem hatte er die Fähigkeit, wahrzunehmen, wie die karmische Situation des Patienten ist.

Nach dieser Untersuchung malte er meine Wesensglieder auf. Dazu äußerte er, dass die Krankheit für ihn bereits im physischen Körper erlebbar sei. Es sei wie eine Wunde, die man nicht sehen könnte, die aber in jedem Moment aufplatzen könnte und starken Eiter enthielte. In meinem Astralkörper sei ein großes Chaos, was zurzeit relativ gehalten sei. Dabei hatte er eine Wahrnehmung der geistigen Hilfen durch meine „Heilerin" Bärbel. Sie hätte das Chaos relativ gut im Griff und er würde Respekt davor haben. Meine sehr schwere Lebenssituation könnte ich nur bewältigen, weil ich einen sehr starken Ätherkörper hätte. Schließlich teilte er mir mit, dass er mich nicht osteopathisch behandeln würde, weil bei einer solchen Behandlung seelische Belastungen frei werden würden, die ich nicht verkraften könnte. Das fand ich sehr verantwortungsbewusst.

Er erklärte mir noch einiges von meiner Erkrankung, wann sie entstand, aber nicht, wodurch und was dies bedeutet. Dann teilte er mir mit, dass die Neigung zur Entwicklung von Gürtelrosen in der Kindheit entstanden sei, weil ich mich gegenüber meinen Eltern nicht ausdrücken konnte. Ich hätte zu viel zurückhalten müssen. Auch im Nachhinein empfinde ich ihn als sehr verantwortungsvoll. Wenige Heiler haben die Größe, mitzuteilen, dass sie einen Patienten nicht behandeln sollten. Er hatte diese seelische, menschliche Größe und konnte mir dies sogar in einer sehr verständlichen und respektvollen Art mitteilen.

Als das Gespräch beendet war, setzte ich mich draußen am Meer auf eine Mauer in die Sonne. Dort konnte ich erstmalig frei, stark und lange weinen. Alles kam heraus, all die Verzweiflung, all die

Angst vor dieser Erkrankung, die Gewissheit, dass sie bereits sehr weit fortgeschritten war. All das hatte ich vorher nicht wirklich wahrhaben wollen, genau wie Dr. Peters es bereits vermutet hatte. Auf diese Wahrheit und die damit verbundenen Gefühle hatte ich mich nicht einlassen können. Meine gesamte Kraft hatte ich nur darauf gerichtet, alles zu tun, um gesund zu werden. Daran hatte ich auch tief geglaubt. Da - auf einmal, auf der Mauer nach diesem Termin - fiel all das ab. Schonungslos spürte ich, was dies bedeutete, wie es mir eigentlich ging. In diesem Moment traf ich die innere Entscheidung, doch eine Chemotherapie zu Hause anzufangen, weil ich nicht sterben wollte.

Nach dem Termin von Miriam fuhren wir nach Hause. Paolo hatte ihr sowohl durch eine Behandlung, als auch durch die karmische Beratung sehr helfen können.

Einen Tag später fand die vierte und letzte „Behandlung" von Robert in seiner Wohnung statt. Beim letzten Mal waren wir zu dem Strand mit dem schwarzen Sand gefahren, wo wir ganz allein waren. Bei diesem Erlebnis hatte ich mich relativ wohl mit ihm gefühlt und kaum Ängste gehabt. Ich kann mich erinnern, wie sehr ich es genossen habe, den langen Weg bis zu diesem abgelegenen Strand über die Felsen zu laufen. Ich liebe felsige, natürliche Wege. Bei diesem letzten Termin jedoch war kaum noch etwas möglich. Mein Körper machte nicht mehr mit. Teilweise konnte ich meine Arme nicht mehr bewegen. Alles war wie taub, wie abgeschnitten von mir selbst. Dies hatte ich zuvor noch nie erlebt. Wir brachen diese „Behandlung" ab. Während der zwei Wochen, in denen Robert auf der Insel war, verbrachten wir mehrmals gemeinsam Zeit mit Maria, gingen zusammen essen oder hatten Gespräche. Bei diesen Begegnungen mit Robert gab es immer wieder sehr „blendende" übersinnliche Erlebnisse. Diese ließen mich noch mehr glauben, dass die Begegnung mit ihm wirklich spirituell geführt sei, dass all dies so sein sollte. Beispielsweise konnte ich mit Robert mehrere Male erleben, wie sich die Gesetzmäßigkeiten der irdischen Ebene teils ganz auflösten. Solche Erfahrungen hatte ich nie zuvor und nie danach. Es waren viele

Erlebnisse, die ich hier nur beschränkt beschreiben will. Eines war, dass ein Auraphoto von Sekunde zu Sekunde kleiner oder größer wurde. Es war ganz sicher keine Einbildung, sondern ein echtes spirituelles Erlebnis, von denen es einige gab. Ganz besonders war auch das mit einer Straßenkatze. Sie kam immer wieder in die Wohnung von Robert und Maria und wurde von ihnen gefüttert. Wenn sie ihr Bild von dem heiligen Franziskus einfach irgendwo auf den Fußboden stellten, kam die Katze sofort und rieb sich liebevoll an diesem Bild. Dieses Phänomen konnten sie immer wieder wiederholen. Mit nichts anderem war dies möglich.

Im Nachhinein kann ich klar erkennen, dass diese starken Kräfte, die für mich in dieser Zeit sowohl auf der dunklen, als auch der hellen Seite erlebbar wurden, keinesfalls mit menschlichem Verstand einzuordnen sind. Mir ist heute klarer, wie hell die dunkle Seite erscheinen kann. Eine bedeutsame Erkenntnis!

> *Heute kann ich viel besser erkennen, wie krank Robert in Wirklichkeit war. Trotz Verlust seiner gesamten Existenzgrundlage als Arzt und Ehemann musste er weiterhin Frauen für diese Form des Kontaktes entgegen jeder Moral und jeden Gesetzes missbrauchen.*

Insgesamt glaube ich, dass dieser Arzt absolut fanatisch in dem Glauben war, dass seine „Therapie" heilsam sei. Trotz aller äußeren stärksten Zeichen, wie die durch seine „Therapie" psychotisch entgleisten Frauen, eine gerichtliche Anzeige, Verlust seiner ärztlichen Lizenz, Gefängnisaufenthalt etc., hatte Robert nicht begriffen, dass er sich absolut verrannt hatte.

Für mich selbst glaube ich, dass ich zu diesem Zeitpunkt auch noch von dem „Wahn" befallen war, unbedingt gesund werden zu wollen - und dafür hätte ich alles getan. Ich glaube, dass ich in dieser Situation aufgrund aller bereits beschriebenen Einflüsse nicht mehr unterscheidungsfähig war und auch nicht in der Lage, erwachsen auf diese Begegnung zu reagieren, um mich aus eigener Kraft zu lösen. Robert war sicher jedoch auch „magisch" sehr stark, wie die vielen Frauen vor mir, die auch auf ihn „reingefallen" waren, zeigten.

In großer Dankbarkeit sehe ich heute, dass meine inneren Kräfte und die äußeren Einflüsse letzten Endes verhindert haben, dass es für Robert eine Ansteckungsmöglichkeit hätte geben können. Auch ist es nicht zu der tiefsten körperlichen Nähe gekommen, die zwischen Menschen möglich ist, dem Geschlechtsverkehr. Robert hätte diesen ohne Schutz gewollt. Dies ist jedoch nie geschehen.

Diese Erfahrung mit ihm zog das tiefste seelische Leiden nach sich, was ich in meinem Leben erlebt habe. Noch heute schäme ich mich, dass ich all das mitgemacht habe, nicht einlenken konnte. Heute weiß ich, dass Robert mich sexuell missbraucht hat. Hinzu kommt ein starker spiritueller Missbrauch, denn er nutzte für diese angeblichen „Behandlungen" Spiritualität als Rechtfertigung. Ich versuche, mich selbst darin zu verstehen und die Not anzuerkennen, in der ich damals gewesen bin. Auch weiß ich, dass traumatisierte Menschen sehr schnell in Abhängigkeiten geraten und sich in einer solchen Beziehung erneut missbrauchen lassen. Dabei suchen sie auch immer die Schuld bei sich selbst und schämen sich dafür, obwohl sie das Opfer waren.

Heute kann ich viel besser erkennen, wie krank Robert in Wirklichkeit war. Trotz Verlust seiner gesamten Existenzgrundlage als Arzt und Ehemann musste er weiterhin Frauen für diese Form des Kontaktes entgegen jeder Moral und jeden Gesetzes missbrauchen. Erst sieben Jahre später habe ich durch ein anderes Erlebnis den Hintergrund dieser Verirrung verstanden: Ich gehe davon aus, dass Robert - spirituell gesehen - eine Doppelnatur hat. Diese kann entstehen, wenn in einem früheren Leben eine zu frühe spirituelle Einweihung stattgefunden hat. Die Grundlage dafür kann sein, dass das geistige Streben dieser Seele sehr stark gewesen ist, jedoch die dafür notwendigen Entwicklungen und Verwandlungen im menschlich-astralischen Sinne noch nicht gemacht wurden. Dieses spirituelle Streben entstand nicht aus einem ganzheitlichen Bewusstsein, sondern aus einem persönlichen, egoistischen Wollen. Wenn die dadurch entstandene Diskrepanz sehr stark ausgeprägt ist, kann es passieren, dass sich danach der Astralleib wie verselbständigt. Das Astralische und das Geistige geraten auseinander. Das Defizit, was noch nicht bearbeitet, verwandelt wurde, holt die Seele wieder ein. Diese Menschen leben ihre Sexualität dann häufig in einem schweren Suchtverhalten aus.

Ein deutliches Erkennungszeichen dabei ist, dass einerseits hochentwickelte spirituelle, teils auch geniale irdische Fähigkeiten vorhanden sind, aber andererseits ein völlig unmoralisches Verhalten gelebt wird. Die spirituellen Fähigkeiten wirken so überzeugend und lassen den Menschen hochentwickelt erscheinen. Dadurch ist es sehr schwierig, zu erkennen, dass nicht die hohen geistigen Ich-Kräfte diese großartig wirkenden Fähigkeiten führen, sondern niedrige Astralkräfte zur egoistischen Befriedigung - wie Erlangen von Macht, Anerkennung und in Roberts Fall zur sexuellen Befriedigung. Durch ihr starkes Charisma, das durch die vermeintliche Genialität entsteht, ist es ihnen möglich, andere Menschen in ihren Bann zu ziehen, sie abhängig zu machen und dadurch zu missbrauchen.

Ein anderes sicheres Erkennungszeichen ist, dass das Moralempfinden fast gar nicht mehr vorhanden ist. Diese Menschen können gedanklich und in der Sprache alles so verdrehen, dass es moralisch einwandfrei für sie und meist sogar für das Umfeld erscheint. Da die blendende Kraft bei solchen Störungen so stark ist, ist sie sehr schwer zu durchschauen. Solche Menschen führen so etwas wie ein Doppelleben, wobei dies nicht den Begriff Doppelnatur im spirituellen Sinne meint. Die Doppelnatur beschreibt die Störung dahinter.

Im Rückblick erscheint mir gerade diese Erfahrung sehr wertvoll zu sein, weil es mir dadurch möglich wurde, eine noch größere Tiefe im Verständnis für das Menschsein an sich zu entwickeln, und somit auch für Menschen, die zu Verhaltensweisen neigen, die eigentlich nicht mehr zu verstehen sind. Dies wurde nicht nur durch das Reflektieren und Verstehen seiner Person geschaffen, sondern das entstandene Mitgefühl resultiert auch aus dem Erleben meiner eigenen Schwäche. Vor diesem Erlebnis mit Robert empfand ich es zum Beispiel absolut verwerflich, wenn ein Paar, bei dem einer der Partner infiziert ist und beide dies wissen, trotzdem ungeschützten sexuellen Verkehr hat. Sie nehmen das Risiko der Ansteckung bewusst in Kauf, suchen es teilweise sogar.

Durch meine eigene Erfahrung weiß ich, dass es Situationen geben kann, die nicht mehr durch den Verstand gesteuert werden, auch wenn es entsetzlich ist oder uns als Menschen so erscheint. Es scheint so große Kräfte zu geben, die alle Moral und den Verstand ausschalten. Dies bedeutet natürlich nicht, dass ich ein solches Verhalten durch mein gewachsenes Verständnis gutheiße oder unterstützen möchte. Nur erleichtert es mir heute, gerade solche Menschen seelisch zu erreichen und in ihnen so die Möglichkeit der bewussten Veränderung ohne Verurteilung zu vermitteln. Vor diesem Erlebnis mit Robert habe ich mich nie mit Fanatismus auseinandergesetzt. Durch ihn durfte ich diese Verirrung tief erleben. Auch dies empfinde ich als eine wichtige Lernerfahrung, die durch Robert möglich wurde.

In der Nacht nach dieser letzten „Behandlung" von Robert konnte ich wieder nicht schlafen. Morgens suchte ich dringend seine Hilfe, weil ich überhaupt nicht mehr mit mir selbst zurechtkam. Mein Gefühlschaos war unerträglich geworden. Zufällig traf ich ihn in einem Supermarkt und fragte, ob ich mit ihm reden könnte. Er war auf einmal sehr merkwürdig, war wohl sehr in Eile und redete nicht richtig mit mir. Seine Aura-Kamera musste repariert werden, und so wäre er beschäftigt. Er sagte mir noch nicht einmal, wann wir uns treffen könnten, sondern lief einfach weg. Ich war entsetzt und wusste nicht, was ich tun konnte. Durch dieses eigentümliche Verhalten wurde meine Überreizung noch gesteigert. Es war sehr gut, dass ich einige Stunden später einen Termin zur Heileurythmie mit Maria hatte. Wir setzten uns in das Restaurant und ich erzählte ihr, wie aufgebracht ich sei und dass es so nicht weitergehen könne. Diese „Arbeit" war so nicht möglich für mich. Maria zeigte sich sehr verständnisvoll.

Genau da erschien Robert. Er setzte sich zu uns und entschuldigte sich für sein Verhalten am Morgen, meinte, dass er sehr in Eile gewesen sei. Ich war etwas gereizt und sagte dies auch. Dabei teilte ich ihm mit, dass ich seine „Arbeit" nicht mehr weiterführen könne, weil alles viel zu schnell ging. Immer wieder hätte ich ihm dies gesagt und dass ich das, was er auslöste, nicht verkraften würde. Dadurch fühlte Robert sich sehr angegriffen, weil ich ihn an seinem zu dieser Zeit scheinbar schwächsten Punkt getroffen hatte. Er reagierte absolut ungehalten. Wütend teilte er mir mit, dass es noch viel schneller gehen und ich mich total anstellen würde und vieles mehr, was mich stark verletzte. Auch gab er mir die Schuld für sein Vorgehen. Ich war so getroffen, dass ich nach Hause ging. Er begleitete mich, aber ich konnte mich nicht mehr auf ihn einlassen. In mir war nur noch Chaos, als wir uns verabschiedeten.

Später entschuldigte Robert sich für seinen Ausbruch, und nach einiger Zeit erfuhr ich sogar, dass ich Recht hatte. Diese Art von Vorgehen bereits in der ersten Therapiestunde war sonst erst nach monatelangem „therapeutischem" Kontakt zustande gekommen. Für alles Weitere hatte er sonst Jahre gebraucht.

Im Nachhinein sehe ich diese Auseinandersetzung im Restaurant als den Knall an, als die Wende. Zu diesem Zeitpunkt hatte ich noch nicht gelernt, gereizt oder sogar wütend sein zu dürfen. Wenn ich es wagte, Grenzen zu zeigen, gereizt zu reagieren, war es für mich danach schon ohne Gegenreaktion sehr bedrohlich. Es machte mir große Ängste, danach abgewiesen zu werden. Solche Abwehr durfte ich nicht zeigen. Ich hatte Angst vor den Konsequenzen. Wenn dann noch jemand wie Robert mit Schuldzuweisungen reagierte, wird es ganz unerträglich für mich. Dieses Erlebnis entwickelte sich grauenhaft, existenzbedrohlich.

Immer wieder überlegte ich, wie ich es erreichen könnte, nicht nur mein Leben in Form meines Körpers zu zerstören, sondern auch, dass das Tiefste von mir, meine Seele an sich, nicht mehr existieren konnte.

Als ich mich im Appartement umzog, zerbrach mir ein Edelstein, den ich sehr liebte. Während der therapeutischen Arbeit bei Margit mit meinen inneren Persönlichkeitsanteilen war er ein wichtiges Symbol für mich geworden. Ich legte in diese Symbolik des Zerbrechens so viel Wert, dass dieses eigentlich eher unbedeutende Ereignis als Anfang einer tragischen Entwicklung wirkte. Die Grundlage dafür war durch die hellsichtige Frau gelegt worden, bei der ich vor ein paar Jahren gewesen war. Sie hatte mich sehr gewarnt und mir geraten, mich mit meiner Wut immer zurückzuhalten. Dies hatte sich so tief in mir verankert, dass die Angst vor der eigenen Wut mein Leben stark beeinträchtigte. Da ich jedoch Robert gegenüber wütend geworden war, glaubte ich jetzt, dass alles vorbei sei, dass etwas ganz Schlimmes geschehen würde. Diese Voraussage hatte somit eine verheerende Wirkung. Nach unserem Streit begann aufgrund meiner mangelnden Konfliktfähigkeit das extremste außersinnliche Erlebnis, das ich je erlebt habe - und hoffentlich auch nie wieder erleben werde. Ab diesem Zeitpunkt endeten die Höhenflüge, die mich in die Illusionen von spirituellen Zukunftsvisionen und möglicher Gesundheit geführt hatten.

Fast jede Minute war nun Horror. Trotz der Hitze auf dieser Insel waren meine Füße eiskalt. Mehrmals täglich nahm ich heiße Fußbäder. Meine Energie hatte sich ganz aus dem Körper gezogen. Ich war absolut exkarniert. Dabei fühlte ich mich extremst getrieben. Verschiedenste innere Stimmen erklärten mir Zusammenhänge des Lebens und über das Universum, die durchaus Wahrheiten beinhalteten. Irgendwann begann die Auseinandersetzung mit meinem eigenen bislang gelebten Leben. Dabei wurden mir permanent Situationen ins Bewusstsein geführt, in denen ich nicht korrekt gehandelt hatte, in denen ich mich „schuldig" gemacht hatte. Ich litt entsetzlich unter diesen Vorstellungen, die sich mir immer wieder zeigten. Zwischendurch erlebte ich auch Situationen, in denen ich „gut" reagiert hatte, aber ich empfand sie nur wenig entlastend. Immer wieder bat ich um Vergebung, immer wieder war ich am Rande dessen, was ich aushalten konnte. Die Ereignisse, die ich nun nacherlebte, in denen ich zuvor in meinem Leben fehlgehandelt hatte, standen in keinem Verhältnis zu dem Leiden und dem Schuldempfinden, das ich jetzt erlebte. Es war so, als würde ich selbst, die Instanz in mir, in einer Weise richten, die völlig unangemessen war.

Irgendwann fing eine Betrachtung der Weltgeschichte an, in der ich die Entstehung der Welt innerlich erlebte. Auch dies war sehr schmerzhaft für mich. Ich musste jeden Augenblick aufpassen, was ich in dieser Zeit tat. Die innere Stimme dirigierte mich, was ich tun sollte, und ich war in Schmerz, Angst und Schuld gefangen. Dann folgten biblische Gegebenheiten, und immer wieder fühlte ich mich schuldig oder hatte Angst. Es war extremst entsetzlich. Ich war aus dem Bereich, mich in herrlichen geistigen Welten und Zukunftsvorstellungen aufzuhalten, mich fast hellsichtig zu fühlen und sicher auch teils gewesen zu sein, in den Abgrund gekippt, wo ich Angst, Zerstörung, Schuld und Verdammung erlebte. Dabei wurde ich hin- und hergeschickt in diesem Appartement, „musste" gewisse Dinge tun. Und doch war ich mir trotz all des „Wahns" in jedem Moment bewusst über meine Situation. Dabei tat ich Dinge, die für mich heute schwer zu verstehen sind, die aber in dieser Situation zu einer Entlastung führten und wichtig waren. Bei all dem gab es keinen Moment in dieser Zeit, der wirklich selbst- oder fremdgefährdend gewesen ist.

Die Inhalte dieser „Psychose" waren eine Mischung zwischen hochgeistigen, tatsächlich hellseherischen spirituellen Wahrheiten und

Erlebnissen, und andererseits wahnhaften, angstbesetzten, schuldbeladenen Reaktionen, die sich aus der Überforderung durch die Überflutung mit geistigen Inhalten bildeten. Untypisch für eine „echte" Psychose war jedoch, dass ich dies alles noch bewusst wahrnehmen und teils auch steuern konnte. Dabei handelte es sich entweder um die Rückschau meines eigenen Lebens oder um das Weltgeschehen. Zum Beispiel erlebte ich Kriege, Flugzeugentführungen, bei denen die Maschinen zum Absturz gebracht werden sollten, Katastrophen und vieles mehr. Heute kann ich mir vorstellen, dass ich in diesen Erlebnissen bereits den 11. September 2001 erlebt habe. Vieles spricht dafür, weil ich genau das erlebt habe, was später geschehen ist. Es war für mich so, als wäre ich dabei gewesen. Ich habe die Emotionen der Entführer selbst empfunden. Durch meine mangelnde Abgrenzung (Immunsystem) und die dadurch bewirkte grenzenlose entpersonifizierte Wahrnehmung fühlte ich mich persönlich verantwortlich für diese Weltgeschehnisse. Daneben war meine persönliche Ebene, bei der ich vieles erleben musste, was schwer auszuhalten war, weil ich scheinbar ein zu hohes Verantwortungsgefühl hatte.

Es entwickelte sich ein Gefühl von völliger Ausweglosigkeit. Währenddessen fühlte ich mich so schuldig, dass ich ein spirituelles Ritual praktizierte, bei dem ich mich selbst verletzte. Aber auch dies konnte ich noch sehr bewusst steuern. Den ganz genauen Zusammenhang der Entstehung dieses Vorgehens kann ich heute nicht mehr herstellen. Es ist jedoch eindeutig so, dass es eines der wichtigsten Erlebnisse in dieser gesamten Auseinandersetzung war. Ich bin mir sicher, dass es eine sehr große Bedeutung für meine Seelengeschichte hat. In Erinnerung ist mir nur noch der Ablauf dieser Selbstverletzung in diesem Ritual, und dass es auch dabei um Schuld und Vergebung ging. Noch nie waren die Verzweiflung und vor allem die Aussichtslosigkeit durch die Schuldvorstellungen so groß. Die Absicht, mich umzubringen, schien mir der einzige Ausweg.

Wie es dann dazu kam, dass ich die Ärztin, Frau Dr. Fender, bat, mich in die Psychiatrie einzuweisen, weiß ich nicht mehr. Ich weiß nur, dass ich das Gefühl hatte, es nicht mehr verantworten zu können, weiter „allein" zu sein. Immer mehr waren meine Bedenken gewachsen, ob ich meine Kräfte irgendwann nicht mehr halten und aus meiner Angst heraus vielleicht andere Menschen gefährden könnte. Dies war, so erinnere ich mich, eine unerträgliche Vorstellung. Mir wurde deutlich, dass ich kaum noch Reserven hatte, meine Kräfte zu kontrollieren. So glaubte ich, dass ich vielleicht aus einer Bedrohung heraus Gefährliches tun könnte. Dabei quälten mich Erinnerungen und Bilder aus Erlebnissen, die ich als Krankenschwester in der Psychiatrie mit Patienten gehabt oder in Büchern gelesen hatte, was diesbezüglich passieren könnte.

Immer grausamer wirkte der innere Glaube, dass ich so schrecklich bin, dass ich mich vernichten muss. Diese Auffassung war sehr tief und wurde unaushaltbar. Immer wieder überlegte ich, wie ich es erreichen könnte, nicht nur mein Leben in Form meines Körpers zu zerstören, sondern auch, dass das Tiefste von mir, meine Seele an sich, nicht mehr existieren könnte.

Ich glaube, dass in diesem Erlebnis für mich sichtbar wurde, wie sehr ich mich selbst schon immer in Frage gestellt hatte. Diese vernichtende Einstellung zu mir selbst ist sicher in der Kindheit entstanden. In diesem Erlebnis steigerte sich diese Selbstzerstörung so stark, dass ich zu der Auffassung kam, dass alles, was ich dachte, sagte und tat, mich schuldig werden ließ. Deshalb überlegte ich mit allen Mitteln, wie ich meine Seele vernichten könnte. Dazu entstanden in mir die unterschiedlichsten Theorien. Ich erinnere mich an die unglaublich große Not, in der ich diese Gedanken hatte und nicht wusste, wie ich es umsetzen konnte, um mir sicher zu sein, dass ich auch wirklich seelisch nicht mehr weiterleben würde.

Im Nachhinein kann ich die Dimension dessen, was ich darin erleben musste und was mir gezeigt wurde, immer noch kaum in der Wirkung überschauen, und doch weiß ich, dass es mein Leben weiterhin in tiefster Weise prägt. Heute glaube ich, dass die Inhalte von „Psychosen" eine dauerhafte zerstörende Wirkung haben, weil man diese Erlebnisse und Vorstellungen als tief real erlebt hat. Sie haben meiner Erfahrung nach eine fast gleich starke Wirkung wie schwerste Traumata. Um davon wieder freier zu werden und diese krankhaften Inhalte in diesen Erlebnissen zu verwandeln, würde es einer tiefen Auseinandersetzung damit bedürfen. Da es jedoch ein so echtes, reales Empfinden in der „Psychose" selbst war, ist es sicher schwierig, dies auch aus dem tiefen Unterbewussten zu befreien.

Ich glaube, dass dies bei der Behandlung psychiatrischer Erkrankungen völlig unterschätzt und nicht genügend aufgegriffen wird. Die Inhalte von Psychosen haben meiner Ansicht nach tiefste persönliche Bedeutung für diesen Menschen. In der klassischen psychiatrischen Auffassung werden sie jedoch als wahnhaft angesehen und deshalb mit Psychopharmaka unterdrückt. Der Patient wird lieber dauerhaft gedämpft, anstatt ihn in der notwendigen Schicksalsarbeit zu unterstützen. Ich glaube, dass in diesen Erlebnissen Vergangenes aufbricht und dann verarbeitet werden will. Auch habe ich immer wieder erlebt, dass darin Hilfen für die Zukunft enthalten sind. Diese müssen jedoch bewusst aufgegriffen und bearbeitet werden. In diesem Schwellenerlebnis ging es, wie dargestellt, nicht nur um mein jetziges Leben, sondern ich erlebte Teile meiner eigenen Seelengeschichte, sowie der Weltentwicklung. Dabei empfand ich mich gegenüber dem verursachten Leiden als persönlich verantwortlich und litt entsetzlich unter den daraus resultierenden Schuldgefühlen.

Frau Dr. Fender wollte auf keinen Fall zulassen, dass ich in die Psychiatrie auf dieser Insel eingewiesen wurde, weil ich nicht die Sprache sprechen würde und auch das Personal mich nicht hätte verstehen können. Ich aber hatte das Gefühl, es auch mit Begleitung nicht mehr zu schaffen, nach Deutschland zurückzukommen. Frau Dr. Fender wollte jedoch wissen, wer von meinen Freunden in Frage kommen würde, mich abzuholen. Im Nachhinein bin ich ihr unendlich dankbar, dass sie mich nicht in die einheimische Psychiatrie eingewiesen hat. Ich möchte mir nicht ausmalen, um wie viel leidvoller ein Aufenthalt dort geworden wäre.

> *An einem Tag sagte Frau Dr. Fender in einer sehr eindrücklichen Art zu mir: „Es ist gewünscht, dass Sie so bewusst wie möglich durch diesen Prozess gehen." Damit meinte sie, dass die geistige Welt ein Interesse daran hatte, dass ich dieses Erlebnis so bewusst wie möglich durchlebe. Sie empfand es als ein spirituelles Erlebnis, was ich durchlebte.*

Ich überlegte, wer mich abholen könnte. Dafür kamen Lore oder Luisa in Frage. In der Zwischenzeit hatte ich fast jeden Tag mit Luisa telefoniert. So hatte sie alle Entwicklungen miterlebt. Da sie von meinen Ängsten vor körperlicher Nähe wusste, hatte sie es sogar unterstützt, was Robert in seiner „Therapie" versuchte. Sie glaubte daran, dass es mir helfen könnte. Ich kann mir vorstellen, dass sie aufgrund ihrer eigenen Erfahrungen sexuellen Missbrauchs in ihrer subjektiven Einschätzung befangen war. Deshalb hatte ich jetzt das Gefühl, dass sie nicht so geeignet war, mir hier zu helfen. Auch würde sie sich mehr Sorgen machen. Luisa war in Krisen eher eine erzieherische Persönlichkeit. Lore ist mir gegenüber wesentlich freilassender, toleranter, was gerade in dieser haltlosen Situation sehr wichtig wurde. So sprach die Ärztin mit Lore. Lore sagte zu, dass sie, sobald ihr Urlaub genehmigt sei, zu mir fliegen würde. Lore sprach mit Bärbel, die mit entschied, dass es sinnvoll sei, wenn sie kommen würde. Mit Bärbel hatte ich auch mehrmals gesprochen. Sie und Doris versuchten mir mit ihren geistigen Fähigkeiten über Fernheilung zu helfen.

Dr. Fender hatte ich nur wenig von den Inhalten meiner Erlebnisse und Wahrnehmungen erzählt. Ich hatte das Gefühl, dass es sie überfordern könnte. Deshalb habe ich mich auf das mir wesentlich

Erscheinende reduziert. Frau Dr. Fender war mir gegenüber sehr verständnis- und respektvoll und konnte den von mir dargestellten spirituellen Einschätzungen folgen. An einem Tag sagte sie in einer sehr eindrücklichen Art zu mir: „Es ist gewünscht, dass Sie so bewusst wie möglich durch diesen Prozess gehen." Damit meinte sie, dass die geistige Welt ein Interesse daran hatte, dass ich dieses Erlebnis so bewusst wie möglich durchlebe. Sie empfand es als spirituelles Erlebnis, was ich durchlebte. Ich hatte zu diesem Zeitpunkt tatsächlich das Gefühl, zu verstehen, was sie damit meinte, und mir auch die größte Mühe gegeben, diesem Anspruch gerecht zu werden. Es waren kaum vorstellbare Kräfte, mit denen ich mich in diesen Tagen auseinander setzte.

Als ich diesen Zettel in die Hand nahm (ohne ihn sofort zu lesen), durchströmte mich eine Kraft, und für eine Zeit war ich völlig frei von inneren Stimmen, Ängsten etc. Ich war vollkommen bewusstseinsklar.
Das spirituelle Erlebnis darin erschien mir sehr eindrücklich. Die Intention, ihr Bemühen um mich, war Kraft geworden in diesem geschriebenen Papier, und durch meine Offenheit konnte ich diese Hilfe darin gut aufnehmen und unmittelbar die großartige Wirkung spüren.

Ein Teil des Inhaltes war das Erringen der Weltmacht. Ich identifizierte mich so stark damit, dass ich glauben musste, dass ich nach dieser Weltmacht streben würde. Auch erlebte ich archetypische und mythologische Zusammenhänge. Dann wieder ging es um die Weltzerstörung. Bei allem fühlte ich mich schuldig. Es war nicht möglich, diese inneren Erlebnisse noch „vernünftig" einzuordnen und meine Mitte zu behalten. Ich war in alle Richtungen hin- und hergerissen.

Dann kamen Phasen, in denen ich zu allem einen Weisheitsspruch in meinem Kopf hatte. Zu allem, was ich sah und hörte, kam ein weiser Spruch, den ich irgendwann im Laufe meines Lebens vorher gehört hatte. Er passte zu dem, was ich gerade erlebte. Auch gab es eine Phase, in dem ich zu allem, was geschah, ein entsprechendes Lied hörte. Dies war kein Wahn, denn es passte wirklich und vor allem ohne dass ich es bewusst beeinflusste. Ich fühlte mich, als wenn alles, was mich ausmachte, auseinandergedriftet, nichts mehr zu halten war. Es war, als hätte ich „mit dem Feuer gespielt", und jetzt war ich dabei, zu verbrennen. Dieses Verbrennen und Überfluten im geistigen Sinne war kaum auszuhalten.

Sobald ich in meinem Appartement ankam, hatte ich permanente, nicht zu stoppende Zwangsgedanken. Es gab kaum eine Minute, in der ich mich erholen konnte. Alles schrieb ich auf, damit ich es wenigstens etwas einordnen konnte, und um wieder frei zu werden. Bei all den Zetteln verzettelte ich mich jedoch natürlich noch mehr. Alles erschien so wichtig. Es war viel zu viel. Permanent erhielt ich Anweisungen aus meinem Innern, was ich zu tun hätte. Das, was ich noch am meisten in Erinnerung habe, war das: Alles hatte eine Bedeutung, jede innere und äußere Regung, jeder Gegenstand, alles. Damit umzugehen und dies zu berücksichtigen war nun meine permanente Aufgabe.

Später habe ich erfahren, dass es ein klassisches Symptom einer „Psychose" sei, dass man die Ich-Grenze nicht mehr halten kann und deshalb alles eine Bedeutung hat. Alles wirkt grenzenlos ungefiltert auf den Betroffenen. Auch die Schuldgefühle und Selbstzerstörungstendenzen sind wohl klassische Inhalte dieser Extremerlebnisse. Ich versuchte absolut verzweifelt, es einzuordnen, zu wissen, was ich jetzt tun, was ich damit anfangen sollte. Das Ringen darum, es wieder richtig zu machen, den „richtigen" Weg zu finden, war unendlich groß. Dabei machte ich mich wahnsinnig. Entspannung war keinen Moment mehr möglich.

In der Zeit bevor Lore kam hatte ich die sehr eindrückliche Vermutung, dass dieses Erlebnis wie ein Sterbeprozess war. Die Abfolge der inneren Zustände erlebte ich deutlich als *Rückschau* auf mein bisher gelebtes Leben. Dies erkannte ich daran, dass sie, wie in vielen Religionen beschrieben wird, Erkenntnisse des eigenen Fehlverhaltens beinhaltete (z.B. Fegefeuer, Kamaloka) - all das war Teil eines Nahtodeserlebnisses.

Dann begann die Phase des Misstrauens gegenüber meinen Mitmenschen. In dieser Zeit hatte ich noch eine Begegnung mit Robert. Ich konnte nicht mehr unterscheiden, wem ich trauen konnte, und wusste nicht, was ich sagen durfte. Dieses Misstrauen war gegenüber jedermann extrem geworden. In der Zeit, während der ich mit ihm sprach, war es noch auszuhalten, aber nach diesen Gesprächen wurde es ganz entsetzlich. Horrorvorstellungen, Schuldgefühle und unglaubliche Angstzustände traten ein. Es war entsetzlich. Ich war in permanenter Aufruhr und wurde von den inneren Stimmen in der Wohnung hin- und hergeschickt. Immer noch nahm ich geistig zum Teil ernst zu nehmende spirituelle Inhalte wahr, auf die ich jedoch mit Wahnvorstellungen reagierte.

An einem Tag holten Robert und Maria mich in einem völlig aufgelösten Zustand ab, um mit einem befreundeten Inder essen zu gehen. Es war mir kaum noch möglich, mich in einem „normalen" gesellschaftlichen Rahmen angemessen zu verhalten und den Gesprächen zu folgen. Innerlich war ich dabei permanent auf der Suche, endlich zu wissen, was ich jetzt tun sollte, was richtig ist. Meine Gedanken kreisten nur noch darum. Dies war eines der Hauptsymptome. Zwischendurch fühlte ich mich so bedroht von ihnen, dass ich Doris von einem Fernsprechapparat anrief, ob sie nicht auch noch kommen könnte. Doris merkte jedoch, dass dieses Bedürfnis aus meinen Ängsten heraus entstanden war. Einen Tag bevor Lore kam verabschiedete sich Robert, weil er in die Schweiz zurückflog.

Zeitweise hatte ich das Gefühl, mein Appartement gar nicht mehr verlassen zu können und zog mich darin zurück. Dann wiederum glaubte ich, sofort nach Hause fliegen zu müssen. Ich packte mehrmals alle Koffer und räumte alles auf. All das war extremst anstrengend, zumal ich seit Tagen kaum noch geschlafen hatte. Essen konnte ich auch nur wenig. Noch heute kann ich mir kaum vorstellen, woher ich die Kraft hatte, dies durchzustehen, gerade in Anbetracht der vorherigen Monate mit den lebensbedrohlichen Krankheitsphasen. Dann stellte ich alle meine Koffer vor mein Appartement und hatte mehrmals auch noch Probleme mit den Schlüsseln, was natürlich wieder in meinem „wahnhaften" Erleben eine Bedeutung hatte. Ich ging los und telefonierte mit dem Flughafen. Dort hatte ich Probleme, weil sie kein Deutsch verstanden. Ich versuchte Einheimische zu finden, die mir übersetzen sollten, aber alles klappte nicht.

Durch Zufall kam ein Therapeut vorbei, der in meiner Ferienanlage ein Praktikum machte. Er konnte mich in diesem aufgelösten Zustand natürlich nicht stehen lassen. Mit sehr viel Einfühlungsvermögen brachte er mich zu meinem Appartement zurück, stellte mit mir die Koffer wieder rein und unterhielt sich kurz mit mir. Das beruhigte mich für kurze Zeit. Danach hatte ich einen Termin mit Frau Dr. Fender. Sie hatte erkannt, wie schlecht es mir ging und war sehr bemüht um mich. Auf einen Zettel schrieb sie für mich einen Spruch von Rudolf Steiner:

> *Ich trage Ruhe in mir, ich trage in mir selbst die Kräfte,*
> *die mich stärken.*
> *Ich will mich erfüllen mit dieser Kräfte Wärme.*
> *Ich will mich durchdringen mit meines Willens Macht*
> *Und fühlen will ich, wie Ruhe sich ergießt in all mein*
> *Sein,*
> *Wenn ich mich stärke, die Ruhe als die Kraft in mir zu*
> *finden.*
> *Durch meines Strebens Macht.*

Als ich diesen Zettel in die Hand nahm (ohne ihn sofort zu lesen), durchströmte mich eine Kraft. Danach war ich für eine Zeit völlig frei von inneren Stimmen, Ängsten etc. Ich war vollkommen bewusstseinsklar. Das spirituelle Erlebnis darin erschien mir sehr eindrücklich. Die geistige Intention, ihr Bemühen um mich war Kraft geworden in diesem geschriebenen Papier und durch meine Offenheit konnte ich diese Hilfe darin gut aufnehmen und unmittelbar die großartige Wirkung spüren. Insgesamt jedoch war ich extremst durcheinander von all dem, was geschehen war. Robert und Maria hatten mir auferlegt, keinem im Therapeutikum von den Inhalten der „therapeutischen Arbeit" mit Robert etwas zu erzählen. Dies erschwerte die Gespräche mit der Ärztin natürlich erheblich. Um ihnen nicht zu schaden, schwieg ich trotzdem.

Zeitweise dachte ich wahnhaft, dass ich in allem ansteckend sein könnte. Es hatte sich in mir festgesetzt, dass ich glaubte, nur durch meine Anwesenheit, rein geistig, ansteckend zu sein.

Mein Bedürfnis nach Schutz wurde immer größer. Die ganzen Wochen zuvor hatte ich keine Sonnenbrille und auch trotz der intensiven Sonneneinstrahlung eher selten eine Kopfbedeckung getragen. Sicher wird diese ungewohnte Lichteinstrahlung zusätzlich dazu beigetragen haben, dass mein Zustand so eskalierte. Ich hatte keine Erfahrung mit viel Sonne. Zwischendurch bekam ich auch noch eine Augenentzündung. Mehrere Tage litt ich unter Ängsten, weil diese bei einer HIV-Grunderkrankung durch bestimmte Erreger in kürzester Zeit zum Verlust des Augenlichtes führen kann. Die Entzündung heilte jedoch durch Augentropfen. Das hohe Schutzbedürfnis führte dazu, dass ich mich sehr merkwürdig benahm. Zum Beispiel lief ich mit Regenjacke und aufgesetzter Mütze in der Mittagssonne durch die Stadt zum Zentrum. Es fiel mir wegen meiner inneren Ausnahmesituation immer schwerer, die Anpassungsregeln einzuhalten. Ich brauchte diesen Schutz tatsächlich. Mein Kopf glühte. Meine Füße waren kalt.

Kurz bevor Lore kam, wollte Frau Dr. Fender mit mir zu ihrem Freund Paolo fahren. Sie hatte die Hoffnung, dass er mir helfen könnte, weil er mich kurz vor diesem Zusammenbruch untersucht hatte. Je weiter wir uns mit ihrem Auto von der Unterkunft in die andere Stadt entfernten, desto intensiver wurden wieder meine Schutzlosigkeit, die inneren Stimmen und die Ängste. Ich hatte mehr und mehr das Gefühl, die Kontrolle zu verlieren, auseinanderzudriften. In mir wuchsen extremste Vorstellungen, was bei ihm noch alles passieren könnte, gerade, weil er wieder ein Mann war und die Auslöser traumatischer Erinnerungen durch Robert bereits so groß gewesen waren. Deshalb entschied ich, dass ich nicht zu Paolo fahren konnte. Frau Dr. Fender zeigte großes Verständnis, akzeptierte meine Einwände und wir fuhren zurück.

Abends wollte sie noch einmal nach mir sehen. Ich ging zurück ins Appartement. Dort wurden die inneren Stimmen wieder sehr stark. Dann wuchs der Eindruck, dass ich auch Dr. Fender nicht trauen dürfte. Übertragungen der schwierigsten Form fanden dann bei der Begegnung am Abend statt. In meinem inneren „Film" war sie auf einmal der Teufel, und dem Teufel durfte ich nicht trauen. So glaubte ich, die Tür nicht mehr öffnen zu dürfen, und tat dieses auch nicht. Ich musste schließlich alles richtig machen, und wenn ich es nicht tun würde, so hatte ich die innere Gewissheit, würde noch Schlimmeres geschehen. Nur dadurch, dass Frau Dr. Fender irgendwann stark husten musste, empfand ich großes Mitgefühl für sie. Sie tat mir so leid, dass ich ihr doch öffnete und ganz kurz mit ihr reden konnte. Sie wollte mir eine Spritze geben, aber ich hatte extremste Angst, mich anfassen zu lassen, sodass es überhaupt nicht möglich war.

Dazu kam, dass ich Angst hatte, dass sie sich bei der Spritze anstecken könnte. Ein großes Thema dieses Schwellenerlebnisses war auch, dass ich große Ängste hatte, jemanden mit AIDS anstecken zu können. Zeitweise dachte ich wahnhaft, dass ich in allem anstecken könnte. Es hatte sich in mir festgesetzt, dass ich glaubte, nur durch meine Anwesenheit, rein geistig, ansteckend zu sein. Es war entsetzlich.

Meine Verwundung, die ich mir in dieser außergewöhnlichen selbstzerstörerischen Situation durch das Ritual zugefügt hatte, konnte ich ihr auch nicht zeigen. Niemand durfte sie sehen oder anfassen. Ich hatte Klopapier darumgewickelt. Eine große Brandblase hatte sich in meiner Innenhand gebildet. Hinzu kam die Angst, dass sie aufplatzen würde und durch eine Infektion zu einer größeren Bedrohung führen könnte. Später bat ich die Ärztin um Verbandmaterial.

Irgendwann begann die Zeit, in der ich das Gefühl bekam, gar nichts mehr sagen zu dürfen. Es ging nur noch über Nicken. Der Grund dafür war, dass ich die Erfahrung gemacht hatte, noch mehr Schutz zu verlieren, wenn ich etwas gesagt hatte. Dadurch wurde meine Angst, die Kontrolle nicht mehr behalten zu können, noch größer. Mir war klar, dass es das Wichtigste war, meine Seelenkräfte, die sich ins Unendliche ausgedehnt hatten, so gut wie möglich zusammenzuhalten. Dabei merkte ich, dass es hilfreich war, möglichst nicht zu sprechen. Auch hatte ich immer Ängste, etwas zu sagen, was nicht im Einklang mit meinem inneren Schutzbedürfnis stand und was dann wiederum Konsequenzen haben könnte. Nach jedem Kontakt, der in meinem Appartement stattgefunden hatte, musste ich mich hinterher mit den dabei entstandenen Energien schmerzvoll auseinandersetzen.

Wie bereits erwähnt, war es eines der Hauptmerkmale meines Ausnahmezustandes, alles richtig machen zu müssen, und die Angst vor Strafe. Dafür versuchte ich alles, was mir begegnete und geschah, einzuordnen, indem ich mich fragte, was es bedeutet, was richtig ist, wie das Leben wohl funktioniert. Ich suchte permanent danach, was ich zu tun hatte, damit ich mich „richtig" fühlen konnte. Nur wenn ich dem folgte, konnte ich mich selbst ertragen.

Die ganzen Tage war es so, dass ich kaum allein entscheiden konnte, welche Socken ich anziehen, ob ich duschen sollte. Jede kleinste, alltäglichste Handlung war mit ungeheuren inneren Fragen und Kämpfen versehen.

Bevor Lore kam, um mich abzuholen, säuberte ich das ganze Appartement und räumte alles auf. Sie erreichte nachts die Insel und fuhr direkt zu mir, begleitet von der Ärztin. Ich konnte es zuerst kaum fassen, dass diese Person, die nun bei mir war, Lore sein sollte. Es war so, als wäre sie nicht die Lore, die ich von zu Hause her kannte. In den folgenden Tagen sollte es zu vielen inneren Wechseln kommen, und je nachdem konnte ich ihr trauen oder nicht. Manchmal erlebte ich sie in der Übertragung eines göttlichen Wesens. Dann hörte ich auf alles, was sie sagte. Mal war sie jemand, der mir was Schlechtes wollte. Dann war ich misstrauisch. Dann wiederum glaubte ich, dass die Welt nicht mehr die sei, die sie vorher war, alle Menschen zu Hause nicht mehr wie vorher sein könnten oder ich sie nicht wiedersehen würde. All das war extrem verzweifelnd, anstrengend und beängstigend.

Lore war natürlich sehr erschöpft nach ihrer Ankunft. So ging sie erst mal schlafen. Bei mir folgte wieder eine fast schlaflose Nacht. Insgesamt war Lore eine Woche auf der Insel. Während dieser eigentlich langen Zeit war es mir nicht möglich, ihr davon zu erzählen, was mit Robert geschehen war. Ich hatte Angst, ihn und Maria zu verraten und fühlte mich schuldig. Ihr gegenüber nahm ich mich sehr zurück mit meinen Äußerungen über die innerlich stattfindenden Prozesse. Deshalb wirkte ich auf sie nicht so verwirrt, wie ich mich selbst empfand, und sicher auch tatsächlich war. Es war trotz meines psychischen Ausnahmezustandes immer noch so, dass ich eine sehr starke Wahrnehmung für die Grenzen und Bedürfnisse der mich umgebenden Personen hatte. Dadurch spürte ich sofort, wenn ich ihnen zu viel war, wenn jemand es nicht mehr aufnehmen konnte oder Zeit für sich selbst brauchte. Lore wurde deshalb nie überfordert und sie konnte mir immer, wenn ich sie wirklich brauchte, hilfreich zur Seite stehen. Dadurch konnte ich jedoch nur einen Bruchteil von dem sagen und zeigen, was sich wirklich in mir abspielte. Dies war sicher auch sehr sinnvoll.

Den Großteil der nun folgenden Woche verbrachten wir mit Umräumen. Es war uns wirklich nicht ein Mal möglich, zum Meer hinunterzugehen. Für Lore wurde erlebbar, dass jede Entscheidung für mich eine solche Bedeutung bekam, als hinge mein ganzes Leben davon ab. Mir fehlte es absolut an Unterscheidungskräften. So konnte ich nicht erkennen, was in der momentanen Situation Priorität hatte. Auch hatte ich Schwierigkeiten mit dem Umsetzen der alltäglichen Notwendigkeiten. Meine Gedanken waren kaum zu ordnen oder zu begrenzen. Lore gab sich all diesen Schwankungen und Unverhältnismäßigkeiten in absolut erstaunlicher Weise hin. Sie war in einem Zustand, in dem ich spürte, dass sie nicht urteilte, sondern wirklich versuchte, mir in dieser existentiell schwierigen Situation zu dienen in der Weise, wie ich sie in jedem Moment brauchte, auch, wenn aus ihrer Sicht sicher vieles nicht zu verstehen war. Dies tat sie in einer sehr bewundernswerten Art und Weise. Ihre Gelassenheit und ihr Vertrauen, das sie mir vermittelte in meinen extremsten Angstphasen, waren eine große Hilfe und vieles konnte mir für den Moment auch helfen. Ihre langjährige intensive Meditationspraxis zeigte sich hier in diesem Ausnahmezustand für mich als sehr wertvoll.

Ich kann sie dafür nur bewundern. Sowohl Lore als auch Frau Dr. Fender haben in ihrem Dienen eine menschliche Größe gezeigt, wie sie kaum zu beschreiben ist. Ich kann mir vorstellen, dass es bei mir zu fatalen Ängsten oder Durchdrehen hätte führen können, wenn sie mich nicht ernst genommen hätten oder mich in dem Moment nicht einfach hätten machen lassen, was mir in meiner verworrenen Wahrnehmung wichtig war. In jedem Moment haben sie mir gegenüber mit dem größtmöglichen Respekt und Verständnis reagiert. Sie beide hatten keinerlei psychiatrisch fachliche Erfahrung und Kompetenz, und doch reagierten sie aus ihrer Menschlichkeit perfekt. Nur dadurch konnte ich diese schwere Lebenssituation bewältigen.

Auch im Nachhinein erscheint mir dieser Umgang das Beste gewesen zu sein, was mir in diesem Ausnahmezustand hätte passieren können. Gerade bei Psychosen würde „man" sicher davon ausgehen, dass „man" über den Menschen bestimmen müsste. Ich jedoch habe die Erfahrung gemacht, dass es nicht darum ging, mich in einem solchen Zustand von etwas zu überzeugen zu wollen oder von vielleicht „verrückt" erscheinendem abzuhalten. Hilfreich war eher, mich einfach machen und denken zu lassen, wie ich es glaubte zu brauchen. Nur so musste ich mich nicht wehren und konnte mich in die wirklich wichtigen Notwendigkeiten auch leichter einordnen.

In den ersten Tagen mussten wir eine Sonnenbrille kaufen. Dies allein war ein sehr aufwändiges Erlebnis. Stunden hat es gedauert! Während der ganzen Tage war es so, dass ich kaum allein entscheiden konnte, welche Socken ich anziehen, ob ich duschen sollte, jede kleinste, alltäglichste Handlung war mit ungeheuren inneren Fragen und Kämpfen versehen. Wenn ich mich so zerrissen fühlte, musste ich Lore immer wieder fragen, was ich jetzt tun sollte. Wenn ich dann endlich die Entscheidung zum Duschen oder ins Bett gehen getroffen hatte, dauerte es immer noch lange Zeit, bis ich die Schritte auch nacheinander umsetzen konnte. Meine Verbindung zu dieser Realität und vor allem zu meinem Körper war kaum noch vorhanden. Zu jedem Schritt musste ich mich innerlich zwingen, um weiterzukommen, ohne wieder in endlose innere Dialoge zu verfallen.

Beispielsweise, wenn ich Socken anziehen wollte: Erst dauerte es lange Zeit, in der meine Gedanken über verschiedenste Dinge verselbständigt in mir wirkten. Dann musste ich mich irgendwann zwingen, zu überlegen, welche Socken ich anziehen möchte, dann wieder dauerte es, bis ich wusste, wie ich die Socken anziehen kann, und dann musste ich es mit unglaublichem Willen auch tun, was noch länger dauerte. Es war eigentlich eine so leichte Alltagstätigkeit, die jedoch durch das Auseinanderdriften der Wesensglieder zu einem der schwierigsten Probleme für mich wurde.

Nach fünf Wochen auf der Insel war der Umzug zurück ins Hauptzentrum vorgesehen, weil keine dauerhafte Unterbringung für die von mir beabsichtigten sechs Wochen Gesamtaufenthalt im Zentrum möglich gewesen war. Es war unglaublich, mit welchem Aufwand der Umzug verbunden war, bis ich alle Koffer gepackt hatte. Aufgrund meiner inneren Zwänge und Ängste musste alles an einem bestimmten Ort sein, alles in einer bestimmten Weise behandelt und das Appartement in einer bestimmten Weise verlassen werden. Ich musste über alles die Kontrolle haben, sonst war ich überwältigt von inneren Schwierigkeiten. Lore hatte eine unfassbare Geduld bei all dem Ungewöhnlichen. Ich war völlig außer mir und überfordert.

Einerseits musste ich Dinge tun, die nicht einem gesunden Menschenverstand entsprachen, andererseits war ich mir in jedem Moment darüber bewusst, dass sich diese, meine inneren Auffassungen von denen der mir immer noch bekannten und nachvollziehbaren Realität unterschieden.

Zwischendurch hatte ich zum Beispiel das Gefühl, dass ich alles vernichten musste, was ich in dieser schwierigen Zeit geschrieben hatte, auch alle Unterlagen von Bärbels Heilmethoden und auch andere, eigene Schriften. Ich habe Stunden damit zugebracht, alles in kleinste Schnipsel zu zerreißen. Dann konnte ich sie nicht verbrennen und habe sie mit Wasser bespritzt. Immer wieder hatte ich Angst vor Verrat, dass meine Unterlagen in die „falschen" Hände geraten oder mir geklaut werden könnten. Mein Testament, das ich vor meiner Abreise geschrieben hatte, habe ich verbrannt.

Dann wiederum entstand in mir der Wahn, dass ich glaubte, alles sei mit AIDS infiziert und müsste verbrannt werden, die Bettwäsche, alles im Appartement. Ich gab der Besitzerin Geld, damit sie wenigstens die Bettdecke und -bezüge vernichten sollte. Einerseits musste ich Dinge tun, die nicht einem gesunden Menschenverstand entsprachen, andererseits war ich mir in jedem Moment darüber bewusst, dass sich diese, meine inneren Auffassungen von denen der mir immer noch bekannten und nachvollziehbaren Realität unterschieden. Es war sehr schwierig, mich in dieser befremdlichen Realität ernst zu nehmen und ihr zu folgen. Ich brauchte diese Art von Umgang und den dadurch entstehenden Schutz. Da ich sowohl Lore als auch der Ärztin vermitteln konnte, dass ich die Anbindung an ihre Realität immer noch im vollen Maße hatte, aber trotzdem nach dieser inneren verschobenen Wahrnehmungen agieren musste, um mich zu schützen, unterstützten sie mich darin und nahmen mich wirklich ernst. Ich hatte in keinem Moment das Gefühl, dass sie mir Urteilskraft absprachen oder über mich bestimmen wollten, weil sie mir diese vielleicht nicht mehr zutrauten. Sie versuchten beide, mich nach all ihren Möglichkeiten zu unterstützen, sodass ich durch diese absurd erscheinenden Verhaltensweisen mein Gleichgewicht halten konnte. Genau darum ging es, meine Stabilität wieder herzustellen. Mir ist auch klar, dass es zu schwierigsten Konsequenzen hätte führen können, wenn Lore und die Ärztin nicht zu dieser Hingabe und diesem Vertrauen in meinen Prozess fähig gewesen wären.

Mehrmals in dieser Woche hatten wir Kontakt mit Maria. Diese Gespräche waren jedes Mal, aufgrund der Erinnerungen an Robert, Auslöser von starken inneren Schwankungen. Lore merkte, dass mir dies schadete. Irgendwann entschloss sie, dass wir mit Maria nicht mehr über ihn sprechen sollten, weil ich danach wieder völlig außer mir war. Es war schon schwierig für mich, wenn sie bei uns im Appartement war, weil ich danach immer die Herausforderung hatte, mit der energetischen Schwingung umzugehen, die durch sie von ihm übermittelt wurde und die dann im Raum war.

Das Aufwändigste in dieser Woche war das Wäschewaschen. Die

ganze Zeit zuvor hatte ich es nicht geschafft, Wäsche zu waschen. Wir verbrachten fast einen ganzen Tag damit, dies in einer Wäscherei zu erledigen. Ich kann mich noch vage daran erinnern, mit welchen unendlichen Mühen alles wegen meiner vielen inneren Schwierigkeiten verbunden war. Der Hygienewahn, den ich dabei verfolgen musste, war schon erstaunlich. Alles musste exakt nach meinen irrealen Vorstellungen vollzogen und behandelt werden. Manchmal erschien es sogar mir komisch und ich konnte mal darüber lachen, aber insgesamt war mir alles andere als zum Lachen zumute. Es war extrem anstrengend und von leidvollen Auseinandersetzungen geprägt.

Zwischendurch hatte ich unfassbare Not, nicht von der Insel zu kommen. Ich glaubte, nur im Krankenflugzeug fliegen zu können und dabei betäubt sein zu müssen.

Frau Dr. Fender hatte Lore gebeten, aus Deutschland Psychopharmaka (Neuroleptika) mitzubringen. In diesem Land waren sie verboten. Es war nicht leicht gewesen, den Apotheker davon zu überzeugen, ihr diese verschreibungspflichtigen Medikamente ohne Rezept zu geben, weil es für Lore so eilig war. Diese Tabletten nahm ich in einer mittleren Dosierung seit ihrer Ankunft. Die Hilfe, die zur Stabilisierung führte, kam sicher auch von diesen Medikamenten, jedoch in viel höherem Maße durch die Hilfe und menschliche Zuwendung, die Lore mir geben konnte. Im Nachhinein bin ich immer noch der Überzeugung, dass die bewusste Anwesenheit eines Menschen in einer „Psychose" allein ausreichend sein kann, um den kranken Menschen immer mehr in die Realität „zurückzuholen", dessen Anbindung in dieser Krankheitszeit zu schwach ist. Ich nahm die Medikamente nur, weil ich wusste, dass wenn ich mich völlig gegen die Hilfen der Ärztin gewandt hätte, dies zu noch größeren

Schwierigkeiten geführt hätte. Es war ein Kompromiss, bei dem es sicher sinnvoll war, ihn einzugehen, weil sie mir in anderen Punkten so weit entgegenkam.

Immer noch konnte ich kaum schlafen. Wenn ich überhaupt schlief, hatte ich entsetzliche Alpträume. Immer wieder ging es um meine seelischen Schwierigkeiten, um Gewalt, Schuld und Angst. Ich hatte sehr eindrückliche Träume, die ich nie vergessen werde und die mehrere Jahre danach noch wichtig für mich waren. Seltener gab es auch hellsichtige Träume aus geistigen Ebenen, die mich führten, mir Erklärungen gaben und mir halfen. Vielmehr träumte ich, was alles passieren könnte, wenn wir mit dem Flugzeug nach Hause fliegen würden, und es war entsetzlich. Diese Träume habe ich keinem erzählt. Es war sicher die schwierigste Herausforderung, meine tatsächlichen Erlebnisse zu offenbaren, ohne die Anderen in die Ängste zu verstricken oder mich als wahnhaft abstempeln zu lassen. Ich merkte, dass ich sehr stark in diesen für mich real erlebten Horror gefangen war, aber die Anderen nicht mit reinziehen durfte. Einerseits war es notwendig, dass sie mich ernst nehmen, andererseits musste ich klar damit umgehen, dass meine Wahrnehmungen tatsächlich verschoben waren. Dabei empfand ich die Verantwortung, entscheiden zu müssen, ob ich mich mit diesen starken Ängsten und Wahrnehmungen halten kann oder ob die Gefahr für mich und anderes dadurch zu groß werden könnte. Meine Bedenken bezogen sich darauf, dass meine Gefühle während des Fluges eskalieren könnten. Etwas mussten sie von meinen Erlebnissen wissen, um einschätzen zu können, was im Umgang mit mir notwendig war.

Zwischendurch hatte ich unfassbare Not, nicht von der Insel zu kommen. Ich glaubte, nur im Krankenflugzeug fliegen zu können und dabei betäubt sein zu müssen. So telefonierte die Ärztin mit meinen Versicherungen, aber es klappte nicht. Gott sei Dank - im Nachhinein! Dann glaubte ich, ich müsse einfach da bleiben und auf der Insel etwas im Garten arbeiten, oder Ähnliches tun. Ein anderes Mal wollte ich nur noch mit dem Schiff fahren, nicht fliegen. Was ich alles an Horrorvorstellungen und Ängsten entwickelt habe in dieser Zeit, sucht sicher seinesgleichen.

Irgendwann bekam ich das Gefühl, dass ich alles wegschmeißen müsste, was ich wirklich liebte. Auch dies scheint in Psychosen typisch zu sein. Noch heute jammere ich meiner Lieblingsjacke hinterher, eine Jeansweste, die ich von meiner Cousine bekommen hatte. Immer noch würde ich so gerne eine Jacke in dieser Art wiederhaben. Auch eine kurze olivefarbene Latzhose, an der ich sehr gehangen habe, musste ich weggeben, und alles Mögliche mehr, was ich wirklich liebte. Bei zwei neuen, schönen Kleidern griff Lore das einzige Mal ein und sicherte sie, bevor ich sie verschenken konnte. Die Sachen wurden auf der Insel an arme Menschen verteilt, was es mir sehr viel leichter machte, sie herzugeben.

Bei diesem Erlebnis hatte ich das Gefühl, dass alles, jeder Gegenstand und jede Begegnung eine Kraft hat, und ich musste viel tun, um mit diesen Energien umzugehen. Grundsätzlich glaube ich, dass ich in diesem Erlebnis etwas bewusst wahrgenommen habe, was grundsätzlich tatsächlich existiert. Jede Materie besteht aus Energie und hat somit eine Ausstrahlung. Wie ich sie jedoch wahrgenommen und eingeordnet habe, war für mich sehr verwirrend und beängstigend. Mir fehlte die Möglichkeit, diese Wahrnehmungen für mein Leben nutzbar zu verarbeiten, weil mir in dieser Zeit die Abgrenzung und Unterscheidung fast unmöglich erschien.

Die ganze Woche waren wir nur mit Packen und meinen inneren Prozessen beschäftigt. Mit wie viel Liebe, Geduld und vor allem Vertrauen Lore dies schaffen konnte, beeindruckt mich noch heute. Immer wieder hat sie meditiert. Dies wirkte sicher ausgleichend für sie, um die Aufgaben mit mir leisten zu können. Mehrmals habe ich zu Lore gesagt, dass Frau Dr. Fender krank auf mich wirke. Ich konnte es wahrnehmen. Einige Zeit nach meinem Aufenthalt habe ich mit ihr wieder telefoniert. Frau Dr. Fender war nach Deutschland zurückgezogen. Ich wollte mich unbedingt bedanken für ihre hervorragende Leistung als Ärztin. Sie erzählte mir, dass sie Krebs hätte. Einige Zeit später ist sie gestorben. Ich habe Frau Dr. Fender sehr viel zu verdanken.

Endlich konnte ich nach Hause zurückfliegen. Alles verlief gut, ich habe keinen Menschen angegriffen, bin nicht Amok gelaufen, habe die Kräfte des Flugzeuges nicht fehlgeleitet und all die verrückten Dinge gemacht, vor denen ich im Voraus Ängste hatte. Wir fuhren nach meiner Ankunft mit dem Taxi vom Flughafen sofort zum Krankenhaus. Auf diesem Weg hatte ich das Gefühl, dass ich gar nicht mehr in die Psychiatrie bräuchte, weil es mir besser ging. Deshalb bat ich Lore, mich doch lieber mit nach Hause zu nehmen. Lore hat mir später erzählt, dass sie nur ein einziges Mal während ihrer Begleitung durch mich durcheinander geriet. Das war während dieser Taxifahrt. Ich hatte auf einmal große Angst vor der Psychiatrie und fühlte mich auch besser. Lore tat sich sehr schwer damit, einzuschätzen, ob sie mich wirklich mit nach Hause nehmen könnte. Nach längerem Überlegen entschied sie sich dagegen, weil ich zu Hause zu wenig Betreuung hätte und hier besser aufgehoben wäre. Das war sicher auch richtig.

Es war bereits 23 Uhr, als wir im Krankenhaus ankamen. Zuerst hatten wir ein kurzes Aufnahmegespräch mit dem diensthabenden Arzt. Dann kam ich in ein Überwachungszimmer auf der geschlossenen Psychiatrie. Ich kann mich erinnern wie sehr ich gefroren habe, weil es in Deutschland extrem viel kälter war. Die Krankenschwester brachte mir eine Wärmflasche und ein Medikament zum Schlafen.

Die ersten Tage war ich völlig verunsichert. Den ganzen Tag beschäftigten mich die Gedanken, herauszufinden, was ich tun sollte, was richtig ist. Immer noch wollte ich am liebsten sterben. Ich fühlte mich völlig durcheinander und vor allem haltlos, unerträglich. Die geschlossene Station war natürlich auch furchtbar. Die Ängste vor solchen Erlebnissen, wie ich sie als Krankenschwester im Umgang mit Patienten in der Psychiatrie gehabt hatte, beeinträchtigten mich extrem. Als Krankenschwesternschülerin und später ausgebildet habe ich zu einer Zeit in der Psychiatrie gearbeitet, in der die Patienten noch häufig angebunden wurden, in eine „Gummizelle" gesperrt, in der sie allein „wüten" konnten oder mit Medikamenten zugedröhnt wurden. Die Ängste davor, dass mir ähnliches nun als Patientin auch passieren könnte, ließen mich nicht los.

Zusätzlich zu diesen Erinnerungen belastete und beängstigte mich der Kontakt zu den schwer psychisch erkrankten Mitpatienten. Es gab kaum Hilfe durch Gespräche oder andere Menschen. Dies war sehr schlimm. Hinzu kommt, dass manche Mitarbeiter in geschlossenen Psychiatrien dazu neigen, den Patienten gegenüber Macht auszuüben. Besonders bei einer Mitarbeiterin spürte ich dies deutlich. Sie selbst hat davon sicher nichts gemerkt. Bei mir löste es jedoch sehr große Ängste aus, ihnen ausgeliefert zu sein, gerade, weil ich tatsächlich aus einer geschlossenen Abteilung nicht „flüchten" konnte.

Immer noch war ich extrem schutzbedürftig. Ich wollte meine Seidentücher nachts um den Kopf, und meine Tasche um den Bauch tagsüber. Bei der Aufnahme in geschlossenen Psychiatrien werden jedoch alle mitgebrachten persönlichen Gegenstände vom Pflegepersonal durchgesehen. Dabei wurden mir alle Seidentücher, die Tasche, meine Aura-Soma-Flaschen etc., alles, was vielleicht für einen Suizid benutzt werden könnte, abgenommen und verschlossen. Ich empfand das als demütigend.

Es war Ende November, als ich eingewiesen wurde, und somit Advent. Auf der Station bastelten wir für Weihnachten. An einem der ersten Wochenenden kamen meine Mutter und mein Bruder und brachten mir Wintersachen. Meine Mutter machte sich große Sorgen. Sie konnte nicht verstehen, was mit mir passiert war und wie sie damit umgehen sollte. Mein Bruder zeigte sich - wie immer - cool nach außen. Was er wirklich fühlte, ist schwer einzuschätzen.

Er verdeutlichte mir, wie wichtig meine Verdrängungsmöglichkeiten für mein Überleben seien.

Auf der geschlossenen Station musste ich nach ein paar Tagen von der Überwachungsstation in ein anderes Einzelzimmer. Nach einer Woche wurde ich auf eine offene psychiatrische Station verlegt. Auch dort hatte ich glücklicherweise ein Einzelzimmer. Noch immer wirkten in mir massive Ängste, nur durch meine bloße Anwesenheit andere mit AIDS anzustecken. Ich erzählte dem Arzt davon. Meine Medikamententöpfchen und, wenn ich mich recht erinnere, auch mein Essensbesteck wurden deshalb extra desinfiziert. Dann erkundigten sich die Pflegenden bei einem Hygienebeauftragten. Der erklärte ihnen, dass ihre übertriebene Vorsicht überhaupt nicht nötig gewesen sei und es wurde geändert. Ich habe sehr unter dem Irrtum gelitten, dass ich andere Menschen so schnell anstecken könnte. Auch glaubte ich immer noch, dass ich da, wo ich bin und etwas sage, nur Unheil anrichten würde. Durch die Wahninhalte auf der Insel hatte sich dies so verselbstständigt, dass es permanent wirkte.

Heute weiß ich, dass es bei der anthroposophisch orientierten Biographiearbeit eine Methode ist, den Lebenslauf am 21. Lebensjahr zu spiegeln. Dies bedeutet, dass das 22. Lebensjahr eine Spiegelung des 20. ist, das 23. Lebensjahr eine Spiegelung des 19. usw. bis zum 42. Lebensjahr mit dem Geburtsjahr. Dabei erlebt der Mensch in der Zeit dieser Spiegelung eine ähnliche biographische Thematik mit einem erweiterten Bewusstsein und somit anderen Möglichkeiten des Verarbeitens und Umgehens.

Was in meiner Biographie diesbezüglich so interessant wurde, ist, dass dieses Schwellenerlebnis im Alter von 30 Jahren sich genau spiegelt mit dem Erlebnis, was ich im ersten Band beschrieben habe, als ich beim Jugendamt im Alter zwischen 11 und 12 Jahren von der Gewalt in unserer Familie erzählt hatte und mir nicht geglaubt wurde. Da ich selbst sehr wenig von meinen eigenen Emotionen aus dieser Zeit erinnere, gehe ich davon aus, dass ich hier im Alter von 30 Jahren den Schlüssel zu diesen Empfindungen wiederfinden konnte, die ich als Kind gehabt haben muss. Als Kind hätte ich diese starken Emotionen wie Angst und Schuld nicht aushalten können. Deshalb habe ich mich völlig aus der irdischen Realität in Schule und Umgebung zurückgezogen, wurde „abgeschoben" ins Internat und konnte in der Schule und in meiner Umwelt nur noch wenig wahrnehmen und darin reagieren. Diese selbstzerstörerische Selbsteinschätzung und Erwartungsangst, die dort bewirkt wurde, hatte jedoch in meinem Unterbewusstsein eine große Bedeutung und wurde im Alter von 30 Jahren in ihrem Ausmaß für mich klar. Ausgelöst wurde es an dieser Stelle meines Lebenslaufes durch die Erlebnisse mit Robert.

Als Kind wurde mir das dort wiedererlebte Schuldempfinden durch die vehemente Reaktion meines Vaters im Keller vermittelt. Die Ignoranz des Jugendamtes, Kinderschutzbund und der Schule gegenüber den gewaltsamen Verhältnissen, die sie von mir überzeugend vermittelt bekommen hatten, bewirkte noch zusätzlich diese verdrehte Selbsteinschätzung. Dieser Umgang mit mir als eigentlich hilfebedürftigem Kind kann nur ein tiefes Schuldempfinden und eine Verdrehung von Wahrheit und Verantwortung in mir erzeugt haben, das sich in diesem Erlebnis widerspiegelte und sich nun mit 30 Jahren so stark ins Bewusstsein drängte. Die Wirkung dieses nicht angemessenen Schuld-, Angst- und Verantwortungsempfindens wird mein Leben sicher stark geprägt haben.

Das Ausmaß der seelischen Wirkung dieser beiden Erlebnisse wurde mir auch beim Schreiben dieser Biographie bewusst. Nur diese beiden Stellen sind mir in meiner Lebenserinnerung extrem schwer gefallen zu beschreiben. Es war beim Schreiben und Überarbeiten jedes Mal eine große seelische Herausforderung wie an keiner anderen Stelle. Ich reagierte sogar mit starken körperlichen Symptomen. Als ich dieses Ereignis erstmalig im Alter von 31 Jahren beschreiben wollte, musste ich sogar mehrere Jahre mit dem Schreiben pausieren. Ich hatte es noch nicht verarbeitet und konnte es somit noch nicht verkraften, mich daran zu erinnern.

Zurück zu meinem Psychiatrieaufenthalt: Auf der offenen Station der psychiatrischen Abteilung war ich nur zwei Nächte. Die Ärzte kamen zu der Ansicht, dass ich zu den Patienten gehöre, die nicht rein psychiatrisch krank wären, sondern dass ich eine anspruchsvollere Psychotherapie auf einer separaten Psychotherapiestation machen könnte. So wurde ich wieder verlegt. Auf dieser Station bekam kam ich erneut ein Einzelzimmer. Der Pfleger versprach mir sofort beim Zeigen dieses Zimmers, dass ich nach den vielen Wechseln jetzt darin bleiben könne.

Doch es kam anders. Nach einer Nacht sollte ich schon wieder auf ein anderes Zimmer dieser Station umziehen. Dies konnte ich nicht verkraften. Ich bin völlig außer mir geraten und zu Benedikt und Renate gegangen und wollte auch zu Dr. Lauscher gehen. Auf keinen Fall wollte ich in diesem Krankenhaus bleiben. Ich wollte mich selbst entlassen. Zu diesem Zeitpunkt hatte ich einen leichten Rückfall in Wahnvorstellungen. Diese drückten sich in Ängsten aus, dass ein Richter kommen und mich dort zwangseinweisen würde. Ich machte dem Personal deutlich, dass mit einem völlig offenen, schutzlosen, verwirrten Menschen so nicht umgegangen werden darf. Nach diesem Horrortrip auf der Insel war ich innerhalb von zehn Tagen in vier verschiedenen Zimmern und drei verschiedenen Stationen mit jeweils neuem Pflegepersonal und Ärzten gewesen. Das war furchtbar, ich war so haltlos. Der zuständige Stationsarzt, Dr. Rüter, konnte dies einsehen und so blieb ich bis zur Entlassung in diesem Zimmer. Nachdem er mich in meiner Aufruhr erlebt hatte, forderte er jedoch, dass ich die doppelte Menge an Neuroleptika nehmen sollte.

Nach ungefähr zwei Wochen auf der Station löste Dr. Rüter eine starke seelische Belastung bei mir aus, indem er mir bei einem Gespräch vor dem Wochenende vorwarf, dass ich mit ihm „Katz und Maus", „Hei tei tei" spielen würde. Er äußerte sogar, dass ich Theater mit dem therapeutischen Team spielen würde. Dies würde er nicht mitmachen wollen. Ich war entsetzt. Das ganze Wochenende war ich wie durchgedreht. Für mich war es überhaupt nicht zu verstehen, was er meinen könnte. Natürlich fühlte ich mich wieder schuldig, versuchte, verstanden zu werden, war haltlos, außer mir und verunsichert. In meiner Not wandte ich mich an das Pflegepersonal, aber auch die konnten mir nicht wirklich helfen. Bärbel beruhigte mich und sagte entschieden, dass er sich entschuldigen würde. Sie wusste, dass er nicht richtig mit seinen Äußerungen lag. Björn ging eher ironisch mit der Aussage des Arztes um. Er war der Meinung, dass ich gar nicht in der Lage dazu wäre, Theater zu spielen. Ich könnte ja noch nicht mal lügen. Bei mir würde man alles immer unmittelbar merken und wüsste immer, wie man dran wäre.

Erst einige Wochen später hat Dr. Rüter sich tatsächlich entschuldigt. Er teilte mir mit, dass sie als therapeutisches Team bislang nicht begriffen hätten, was die Grundlage meines Leidens sei. Jetzt erst hätte der Oberarzt erkannt, dass ich ein spirituelles Schwellenerlebnis gehabt hätte. Rudolf Steiner hätte vorausgesagt, dass die Menschheit zum Ende des Jahrtausends über eine Schwelle gehen würde. Nur wenige Menschen würden bewusst über diese Schwelle gehen. Rudolf Steiner hätte auch vorausgesagt, dass es bei diesen Menschen zu solchen Erlebnissen kommen könne, wie ich sie gehabt hätte. Dr. Rüter teilte mir mit, dass in dieser Psychiatrie noch kein Patient mit einem solchen Erlebnis behandelt worden sei und sie meines deshalb auch bislang nicht einordnen konnten. Er entschuldigte sich dafür, dass ich falsch behandelt worden bin und er sich mir gegenüber so verletzend geäußert habe. Die Zeit bis zu diesem Gespräch war für mich sehr schwierig gewesen. Ich hatte natürlich wahrgenommen, dass ich nicht ernst genommen wurde und hatte sehr darunter gelitten. Jetzt konnte ich wieder etwas loslassen.

Beim Aufnahmegespräch auf diese Station war Dr. Rüter der Meinung gewesen, mein Therapieziel liege darin, dass ich dahin kommen müsste, ohne Hemmungen zu weinen. Durch die Erkenntnis der Ursache meines Leidens war Dr. Rüter nun nicht mehr dieser Ansicht. Genau das Gegenteil wurde für ihn jetzt wichtig. Er verdeutlichte mir, wie wichtig meine Verdrängungsmöglichkeiten für mein Überleben in meiner schwierigen Lebenssituation seien.

Gerade in der ersten Zeit auf dieser Psychotherapiestation war ich noch sehr haltlos, unruhig. Deshalb fing ich mit dem Stricken an. Da ich permanent starke Milzschmerzen hatte, strickte ich ein Bauchband, das ich zum Schutz tragen wollte. Ich verwendete orangene Wolle, Orange, weil es die Farbe für die Milz ist. Dann kam ich auf die Idee, dass ich hier die Zeit hatte, mit dem Schreiben an meiner Autobiographie anzufangen. Dies hatte ich schon seit mehren Jahren vor. Weil ich keinen Computer in der Klinik hatte, habe ich erst in Kladden geschrieben und später dann abgetippt. In den nachfolgenden Monaten schrieb ich die Biographie bis zu meinem Schwellenerlebnis auf der Insel.

Bärbel war während meines Aufenthaltes eine große Hilfe für mich. Mit ihr konnte ich über meine eigentlichen Nöte, die aus dem Schwellenerlebnis entstanden waren, sprechen. Die Gespräche in der Klinik hätten mir in Bezug auf die spirituellen Auswirkungen nicht ausgereicht. Selbst mit ihrer anthroposophischen Einstellung waren sie nur ansatzweise in der Lage, mir effektiv zu helfen, diese inneren Erlebnisse wirklich einzuordnen und mir nach diesen Verwirrungen einen neuen Zugang zu mir selbst zu verschaffen. Bärbel schrieb auch einen ausführlichen Brief an die Ärzte, der ihnen mehr Verständnis für mich möglich machte. Verständnis und Mitgefühl waren sehr nötig für mich in dieser Zeit. Ich litt unglaublich unter den Ereignissen auf der Insel. Bärbel war es immer möglich, mich zu beruhigen, wenn ich mit Ängsten überflutet wurde. Nur durch leichteste Auslöser im Alltag wurden die Existenzängste erneut aktiviert. Deshalb habe ich sie häufig angerufen.

Von Psychologen und Psychiatern wird immer wieder in Frage gestellt, ob es gut ist, psychiatrisch erkrankte, traumatisierte und/oder psychotische Menschen so intensiv zu unterstützen. Sie glauben, dass sie dadurch abhängig gemacht werden und in der Opferrolle verharren, anstatt ihr Leben wieder neu zu ergreifen, selbständig zu werden. Durch meine langjährige Erfahrung mit Bärbel und anderen therapeutischen Kontakten glaube ich dies nicht. Durch Bärbel hatte ich jahrelang einen festen, verlässlichen Halt. Ich habe ihre Hilfe so genutzt, dass auch sie selten überfordernd war. Außerdem übernahm ich die Verantwortung in Form ihrer Bezahlung (50 Euro pro Stunde) immer selbständig. Entsprechend meiner jeweiligen Lebensphase bin ich meinen Bedarf an Hilfe selbstverantwortlich umgegangen. In manchen Zeiten brauchte ich ihre Hilfe häufig, manche Monate fast gar nicht. Ich bin der Meinung, dass es sich gelohnt hat, so viel Geld und Einsatz in mein Schicksal, meine Entwicklung und Bewusstwerdung zu investieren. Daraus haben letztendlich alle um mich herum profitiert, denn sowohl Bärbel, als auch andere Therapeuten äußerten, wie wichtig ihnen der Kontakt zu mir sei.

In den ersten Wochen in der Psychiatrie fühlte ich mich wie besessen von der Verbindung zu Robert. Er schien durch Gedankenübertragung noch stark in mir zu wirken, ich verwickelte mich immer wieder, war wie gefangen darin. Deshalb hat mir Bärbel geistheilerisch geholfen, diese Verbindung aufzulösen. Das war sehr wichtig. Nach ihrer Hilfe und der bewussten Auseinandersetzung hatte ich diese leidvolle Einwirkung tatsächlich nicht mehr.

Eine starke zusätzliche Belastung war, dass ich während der gesamten Aufenthaltszeit im Krankenhaus nicht erzählen konnte, was mit Robert wirklich vorgefallen war. Ich habe zwar angedeutet, dass das Schwellenerlebnis durch die Körpertherapie eines Arztes ausgelöst worden sei, aber ich konnte nie etwas Konkretes erzählen, weil ich noch solche Ängste vor Robert hatte und mich schämte. Erst bei der Entlassung habe ich der Krankenschwester, der ich am meisten vertraut habe, etwas von dem sexuellen Missbrauch angedeutet. Sie teilte mir daraufhin mit, dass sie in ihrem Team nie an eine solche Möglichkeit gedacht hätten. Im Nachhinein gesehen wäre es sicher auch zu diesem Zeitpunkt für mich noch nicht zu verkraften gewesen, mich damit auseinanderzusetzen. Die Folgen wären zu aufwühlend gewesen. Durch das Schweigen war ich mehr in der Lage, nach diesen Horrorerlebnissen wieder etwas Stabilität aufzubauen. Sicher hätten die Ärzte mir auch raten müssen, Robert gerichtlich anzuzeigen. Ich glaube, dass ich dies nicht durchgestanden hätte.

Dabei handelt es sich um eine Entscheidung zwischen Leben und Tod, über das eigene Leben und Sterben - eine Herausforderung, die mit keiner anderen im Leben zu vergleichen ist.

Die Therapie, die mir am meisten Spaß gemacht hat, war der Sport. Dazu haben psychisch kranke Menschen eigentlich am wenigsten Lust. Typisch gerade für psychiatrisch kranke Menschen ist, dass sie Sport eher meiden, aber ich fühlte mich dabei sehr wohl. Es war super. Ich habe sogar freiwillig noch extra Sport gemacht. Beim wöchentlichen Schwimmen habe ich aufgrund der Gefahr einer Pilzinfektion jedoch nicht teilgenommen.

Während meines Aufenthaltes auf der Psychotherapiestation kam Dr. Lauscher wegen der Behandlung meiner AIDS-Erkrankung als Konsiliararzt der Inneren Station des Hauses (Konsil: ärztliche Überweisung an eine andere medizinische Abteilung während eines Krankenhausaufenthaltes). Er teilte mir mit, dass er der Meinung sei, dass ich so schwer krank sei, dass ich es jetzt nicht mehr ohne die AIDS-Chemotherapie weiter schaffen könnte. Auch, wenn es sein eigenes Karma mit beeinflussen würde, wenn ich es aufgrund seines Rates anfangen würde, müsste er mir dazu dringend raten. Seine klare Aussage war: Ohne die Chemotherapie würde ich nicht mehr weiter leben können.

Die nächsten Tage wurden wirklich schwer. Ich habe innerlich intensiv mit dieser Frage gerungen. Immer wieder war ich allein im Wald. Dort habe ich teils geschrien, um die Spannung rauszulassen, die sich aufbaute durch das Bewusstsein um die Konsequenzen dieser Entscheidung. Die Mitpatienten, die von meiner Infektion wussten, haben stark daran teilgenommen. Sie wollten, dass ich weiterlebe. Deshalb haben sie mir dazu geraten, die Medikamente zu nehmen. Dr. Rüter setzte mich nach einigen Tagen sehr unter Druck, nun eine Entscheidung zu treffen. Er hatte gemerkt, wie viel Kraft mich diese kostete. Deshalb wollte er endlich erreichen, dass ich mich festlege.

Dabei handelt es sich um eine Entscheidung zwischen Leben und Tod, über das eigene Leben und Sterben - eine Herausforderung, die mit keiner anderen im Leben zu vergleichen ist. Die Seele ist gefordert, Bewusstsein und Überblick zu schaffen, wobei jedoch eigentlich nur minimalste Einblicke in das Gesamtgeschehen des Lebens und die daraus folgenden Konsequenzen erfasst werden können. Dabei trägt sie in dieser Entscheidung eine Verantwortung, die mir immer noch als unmenschlich erscheint. Sie zerreißt einen. Deshalb glaube ich, dass der Einfluss aus der geistigen Welt doch letztendlich dazu beigetragen hat, die „richtige" Richtung zu wählen.

Ich habe mich dagegen entschieden. Im Rückblick erforderte es gerade in diesem Rahmen der Unterbringung in der Psychiatrie, unter Einfluss der Psychopharmaka, dem Druck der Ärzte und der tatsächlichen Lebensbedrohung durch die Krankheit sehr viel Mut und Kraft, mich gegen diese dringend empfohlenen heilversprechenden Medikamente zu stellen. Ich bin dankbar, dass ich diesen Mut und diese Kraft mit der Unterstützung der geistigen Welt erhalten habe. So konnte ich viele Jahre danach noch ohne diese starken Medikamente leben. Damit hätte niemand gerechnet. Alles sprach für einen weiteren schweren lebensbedrohlichen Krankheitsverlauf.

Es war ein großes Entgegenkommen von der Leitung dieses Krankenhauses, mir die Einnahme der Chemotherapie zu ermöglichen. Die Medikamenteneinnahme hätte zu hohen Folgekosten geführt.

Dr. Rüter hat mir später erzählt, dass das therapeutische Team immer wieder überlegt hätte, mich in ein Zweibettzimmer umziehen zu lassen. Sie hätten jedoch wahrgenommen, wie sehr ich von allem beeinflusst wurde, was um mich herum geschah, und sich deshalb dagegen entschieden. Dies bedeutete einen enormen finanziellen Verlust für das Krankenhaus. Darin drückte sich sehr viel Menschlichkeit aus in einer Zeit, in der die wirtschaftliche Lage der Krankenhäuser bereits schwierig war. Für Dr. Rüter war es beindruckend, wie sehr mich die Kosten beschäftigt haben. Dazu äußerte er, dass er noch nie einen Patienten erlebt hätte, der mit so viel Bewusstsein und Rücksicht sogar mit den Kosten, die durch ihn entstehen, umgegangen wäre.

Auf der Psychotherapiestation fand ich zu einigen Mitpatienten eine freundschaftliche Verbindung. Mehreren konnte ich durch meine Fähigkeit zu beraten hilfreich in der Bewältigung ihres eigenen Leidens zur Seite stehen. Zwischen Stefan und mir entwickelte sich eine dauerhafte Freundschaft, die noch heute besteht. Er war wegen einer Beziehungskrise sehr depressiv geworden und deshalb in psychotherapeutischer Behandlung.

Während des Aufenthaltes gab es noch eine sehr demütigende Begegnung mit dem Chefarzt. Er war nur ein einziges Mal zur Visite. Sie fand auf dem Zimmer statt. Dabei sprach er gar nicht mit mir selbst, sondern unterhielt sich nur mit Dr. Rüter. Seine Art der Äußerungen empfand ich bereits beleidigend. Dann jedoch fragte er Dr. Rüter, ob er wirklich glaube, dass es ein spirituelles Erlebnis gewesen sei, das ich gehabt hätte, oder ob ich nicht vielleicht der Modewelle der Esoterik folgen würde. Ich fühlte mich total gedemütigt von ihm, einem Chefarzt, der mich überhaupt nicht kannte, der sich nie mit mir beschäftigt hatte, der jedoch in meinem Beisein eine so beleidigend ausgesprochene Einschätzung äußerte, gerade in einem so persönlichen Bereich wie der eigenen Spiritualität.

Bei Stefan verhielt er sich genauso. Während der Visite fragte er Dr. Rüter, ob man bei Stefan nicht anstatt Depression eher die

Diagnose Hypochondrie (eingebildete Krankheit) stellen müsste. Unglaublich! Stefan war beruflich nach einem Unistudium in einer sehr gehobenen Position eines weltbekannten Unternehmens tätig. Ein solcher Mann geht bestimmt nicht wegen Hypochondrie in die Psychiatrie. Wie kann er als Chefarzt so etwas äußern? Die Macht und damit der Einfluss von Ärzten in der Psychiatrie kann entweder sehr heilend wirken, oder, wie in diesem Fall, eher vernichtend für einen ohnehin schon verunsicherten, leidenden Patienten sein.

Dr. Rüter empfahl mir später, mich längere Zeit nicht mehr mit Spiritualität zu beschäftigen, weil er der Meinung sei, dass diese dazu beigetragen hätte, das Schwellenerlebnis, diese Grenzenlosigkeit zu erzeugen. Aufgrund der gravierenden Auswirkungen, die sie mit mir erlebt hatten, äußerte er sogar, dass es wahrscheinlich lange Zeit nicht mehr möglich sein würde, mich damit weiter zu beschäftigen. Tatsächlich hatte ich selbst in dieser Zeit gemerkt, wie stark mich das Anhören von Mantrengesängen in diese übersinnliche Welt gezogen hat. Deshalb hörte ich sie bewusst nicht mehr. Ich entschied mich dafür, ungefähr zwei Jahre lang keine Aura-Soma-Produkte mehr zu benutzen, weil auch diese eine starke Wirkung auf die spirituelle Öffnung hatten oder starke seelische Prozesse in Gang setzten, die mich in dieser Zeit eher überfordert hätten. Seit einiger Zeit hatte ich häufiger Engel- oder Tarotkarten gezogen. Auch davon habe ich aufgrund seiner Einschätzung Abstand genommen. Heute weiß ich, dass es nur wichtig ist, das „gesunde" Maß und die geeignete Form zu finden, diese spirituellen Hilfen konstruktiv zur Selbstreflexion und zur eigenen Entwicklung zu nutzen.

Diese grundsätzliche Ablehnung der Hilfen, die mir vor dem Schwellenerlebnis wichtig gewesen waren, hatte noch einen anderen Grund: Nach schweren Krankheitskrisen habe ich immer alles hinterfragt, habe mich sehr unter Druck gesetzt. Ich glaubte, um so krank zu werden, musste ich irgendwo versagt haben. Es konnte nur deshalb zu diesem tiefen Einbruch gekommen sein. Dadurch stellte ich alles, was ich vorher benutzt oder getan hatte, in Frage. Dies war teilweise sehr selbstzerstörerisch, denn es löste alles Persönliche auf! Bis ich begriffen hatte, was ich mit dieser Art der Beurteilung meiner Selbst und dessen, was ich getan hatte, bewirke, habe ich Jahre gebraucht. Erst viel später wurde mir bewusst, dass ich mein Immunsystem, meine Persönlichkeit zerstöre, indem ich alles, was mich ausmacht, in Frage stelle und es als persönliches Versagen auffasse, wenn ich krank werde.

Diese Selbsteinschätzung, die sich in dem Gefühl des Versagens ausdrückt, habe ich nach wie vor nicht ganz gelöst. Aber ich habe Gott sei Dank begriffen, wie ich mich zerstöre, wenn ich mich in allen Bereichen meines Daseins be- und verurteile. So konnte ich mir nie gerecht werden, weil ich ohnehin nie so werden kann, dass alles perfekt läuft. Sicher ist bereits in der Erziehung und damit meinem Grundschicksal angelegt worden, dass ich so starke Selbstzweifel entwickelt habe, dass ich keinem Anspruch gerecht werden kann. Dahinter liegt die Angst vor Bemängelung, Strafe, die ich als Kind erlebt und auch auf die spirituelle Ebene übertragen habe. Die Instanz, die mich so massiv verurteilt, liegt jedoch in mir, nicht in Gott oder den äußeren Erlebnissen - wie zum Beispiel bei Konflikten, die ich um jeden Preis versuche zu umgehen. Lieber gebe ich alles Persönliche auf, als einen Konflikt zu erleben. So jedoch zerstöre ich mein - ICH - das, was mich in diesem Leben ausmacht, die durch Erfahrungen gewachsene Persönlichkeit. Diese innere Zerstörung, die durch meine festen moralischen Vorstellungen und Werte entsteht, zu stoppen, ist wohl ein Dauerthema meines Lebens. Es geht dabei darum, eine neue, selbst definierte Eltern-Instanz und damit eine neue Gottesinstanz aufzubauen. Sabine hatte es mal so bezeichnet, dass es nötig ist, die „Gottes-Kiste" aufzuräumen und eine neue Gottesdefinition zu finden, die gesunde Entwicklung möglich macht.

Auch das „Beelterm" wird in vielen Psychotherapien sehr unterstützt. Dies bedeutet, dass versucht wird, die Art des Umganges, den ich in der Kindheit von jemandem übernommen habe, der mir als Erwachsene heute schadet, in ein neues inneres „Elternkonzept" zu verändern. Dabei erschien es mir zum Beispiel notwendig, bei manchen entstandenen Schwächen verständnisvoller mit mir umzugehen. Die Instanz in mir, die verurteilt, ist extrem groß und übermächtig. Dies konnte ich über die nächsten Jahre hinweg deutlich verändern. Bei akut auftretenden Ereignissen, die diese neue Umgehensweise von mir erfordern würden, verselbständigen sich immer noch die alten Bewertungs- und Verurteilungsmuster. Der Unterschied zu vorher ist, dass ich es viel schneller wieder selbst ausgleichen kann, es mich nur kurz beeinträchtigt.

Erst viel später ist mir aufgefallen, wie stark diese Problematik generationsübergreifend in unserer Familie wirkte. Meine Mutter hatte sie von meinem Großvater übernommen und ich von ihr. Ich musste viele Jahre leiden, um dies zu begreifen. Meine Mutter wollte uns nicht verletzen. Auch sie war Opfer, Opfer der Erziehung ihres Vaters, der ähnlich gehandelt hatte wie sie selbst. Auch sie konnte kein gesundes Selbstwertgefühl aufbauen. Die Parallelität ihrer Erziehungsmethoden ist erstaunlich, obwohl es ihr so nicht bewusst ist. Sie identifiziert sich eher mit den seelischen Eigenschaften, die sie von ihrer Mutter übernommen hat, die sehr warmherzig und bemüht war. Dabei ist mir sehr bewusst, dass diese Charakterzüge ihrer Mutter in ihr tatsächlich überwiegen, jedoch nicht ausschließlich wirken. In der Zeit im Krankenhaus und danach hatte ich diese Grundlagen jedoch noch nicht begriffen, und somit wirkten sie noch lange danach.

Wer denkt in mir, wer fühlt in mir, was bin ich selbst, was ist mein Ich?

In anthroposophischen Einrichtungen und gerade in der anthroposophischen Psychiatrie finden intensive Gespräche über die Patienten statt. Immer wieder wird im Team reflektiert, wie der Patient wahrgenommen wird, welche Entwicklungen stattgefunden haben oder welche Veränderungen von Therapien oder Medikamenten vielleicht noch in Frage kommen könnten. Relativ am Ende meines Aufenthaltes teilte mir Dr. Rüter mit, welche Grundlage sie in meiner Schicksalssituation wahrnehmen würden. Vieles davon habe ich vergessen. Entscheidend jedoch blieb in meiner Erinnerung, dass er sagte, dass sie zu der Überzeugung gekommen wären, dass ich mein „Ich" (die in der anthroposophischen Weltanschauung höchste seelisch-geistige Instanz) an eine höhere Kraft abgegeben hätte. Dadurch würden sich auch der seelische Konflikt und die Zerrissenheit in mir erklären. Sofort entstand die Frage, welche höhere Kraft dies sein könnte. Es erschien mir irgendwie beängstigend, was Dr. Rüter sagte. Dazu äußerte er, dass es nur eine „gute" Kraft sein könnte. Sein Team nähme dies deshalb an, weil durch mich sehr viel Gemeinschaft, Verbindung und Weiterentwicklung entstehen würde. Keine „böse" Kraft würde Gemeinschaft schaffen können und diese wollen. Ich sei ein Mensch, der anderen Menschen viel Hilfe geben könnte und auch gibt. Dies hätten sie die ganze Zeit bei den Mitpatienten beobachtet und erlebt. Auch das therapeutische Team würde sehr viel durch mich lernen. Natürlich bräuchte ich im Moment auch selbst sehr viel Hilfe. Durch diese starken Kräfte, die durch mich in meinem Umfeld wirken würden, die entwicklungsfördernd und gemeinschaftsbildend seien, würden jedoch oft meine persönlichen seelischen Bedürfnisse nicht genügend berücksichtigt. Dadurch könnte die seelische Zerrissenheit, die sie an mir oft erlebt hatten, entstehen. Sie seien der Meinung, dass ich viel überpersönliches Schicksal tragen würde. Dies würde bedeuten, dass ich für andere Menschen viel bewirken und auch durchleiden würde. Er meinte, dass er weder in seinem privaten Bekanntenkreis, noch als Patient je einen solchen Menschen wie mich kennengelernt hätte.

Grundsätzlich habe ich Dr. Rüter als einen eher zurückhaltenden Psychiater kennengelernt, der wenig Gefühle und Persönliches zeigt. Am letzten Tag fühlte ich eine große Dankbarkeit ihm gegenüber, und so habe ich ihn gebeten, ihn umarmen zu dürfen. Ich empfand es als sehr besonders, dass er dies zugelassen hat. Nochmals sagte Dr. Rüter, dass er mir dankbar wäre, weil er und seine Mitarbeiter viel durch mich gelernt hätten. So hat sich mein Aufenthalt in der Psychiatrie nach den anfänglichen, teils schwer zu ertragenden Schwierigkeiten doch noch verwandelt.

Der Abschied war bewegend. Durch die Anerkennung des Arztes wurde ich sehr gestärkt. Die Mitpatienten schrieben eine Abschiedskarte, die mich noch lange seelisch getragen hat. Sie alle hatten zum Ausdruck gebracht, wie wichtig ich für sie gewesen war und wie sehr sie mich vermissen würden. Dies hat mir sehr viel Bestätigung gegeben. Natürlich hatte ich nach dieser langen Zeit (dreieinhalb Monate Psychiatrie, sechs Wochen auf der Insel, davor vier Wochen auf der Inneren Station, also insgesamt ein halbes Jahr nach der körperlichen Existenzbedrohung) auch Angst, zu Hause zurechtzukommen. Mitte März 1999 wurde ich entlassen. Ich konnte den Alltag besser meistern, als ich gedacht hätte. Durch die Überforderung während des Schwellenerlebnisses war mir klar geworden, wie wichtig es ist, möglichst wenig Reize auf mich wirken zu lassen. So habe ich viele Monate kaum Termine gemacht, die mich aufregen konnten. Jeden Mittag habe ich mich für mindestens eine Stunde ins Bett „gezwungen". Geschlafen habe ich in dieser Zeit mittags noch gar nicht. Schon in der Psychiatrie war meine Schlaflosigkeit ein Dauerthema gewesen. Jeden Tag ging ich mindestens eine Stunde im Wald spazieren und kochte sehr bewusst und regelmäßig für mich.

Dr. Rüter und der Oberarzt hatten mir vor der Entlassung mitgeteilt, dass die Immunschwäche, die durch die AIDS-Erkrankung entsteht, eine generelle Schutz- und Grenzenlosigkeit bewirken würde. Die Folgen meiner schweren traumatischen Erlebnisse hätten die gleiche Wirkung. Deshalb wäre aus ärztlicher Sicht eine dauerhafte Fortsetzung der Behandlung mit Neuroleptika (antipsychotisch wirksame Psychopharmaka) notwendig. Ich war schockiert! Das konnte ich nicht akzeptieren. Unter diesen Medikamenten fühlte ich mich nicht mehr ICH selbst. Da sich mein seelischer Zustand zu Hause stabilisierte hatte, setzte ich die Medikamente nach ca. drei Monaten selbständig ab. In dieser Zeit nach der Entlassung habe ich bewusst meine gesamten Kräfte mit viel Disziplin und Geisteskraft eingesetzt, um ins Leben zurückzufinden. So wurde es möglich, dass ich bis Ende des Jahres auch ohne Neuroleptika gut zurechtkam und keine problematischen Grenzerlebnisse mehr hatte. Dies konnte ich sogar ohne psychiatrische Betreuung oder Psychotherapie bewältigen.

So wurde das weitere Jahr 1999 ein Jahr mit wenigen Ereignissen. Bewusst mied ich zudem jede weitere Aufregung, um meine Lebensbasis wiederzufinden. In dieser Zeit wurden jedoch immer noch durch kleinste Ereignisse im Alltag starke Ängste und Schuldgefühle in Erinnerung an dieses Schwellenerlebnis aktiviert, was sehr quälend für mich war. Mit Bärbels Hilfe und meiner Selbstdisziplin musste ich lernen, besser damit umzugehen. Bärbel hat sich sehr viel Mühe gegeben, die wieder auflebenden Inhalte realistisch einzuordnen, damit ich mich nicht in quälenden Gefühlen und Vorstellungen verlor.

Zwischendurch habe ich bei Doris im Laden Aura-Soma-Beratungen gegeben oder verkauft, aber nicht mehr so häufig. In diesem Jahr konnte ich bei einer sehr guten Heileurythmistin anfangen, einmal die Woche Heileurythmie zu machen. Auch das habe ich selbst bezahlt. Jeden Tag über sehr viele Monate, fast Jahre habe ich selbständig diszipliniert Heileurythmie durchgeführt. Es war wichtig und hat mir sehr gut getan. Mehrmals habe ich in diesem Jahr die sehr konkrete Erfahrung machen können, dass ich völlig ohne Grenze im Gefühls- und Gedankenbereich war. Ich habe die Gefühle anderer Menschen gefühlt oder deren Gedanken geistig aufgenommen. Teils war ich sogar offen für die Empfindungen von wildfremden Menschen. Solche Erlebnisse hatte ich immer wieder, jedoch vorwiegend mit Menschen, die mir nahe waren. Ich spürte ihre Gefühle oder Gedanken oft bewusster als sie selbst. Wenn ich dies ansprach, bestätigte sich dies immer im realen Kontakt und wurde somit nachvollziehbar. Dadurch stellten sich mir die Fragen: Wer denkt in mir, wer fühlt in mir, was bin ich selbst, was ist mein Ich? Diese Fragen beschäftigen mich noch heute.

In der Zwangsjacke der modernen Psychiatrie

Anfang Dezember traute ich mich mit Lore zum ersten Mal in ein Konzert. Dabei muss ich wohl mit dem Herpes-Windpockenvirus in Kontakt gekommen sein. Zwei Tage danach bekam ich eine sehr schwere Gürtelrose. Ich hatte stärkste Nervenschmerzen im linken unteren Lendenwirbelsäulenbereich. Auch das linke Bein war betroffen. Ausschlag hatte ich nur wenig. Die Schmerzen waren jedoch so schlimm, dass ich nicht schlafen konnte und sogar Missempfindungen im Bein hatte, das eiskalt, fast blau wurde.

Dadurch kippte mein zuvor seelisch und körperlich gut ausgeglichener Zustand total. Die Schmerzen und die Schlaflosigkeit führten zu einem erneuten schweren Schwellenerlebnis. Diesen Zustand förderte noch, dass ich kurz vor der Menstruation stand. Dann bin ich immer sensibler für die Beziehung zur geistigen Welt, was jedes Mal die Tendenz zu außersinnlichen Wahrnehmungen mit sich bringt. Außerdem war Vollmond und zudem Wintersonnenwende. Jeder einzelne dieser Umstände für sich allein hätte die Wirkung gehabt, mich geistig zu erweitern und mir dadurch den Boden zu entziehen. Da ich keine chemischen Medikamente nehmen wollte, nahm ich keine ärztliche Hilfe in Anspruch und versuchte mir mit meinen naturheilkundlichen Erfahrungen und mit Aura Soma so gut wie möglich zu helfen. Ungefähr eine Woche vor Weihnachten begann dieses starke Schwellenerlebnis, in dem ich wieder von Weisheit aus der geistigen Welt grenzenlos überflutet wurde. Alles hatte einen Sinn, ich hatte innere Einsichten, die weit über unser normalerweise erfassbares Leben hinausgingen. Nach einer kurzen Zeit, in der ich dies interessant fand und es sehr lehrreich für mich war, reagierte ich jedoch wieder mit Ängsten und Schuldgefühlen. Mir wurde sehr viel aus den universellen Gesetzen erklärt. Viel Wahres war darin enthalten. Wieder hatte ich den unglaublichen inneren Druck, alles richtig machen zu wollen.

Inhalt dieses Erlebnisses war vor allem die Wirkung der materiellen Dinge auf den Geist. Im Grunde ähnlich dem Prinzip des Feng Shui. Interessanterweise hatte ich mich selbst zu diesem Zeitpunkt noch nicht mit Feng Shui beschäftigt. Zwei Jahre später erst stieß ich auf das Buch *Feng Shui gegen das Gerümpel des Alltags* (von Karen Kingston). Alles, was ich später in diesem Buch gelesen habe, habe ich im Dezember 1999 bereits innerlich erlebt und noch einiges mehr. Ein Beispiel für das Wirken von materiellen Gegenständen war, dass ich das klare Gefühl hatte, dass mein indischer Teppich, der unter meinem Bett lag, auf mich blockierend wirkte. Ich konnte spüren, dass er gestaute Kräfte ausstrahlte. Deshalb kann ich mir vorstellen, dass dieser Nepalteppich aus Kinderarbeit oder Ähnlichem entstanden ist, sodass er dies Leiden übermittelte. Nach dem Schwellenerlebnis habe ich mehrere Monate jeden Tag bewusst meine Heileurythmie auf ihm durchgeführt, um diese Kräfte zu verwandeln. Heute hat dieser Teppich keine blockierende Ausstrahlung mehr.

Eine wichtige Erkenntnis war die Wirkung von selbst überspielten Kassetten (zu diesem Zeitpunkt hatte ich noch keine selbst gebrannten CDs). Ich konnte wahrnehmen, wie sehr sie mich von dem abbringen, was in meinem Leben wesentlich ist. Es war eine sehr tiefe Erfahrung, zu erleben, wie ich mich verzettelte, wenn ich überspielte Kassetten oder kopierte Bücher um mich hatte. Ich habe gespürt, wie wichtig es ist, alle materiellen Gegenstände innerlich dahingehend zu prüfen, ob ich sie wirklich brauche, ob sie mir noch dienen, meinem Schicksal und meiner Aufgabe zu folgen, ob sie wichtig für meinen seelischen Ausgleich sind, oder ob sie meine Kräfte zerstreuen oder stauen, weil durch sie Energien auf mich wirken, die keinen Sinn haben. Es war für mich tief erlebbar und verständlich, dass sich generell das übermäßige Überspielen/Kopieren von nicht Bezahltem auf meinen Lebensfluss ungünstig auswirkt. Alle Musik, Hörspiele, Bücher etc. sind das Ergebnis göttlichen Wirkens durch die Menschen, die es produziert haben. Wenn ich etwas kopiere, verletze ich die Gesetze der Schöpfung von Geben und Nehmen und die Achtung vor dieser göttlichen Kraft. Viele Arbeitsplätze werden so vernichtet, genauso wie Firmen, die viel weniger verkaufen, weil ihre Werke illegal kopiert werden. Das Wichtigste dabei scheint mir jedoch, dass die Schöpferkraft nicht mehr angemessen geachtet wird. Jedem ist alles zugänglich, ohne dafür etwas geben zu müssen. So wird das Lebensgleichgewicht verändert, eingeschränkt oder sogar teils zerstört. Es veränderte auch mein Leben. Unnützes oder ein Zuviel an materiellen Gegenständen oder Einflüssen durch Musik etc. bringt mich von meiner eigentlichen Lebensaufgabe ab. Mit zu viel Verschiedenem verzettele ich mich, weil ich die Konzentration auf das Wesentliche gar nicht mehr aufbringen und vor allem nicht mal mehr erkennen kann, was dieses Wesentliche ist.

Diese Erkenntnis war während meines Schwellenerlebnisses so tiefgreifend, dass ich nach dieser Erfahrung nie wieder Kassetten oder CDs kopiert habe oder mir solche habe schenken lassen. Mir wurde auch bewusst, wie stark die Wirkung meiner Edelsteinsammlung mit den verschiedenen Energienausstrahlungen auf mich war. Um diesen weiteren Einfluss zu verhindern, habe ich sie zu diesem Zeitpunkt in den Keller gepackt, wo sie für die nächsten Jahre blieben.

Ein weiterer Teil dieses Erlebnisses war, dass ich begreifen durfte, wie die Konsequenzen des eigenen Handelns das übergeordnete Schicksal bestimmen. Ich konnte das Karma verstehen. Leider kann ich diese Inhalte nicht mehr so bewusst wiederholen, wie ich sie in dieser Zeit erlebt habe. Jedoch habe ich das Gefühl, es in dieser Zeit verstanden zu haben, wie Ursache und Wirkung im geistigen Sinne funktionieren. Durch diese Erfahrung wurde mein späteres Leben grundlegend verändert, weil ich die Verantwortlichkeit für mein Denken und Handeln ganz anders einschätze. Dies bedeutet nicht, dass ich ein „besserer" Mensch geworden bin, sondern eigentlich nur, dass ich bewusster mit diesen Grundlagen umgehe. Immer wieder hatte ich auch wahnhafte, psychotische Wahrnehmungen, hatte Gedanken, dass mein Nachbar der Heilige Geist sei, dann wieder der Teufel. Es quälte mich massiv. Dabei war ich mir über die Missdeutungen immer noch bewusst, auch, wenn ich diese nicht zu kontrollierenden inneren Dialoge, Ängste und Vorstellungen hatte. Bei diesem Erlebnis fühlte ich mich wieder so ungeschützt. Ich trug Tag und Nacht Seidenunterwäsche. Mein Energiezustand wurde so hochschwingend, dass ich gar nicht mehr schlafen konnte, völlig überflutet, überfordert und unruhig war, wie „unter Strom".

An einem der Weihnachtstage kamen meine Mutter und Björn kurz zu Besuch. Ich konnte sie nicht in meine Wohnung lassen, weil sie einen Infekt hatten und ich Angst hatte, mich anzustecken. Zu diesem Zeitpunkt war ich bereits mitten im Schwellenerlebnis. Ich merkte, dass ich diesen Zustand nicht mehr bewältigen konnte. Deshalb bat ich Doris und Tanja in den Tagen nach Weihnachten um Hilfe. Tanja arbeitete seit Jahren mit psychisch Erkrankten in einer betreuten Wohngruppe. Ich hatte sie bereits vorher im Rahmen der ambulanten psychiatrischen Pflege als meine Betreuungskraft kennengelernt und sie als eine sehr wertvolle Begleiterin erlebt. In dieser Zeit bezahlte ich die Beiden selbst.

Die Betreuung von Doris beurteile ich im Nachhinein als sehr schwierig. Im Laufe der Zeit hatte sich eine starke Symbiose zwischen uns entwickelt. Ich hatte ihr im Laden geholfen und sie mir freundschaftlich und als bezahlte Beraterin zur Seite gestanden. Aus früheren Zeiten der Selbständigkeit belasteten sie noch hohe Schulden. Seit unserem Kennenlernen hatte ich ihr immer wieder Geld geliehen. Durch diese sehr starke Bindung sowohl freundschaftlich, therapeutisch, als auch finanziell, befand ich mich seelisch in einer starken Abhängigkeit von ihr. Diese Abhängigkeit zeigte sich auch darin, dass ich spürte, wie es ihr ging oder was sie gerade tat, auch, wenn ich nicht dabei war. Durch meine ohnehin große Offenheit spürte ich ihren Alltag und er wirkte auf mich. So kam es dazu, dass ich innerlich klar wusste, dass es für mich sehr gefährlich werden würde, wenn sie an Sylvester eine Meistereinweihung bei einem ihrer Reiki-Schüler vornehmen würde. Ich wusste, dass dies eine massive Verschlechterung meiner Grenzenlosigkeit innerhalb meines Schwellenerlebnisses zur Folge hätte. Das habe ich ihr mehrmals gesagt. Sie hat sich darauf nicht eingelassen, meine Warnung ernst zu nehmen, und ihren Schüler doch eingeweiht. Dies führte meiner Ansicht nach dazu, dass mein Zustand völlig eskalierte.

Am 30. Dezember 1999 schlief Doris eine Nacht bei mir. Es war furchtbar, weil ich mich mittlerweile in einem Ausnahmezustand befand. Am nächsten Tag, Sylvester, kam Tanja, und Doris war den ganzen Tag nicht zu erreichen. Mein Zustand wurde immer schlimmer. Ich konnte schon seit Tagen nicht mehr essen und schlafen. Alles war so unaushaltbar, ich konnte nichts mehr richtig koordinieren. Meine Gedanken waren durcheinander, zerflogen, überfluteten mein Bewusstsein. Das Duschen dauerte Stunden, weil ich mich nicht genügend konzentrieren konnte, um die Abläufe hintereinander auszuführen. Entscheidungen zu treffen war, wie im ersten Schwellenerlebnis, fast unmöglich. Zudem konnte ich kein Gemüse schneiden, weil ich mich so schlecht fühlte, mit einem Messer etwas Lebendiges zu zerstören. Es war schwer, meiner noch vorhandenen realistischen Einschätzung zu folgen. Oft musste ich verzerrten Wahrnehmungen nachgeben. Und doch war es so, dass ich alles beobachten und einschätzen konnte. Durch meinen noch gesund wahrnehmenden geistigen Anteil konnte ich folgenreiche Schwierigkeiten vollkommen verhindern.

Nach einiger Zeit des Zusammenseins erschien mir Tanja völlig überfordert. Ich spürte ihre Empfindungen stärker als sie selbst, was sie mir später auch bestätigen konnte. Es musste eine Entscheidung gefällt werden. Doris war nicht zu erreichen. Ich entschied, mich wieder in die Psychiatrie einweisen zu lassen. Erst versuchte ich, einen Platz in der Psychiatrie des anthroposophischen Krankenhauses zu bekommen, in dem ich beim ersten Mal gewesen war. Sie hatten jedoch keinen. Dies war für mich sehr schwer zu akzeptieren, weil ich wusste, was auf mich in der Psychiatrie zukommen würde, in der ich selbst als Krankenschwesternschülerin und später examiniert gearbeitet hatte. Meine anthroposophische Hausärztin war keine Hilfe in der Zeit meines Schwellenerlebnisses gewesen. Doris und ich waren ein Mal bei ihr gewesen, aber sie hatte sich eher zurückweisend verhalten. Dieses Verhalten zeigte sie auch jetzt in der Akutsituation. Deshalb telefonierte ich mit einer Psychiaterin, bei der ich nach der Entlassung aus der Psychiatrie in Behandlung gewesen war. Sie erklärte sich sofort bereit, mir eine Einweisung zu schreiben.

Da es Sylvester war, schickte ich Tanja nach Hause. Tanja erzählte mir später, dass sie noch nie so an ihre Grenzen gekommen war wie an diesem Tag, obwohl sie langjährige Erfahrung mit psychiatrisch kranken Menschen hatte. Sie würde sich mir gegenüber wie eine Schwester empfinden, seelisch sehr nahe, stark verbunden. Deshalb hatte sie den Zustand, in dem ich mich befand, zu stark an sich herangelassen, die Grenze nicht mehr eingehalten. Sie war selbst ein Stück gefährdet gewesen, ihr inneres Gleichgewicht zu verlieren. Erst nach ein paar Tagen stabilisierte sich ihr Zustand wieder.

Genau an diesem Sylvestertag hatte Doris ihre erste Einweihung gehabt. So schien ich recht gehabt zu haben. Nachdem Tanja gegangen war, packte ich selbständig meine Koffer. Mein Zustand wurde während des Packens wieder sehr wahnhaft. In meinen Batterien sah ich auf einmal Bomben. Dies war bei meinem ersten Schwellenerlebnis sehr ähnlich gewesen. Da hatte ich das Gefühl gehabt, dass das Inhaliergerät eine Bombe sein könnte. Die „Batterie-Bomben" trug ich dann in den Keller, weil ich glaubte, dass es am wenigsten gefährlich wäre, wenn sie dort explodieren würden.

Wieder kam ich keine Sekunde zur Ruhe, glaubte, noch alles Mögliche regeln zu müssen. Als ich das Taxi gerufen hatte, rief Ruth an, eine Frau aus der Sai-Baba-Gruppe. Sie brachte mich noch mehr durcheinander. Ich war in meiner Seele tief verunsichert und fragte sie deshalb, was ich tun und denken sollte. Sie meinte, dass ich doch einfach, bis das Taxi kommen würde, tanzen sollte. So ein Schwachsinn im Nachhinein, aber in dem Moment war ich so völlig verwirrt, dass ich es ernst nahm und meinte, dass ich das nicht könne.

Der Taxifahrer war ziemlich krank. Das habe ich gleich wahrgenommen. Er hatte sicher ein schweres Herzleiden. Mit meinem Hin- und

Her, ob ich noch die Einweisung von der Psychiaterin holen sollte oder nicht, war er völlig überfordert. So ließ ich mich einfach ins Krankenhaus fahren. Ich fühlte mich wie zerrissen, alles war tief zerrissen im Geist. Durch diese Unruhe wirkte ich verunsichernd auf meine Umgebung.

Bereits bei Tanja und Doris hatte ich immer den Wunsch gehabt, mich fallen zu lassen. Ich konnte die Kontrolle bei dieser Überflutung nur noch schwer halten. Doris hatte mir geraten, dass ich mich doch einfach hingeben sollte. Bei der Aufnahme in die Psychiatrie glaubte ich, dass ich nun sicher wäre und loslassen könnte. Dies war im Nachhinein mein Verhängnis, weil ich mich dadurch nicht wehren konnte und nicht mehr eingegriffen habe.

Meine Mutter hat mir später erzählt, dass sie sich darauf eingestellt hätten, dass ich jetzt ein dauerhafter Pflegefall bleiben würde. Björn hat daraufhin den Dachboden meines Elternhauses ausgebaut, sodass ich dort hätte wohnen können.

Ein Pfleger holte mich im Eingangsbereich ab und brachte mich zur diensthabenden Ärztin. Die Ärztin sah mich und meinte, dass der Pfleger noch zusätzlich in der Untersuchung bleiben sollte. Dieser sah mich an und fragte, ob dies überhaupt notwendig sei. Die Ärztin wollte es jedoch. Obwohl er es selbst stark in Frage stellte, musste er also bleiben. So waren in einem wirklich winzigen Stationszimmer diese Ärztin und zwei stämmige Pfleger. Das war grauenhaft für mich. Diese Situation hat unfassbare Ängste in mir ausgelöst.

Die Ärztin hat mich kaum etwas gefragt. Ich habe versucht, ihr begreiflich zu machen, dass ich mich gedanklich völlig überflutet fühle und die Eindrücke teils wahnhaft verarbeite, aber dies immer noch realisiere. Dabei gab ich ihr das Beispiel, dass ich manche Menschen in meinem Umfeld im übertragenen Sinn als Teufel wahrnehme, jedoch wüsste, dass dies nur in meinem derzeitigen Erleben so sei. Später wurde diese Situation im Abschlussbericht verzerrt und für mich tief demütigend dargestellt. Es war grauenhaft für mich, als ich ein Jahr nach diesem furchtbaren Krankenhausaufenthalt diesen Bericht lesen musste. Ich habe tagelang unter den Lügen gelitten, die darin formuliert wurden.

Die Ärztin hat sich gar keine Mühe mit mir gegeben. Sie hatte wahrscheinlich nur noch die Diagnose „Psychose" im Bewusstsein. Außerdem war das Jahrtausend-Sylvester und dadurch sicher kein „normales" Arbeitsbewusstsein bei ihr vorhanden. Sie hätte nichts ernst genommen, was ich ihr sagte, und wollte mich auch nichts fragen. Nach ein paar Minuten hat sie mir einen extrem starken Psychopharmaka-Trunk gemischt, der für mich fatale Folgen hatte. Der Zustand, der durch die Medikamente als Nebenwirkung entstand, verursachte die schlimmsten drei Tage meines Lebens. Warum dies ärztlich so geschehen konnte, kann ich mir bis heute nicht erklären. Ich war weder fremd- noch eigengefährdet gewesen, hatte mich selbst für die Psychiatrie entschieden, für die Einweisung gesorgt, habe selbst meine Koffer gepackt, das Taxi gerufen und bin in die Klinik gefahren usw. Sogar auf die Grenzen meiner Mitmenschen (wie Tanja) hatte ich mitfühlend reagiert. Zudem traten keinerlei Bewusstseinsverluste bei mir auf. In diesem Zustand hätte ich nicht mal in die geschlossene Psychiatrie gemusst.

Man hat mich jedoch auf der geschlossenen Station aufgenommen und dort vollgepumpt mit einer Kombination von Haldol und Valium, zwei der allerstärksten Psychopharmaka. Die Wirkung: Genickstarre und Blickverschiebung. Ich habe drei Tage bei vollem Bewusstsein in die Luft geguckt. Diese Symptome sind die Nebenwirkungen von völlig überdosierten Psychopharmaka. Dies bedeutet, dass man den Kopf nur noch nach oben in die Luft halten kann und die Augen auch permanent zum Himmel gerichtet sind. Noch viele Jahre danach hatte ich eine Wut auf diese Ärztin, die ihresgleichen sucht. Völlig verunsichert, ohne ärztliche oder pflegerische

Gespräche habe ich dies auf der geschlossenen Abteilung aushalten müssen. Ganz entsetzlich empfand ich auch, dass auf den Fluren geraucht werden durfte. Gerade mit der Vorbelastung meiner Lungen durch die lange Entzündung war das schwer zu ertragen. Es ist eigentlich unvorstellbar, dass in einem Krankenhaus auf Fluren geraucht werden darf.

Mein Hass auf diese Maßnahmen, auf diese Gesellschaft, in der es so wenig ernsthaftes Bemühen um das Verstehen und eine ganzheitliche, menschliche Begegnung und Behandlung bei solchen Erkrankungen gibt, und darauf, dass man sich gar nicht um mich gekümmert hat, blieb über Jahre massiv. Dieser Psychiatrieaufenthalt wurde zu einem Horrorerlebnis.

Das Schwellenerlebnis und dessen Inhalte waren letztendlich nicht so schlimm wie beim ersten Mal, aber die Ohnmacht und der Hass, die bei mir entstanden waren es um so mehr. Der Hass bezog sich darauf, dass ich medikamentös so massiv überdosiert wurde, man mich als Mensch gar nicht wahrgenommen hat und mir keinerlei menschliche Hilfe zugekommen ist. In diesem ärztlichen und pflegerischen Verhalten erlebte ich eine starke Demütigung und Missachtung. Dies war für mich schlimmer als alles, was ich je erlebt hatte.

Meine Mutter, mein Bruder und Doris haben mich in diesen Tagen besucht. Sie waren zutiefst schockiert. Sie konnten nur glauben, dass ich jetzt völlig durchgedreht bin, so wie ich mit der Blickstarre aussah und auf sie wirken musste. Meine Mutter hat mir später erzählt, dass sie sich darauf eingestellt hätten, dass ich jetzt ein dauerhafter Pflegefall bleiben würde. Björn hat daraufhin den Dachboden meines Elternhauses ausgebaut, sodass ich dort hätte wohnen können. Meine Mutter war verzweifelt und hat geweint. Sicherlich verständlich, wenn eine Mutter ihre Tochter in einem solchen Zustand erleben muss!

Dies alles hätte nicht sein müssen, nur etwas menschliche Zuwendung, eine gute naturheilkundliche Behandlung und ich wäre in kurzer Zeit wieder gesund gewesen. Noch Monate später war ich voller Hass auf diese Behandlung. Lange haderte ich damit, dass ich den Wechsel vom einen zum anderen Jahrtausend in dieser Weise erleben musste. Ich habe lange nach Erklärungen und Verständnis für das Verhalten der Ärztin gesucht, auch einige Hilfen zur Verarbeitung gehabt, aber in meiner Seele wurde ich tief verletzt.

Meiner Meinung nach ist ein Schwellenerlebnis oder eine „Psychose" viel „schlimmer" als jede andere lebensbedrohliche oder schmerzhafte Erkrankung. Ich habe vorher und nachher nichts vergleichbar Leidvolles erlebt.

Auf der geschlossenen Abteilung war ich mit einer Frau auf einem Zimmer, die permanent hin und herlief, im tiefsten Winter ohne Schuhe. Die Medikamente machten sie total unruhig. Es war so entsetzlich, dies zu ertragen. Später stellte sich heraus, dass sie zuvor mit dem spirituellen Lehrer von Doris viel Kontakt gehabt hatte und dabei abgedriftet war.

Am ersten Januar ging auf einmal die Tür auf. Dirk war an diesem Tag der diensthabende Arzt im Haus. Er machte gerade eine Facharztausbildung zum Psychiater. Sofort umarmten wir uns und er sprach kurz mit mir. Es war furchtbar für mich, dass er mich in diesem Zustand sah. Ich fühlte mich grauenhaft, ich kann es heute noch fühlen, wie schrecklich es mir in dieser Zeit dort ging. Es war so zerreißend, aussichtslos, unaushaltbar. Ich hatte starke Ängste, dass ich nie wieder frei werden würde von den seelisch-geistigen Ausnahmezuständen und den Medikamenten. Ich verzweifelte an diesen Gegebenheiten.

Die Beziehung zu Dirk veränderte sich durch die Auswirkungen dieses Aufenthaltes stark. Er vermittelte mir das Gefühl, dass der Respekt, der von ihm mir gegenüber immer sehr groß gewesen war, seit dieser Begegnung nicht mehr so vorhanden war. Sein Interesse an mir, das sich darauf bezogen hatte, dass ich ihm so stark und mutig erschienen war, hatte sich durch die Begegnung in diesem Zustand deutlich verringert. Er hatte es immer sehr bewundert, wie ich bei meinem Schicksal, das schon in der Kindheit so schwierig gewesen war, immer so verantwortlich und stark bleiben konnte. Sein Vater ist ein erfolgreicher Professor, und so war er unter ganz anderen Bedingungen als ich groß geworden. Er wurde viel mehr gefördert. Gerade deshalb schätzte er das, was ich geleistet habe.

Sein verändertes Verhalten mir gegenüber war sehr enttäuschend und verletzte mich. Es gab nie eine Auseinandersetzung darüber, aber ich spürte es und er meldete sich nicht mehr. Zu diesem Zeitpunkt glaubte ich auch noch, dass ich seine Hilfe sehr gebraucht hätte, um dieses Erlebnis in der Psychiatrie zu verarbeiten. Heute, mit Abstand, kann mir jedoch vorstellen, dass es schwer gewesen wäre, mit ihm eine Klärung zu erreichen, weil er selbst überzeugt von der üblichen Arbeitsweise der Psychiatrie ist. Als Arzt steht er hinter all dem, geht vielleicht selbst ähnlich mit Patienten um.

So war ich erst mal gefangen in dieser Medikamentenwirkung, bis ein Oberarzt nach einigen Tagen mit mir meine Situation besprach. Nach diesem Kontakt wurde ich sofort auf eine offene Station verlegt und die Medikamente wurden verändert. Sie waren um einiges verträglicher. Er gab mir auch eine Tablette gegen die Nebenwirkungen, die mich bis dahin sehr gequält hatten. Durch Akineton, so heißt ein gängiges Medikament gegen die Symptome von Neuroleptika, wurden die Blickkrämpfe und die Halsstarre erleichtert. Ich glaube, dass bis zu diesem Zeitpunkt einiges schief gelaufen ist, ich fehlbehandelt worden bin, völlig überdosiert. Gerade, weil ich bislang keine chemischen Medikamente genommen hatte, mich vollkommen biologisch ernährte, kein Fleisch und keine Milchprodukte aß. Bei einem solchen Menschen wirken Medikamente viel stärker. Danach hatte mich jedoch niemand gefragt.

In der Beschäftigungstherapie habe ich an einem Seidentuch gemalt und einen Brotkorb geflochten. Zusätzlich konnte ich an der Sport- und Musiktherapie teilnehmen. Ich habe die jeweiligen Therapeuten in guter Erinnerung. Die Stationsschwester der offenen Station war eine meiner Mitschülerinnen aus meiner Krankenschwestern-Ausbildung. Auch sie war eher kühl und distanziert, obwohl wir während unserer Schulzeit immer ein sehr herzliches, offenes Verhältnis gehabt hatten. Es scheint so zu sein, als wenn in psychisch kranken Menschen nicht mehr diejenigen gesehen werden, die sie sind oder waren. Das habe ich als die tiefste Demütigung in meiner psychischen Erkrankung empfunden. Ich habe es mit vielen meiner Freunde erlebt. Auch das Verhältnis zu Lore veränderte sich dadurch. Bei dem ersten Schwellererlebnis hat sie mir in allerbester Weise geholfen, aber ihr Respekt und ihre Liebe für mich ließen durch diese beiden Grenzerlebnisse stark nach.

Meiner Meinung nach ist ein Schwellenerlebnis oder eine „Psychose" viel „schlimmer" als jede andere lebensbedrohliche oder schmerzhafte Erkrankung. Ich habe vorher und nachher nichts vergleichbar Leidvolles erlebt. Das Schlimmste jedoch sind die Reaktionen der nahestehenden Menschen. Als Betroffene hat man schon kaum noch Selbstachtung, die Außenstehenden reagieren dann zudem noch verunsichert und sind dabei oft sogar demütigend und ablehnend. In diesen Phasen habe ich beide Male einige meiner Freunde verloren. Heute habe ich ein tieferes Verständnis für ihr Verhalten gefunden. Es scheint mir menschlich zu sein, sich vor einer so stark veränderten Realität und tiefen Ausweglosigkeit zu schützen. Diese ist für viele Menschen tatsächlich unaushaltbar und ihr Verhalten spiegelt sich darin. Es ist ein leidvoller Prozess für beide Seiten.

Das Erleben von psychischen Erkrankungen und die daraus folgende Sichtweise hat völlig andere Folgen als die körperlicher Erkrankungen. Sie haben einen tief selbstangreifenden Charakter. Es hat Jahre gedauert, bis ich diese etwas überwinden konnte und mich wieder als Mensch gefühlt habe. Noch heute erlebe ich den Bruch in dem Empfinden mir selbst gegenüber, die Unsicherheit darin.

Die hohe Virusbelastung führt zu Veränderungen im Gehirn.

Nun zurück zu dem Aufenthalt auf der offenen psychiatrischen Station: Natürlich gab es in dieser konventionellen Psychiatrie keine Biokost. Seit Jahren ernähre ich mich ausschließlich vegetarisch biologisch, dabei sogar keine Milchproduckte. Mir wurde mitgeteilt, dass die Möhren und die Kohlrabi aus biologischem Anbau stammen würden. So aß ich die gesamten vier Wochen ausschließlich Möhren mit Kohlrabi als warmes Essen. Ansonsten ging ich zum naheliegenden Bioladen und kaufte dort, was ich zusätzlich essen konnte. Da ich wusste, dass ich das „normale" Krankenhausessen gar nicht vertragen würde, musste ich dies in Kauf nehmen.

Dann wollte die Stationsärztin, dass ich einen Termin bei Dr. Peters bekommen sollte. Seine Ambulanz gehört zum gleichen Krankenhauskomplex. Ich hatte seit über einem halben Jahr keine Blutwerte mehr bestimmen lassen, weil sie immer schlechter geworden waren und ich jedes Mal darauf mit einer psychischen Krise reagiert hatte. Deshalb konnte davon ausgegangen werden, dass dieser psychische Krankheitszustand durch die hirnorganischen Veränderungen infolge der HIV-Infektion mit verursacht wurde. Die hohe Virusbelastung führt zu Veränderungen im Gehirn.

Bei der Überweisung zu Dr. Peters entstand ein großes Missverständnis. Mir wurde von meiner behandelnden Psychiaterin mitgeteilt, dass er mich nur behandeln würde, wenn ich mich auf das einlasse, was er vorschlägt. Ich war total verzweifelt, weil ich so viel Vertrauen zu ihm gehabt hatte. Ich sollte eine Kernspinuntersuchung machen. Dies wurde mir bereits beim ersten Psychiatrieaufenthalt dringend angeraten. Beide Male verweigerte ich mich einer solchen Untersuchung. Später wurde klar, dass Dr. Peters nie eine solche Aussage gemacht hatte. So konnte das Missverständnis geklärt werden. Ich ließ mich nicht untersuchen und hatte auch keinen Kontakt zu ihm.

Was ich sehr erstaunlich empfand, war, dass ich trotz der hochdosierten Psychopharmaka noch eine große Offenheit für den geistigen Bereich hatte, die sogar in Beziehung zu meiner Umwelt stand. Beispielsweise gingen Doris und ich einmal draußen spazieren. Dabei erkannte ich, dass vor uns eine Frau lief, die ich vorher mal auf der geschlossenen Station gesehen hatte. Ich hatte überhaupt keinen Anlass, auf so etwas zu achten, intuitiv bemerkte ich jedoch, dass sie Hausschuhe anhatte. Mir wurde sofort klar, dass sie versuchte zu flüchten. Ich ging auf sie zu und versuchte alles, sie dazu zu bewegen, wieder ins Krankenhaus zurückzukommen. Sie wehrte sich jedoch und lief immer weiter weg. So schickte ich Doris zurück, um Hilfe zu holen. Ich lief noch eine ganze Zeit hinter ihr her. Es war schon ziemlich dunkel und extrem kalt, es lag sogar Schnee. Beim Laufen wurden meine Nervenschmerzen von der gerade überstandenen Gürtelrose immer schlimmer. Plötzlich zweigte sich die Straße und ich musste mich entscheiden. Ich blieb stehen, weil ich dachte, dass Doris jetzt bald mit der Hilfe kommen müsste. Wenn ich ihr hinterherliefe, wüssten sie dann nicht, welche Richtung sie nehmen sollten. So war es auch. Ich stieg in ihr Auto und wir konnten die Frau zurückholen. Sie wollte nicht mehr im Krankenhaus sein und hatte vorgehabt, nach Hause zu ihrem Mann zu laufen. Ich konnte das tief verstehen, und so tröstete ich sie.

Dies Erlebnis hatte mir gezeigt, dass ich trotz der hochdosierten Psychopharmaka noch geistesgegenwärtiger reagieren konnte als all die anderen Menschen, die die Frau auch gesehen hatten. Auch beim ersten Mal in der Psychiatrie hatte ich oftmals die Erfahrung gemacht, dass meine Geistesgegenwart und folgerichtige Reaktionsfähigkeit unter diesen Medikamenten kaum eingeschränkt war.

In den ersten Wochen auf der offenen Station musste ich mit zwei weiteren Patientinnen in einem Zweibettzimmer schlafen. Es war für mich echter Horror, weil ich gar nichts mit meinen Mitpatienten anfangen konnte und die Enge mich belastete. Darum habe ich um ein Einzelzimmer gebeten und es auch für einige Nächte bekommen. Dann wurde jedoch abends eine Frau zu mir gelegt, die stark rauchte. Es war unerträglich. Insgesamt empfand ich es schon grauenhaft, dass so viel auf den Fluren geraucht wurde, aber jetzt waren diese Ausdünstungen auch noch in meinem Schlafraum. Die Fenster waren abgeschlossen und so konnte der Raum nur durch Kippen gelüftet werden. Dies konnte ich mit meiner großen Offenheit und Sensibilität nicht aushalten. Noch am selben Abend ließ ich mich auf eigenen Wunsch entlassen. Ich kann mich noch daran erinnern, wie stark meine Ängste waren, wieder zu Hause zu leben, wieder allein zurechtkommen zu müssen. Es verlief jedoch besser, als ich gedacht hätte.

In einer zukünftigen Psychiatrie sollte die spirituelle Ebene und die Sinnfrage viel stärker mit einbezogen werden.

Diese vier Wochen Psychiatrie habe ich als eine sehr schlimme Zeit wahrgenommen, weil sie für mich so demütigend waren. Der Umgang der Gesellschaft mit körperlichem Schmerz ist nie demütigend. Darauf reagieren die Menschen meist mit Mitgefühl. Bei psychiatrisch Erkrankten ist dies schwerer aufzubringen, weil sie sehr befremdlich auf die Menschen wirken. Als Selbstschutz wird oft abwehrend reagiert. Dadurch entsteht beim Erkrankten das Gefühl von Demütigung. Dies war das Schlimmste für mich. Während dieser Behandlung in dieser Psychiatrie gab es aus meiner Sicht so gut wie keine lösungsorientierten, heilsamen Gespräche oder Begegnungen. Zudem wurde ich vollgepumpt mit Medikamenten, die meinen Kontakt zu mir selbst blockierten. Das ist grauenhaft. Es ist schlimmer als eine Zwangsjacke, weil die Zwangsjacke wenigstens nur körperlich, nicht auch noch zerstörerisch auf die Selbstwahrnehmung wirkt. Besonders schwer zu verarbeiten war, dass es eigentlich keinen Grund gegeben hatte, mir eine solche seelische Zwangsjacke zu verordnen.

Während dieses Aufenthaltes hatte ich außerdem immer wieder massive Ängste vor den Methoden, die ich aus der Zeit, als ich selbst noch in diesem Haus in der psychiatrischen Pflege gearbeitet hatte, kannte. Die Erinnerungen an die Erlebnisse, wie Patienten angebunden, zwangsgespritzt oder ähnliches wurden, waren extrem belastend für mich. Meine Ängste vor einer solchen Erfahrung waren so stark, dass ich mich total zurückhielt, damit mir nichts dergleichen passieren konnte.

Gerade dieser Teil meiner Vergangenheit, meine eigene Tätigkeit in der Psychiatrie ließ mich auf meine eigene damit verbundene „Schuld" aufmerksam werden. Bereits bei meinem ersten Schwellenerlebnis ein Jahr zuvor hatte ich während der Rückschau auf mein bisher gelebtes Leben massiv gelitten, weil ich die Folgen meines Umganges mit Patienten nacherleben musste. Auch ich hatte in diesem medizinischen System gewirkt, hatte Patienten in dieser für mich später so unerträglichen Weise behandelt. Mir ist klar, dass ich sehr jung gewesen bin, sicher auch nicht einschätzen konnte, was es bewirkt - und es war ja auch so „üblich". Und doch habe ich selbst an diesem begangenen Unrecht im Umgang mit den Patienten in dieser Zeit mitgewirkt. Deshalb erlebte ich die Zeit meiner eigenen Psychiatrieerfahrungen und die dadurch stattfindende Reflexion meiner Vergangenheit fast wie einen schicksalsmäßigen Ausgleich. Dabei lernte ich viel über Respekt und Menschlichkeit.

In mir bewegte ich die Frage: Wie kann eine wirklich heilsame Psychiatrie aussehen? Davon sind wir noch Meilen entfernt. Im Jahr zuvor in der anthroposophischen Psychiatrie war das ärztlich-pflegerische Verhalten sicher um einiges menschlicher. Und doch beständen auch dort noch viele Entwicklungsmöglichkeiten in Bezug auf die individuelle Betreuung und das Erkennen des persönlichen Schicksals und einen daraus entstehenden heilsamen Umgang. Die Bedeutung, der Sinn der psychischen Erkrankungen, wurde dort zumindest mit einbezogen, was in dieser schulmedizinisch orientierten Psychiatrie gar nicht geschah.

Die Bemühungen im Anthroposophischen sind sicher sehr viel weiter, aber immer noch im Anfang der eigentlichen Möglichkeiten, um ein Schicksal zu verwandeln im Zusammenhang einer psychisch-psychiatrischen Krise. So hoffe ich auf einen entwicklungsfördernden, heilsamen Umgang mit diesen eigentlich so wertvollen Erkrankungen, die meiner Ansicht nach zur Zeit häufig genau gegenteilig, nämlich zerstörend für die eigentlich darin mögliche Seelenheilung behandelt werden.

In einer zukünftigen Psychiatrie sollte die spirituelle Ebene und die Sinnfrage viel stärker mit einbezogen werden. Vor allem müsste dafür noch viel ernsthafter erforscht werden, wie menschliche Entwicklung und Schicksal „funktionieren". So könnten diese von der Gesellschaft nur als Störungen verstandenen seelischen Ausnahmezustände zur Entwicklungschance werden. Ich hoffe sehr darauf, dass es auch in diesem Bereich in Zukunft Fortschritte geben wird.

Ich hatte das große Glück, nach diesem Aufenthalt recht schnell in einer Tagesklinik aufgenommen zu werden. Es handelte sich dabei um eine Klinik, die sehr viel Erfahrung mit der Behandlung schwer traumatisierter Menschen hat. Das Therapiekonzept gründet auf einem meiner Ansicht nach recht konstruktiven Umgang mit Spiritualität. Dort war ich acht Wochen.

Durch das Gespräch mit der Ärztin bei der Aufnahmeuntersuchung geriet ich in eine schwere seelische Krise. Sie teilte mir mit, dass ich lebenslang Neuroleptika nehmen müsste. Dass ich bereits die zweite „Psychose" in kurzem Abstand gehabt hätte, wäre ein sicheres Zeichen dafür, dass sie sich wiederholen und die Zustände sich sogar noch verschlimmern würden. Dann würden nur noch stärkere Medikamente in höheren Dosierungen wirken. Dies sei die wissenschaftliche Erfahrung und auch ihre Einstellung dazu.

Was mir zu diesem Zeitpunkt so schockierend erschien, war ihre klar ausgesprochene Auffassung, dass es nicht möglich sei, „Psychosen" psychotherapeutisch zu behandeln oder den weiteren Krankheitsverlauf damit zumindest zu beeinflussen. Bislang hatte ich geglaubt, dass ich durch Selbstdisziplin und Psychotherapie diese Disposition überwinden könnte. Nun wurde mir bereits in der dritten psychiatrischen Einrichtung mitgeteilt, dass dies nicht möglich sei. Diese vernichtende Perspektive löste größte Ängste in mir aus und zog tiefste Verzweiflung nach sich.

In dieser ausweglos erscheinenden Situation hat mich Bärbel bestärkt, trotz allem an mich zu glauben. Mittels ihrer hellsichtigen Fähigkeiten teilte sie mir ganz klar mit, dass ich über meine geistigen und seelischen Fähigkeiten auf jeden Fall den selbständigen Ausgleich finden könnte und ihn auch finden würde. Das hat mir wenigstens etwas Hoffnung gemacht. Trotzdem wirkte die Aussage dieser Ärztin lange Zeit beängstigend in mir. Die Therapeuten der Klinik haben während des gesamten Aufenthaltes immer wieder versucht, mich mit allen ihnen möglichen Mitteln zur Einnahme der chemischen AIDS-Medikamente zu überzeugen. Jeder Einzelne schien deshalb auf mich angesetzt zu sein. Alle wirkten so, dass ich ein schlechtes Gewissen kriegen sollte, weil ich es nicht tun wollte. Darin war ich jedoch absolut standhaft. Im Laufe der letzten Monate hatte ich in dieser Frage genügend Klarheit gefunden. Mein Verlangen nach innerem Gesundwerden, womit ich meine seelisch geistige Natur meine, hatte sich durchgesetzt gegenüber der Aussicht auf ein längeres Leben durch chemische Medikamente. Der Weg meiner Heilung sollte über die eigene Kraft mit Hilfe ganzheitlicher Heilmethoden führen, auch wenn ich dafür stärkere Krankheitsprozesse in Kauf nehmen musste. Diese Gewissheit hatte sich durch den Zugang zu meinem mittlerweile unerschütterlichen Glauben in die geistige Wirklichkeit entwickelt.

Insgesamt wurde dieser Aufenthalt trotzdem zu einer recht hilfreichen Zeit. Ich musste ihn jedoch vorzeitig beenden, weil es körperlich zu anstrengend für mich war, täglich in die Tagesklinik zu fahren. Von der Oberärztin wurde mir bereits erlaubt, nur an der Hälfte des eigentlichen Therapieprogramms teilzunehmen, aber das war immer noch viel zu anstrengend für mich. Mir wurde die Möglichkeit gegeben, den Aufenthalt zu wiederholen, wenn ich mich körperlich stabilisiert hätte.

Während der folgenden Monate habe ich alle Kraft nur noch in Basisarbeit investiert: regelmäßiges Kochen, regelmäßiges Schlafen oder Ausruhen und vor allem regelmäßige lange Spaziergänge. Dies wirkte rhythmisierend und damit heilsam.

Ich beantragte erneut eine psychiatrische Betreuung. Tanja und Doris teilten sich diese Aufgabe. Dies bedeutete, dass sie mich fünf Mal wöchentlich eine Stunde im Alltag unterstützten.

Herr Berber teilte mir mit, dass er ein solches Verfahren nicht ein weiteres Mal mit einem so schwerkranken Menschen führen würde. Die psychischen Schwankungen und meine Überforderung hätten ihm selbst auch sehr zugesetzt.

Im Februar hatte ich einen Termin bei meinem Orthopäden wegen der Nervenschmerzen, die von der Gürtelrose im Dezember zurückgeblieben waren. Durch die mehrfachen Gürtelrosen hatte ich nun bereits in mehreren Nervensegmenten Dauerschmerzen. Seit 1994 war ich nicht mehr bei Dr. Erdmann gewesen. Ich wusste, dass er langjährig erfahren war im Bereich der chinesischen Heilkunst. Bei diesem Termin bot er mir an, mich damit zu behandeln. Er behandelte nur wenige Patienten privatärztlich. Deshalb war ich sehr dankbar für sein Angebot. Ungefähr alle drei bis vier Wochen fuhr ich in den nächsten vier Jahren bis zu seiner Berentung zu ihm. Mittels Kinesiologie (Muskeltests) stellte er jedes Mal fest, welche Organe und Meridiane (Energieleitbahnen) gestört waren. Dazu konnte er mir die ausgleichenden, passenden Kräuter und Heilmittel austesten. Ich habe eine sehr heilsame Erfahrung sowohl als Arzt und Heiler wie auch in der Begegnung mit ihm als Mensch machen dürfen. Dafür bin ich sehr dankbar.

Im März 2000 kam es zum Abschluss des Verfahrens vor dem Sozialgericht. Es war das Verfahren, das Herr Berber und ich nach der Bewilligung des Berufsschadensausgleiches in die Wege geleitet hatten. Somit war dieses Verfahren seit einigen Jahren in Bearbeitung, musste jedoch über ein Jahr ruhen, weil nur ein Anliegen bearbeitet werden durfte. Manchmal hatte es fast zwei Jahre gedauert, bis das Gericht sich überhaupt mal wieder meldete, weil zum Beispiel die Besetzung der Kammer oder die Kammer selbst sich geändert hatte. Herr Berber äußerte sich zu dieser Zeitverzögerung auf einem Fragebogen des Gerichtes mit einer sehr guten Formulierung: „Das Gericht befasst sich nun seit fünf Jahren mit dem Rechtsstreit. Während eines Zeitraums von etwa zwei Jahren ist keine Aktivität des Gerichtes erkennbar. Gleichzeitig verschickt die Landesregierung Fragebögen an Rechtsanwälte und sonstige Verfahrensbeteiligte, wie die Arbeit des Sozialgerichtes bewertet wird. Die Beteiligten werden aufgefordert, mehrseitige Fragebögen auszufüllen und dem Land zum Zwecke der Überprüfung der Qualität der Arbeit zu übersenden."

Wir hatten eine Erhöhung der Opferentschädigung beantragt und eine Pflegehilfe wegen der psychiatrischen Erkrankung. Immer wieder musste ich Herrn Berber mitteilen, dass ich nicht mehr in der Lage war, dieses Verfahren weiterzuführen. Meine Reaktionen auf Gerichtsunterlagen und ihre permanenten Bitten um neue Gutachten hatten mich jedesmal in so schwerwiegende Schwankungen meiner psychischen Verfassung gebracht, dass ich es nicht mehr ertragen konnte. Dies mitzuerleben war irgendwann auch für Herrn Berber zu viel. Der zuständige Gutachter des Versorgungsamtes war nicht bereit, die Schädigungen in der Form anzuerkennen, wie sie in den Gutachten und Krankenhausberichten dargestellt wurden. Auch sah er nicht ein, dass es bereits genügend Gutachten gab und dass mich jede weitere Untersuchung zu sehr belasten würde. Für mich wäre tatsächlich keine zusätzliche Begutachtung mehr zu ertragen gewesen. Deshalb hätte ich am Liebsten schon viel früher aufgegeben. Ich erinnere mich, dass die ausgelösten Spannungen und psychischen Schwankungen mit jeder weiteren Anfrage immer unerträglicher für mich wurden.

So kam es trotz eines großartigen Einsatzes von Herrn Berber nach fünf Jahren zu einem sehr unbefriedigenden Abschluss bei diesem Gerichtsprozess. Ich erhielt eine nur geringfügige Erhöhung meiner monatlichen Opferentschädigung und keine Pflegezulage. Erst viel später (2006) stellte sich heraus, dass es bereits zu diesem Zeitpunkt die juristische Grundlage der Bewilligung gegeben hätte.

Die Pflegezulage beim Opferentschädigungsgesetz bedeutet etwas völlig Anderes als bei der Kranken- oder der Pflegekasse. Dadurch wäre mir ermöglicht worden, kontinuierlich stundenweise eine Pflegekraft selbständig einzustellen, die vom Versorgungsamt gezahlt worden wäre. Die psychiatrische Pflege, die ich mehrmals für einige Monate hatte, muss in jedem neuen Quartal neu beantragt und bewilligt werden. Auch ist sie zeitlich begrenzt, weil davon ausgegangen wird, dass sie zur Verbesserung des Krankheitsbildes beitragen muss. So hatte ich sie jedes Mal nur wenige Monate und war meistens auf mich selbst gestellt gewesen. Zudem ist sie nur eine halbe bis ganze Stunde pro Tag möglich - und auch nicht am Wochenende. Durch die Pflegezulage beim Versorgungsamt wäre mir dauerhaft die Möglichkeit einer Hilfe im Alltag zugesprochen worden. Sehr viel Leiden wäre mir erspart worden, wenn ich zu diesem Zeitpunkt bereits die Bewilligung erhalten hätte.

Herr Berber teilte mir mit, dass er ein solches Verfahren nicht ein weiteres Mal mit einem so schwerkranken Menschen wie mir führen würde. Die psychischen Schwankungen und meine Überforderung hätten ihm selbst auch sehr zugesetzt. Dies kann ich verstehen.

Der Weg durch das Feuer

Im Mai fuhr ich zu meiner Psychiaterin, um mir Psychopharmaka und die psychiatrische Betreuung aufschreiben zu lassen. Dabei lief ich über die Einkaufsstraße zur gegenüberliegenden Seite. Auf der Straße war wohl eine größere Unebenheit. Ich knickte um und lief mit starken Schmerzen weiter zur Ärztin. Zuerst bemerkte ich es nicht, wie schlimm es war, und wartete im Wartezimmer auf meinen Termin. Danach rief ich beim Orthopäden an und ließ mich mit dem Taxi zu ihm fahren. Der jedoch hatte keinen Röntgenapparat, und so musste ich noch zu einem anderen Arzt. Anhand des Röntgenbildes wurde ein Bruch im Sprunggelenk festgestellt. Ich bekam Krücken und einen Gips. Durch den klaren, glatten Durchbruch brauchte ich nicht operiert zu werden.

Die nächsten Monate war mein Leben sehr beeinträchtigt, weil ich kein Auto fahren konnte. Ich litt sehr unter der Einsamkeit. Nur eine Stunde Hilfe pro Tag war kein Ersatz für ein soziales Leben. Ende Mai setzte ich die Psychopharmaka ab. Ich habe es einfach nicht mehr ertragen, nicht den vollen Zugang zu mir selbst zu haben. Unter den Psychopharmaka fühlte ich mich wie betäubt und nicht ganz bei mir. Immer wieder war mir schwindelig oder übel gewesen. Mit viel Selbstdisziplin hatte ich mich immer wieder überwunden, hatte dagegen angekämpft, indem ich trotzdem im Wald gelaufen bin usw. Und doch erlebte ich die seelischen Einschränkungen, die durch die Psychopharmaka entstanden, als so unerträglich, dass ich sie absetzen wollte. Dabei machte ich sicher den Fehler, nicht genügend langsam mit dem Absetzen vorzugehen, denn einige Wochen später begann erneut ein neues Schwellenerlebnis.

Wieder wurde ich von Doris enttäuscht. Tanja und Doris hatten sich nicht abgesprochen und waren gleichzeitig in Urlaub gefahren. Dies ist absolut unprofessionell gewesen. So musste ich die grausamen Erlebnisse allein zu Hause durchstehen. Doris hat mich in vollem Bewusstsein darum alleingelassen und hatte noch nicht mal einen gebuchten Urlaub. Sie hätte ohne Probleme zu einem anderen Zeitpunkt fahren können. Das war eine tiefe Enttäuschung für mich. Hinzu kam, dass wir uns nicht nur freundschaftlich und therapeutisch sehr abhängig voneinander gemacht hatten, sondern, wie bereits erwähnt, auch finanziell. Im Laufe der letzten fünf Jahre seit unserem Kennenlernen hatte ich ihr immer wieder viel Geld geliehen. Sie hatte mir gegenüber immer wieder ihre finanzielle Not zum Ausdruck gebracht. Da sie mir einen klaren Termin genannt hatte, an dem sie sicher eine große Summe erhalten würde, hatte ich ihr in dem Glauben, es in absehbarer Zeit wiederzuerhalten, einen größeren Betrag geliehen. Im Nachhinein sehe ich, dass sie die Therapeuten-Freundin-Beziehung extrem ausgenutzt hat und ich mich ausnutzen lassen habe. Sie hat sich jede Hilfe, die sie mir gegeben hat, z.B. jeden Besuch in der Psychiatrie, jede Unterstützung zu Hause, jede Heilsitzung usw., von mir bezahlen lassen und sich noch viel Geld geliehen. Somit hatte ich sehr viel Geld für sie ausgegeben und ihr außerdem noch fast 12 000 DM (6000 Euro) geliehen. Sie selbst sorgte überhaupt nicht dafür, mir etwas zurückzuzahlen und hatte bei der Bank und all ihren Freunden mittlerweile hohe Schulden. Erst im Jahr 2007 erhielt ich einen Teil des Geldes, 4000 Euro zurück. Wahrscheinlich werde ich den Rest nie zurückbekommen. Ich bin sicher selbst mitverantwortlich, weil ich es ihr geliehen habe. Doch andererseits ist es fast etwas skrupellos, sich von einem so schwerkranken Menschen, der selbst nichts Gespartes hat, so viel Geld zu leihen, wenn man eine therapeutische Rolle hat. Einen Großteil des Geldes habe ich ihr in einem Zustand geliehen, in dem ich sehr abhängig von ihr war, wie in der Zeit meines Aufenthaltes in der Psychiatrie. Sie hat meine Abhängigkeit schamlos ausgenutzt. Dies ist sicher eine große Lehre für mich gewesen.

Kurz bevor Doris in Urlaub fuhr, hatte sie ein befreundetes Ehepaar, das hellsichtig beratend und heilerisch tätig war, um Hilfe für mich gefragt. Doris erklärte mir, dass die beiden ihr gesagt hätten, dass sie mir nicht helfen könnten. Dies war der Anlass, dass ich mich noch viel schuldiger fühlte, als ich mich ohnehin in den Krisenzeiten fühle. Gerade darin sehe ich heute eine große Gefahr von Hellsichtigkeit. Ich habe den Menschen, die eine derartige spirituelle Begabung haben, zu viel Autorität und Macht zugeschrieben und mich dadurch von ihrem Verhalten und ihren Äußerungen mir gegenüber sehr abhängig gemacht. Wenn mir jemand in einer solch extrem instabilen Situation die Hilfe versagt, konnte ich es nur gegen mich selbst empfinden und mich noch schuldiger fühlen. Es war schrecklich, denn Doris sagte es mir nur kurz und fuhr danach direkt weg und war nicht mehr erreichbar.

Eine bedeutsame Erfahrung war, dass ich wahrgenommen habe, dass es in der geistigen Welt Kämpfe gibt.

Im Nachhinein gesehen war dieses Schwellenerlebnis von größter Bedeutung. Ich musste mich wieder mit verschiedenen seelischen Thematiken beschäftigen. Dabei hatte ich in dieser Zeit das Gefühl, dass ich geistig eine Toxoplasmose durchstehen musste. Toxoplasmoseerreger können eine Gehirnentzündung bewirken, die bei AIDS-Kranken ab einem bestimmten Krankheitsstadium „ausbrechen" kann. Dabei hatte ich nicht das Gefühl, dass es um die manifeste Gehirnentzündung ging, sondern um die geistigen Wirkungen dieser Erkrankung.

Etwa 60 - 70 Prozent aller Deutschen tragen das Toxoplasmosebakterium in sich. Es wird vor allem über das Essen von rohem oder nicht genügend erhitztem Fleisch übertragen. Eine wesentliche Bedeutung als Infektionsquelle haben auch die Ooysten, die über Katzenkot in Garten- und Ackerboden gelangen und durch „Hand in den Mund"-Übertragung Menschen infizieren können. Oozysten können aber auch durch Insekten wie Fliegen aus Katzenkot auf

Lebensmittel übertragen werden. Der direkte Kontakt mit Katzen ist ohne Bedeutung. Bei einem gesunden Immunsystem kommt es zu keinen Krankheitssymptomen. Bei einer T-4-Helferzellzahl von unter 100 kann die Toxoplasmose zum Ausbruch in Form von Gehirnentzündungen etc. kommen. Bei AIDS-Kranken wird deshalb wegen der starken Schwächung des Immunsystems prophylaktisch eine dauerhafte Antibiotikatherapie durchgeführt.

Zu Beginn meiner Infektion 1994 wurde ein Toxoplasmosetest gemacht. Dieser war negativ. Erst im Jahre 2004 habe ich erfahren, dass ich mich in der Zwischenzeit infiziert haben muss. Somit kann ich annehmen, dass es tatsächlich möglich ist, dass ich hier im Jahre 2000 die geistigen Auswirkungen einer Toxoplasmose erlebte. Auch der Herpes-Virus spielte eine Rolle in diesem Erlebnis. Wieder entstand eine Grenzenlosigkeit, eine Überflutung mit Eindrücken, Schuldgefühlen, Wahn und Ängsten, aber auch das Erlebnis tiefer Weisheit. Eine bedeutsame Erfahrung war, dass ich wahrgenommen habe, dass es in der geistigen Welt Kämpfe gibt. Dies hatte ich vorher noch nirgendwo gehört, und ich selbst wäre auch nie auf eine solche Idee gekommen. Später habe ich erfahren, dass das tatsächlich möglich ist. Vielleicht habe ich diese Kämpfe durch meine große geistige Offenheit so stark miterlebt. Ich habe sehr darunter gelitten.

Zu diesem Kampf gehörte die Beziehung des spirituellen Lehrers von Doris zu Bärbel. Bärbel betreut viele Menschen, die Anhänger von ihm waren, die jedoch durch seine hochschwingende Wirkung im Kontakt zu ihm in psychische oder geistige Schwierigkeiten und vor allem schwerste Abhängigkeiten gerieten. Eine Frau wurde, wie bereits erwähnt, sogar in die Psychiatrie eingewiesen. Deshalb gab es Differenzen zwischen Bärbel und ihm, obwohl sie sich nicht kannten. Beide hatten eine gewisse Verachtung für die spirituellen Arbeitsweisen des Anderen. Doris hatte zu diesem Zeitpunkt wieder viel Kontakt zu ihm und gleichzeitig zu Bärbel. Es erschien mir so, als würde eine Art von geistigem Kampf zwischen ihnen ausgelöst, der bis in die Realität hineinragte. Bärbel sagte mir später, dass sie es für möglich hielt, dass ich dies geistig wahrgenommen hatte.

> *Im Grunde genommen habe ich den Bezug zum Menschsein verloren. Meine Erwartungen und Ansprüche an mich waren unerfüllbar geworden.*

In der Phase der späteren Auseinandersetzung mit diesen Erlebnissen wurde mir klar, dass in jeder „Psychose" leidschaffende, dunkle Wesenheiten aus dem geistigen Bereich auf mich eingewirkt haben, sodass ich mich immer weiter in Ängsten und Schuldgefühlen verliere. Diese Wesenheiten sind meiner Ansicht nach keine, wie die Psychiater annehmen, krankhaften Stimmen, die der psychotische Mensch hört, sondern reale geistige Wesenheiten. Andererseits wirken die Seelen, die dem Menschen vom Schicksal nahe stehen, ebenso wie Geistführer, Engel positiv ein. Sie vermitteln über die geistige Ebene hilfreiche Gedanken, Impulse, die der Erfüllung des Schicksals dienen oder wirken positiv auf das Energiesystem des Menschen und den weiteren Schicksalsverlauf ein. In den Psychosen wirkten verstärkt Wesen, die ich als sehr unangenehm erlebte, die mich beängstigten und Schuldgefühle auslösten.

Ein typisches Symptom der Überflutung in einem Schwellenerlebnis ist, wie bereits erwähnt, dass ich mit dem Schreiben nicht mehr aufhören kann. Immer wieder kommen neue Einsichten. Sie sind immer so wichtig, dass ich sie sofort aufschreiben muss. Dadurch komme ich gar nicht mehr zur Ruhe. Typisch ist auch, dass ich alles, was ich in dieser Zeit erkenne, so massiv gegen mich selbst interpretiere, beurteile, dass es alles, was ich bislang getan habe und wie ich bin, in Frage stellt. Der Bezug zu meinen Erfolgen und zu dem, was ich bereits durchlitten und überwunden habe, ist gar nicht mehr erlebbar. Ich habe kein Mitgefühl mit mir, nur innere Anklage. Meine Vorstellungen, was ich hätte leisten können, sind dann utopisch. Im Grunde genommen habe ich den Bezug zum Menschsein verloren. Meine Erwartungen und Ansprüche an mich waren unerfüllbar geworden. Vor allem jedoch ist natürlich auch die Frage, wer oder was bewertet in mir selbst so kritisch, selbstzerstörerisch.

Eine weitere typische Auswirkung ist, dass ich glaube, keine spirituellen Hilfsmittel wie Aura Soma u.a. mehr anwenden zu sollen. Auf der anderen Seite jedoch habe ich während dieser Zeit immer massenhaft Ideen, was mir in diesem unerträglichen Zustand helfen könnte. Dies war jedes Mal so. Ich denke mir alles Mögliche aus, was mir irgendwann schon einmal geholfen hatte, weil ich mich gerade in einer solchen Not befinde, dass ich irgendetwas tun muss. So war es jedes Mal eine große Gefahr, viel zu viel durcheinander zu nehmen.

Während dieser „Psychose" hatte ich noch eine sehr eindrucksvolle Einsicht, die große Folgen für mich hatte. Mir wurde mir klargemacht, dass es sich nicht mehr heilend auswirkt, dass ich so überbeschützt lebe. Ich hatte eine behördlich geschützte Geheimadresse und ein Postfach und bekam somit die Post nicht nach Hause. Einiges lief sogar über den Namen des Lebensgefährten meiner Mutter. Jetzt wurde mir klar, dass ich dies ändern musste und somit meine eigenen geistigen Schutzkräfte wieder aufbauen sollte. Es war wichtig, dass ich stärker aus der eigenen Kraft lebte, dass ich wieder selbst stark würde. Dies war im Nachhinein gesehen ein Durchbruch. Es ist immer wieder beeindruckend, wie jedes dieser Schwellenerlebnisse durch seine tiefen spirituellen Einsichten so große Veränderungen in meinem Alltagsleben nach sich gezogen hat. Die konstruktive Verarbeitung des Erlebten war von unschätzbarem Wert für meine weitere Entwicklung. Ich würde mir wünschen, dass das Erleben dieses Sinns vermeintlicher psychiatrischer Erkrankungen mehr in der Behandlung berücksichtigt und somit zu einer solchen Entwicklung beitragen würde.

In dieser Zeit selbst war ich jedoch völlig offen, seelisch-geistig extrem zerrissen. Bärbel war leider auch im Urlaub. Mein Zustand wurde immer kritischer und ich lief Gefahr, mich nochmals in die

Psychiatrie einweisen lassen zu müssen. Immer wieder dachte ich, dass es so unaushaltbar sei, dass ich es nicht mehr schaffen könnte. Die Erinnerungen an den psychiatrischen Klinikaufenthalt lösten jedoch größte Ängste vor einer erneuten schweren Demütigung und den Wirkungen der Medikamente aus, sodass ich mich entschied, alles selbst durchzustehen. Lieber wollte ich sterben, als erneut in die Psychiatrie zu müssen. Suizidgedanken überkamen mich immer wieder. Das Leiden war unvorstellbar.

Ich zwang mich, die starke geistige Überflutungen und die daraufhin entstehenden grausamen Emotionen auszuhalten. Das Erlebnis war so stark, dass ich im Nachhinein die Vermutung habe, dass ich dabei hätte geistig „verbrennen" können. Es war so, als wenn die „Sicherung" hätte durchbrennen können. Ich kann mir vorstellen, dass es bei einem so schweren Erlebnis die tatsächliche Gefahr des Entstehens einer Schizophrenie geben kann. Auch körperlich hatte ich stärkste Schmerzen, die mich glauben ließen, dass meine Milz platzen könnte. Erst einige Zeit später erfuhr ich, dass die Milz tatsächlich reißen kann. Das hatte ich zuvor noch nie gehört und doch in dieser Zeit als Gefahr empfunden.

Nach einiger Zeit unaussprechlichen inneren Horrors wurden die Symptome etwas besser. Dann entschied ich mich, für eine gewisse Zeit meine Mutter in meinem Elternhaus zu besuchen, um nicht mehr allein zu Hause sein zu müssen. Sie holte mich mit dem Auto ab. In den ersten Tagen dort war ich noch sehr zerrissen und hatte immer einen Hut auf dem Kopf, um den Kopf etwas zusammenzuhalten. Den ganzen Tag lang drehten sich meine Gedanken um Entscheidungen über meine Zukunft, die Unsicherheit darüber und die Unfähigkeit, wirklich etwas entscheiden zu können.

Meine Mutter und ihr Freund gaben sich wirklich Mühe, konnten jedoch meinen verunsicherten Zustand natürlich schwer nachempfinden. Gerade zu Anfang konnten sie deshalb auch nicht genügend Rücksicht darauf nehmen. Ein Beispiel war, dass sie unbedingt an einem Tag zu ihrem Wochenendhaus wollten, ich jedoch genau wusste, dass sich eine solche Veränderung verschlechternd auf meinen Zustand auswirken würde. Das Autofahren allein bewirkte, dass ich mich auseinandergezogen fühlte. Meine Mutter konnte dies nicht verstehen, und so musste ich mitfahren, weil ich mir in meinem Zustand gar nicht vorstellen konnte, allein zu Hause zu bleiben. Insgesamt jedoch hatten wir eine sehr harmonische gemeinsame Woche. Es war Sommer und wir saßen draußen im Garten und haben Obst geschält und meine Mutter hat es dann eingekocht. Gerade für die Beziehung zu meiner Mutter wurde mein Aufenthalt zu einer heilsamen Zeit.

Nach dieser Woche brachte meine Mutter mich wieder nach Hause. In der ersten Zeit war ich noch recht unsicher in meiner Lebensbewältigung, aber ich stabilisierte mich zunehmend. Die psychiatrische Pflege habe ich nicht mehr in Anspruch genommen, weil ich sehr enttäuscht war, dass meine Betreuerinnen sich mit ihrem Urlaub nicht abgesprochen hatten und mich so im vollen Bewusstsein dieser schweren Krise alleingelassen hatten.

Ich habe diese schwere Psychose, dieses Schwellenerlebnis zum ersten Mal ohne Psychopharmaka und ärztliche Hilfe ausgehalten und überwunden. Als Bärbel aus dem Urlaub kam und davon hörte, sagte sie mir sehr klar, dass man einmal durch das Feuer (durch die Grenzenlosigkeit, die Psychose) durchgehen müsste, ohne es mit chemischen Medikamenten zu unterdrücken. Durch das Aushalten dieser starken geistigen und physischen Spannungen würde das gesamte seelisch-geistige Energiesystem gestärkt. Das hätte zur Folge, dass dadurch die Gefahr einer weiteren Erkrankung vermindert würde. Dieses Durchleben hätte mich stärker gemacht, sodass ich nicht mehr so schnell in Überforderungs- und Überflutungssituationen hineingeraten könnte.

Im Nachhinein weiß ich, dass Bärbel recht hatte. Das Durchstehen dieser Zeit ohne Abmilderung und Unterdrückung durch Psychopharmaka hat mich „geheilt". Die später folgenden Schwellenerlebnisse hatten nie wieder eine solche Stärke. Ich konnte sie viel leichter aus mir selbst heraus bewältigen, ohne je wieder in die Gefahr zu geraten, Psychopharmaka nehmen oder gar in die Psychiatrie zu müssen.

Auch wenn ich mir dieser großartigen Wirkung bewusst bin und es das war, was ich so dringend angestrebt hatte, würde ich es nie wieder so machen, ich würde es nie jemandem empfehlen und ich würde nie jemanden begleiten, der es selbst tun will. Es war eine der gefährlichsten Situationen in meinem Leben, in die ich mich selbst durch die Ablehnung der gesellschaftlich möglichen Hilfen gebracht habe - aber sicher auch eine der heilsamsten. Für mich wäre es furchtbar gewesen, ein Leben lang Psychopharmaka nehmen zu müssen. Keine meiner schwer lebensbedrohlichen Erkrankungen war so unerträglich wie eines dieser Schwellenerlebnisse. Deshalb bin ich unglaublich dankbar, dass ich durch dieses Durchleben freier geworden bin und dabei vor schweren langfristigen Komplikationen, wie möglichen Geisteskrankheiten, geschützt wurde.

Dies ist der größte Heilerfolg, den ich bei der Bewältigung der mir durch mein Schicksal auferlegten Bedingungen erreicht habe. Die Prognosen aller Psychiater dreier Fachkliniken und ambulanter Ärzte, dass ich lebenslang Neuroleptika nehmen müsste, hatten sich nicht bewahrheitet. Durch das Aushalten dieses leidvollen Akutzustandes konnte ich die Möglichkeit der Befreiung finden. Zudem durfte ich den tieferen Sinn solcher Erlebnisse erfahren, der große Veränderungen in meinem Bewusstsein und Leben zur Folge hatte.

Heilungswege aus dem Innern

Einige Wochen nach dieser Krise wollte ich wieder Auto fahren. Mehrere Monate war ich wegen des gebrochenen Fußes und des Schwellenerlebnisses nicht gefahren. Durch die psychische Krise war ich verunsichert, ob ich wieder fahren könnte. Bärbel war der Meinung, dass meine Befürchtungen unberechtigt wären. Trotzdem wendete ich mich an eine Fahrschule, um mich bei einigen Fahrstunden überprüfen zu lassen. Mit dem Besitzer dieser Fahrschule fuhr ich eine Stunde durch die Stadt. Danach teilte er mir mit, dass ich so gut Auto fahren würde, dass er keine Fahrstunden für notwendig hielt. Er könne es nicht verantworten, mir dafür Geld abzunehmen. Wichtig wäre, dass ich mich beim Abbiegen richtig umdrehe, um eventuelle Radfahrer zu erkennen und auch beim Abbiegen mehr einlenke. Dies wären die einzigen Mängel, die ihm aufgefallen seien. Seiner Meinung nach würde ich sehr gut Auto fahren. Diese Bestätigung brauchte ich zu meiner Beruhigung.

In diesem Sommer habe ich in all meiner freien Zeit getöpfert: Schüsseln, sehr viele Schüsseln. Es war eine selbstgefundene Therapie. Ich merkte, dass das Runde, die aufnehmende, offene Form einer Schüssel eine sehr heilsame Wirkung auf mich hatte. Über vier Abende nahm ich an einem Töpferkurs teil, um eine Grundlage zu haben. Zudem wurde ich dort an den gewaltsamen Hintergrund meiner Ansteckung durch einen Afrikaner erinnert: Eine der fünf teilnehmenden Frauen suchte sich als Vorlage für das Töpfern einen nackten Afrikaner aus, von dem sie ein Bild mitgebracht hatte. In den vier Wochen war ich somit mit diesem Entstehungsprozess konfrontiert und verarbeitete dabei einiges. Danach habe ich täglich mehrere Stunden auf meiner Terrasse am Waldrand gesessen und getöpfert. Viele sehr schöne Schüsseln sind in dieser Zeit entstanden, wovon ich die meisten verschenkt habe.

Ab diesem Sommer habe ich in einer ökumenischen Gesangsgruppe mit verschiedenen Begleitinstrumenten gesungen. Nach einiger Zeit wollte der Organist die Gruppe verlassen. Deshalb wurde ich darum gebeten, diese Tätigkeit zu übernehmen, doch das traute ich mir nicht zu. Dadurch entstand jedoch die Inspiration, ein elektrisches Klavier zu kaufen. Ein halbes Jahr lang hatte ich alle zwei Wochen Unterricht bei diesem Organisten. Durch die erlebte Grenzenlosigkeit und die später eingenommenen Psychopharmaka war meine Konzentrationsfähigkeit erheblich eingeschränkt. Das Klavierspielen war eine therapeutische Maßnahme für mich, diese wieder zu schulen. Es war tatsächlich sehr heilsam. Die Gesangsgruppe musste ich aufgrund der Infektgefahr leider wieder verlassen.

Im Oktober 2000 hatte ich eine extrem schwere Bronchitis. Ich ließ mich in ein anthroposophisches Krankenhaus, in dem ich noch nicht gewesen war einweisen, weil ich dort recht schnell ein Bett bekommen konnte. Da ich tags und nachts fast permanent hustete, hatte ich ein Einzelzimmer. Von Anfang an machten mir die Stationsärztin und der Oberarzt klar, dass sie ein Problem damit hätten, dass ich kein Antibiotikum nehmen wollte. Ich war mit der Erwartung gekommen, mich durch die anthroposophische Behandlung und die Kräuter, die Dr. Erdmann kurz vorher ausgetestet hatte, wieder zu erholen. Ich konnte jedoch deutlich wahrnehmen, dass sie die Kräuter ablehnten und wollten, dass ich Antibiotika nahm. Deshalb haben mich sowohl die Ärzte, als auch das Pflegepersonal meistens ignoriert. Sicher spielte die Unsicherheit im Umgang mit der AIDS-Erkrankung eine weitere große Rolle.

Während des Aufenthaltes bekam ich erneut eine Gürtelrose. Das Pflegepersonal hatte gar nicht berücksichtigt, dass ich beim Essen neben einer Frau saß, die gerade eine Gürtelrose hatte. Durch den Kontakt mit ihr wurde der Herpes-Virus in meinem Körper aktiviert, und auch ich erkrankte wenige Tage später daran. Bei schwer immungeschwächten Krebspatienten wird, das weiß ich aus der Zeit meiner Krankenschwesterntätigkeit, immer sehr auf die Infektgefahr geachtet. Bei AIDS-Kranken wird dies, so ist meine Erfahrung, im Krankenhaus immer ignoriert. Die Ansteckungsgefahr für sie selbst scheint für die Anderen so stark im Vordergrund zu stehen, dass gar nicht berücksichtigt wird, wie viel wahrscheinlicher und gefährlicher es für mich als AIDS-Kranke ist, mich bei ihnen mit anderen Krankheiten anzustecken.

In diesem Krankenhaus gab es kaum biologisch angebaute Lebensmittel. Das war ich gar nicht gewohnt. Durch diesen Umstand, den ich nicht ändern konnte, weil das Krankenhaus zu weit von einem Bioladen abgelegen war und ich kein Auto hatte, machte ich eine sehr wichtige, wertvolle Erfahrung. Ich merkte, wie ich von Tag zu Tag meine Emotionen immer weniger durch meine Gedanken beeinflussen konnte. Mein Denken und darüber auch meine Emotionen wurden beeinflusst von diesem „minderwertigeren" Essen. Ich baute mehr und mehr ab und es ging mir immer schlechter, vor allem hatte ich viel mehr Bauchschmerzen und Blähungen, als bei meiner gewohnten biologischen Kost. Sobald ich zu Hause wieder biologisch aß, fühlte ich mich zusehends wieder „lichter", ich fühlte mich wieder wohler in meinem Körper, ich konnte wieder freier denken und meine Gefühlswelt stabilisierte sich. So habe ich einmal das Erlebnis haben können, wie sich die Ernährung auf das Denken und die Emotionen auswirkt.

Was mir in diesem Krankenhaus sehr gut getan hat, war die Kunsttherapie. Während der zehn Tage habe ich mit Ton an einer Plastik gearbeitet, die ich noch heute im Wohnzimmer stehen habe. Die Kunsttherapeutin war die Einzige dort, die mich als Mensch wahrnahm. Sie ist sehr respektvoll mit mir umgegangen.

Ein paar Tage vor meiner Entlassung traf ich durch „Zufall" eine Freundin von Benedikt auf dem Flur. Sie arbeitete als Krankenschwester auf dieser Station und hatte gerade Urlaub gehabt. Wir trafen uns bei ihr im Mitarbeiterwohnheim. Als ich ihr von meinen Erlebnissen berichtete, erzählte sie mir, dass sie mir glaubt, dass niemand auf mich eingegangen wäre. Zurzeit sei kaum kompetentes Pflegepersonal auf der Station und generell auch wenig Motivation vorhanden. Die eigentlichen anthroposophischen Ideale seien wie eingeschlafen. Wenn dazu noch meine individuelle Situation mit der AIDS-Erkrankung und der Verweigerung des Antibiotikums dazu kämen, würden sie nur noch mit Unverständnis reagieren. Simone hatte den Eindruck, dass durch meine Auseinandersetzung mit den Ärzten und Pflegenden auf der Station viel in Bewegung gekommen wäre. Ich hätte etwas wachgerüttelt, was dringend notwendig war und hätte dadurch viel bewirkt.

Etwas Ähnliches hatte mir die Stationsärztin mitgeteilt. Sie war der Meinung, dass ich durch meine Offenheit und mein außergewöhnliches Schicksal die Neigung hätte, die „viralen" Prozesse, damit meinte sie die Alltagsumstände, die dringend einer Veränderung bedürften, „anzuziehen". Deshalb würden mich die in den Institutionen, in die ich geführt würde, bereits vorhandenen Schwierigkeiten in besonders starker Weise treffen. Durch meine feine Wahrnehmung und bewusste Auseinandersetzung mit den Beteiligten könnte dann die notwendige Veränderung geschehen. Durch diese Einsichten konnte ich etwas beruhigter fahren, auch wenn ich selbst kaum Hilfe erhalten hatte.

Diese Erklärung der Ärztin hat mir auch in späteren Jahren sehr geholfen, weil es sich tatsächlich herausstellte, dass ich die „viralen" Belastungen in verschiedenen Institutionen immer wieder „anzog" und diese dort über eine für mich oft schmerzliche Auseinandersetzung einen konstruktiven Veränderungsprozess anstieß.

Das Auragerät - forschen und beraten

Einige Zeit nach dem Aufenthalt in der Klinik hatte ich einen Traum, der später real wurde. In diesem Traum gehörte mir eine Aura-Videokamera und ich fühlte mich sehr wohl dabei. Der Heilpraktiker, Andree kam regelmäßig in unsere Stadt. Bei ihm ließ ich meine Aura mehrmals photographieren und beriet mich. Zum Ende des Jahres kaufte ich von ihm eine Aura-Videostation. In den nächsten Monaten hatten wir viel Kontakt. Andree lehrte mir den Umgang mit dem Gerät. Dadurch begann eine wundervolle Freundschaft. Ich habe ihm viel zu verdanken.

Immer wieder realisiere ich, dass das Tiefste, was durch meine Lebensumstände in mir verletzt wurde, die Selbstachtung ist, gerade in Folge der Psychiatrieaufenthalte. Durch den Kontakt zu Andree wurde in dieser Hinsicht viel geheilt. Er ist ungefähr gleich alt wie ich, hat einen sehr liebevollen Charakter und ist, wie ich finde, ein sehr schöner Mann. Glücklicherweise hatte ich nie partnerschaftliche Gefühle für ihn. So konnte sich eine langjährige, wohltuende Freundschaft entwickeln. Mit seiner Frau, einer Psychologin, habe ich durch lange Telefonate auch einen freundschaftlich-liebevollen Kontakt gefunden. Auch sie hat mir gegenüber großen Respekt gezeigt und meine Meinung zu ihrer Ehe, zu Andree oder zu Lebensfragen immer sehr ernst genommen und wertgeschätzt. Die seelisch-geistige Verbindung zwischen uns ging so weit, dass ich sie sogar äußerlich perfekt beschreiben konnte, obwohl ich sie nie gesehen habe.

Sie wohnten fast 300 km von mir entfernt. Andree kam ungefähr alle drei Monate zu Aura-Beratungen in unsere Stadt. In Deutschland ist er einer der Erfahrensten im Umgang mit Aura-Geräten. Ich war die erste, der er angeboten hat, sie für die Beratungen anzulernen. Bereits beim ersten Mal durfte ich meine Wahrnehmungen und Hilfen einbringen. So wurden wir ein harmonisches Team, das wunderbare Tage miteinander verbringen durfte. Weil er Heilpraktiker war, durfte er Medikamente verordnen und hat sich auf mich verlassen, wenn ich Empfehlungen gegeben habe. Ich durfte teils sogar seine Klienten allein beraten, wenn sehr viel zu tun war. Er hat mir so viel Respekt, Wertschätzung und bedingungslose Liebe entgegengebracht, sodass ich immer offener wurde und viel bei den Menschen bewirken konnte.

Ich kannte viele Heiler, Psychotherapeuten, Ärzte der Umgebung und konnte wahrnehmen, wer und was für jemanden hilfreich sein könnte. Dabei empfahl ich vor allem Bachblüten und manchmal Produkte von Aura Soma. Meine ausgeprägte Intuition konnte ich dabei sehr gut einsetzen. Es war für mich eine tiefe Erfüllung, an diesen Beratungstagen in den nächsten Monaten teilzunehmen. Andree bewunderte mein Wissen und die Art, wie ich es in dieser Tiefe und Reife den Menschen vermitteln konnte. Dadurch stärkte sich mein inneres Vertrauen in meine eigenen Fähigkeiten. Auch die Menschen, die ich beraten hatte, haben mich darin bestärkt.

Es ist nicht einfach, mit einer mehr oder weniger ausgeprägten Hellsichtigkeit und somit erweiterten Einsichten in die geistige Welt und deren Wirken und Grundlagen zurechtzukommen.

Andree und ich haben noch heute sehr guten freundschaftlichen Kontakt. Aufgrund der Entfernung können wir nicht mehr gemeinsam beraten. Wenn er an unseren beiden Orten, an denen wir gemeinsam waren, Beratungen gibt, würde er mich immer noch vermissen, sagte er. Wenn ich mit ihm telefoniere, ist es jedes Mal eine tiefe seelische Erfüllung, wie ich sie mit keinem anderen Mann haben konnte. Jedes Gespräch ist warmherzig und reich an geistigem

Austausch. Ich verdanke ihm sehr viel. Insgesamt hatte mich dieses Gerät viel Geld gekostet (3000 Euro), aber wenn ich im Nachhinein sehe, wie viele wertvolle Beziehungen, Kontakte dadurch entstanden sind, ist es unbezahlbar.

Für dieses Aura-Videogerät brauchte ich einen neuen Computer. Anfangs gab es damit technische Schwierigkeiten. Andree schickte mir einen Freund, der mir helfen sollte. Manuel ist in unserem Alter. Beim Einrichten des Computers stellte sich raus, dass er bereits von Kindheit an aura- und hellsichtig war und auch hauptberuflich damit arbeitete. Er hatte deshalb seinen Beamtenstatus aufgegeben. Manche Menschen glauben nicht daran, dass die Aura über ein technisches Gerät sichtbar gemacht werden könnte. Deshalb fragte ich ihn, wie er diese moderne Hilfe beurteilen würde. Manuel meinte, dass er das Gerät empfehlen könnte, weil es recht gut zeige, was er selbst sehen würde. Das Einzige, was bei ihm völlig anders sei, sei die Dreidimensionalität, in der er die Farben und Energien wahrnehmen könne. Die Farben und die Chakrendarstellungen seien jedoch sehr gelungen.

Auch aus diesem Kontakt entwickelte sich ein freundschaftliches Verhältnis. Beim ersten Treffen hat mich Manuel extrem durcheinander gebracht, weil er mir zu viel auf einmal mitgeteilt hat, was er aus seiner Hellsichtigkeit heraus an mir wahrnehmen konnte. Er hat dabei zu 100 Prozent die Wahrheit getroffen, und doch war es verantwortungslos. Ich hatte ihn nicht danach gefragt. Es war wie ein Überfall. So wurde es zu viel für mich und ich geriet wieder in eine leichte Überforderungs- und dann auch Überflutungssituation. Bärbel half mir, mein Gleichgewicht wieder zu finden.

Kurz später sprach ich mit Manuel darüber. Er konnte sich gut auf meine Reaktion auf ihn einlassen. Dadurch entstand ein wertvoller Austausch. Manuel hat mir einmal gesagt, dass er von keinem anderen Menschen so viel annehmen könnte, wie von mir. Ich würde den Kern der Dinge treffen und ihm eine große Klarheit für die Zusammenhänge und Ursachen vermitteln. Er meinte, dass ich die

Fähigkeit besäße, dieses so zu vermitteln, dass er sich kein bisschen angegriffen fühlen würde. Dies sei sehr ungewöhnlich für ihn. Normal würde er immer abwehrend reagieren, sobald ihn jemand auf seine Schwächen aufmerksam machte. Ein Gespräch mit mir wäre effektiver als mehrere Termine beim Supervisor, die er regelmäßig in Anspruch nehmen würde, um seine Arbeit zu reflektieren. Er war beeindruckt. Dies hatte ich bereits von einigen Menschen gehört, gerade von solchen, die sich sonst kaum jemandem öffnen konnten. Es scheint tatsächlich eine Fähigkeit von mir zu sein, die ich jedoch erst viel später selbst erkennen und mehr annehmen konnte.

Ich erinnere mich an ein Telefonat, bei dem Manuel ziemlich melancholisch wirkte. Er teilte mir mit, dass er manchmal an sich zweifeln würde, unsicher wäre, ob er mit seiner Hellsichtigkeit verantwortlich umgehen würde. Seine Bedenken konnte ich gut verstehen. Dann fiel mir etwas Hilfreiches dazu ein: Ich erklärte ihm, dass er ja tatsächlich keine Gebrauchsanweisung für diese ungewöhnlichen Fähigkeit dazubekommen hätte. Deshalb müsse er sich und seine Wahrnehmungen immer wieder prüfen - auch darin, wie seine Beratungen im Leben der Menschen wirken würden. Mir war wichtig, ihm das nötige Mitgefühl mit sich selbst zu vermitteln, denn es ist eine Tatsache, dass nur wenige Menschen Wahrnehmungen in dieser Weise haben. Somit ist darüber nur wenig Austausch mit und Reflexion durch Andere möglich. Wir sind nicht genügend geschult, um zu wissen, wie diese Begabungen sinnvoll einzusetzen sind, gerade, wenn sie bereits in der Kindheit vorhanden sind und niemand in der Familie sie wirklich versteht. Inneres Moralempfinden und gesellschaftliche Gesetze können eine Hilfe sein, jedoch sind die Einflüsse und Bedingungen, in denen der Mensch lebt, sehr vielschichtig. Deshalb können wir es nur individuell abprüfen und uns nie wirklich sicher sein. Dabei ist das Bemühen, das Beste zu geben, sicher ausschlaggebend.

Die Hellsichtigkeit wird in gewisser Weise auch in meinem Seelengedicht von Rudolf Steiner angesprochen: Das Leben, es wird heller um mich, das Leben, es wird schwerer für mich, das Leben, es wird reicher in mir. Es ist nicht einfach, mit einer mehr oder weniger ausgeprägten Hellsichtigkeit und somit erweiterten Einsichten in die geistige Welt und deren Wirken und Grundlagen zurechtzukommen. Die Herausforderung dabei ist, sie konstruktiv in Bezug auf das eigene Leben, zur eigenen Aufgabe und im sozialen Kontakt zu Anderen einzusetzen. Und doch macht innerlich reicher.

Im Nachhinein kann ich erkennen, dass Manuel starke Probleme mit dieser Fähigkeit hatte. Er zog sein gesamtes Selbstwertgefühl daraus und war auch oft zu überzeugt von dem, was er wahrnahm. Manchmal wirkte es sehr wertvoll, dann aber wieder etwas realitätsfremd auf mich, was er wahrnahm oder womit er sich beschäftigte. Aufgrund seiner Aurasichtigkeit hatte er keinen Führerschein gemacht. Er erklärte, dass er eher durch die Dinge hindurch sehen würde und dadurch die Dreidimensionalität nicht einschätzen könne. Er könne durch seine Fähigkeit nur schwer räumlich wahrnehmen und rechts, links und geradeaus nicht unterscheiden. Deshalb empfand er es als zu gefährlich, Auto zu fahren. Das konnte ich verstehen und empfand seine Entscheidung als sehr verantwortungsbewusst.

Insgesamt hatte ich aufgrund einiger Erlebnisse mit ihm keinen Grund, an seiner tatsächlichen Hellsichtigkeit zu zweifeln, und doch habe ich auch die Schwierigkeiten seines Egos und der Abgehobenheit darin erlebt. Viele Persönlichkeits- und Reifeentwicklungen wurden dadurch meiner Ansicht nach etwas blockiert, verhindert und nicht gesund weitergeführt. Ich bin dankbar, ihn kennengelernt und mit ihm einen wertvollen Austausch gehabt zu haben.

Im Laufe des nächsten Jahres habe ich die Aussagekraft der Auraübertragung durch das Gerät gründlich erforscht. Das Gerät kommt aus Amerika und so gab es nur eine sehr kurze deutsche Übersetzung aus dem Englischen. Mir erschien sie extrem oberflächlich. Da keine weitere deutsche Literatur erhältlich war, habe ich es als meine Aufgabe empfunden, selbst daran zu arbeiten. Durch die Aura-Aufnahmen von vielen Freunden und Bekannten sammelte ich viel Erfahrung, die ich mit meinen bereits spirituell erworbenen Grundlagen verbunden habe. Zudem habe ich sehr viel über die Farb- und Chakrenwirkungen meditiert. So entstand eine deutsche Fassung, die ich Andree für seine Arbeit zur Verfügung gestellt habe. Dafür war er mir sehr dankbar und nutzt sie heute noch täglich, weil es auch für ihn nichts Vergleichbares gibt. Er wollte diese auf seiner Homepage veröffentlichen, aber ich hatte immer das Gefühl, dass ich selbst eine Veröffentlichung meiner umfangreichen Arbeit anstreben sollte.

Ende dieses Jahres 2000 entwickelten sich zwischen meiner anthroposophischen Ärztin, Frau Regers und mir Schwierigkeiten. In ihr hatte ich während der anderthalb Jahre, in denen ich bei ihr in Behandlung gewesen war, nie eine wirkliche Hilfe erlebt. Auch während der Psychose Ende des letzten Jahres hatte sie sich, wie bereits erwähnt, meiner Ansicht nach gar keine Mühe gegeben. Beim ersten Termin in ihrer Praxis hatte sie mir versprochen, dass sie die Blutentnahmen durchführen würde. Bei Dr. Peters war ich seit Frühjahr 1999 nicht mehr gewesen, weil ich das Gefühl hatte, dass es für ihn schwer war, mit meiner Entscheidung, die Chemotherapie abzulehnen, zurechtzukommen. Es tat mir Leid für ihn, dass er jedes Mal mit mir ringen musste, weil er als Schulmediziner natürlich absolut davon überzeugt war, dass ich mir schade. Da wir uns immer sehr gut verstanden haben, wollte ich es ihm und mir nicht zumuten.

Deshalb hatte ich Frau Regers darum gebeten, die Blutentnahmen für meine Immunwertbestimmung wegen der AIDS-Erkrankung zu machen und extra nachgefragt, ob das ein Problem für sie wäre. Bei mehreren Arztbesuchen war es bereits etwas schwierig mit ihr gewesen. Ihre Ansichten waren manches Mal schwer einsichtig für mich. Einmal hatte sie gemeint, dass ich doch Chemotherapie nehmen sollte, sie hätte sich in ihrer Arztpraxis ja auch für einen Computer entschieden, obwohl sie aus spirituellen Gründen eigentlich dagegen wäre. Sie äußerte dies wohl deshalb, weil es ihrer Meinung nach zum Zeitgeist gehören würde, sich für Computer oder Chemotherapie zu entscheiden. In einem späteren Gespräch stellte sich heraus, dass sie sich selbst nicht für eine Chemotherapie entscheiden würde, aber sie hatte es so gesagt. In meiner instabilen Grundsituation verunsicherten mich solche Äußerungen immer wieder.

Für mich war klar, dass ich mehr Wissen um die Aussagekraft von Blutwerten bei der AIDS-Erkrankung und den spezifischen Blutwerten habe als eine Hausärztin.

Eines Morgens hatte ich einen Termin zur Blutentnahme. An diesem Morgen war ihr Mann dafür zuständig, der Arzt, der mir vor zwei Jahren die Einweisung in das Krankenhaus ausgestellt hatte. Er teilte mir mit, dass er mit seiner Frau abgesprochen hätte, dass sie mir kein Blut mehr abnehmen würden, weil ich mich ohnehin nicht für die Chemotherapie entscheiden würde. Ich war fassungslos. Ich entgegnete, dass doch kontrolliert werden müsse, ob die Kräutertherapie von Dr. Erdmann und die Heileurythmie Erfolg hätten. Aufgrund der starken emotionalen Belastung bei immer schlechter werdenden Blutwerten hatte ich diese ohnehin nur noch sehr selten bestimmen lassen. Und doch fand ich es wichtig, die Entwicklung zu verfolgen. Er weigerte sich. Ich habe sehr deutlich gesagt, was ich von ihnen beiden als anthroposophisch orientierten Ärzten halte und habe völlig aufgelöst die Praxis verlassen. Als ich dann im Auto saß, habe ich laut geschrien, meine Wut so richtig rausgebracht. Als ich Bärbel anrief, war auch sie von einer solchen Einstellung absolut entsetzt.

Tage später rief Frau Regers an und meinte, dass es ein Missverständnis gegeben haben müsste. Das Gespräch jedoch war sehr vorwurfsvoll. Sie warf mir vor, dass ich bei einem Arztbesuch bei ihr erwarten würde, dass sie sich mit AIDS auskennen würde und sie Zeit für mich hätte. Dies konnte ich gar nicht nachvollziehen. Ich war so selten bei ihr gewesen, im Jahr vielleicht sechsmal, und bei keinem anderen Arzt außer der Psychiaterin, bei der ich ungefähr viermal im ganzen Jahr gewesen war. Wenn ich dann mit meiner weit fortgeschrittenen Krankheit eine halbe Stunde bei ihr war, konnte ich darin nur eine absolute Notwendigkeit erkennen. Ich kostete so wenig Zeit und Geld. Das Meiste, was ich zu diesem Zeitpunkt gekostet habe, zahlte ich selbst und nicht die Krankenkasse. Auch hatte ich garantiert keine Erwartungen, dass sie medizinisch über meine Erkrankung informiert ist. Ich habe genügend medizinisches Fachwissen darüber, und wenn ich Hilfe darin bräuchte, wäre ich immer noch zu Dr. Peters gegangen. Alle Vorwürfe erschienen mir völlig unbegründet.

Sie teilte mir im Verlauf des Gespräches mit, dass sie die AIDS spezifischen Blutwerte nicht mehr bestimmen wollte, dafür aber andere Immunparameter. Wahrscheinlich war das Budget entscheidend, weil die Bestimmung von AIDS-Blutwerten teurer ist, aber sie sprach es nicht an. Daraufhin entgegnete ich spontan, dass andere Blutwerte mir nicht helfen würden (aussagekräftig für eine AIDS-Erkrankung sind tatsächlich nur die Lymphozyten Differenzierung und die Virusbelastung). Für mich war klar, dass ich mehr Wissen über die aidsspezifischen Blutwerte und deren Aussagekraft habe als eine Hausärztin.

Daraufhin sagte sie wirsch: „Was Ihnen hilft, bestimme ich." Dann legte sie den Hörer auf und hat sich nie wieder gemeldet. Ich habe sehr gelitten unter diesen Begegnungen. Auf einen klärenden Brief, den ich ihr noch geschrieben habe, hat sie nie geantwortet. Damit begann ein langjähriger Lernprozess, in dem ich erkennen lernen musste, wie reif ein Mensch ist. Es fiel mir schwer, zu begreifen, dass nicht jeder anthroposophische Arzt der der Anthroposophie zugrundeliegenden Geisteshaltung gerecht werden kann, sondern nur danach strebt und auch menschliche Schwächen hat.

Osteopathie - Diagnostik und Heilung

So musste ich mir einen neuen Hausarzt suchen. Da es in unserer Stadt nur zwei anthroposophische Arztpraxen gab, kam nur noch die andere in Frage. Durch diesen Wechsel wurde klar, wie viel Glück dieser Konflikt für mich bedeutet hat, dass es kein „Zufall" war. Ohne diesen Wechsel wäre mein Leben ganz anders verlaufen. Durch den neuen Arzt, Dr. Krämer, kam ich zur Osteopathie. Osteopathie ist, wie bereits erwähnt, eine Heilmethode, bei der der Osteopath mittels seiner Hände (manuelle Therapie) die Selbstheilungskräfte des Körpers aktiviert. Mittels der Wahrnehmung über seine Hände kann der Osteopath Diagnosen über Störungen im Körper empfinden und sie anhand verschiedener entwickelter Techniken in Bewegung bringen und damit zur Selbstregulation beitragen.

Das erste Mal war ich mit Sabine bei ihm. Ich erzählte kurz, warum ich wechseln wollte und den Hintergrund meiner Krankengeschichte. Dann stand er auf und fasste mich, ohne zu erklären oder zu fragen, auf meinen Kopf und ließ seine Hände dort eine Weile ruhen. Ich merkte, dass eine Energie von seinen Händen bis in meinen Unterleib strömte. An gewissen Stellen, wie Milz und Nieren, hatte ich ein Ziehen bis hin zu leichten Schmerzen. Es löste sich jedoch auch etwas dabei.

Erst danach erklärte mir Dr. Krämer, dass er Osteopath sei und auf diese Weise gerade eine Diagnose meiner inneren Organe durchgeführt und leichte Blockaden gelöst hätte. Dabei hatte er festgestellt, dass es nicht die Milz war, die das größte Störfeld ausmachte, wie ich selbst immer geglaubt hatte, sondern vor allem der Unterleib, aber auch die Leber. In der chinesischen Medizin hängen Leber und Unterleibsorgane zusammen.

Es war eine große Herausforderung gewesen, mich von ihm anfassen zu lassen. Ich hätte es sicher nicht zugelassen, wenn er mich vorher gefragt hätte. So hatte er meine Blockade für mich unfreiwillig durchbrochen und mir dadurch seine Fähigkeiten zeigen können, die für mich sehr wichtig wurden. Die Kosten für osteopathische Behandlungen wurden nicht von der Krankenkasse übernommen, und so zahlte ich auch diese wieder selbst. Später erzählte Dr. Krämer mir, dass er im ersten Studiendurchgang einer anthroposophisch orientierten Universität sein Medizinstudium durchgeführt hätte. Einige Jahre später spezialisierte er sich zusätzlich auf Osteopathie. Paolo lehrte ihn den anthroposophischen Hintergrund der Osteopathie. Zusätzlich hatte Dr. Krämer an mehrjährigen Fortbildungen für Ärzte teilgenommen. So fand ich nicht nur einen neuen Hausarzt, sondern sogar einen echten Heiler.

In der ersten Zeit traute ich mich nur alle zwei Monate zu einer Osteopathiebehandlung, weil ich jedes Mal danach wegen der körperlichen Berührung bei dieser Therapie in starke emotionale Schwankungen aufgrund der Erinnerung an vergangene Traumata kam. Da jedoch die heilsame Wirkung auf meine Organe und somit auf meine körperliche Gesamtverfassung so großartig war, setzte ich mich dieser Behandlung immer wieder bewusst aus. Vor allem die Bauchschmerzen im Bereich von Milz und Leber, aber auch die der Thymusdrüse (einem Immunorgan mitten im Brustbereich) wurden erleichtert.

Nach den ersten Malen entstanden jedoch auch starke Erstverschlechterungen. Der osteopathische Eingriff in mein Energiesystem durch die Behandlungen löste gestaute Emotionen und körperliche Missempfindungen aus. Ich teilte Dr. Krämer mit, dass ich sehr sensibel reagieren würde und er sich besser etwas mehr zurückhalten sollte bei der Intensität seiner Therapie. Dies fiel ihm schwer, weil er glaubte, mir so mehr helfen zu können. Er teilte mir mit, dass er durch seine ganzheitliche Wahrnehmung während der Behandlungen mehr einschätzen könnte, was in den letzten Jahren bei mir abgelaufen wäre, was ich durchmachen musste. Dazu äußerte er, dass es gewaltig gewesen sein müsse. Ja, es war gewaltig gewesen. Ich fühlte mich von ihm verstanden, auch, wenn wir kaum miteinander geredet haben. Bei der Behandlung selbst wird nicht gesprochen.

Nach einigen Therapiesitzungen teilte er mir mit, dass er bei der Osteopathie auch die seelisch-geistige Grundlagen wahrnehmen könnte. Dabei hätte er den Eindruck bekommen, dass mein Körper nur ein Anhängsel einer sehr großen Seele wäre. Ich wusste erst gar nicht, was er damit meinte. Erst fünf Jahre später sollte ich begreifen, was es bedeutete.

Das Jahr 2001 begann. Nach der Krise im letzten Sommer hatte ich weder die Unterstützung einer Psychotherapie noch einer Betreuung. So stabilisierte ich mich langsam, obwohl das fast permanente Alleinsein sehr quälend für mich war. Heute ist es unvorstellbar für mich, wie viel Alleinsein ich ausgehalten habe.

In dieser Zeit habe ich viel gemalt. Ich entdeckte eine neue Technik, das Encaustic. Es hat mir sehr viel Spaß gemacht. Obwohl das eine sehr einfache Maltechnik ist, sind die Effekte einfach super. Viele Postkarten sind daraus entstanden. Vor allem meine Mutter war völlig begeistert, aber auch einige andere Freunde, denen ich sie geschenkt habe.

In diesem Jahr habe ich Ruth sehr intensiv in ihrem Schicksal begleitet. Kennengelernt hatte ich sie vor Jahren in der Sai Baba Gruppe. Sie war psychiatrisch schwer krank: manisch depressiv. In manchen Phasen quälten sie schwerste Depressionen und schuldbeladene Vorstellungen von sich selbst. In dieser Zeit konnte sie fast nur im Bett liegen und hatte keinerlei Willenskraft, etwas zu tun. Dann wieder kamen Wochen der völligen Euphorie, Zeiten, in denen sie übersprühte vor Lebendigkeit und Zielen, die sie nie verfolgen oder hätte erreichen können. Sie war Erbin eines großen Vermögens, das sie in diesen Zeiten für völlig unnütze Dinge ausgab. So erwarb sie mehrere Pferde, mehrere Autos, unzählige Wassermaschinen und Massagematten etc. Darauf folgte wieder die Zeit der Einsicht und der schweren Depression. Es war ein Teufelskreis. Konsequente, konstruktive Ziele konnte sie zu keiner Zeit verfolgen. Aufgrund dieser Erkrankung verlor sie ihr gesamtes Erbe. Auch ihr Haushalt war in einem desolaten Zustand. Die Erziehung ihrer Tochter glitt ihr dabei aus den Händen. Nach einem Suizidversuch konnte diese in ein betreutes Wohnprojekt ziehen. Für mich war es eine schwere, anstrengende Aufgabe, mit ihren Schwankungen umzugehen, ihr hilfreich zur Seite zu stehen. Und doch habe ich viel durch sie gelernt, vor allem, was eine Spiritualität bewirkt, die sich vorwiegend in einem eigennützig ausgerichteten Gefühl abspielt und nicht vom Verstand und der Willenskraft geführt und weiterentwickelt wird.

Sein ganzes Bestreben geht dahin, sich, sein Schicksal und das Leben tiefer zu begreifen und die kosmischen Gesetze zu erfassen, um sie im Leben konstruktiv zu berücksichtigen.

Im März rief Ruth morgens recht früh an und wollte mit mir zum Reiten. Ich lag noch im Bett, hatte extrem schlecht geschlafen und wollte nicht aufstehen. Deshalb sagte ich ihr ab. Dann jedoch schellte es noch an der Haustür und ich quälte mich hoch. Es war jedoch niemand da. So, dachte ich, dann soll ich wohl doch zum Reiten - später sollte ich verstehen, dass nur dadurch eine wichtige Schicksalsbegegnung ermöglicht wurde.

Das Reiten hat mir sehr gut getan. Es blieb jedoch bei diesem einmaligen Erlebnis. Danach fuhr ich spontan in den Laden, in dem ich die Wachsfarben für meine Maltechnik kaufte. Es ist ein Laden, in dem vorwiegend ökologische Kleidung verkauft wird. Ich kannte die Besitzerin auch aus der Sai-Baba-Gruppe. Ein junger Mann stand im Laden. Er war mit ihr befreundet. Es entstand ein lebhaftes Gespräch. Wir haben uns über zwei Stunden unterhalten.

Die Atmosphäre war sofort leicht und harmonisch zwischen Lars und mir. Recht bald wurde klar, dass wir sehr ähnliche Vorstellungen vom Leben hatten und auch ähnliche Interessen. Lars ist zwei Jahre älter als ich, hat eine Ausbildung als Radio- und Fernsehelektroniker, studierte jetzt noch Elektrotechnik und arbeitete seit Beginn des Studiums im Möbelgeschäft, um sich die Ausbildung zu finanzieren. Er hatte großes Interesse an meinem Auragerät. Wir tauschten unsere Telefonnummern aus.

Zwei Wochen später rief er an und besuchte mich zu Hause. Dies war der Beginn einer langjährigen, sehr wertvollen Freundschaft. Erst nach ein paar gemeinsamen Erlebnissen erzählte ich ihm von meiner Infektion. Ich wollte, dass er mich unbefangen kennenlernen konnte. Lars hatte mit meiner Krankheit nie ein Problem. Recht bald habe ich mich in ihn verliebt. Am Tag vor meinem Geburtstag hatten wir einen wunderbaren Nachmittag. Erst saßen wir im Wald auf einem Hügel in der Wiese, konnten über eine große Weite sehen und diskutierten dabei. Es war einfach toll. Danach folgte ein langer Spaziergang, wobei wir eine junge Kröte und ein sehr schönes Haus im Wald mit einem uralten kleinen Privatfriedhof gefunden haben. Alles war so perfekt und ich war so verliebt in ihn. Nach einiger Zeit dieses starken Verliebtseins merkte ich jedoch, dass er für mich nicht so empfindet. Dadurch konnten sich auch meine Gefühle langsam wieder „normalisieren". Als ich mich ihm gegenüber wieder frei fühlte, habe ich ihn darauf angesprochen. Ich erklärte ihm, dass ich mich verliebt hatte, aber dass ich gemerkt habe, dass er es nicht erwiderte. Dazu meinte er, dass er es wahrgenommen hätte, aber er generell keine Beziehung möchte. Seine spirituelle Entwicklung ist für ihn das Wichtigste am Leben. Deshalb hatte er sich in den letzten zehn Jahren gegen eine partnerschaftliche Beziehung entschieden.

Seine Spiritualität gründet auf dem Zen Buddhismus. Jeden Tag meditiert er mehrere Stunden. Er trägt eine Weisheit in sich, die ich so vorher noch nie erlebt habe. Dazu gehört ein sehr asketischer Lebensstil, der mich in Bezug auf die dafür notwendige Willenskraft immer wieder beeindruckte. Seine Freude am Leben konnte er sich trotzdem erhalten. Ich empfinde ihn als einen der ungewöhnlichsten, geistigsten Menschen, die ich kennengelernt habe. Sein ganzes Bestreben geht dahin, sich, sein Schicksal und das Leben tiefer zu begreifen und die kosmischen Gesetze zu erfassen, um sie im Leben konstruktiv zu berücksichtigen. Und doch ist er sehr irdisch, arbeitet einem großen Möbelgeschäft und begegnet somit täglich massivem Konsumstreben, auch, wenn es seinem Eigenen gar nicht entspricht. Ich bewundere ihn, weil er so geistig und klar wirkt. Er ist ein echter Freund, von dem ich viel gelernt und dem ich sehr viel zu verdanken habe.

Irgendwann ließ ich mir bei Dr. Krämer Blut entnehmen. Die letzte Blutentnahme lag über ein Jahr zurück. Genau wie die letzten waren auch diese Blutwerte sehr schlecht, letztes Stadium (C): 170 Helferzellen. Das war ein ziemlicher Schock. Durch Zufall kam ich an die Adresse von Dr. Lenzen. Meine frühere Heilpraktikerin, Iris, fuhr mich zu ihm. Er ist anthroposophischer AIDS-Spezialist, arbeitete jedoch nur noch privatärztlich. Er empfahl mir eine Misteltherapie, die ich dann begonnen habe.

Bei einem Termin im Sommer bei Dr. Krämer musste ich kurz warten. Durch einen mehr oder weniger „Zufall" konnte ich im Computer die Diagnose „Hypochondrisches Syndrom" lesen. Dies bedeutet, dass der Patient sich die Krankheiten einbildet. Die Abrechnungsziffer war psychiatrisch. Ich war wie vor den Kopf geschlagen. Da ich mich nicht traute, dazu etwas zu sagen, habe ich an diesem Tag die osteopathische Behandlung nur über mich ergehen lassen.

Was dabei wirklich interessant war, war meine innere Reaktion auf diese Diagnose. Ich wurde innerlich überflutetet mit Gedanken, Überlegungen, wo ich in diesem Leben überall hypochondrisch gewesen war. Als Kind, als Erwachsene, überall glaubte ich auf einmal, hypochondrische Reaktionen gezeigt zu haben. Den Anlass für Herrn Krämers Diagnose vermutete ich darin, weil ich ihn einmal wegen eines Zeckenstichs angerufen hatte. Mit Abstand betrachtet war dies jedoch eine ganz gesunde Art und Reaktion gewesen. Nachdem ich dies gelesen hatte, war ich jedoch in meinem ganzen Selbsterleben tief verunsichert. Nach der Behandlung fuhr ich in den Wald, verlief mich bei starker Hitze völlig und hatte bald großen Durst. Irgendwann bekam ich Angst, nicht mehr zurückzufinden. Es war ein sehr großer Wald, in dem ich mich sicher einige Stunden hätte verlaufen können. Ich habe intensiv um Hilfe gebetet. Wenige Minuten später wurde mir der Förster im Geländewagen „geschickt", der „zufällig" eine Runde drehte. Er war so freundlich, mich zu meinem Auto zurückzufahren. Es war ein großer Segen, bei dem ich die geistige Führung so unmittelbar wahrnehmen konnte.

Die nachfolgenden Tage waren wirklich grauenhaft. Ich habe mich nicht getraut, irgendjemandem von dieser Diagnose zu erzählen, weil ich so verunsichert war. Ich habe mich so geschämt, weil ich annahm, dass sicher alle glaubten, dass es stimmen würde. Dann würde mich niemand mehr ernst nehmen, wenn ich mich schlecht fühlte. Zwei Tage nach dem Termin bekam ich sogar eine leichte Gürtelrose. Sie wurde sicher durch diesen tiefen seelischen Schock und die entstandene Verunsicherung ausgelöst.

Als ich mich dann endlich offenbaren konnte, waren natürlich alle der Meinung, dass dies nur ein Missverständnis sein könnte. Erst konnte ich es nicht glauben, dann habe ich Dr. Krämer einen Brief geschrieben und ihn um eine Erklärung gebeten. Er hat sofort zurückgeschrieben, dass er seiner Arzthelferin die Diagnose „Schmerzen im Hypochondrium" (rechter Oberbauch) diktiert und sie dies mit der psychiatrischen Diagnose verwechselt hätte. Es täte ihm sehr leid. Er würde den Fehler sofort korrigieren. Als Schlusswort schrieb er noch, dass er natürlich nicht der Meinung sei, dass ich hypochondrisch bin. Er selbst würde sich für wesentlich hypochondrischer halten als mich. So hatten sich meine Selbstzweifel als völlig unberechtigt gezeigt. Mir ist jedoch durch diesen Vorfall bewusst geworden, wie sehr ich mich durch die Meinung anderer Menschen, und sei sie noch so abwegig und absurd, beeinflussen und auch sogar zerstören lasse. Das habe ich immer wieder erlebt und erlebe es noch heute als eine meiner stärksten Schwächen, ausgelöst durch eine scheinbar tief sitzende Verunsicherung in meiner Selbstwahrnehmung und Selbstsicherheit.

Im Herbst hatte ich eine leichte Lungenentzündung, die ich allein zu Hause ohne chemische Behandlung überstehen konnte. Ende des Jahres waren die Blutwerte mit 170 Helferzellen gleich schlecht. Es war also kein Laborfehler oder Ausrutscher gewesen. Deshalb entschloss ich, gar keine weiteren Blutentnahmen mehr durchführen zu lassen. Jedes Mal, wenn ich zur Blutentnahme ging, hatte ich grundsätzlich einige Tage vorher seelische Schwankungen. Und nach der Nachricht solcher lebensbedrohlichen Blutwerte folgte nochmals eine längere Zeit der emotionalen Krise. Dieser wollte ich mich nicht mehr aussetzen, weil sie mich jedes Mal sehr stark belastete. Nun war eigentlich klar für mich, dass sich meine Blutwerte weiter verschlechtern würden und sich dies in weiteren Krankheitsphasen zeigen könnte.

Ein Traum entscheidet über eine wichtige Lebenswende

Weihnachten verbrachte ich am Heilig Abend in meinem Elternhaus. Mit meiner Familie hatte ich einen sehr schönen Nachmittag und Abend. Björn und ich spielten gemeinsam Weihnachtslieder auf der Flöte. Meine Mutter hat sich unglaublich gefreut.

In der ersten oder zweiten Weihnachtsnacht träumte ich, dass ich Waldorfpädagogik studieren würde. Noch heute kann ich mich gut daran erinnern, wie wohl ich mich in diesem Traum gefühlt habe. Ich erlebte ein so starkes seelisches Wohlbefinden bei diesem Studium in dieser Gemeinschaft. Noch lange nach dem Aufwachen hielt dies an, was ich nie vorher nach einem Traum erlebt hatte. Und doch verschwendete ich keinen Gedanken an ihn. Es war für mich völlig abwegig. Ich hatte noch nie etwas mit Waldorfpädagogik zu tun gehabt und kannte auch niemanden, der sie studiert hatte. Erst später sollte mir die große Bedeutung dieses Traumes klar werden.

Durch die Erinnerungen, die meine guten Zeugnisse des Abiturs und der beiden abgeschlossenen Ausbildungen in mir weckten, kam ich mir wieder wie ein Mensch vor.

Anfang Januar 2002 war ich schon wieder sehr krank, erneut eine starke Bronchitis. Ich hielt es nicht mehr aus. Ich haderte mit Gott. So richtig wütend war ich auf mein Schicksal. Ich konnte es einfach nicht mehr aushalten. Eine Krankheit beeinträchtigte mein Leben nach der anderen. Auf einmal entstand die Idee für ein Eurythmiestudium in mir. Ich liebte Eurythmie und dachte, dass ein Studium vielleicht ein Ausweg sein könnte. Eigentlich völlig absurd, gerade, wenn ich mich so krank fühlte, könnte ich doch nicht studieren, aber es war wie eine Gegenwehr gegen das Ausgeliefertsein an die sich immer wiederholenden Krankheitsprozesse.

Deshalb rief ich eine befreundete Heileurythmistin an, die mich informierte, wo man Eurythmie studieren könnte. Am nächsten Tag erkundigte ich mich sofort, telefonierte mit dem zuständigen Dozenten und erfuhr, dass während dieses Studiums täglich vier Stunden Eurythmie geübt würde und noch einige Stunden theoretischer Unterricht dazugehöre. So kam es auf keinen Fall in Frage, weil ich dies kräftemäßig nicht hätte leisten können. Dann erfuhr ich vom Walddorfpädagogikstudium. Um Informationen darüber zu erhalten, rief ich einen Dozenten einer solchen Studienstätte an. Er teilte mir mit, dass am nächsten Tag Vorstellungstag sei und „zufällig" noch ein Platz frei geworden wäre. Daran könnte ich teilnehmen und sollte meine Zeugnisse als Bewerbungsunterlagen mitbringen. So fuhr ich am nächsten Tag mit der Bahn zum ca. 160 km weit entfernten Studienort. Ich kann mich erinnern, dass es für mich wie eine Himmelsreise war, so weit erschien es mir, so anstrengend waren solche Fahrten für mich.

Diese Bewerbung hatte eine stark positive Wirkung auf mein Selbsterleben. Durch die Erinnerungen, die meine guten Zeugnisse des Abiturs und der beiden abgeschlossenen Ausbildungen in mir weckten, kam ich mir wieder wie ein Mensch vor. Es war eine ganz andere Kraft darin vorhanden, als in meiner gegenwärtigen Lebenssituation, in der ich meist krank war oder mich als Opfer, z.B. bei Gerichtsprozessen erleben musste. Sehr beeindruckend, wenn ich daran denke, wie viel stärker und wertvoller ich mich auf einmal nur durch diese Dokumente aus meiner Vergangenheit gefühlt habe nach so vielen Jahren des Leidens.

Es war ein schöner, sonniger Tag im Januar. Als ich beim Institut ankam, konnte ich noch den Sonnenaufgang beobachten. Das Gebäude und vor allem die Gartenanlagen waren wunderschön. Genau wie in diesem Traum fühlte ich mich dort sofort wohl, auch später. Dieser Traum in den Weihnachtsnächten war somit ein hellsichtiger Traum aus meiner Zukunft gewesen. Hieran zeigte sich mir wieder, dass auch ein solcher Traum, den ich niemals als hellsichtig eingeordnet hätte, doch diese Bedeutung haben kann.

Schon im Eingangsbereich der Studienstätte lernte ich drei sympathische junge Mitbewerber kennen, mit denen ich in einen intensiven Austausch kam. Innerlich war ich allerdings sehr unsicher. Schon lange hatte ich keine solchen Erlebnisse mehr gehabt. Auch wenn das nach außen sicher nicht sichtbar war, hatte ich doch mit mir zu kämpfen.

Nach einer Besichtigung des Geländes fanden die Einzelgespräche statt. Jeder Bewerber sprach mit zwei oder drei Dozenten. Recht bald erzählte ich von meiner AIDS-Infektion und dem Traum, den ich in den heiligen Nächten gehabt hatte. Ich erklärte ihnen, dass ich deshalb gern bei ihnen studieren würde. Sie waren natürlich erst einmal tief betroffen, sagten aber nichts dazu. Deshalb bemühte ich mich, durch meine offene, lockere Wesensart die Situation wieder zu entspannen. Insgesamt zeigten sie sich dann sehr beeindruckt von meinem schulischen und beruflichen Werdegang vor der Erkrankung und auch von meinem Umgang damit.

Nach dem Gespräch zogen sich die Dozenten zur Beratung zurück. Nachmittags wurden die Entscheidungen verkündet. Das Team hatte sich entschieden, dass ich einen Vertrag für ein Studium, sogar mit der Möglichkeit des Abschlusses mit einem Diplom, bekommen kann. Ich unterschrieb sofort. Es war sehr ungewöhnlich, wie liebevoll, selbstverständlich und respektvoll ich von Anfang an fortwährend von allen behandelt wurde.

Dann begann eine sehr aufregende, anstrengende Zeit. Dieser Bewerbungstag war um den 20. Januar 2002 gewesen. Das Ringen um die Entscheidung eines Umzuges anschließend war kurz, aber stark, weil es eine überhaupt nicht berechenbare Veränderung bedeutete.

In den letzten Monaten hatte ich mir bereits mehrere Wohnungen in meinem Wohnort angesehen und überlegt, in ein Wohnprojekt zu ziehen. Dafür war ich schon in Kontakte mit den zuständigen Personen zweier vorhandener anthroposophischer Wohnprojekte getreten und hatte viele Gespräche dazu geführt. Ich wusste klar, dass ich nicht mehr in meiner Wohnung bleiben wollte. Das Beste wäre eine Gemeinschaft, ansonsten jedoch ein Umzug in eine größere Wohnung. Trotzdem hatte ich nach vielen Bemühungen nicht das Passende gefunden.

Bei einer Heilerin, die wie Maren ausgebildet war, hatte ich Ende Dezember 2001 noch einen Jahresrückblick mit Perspektivensammlung für das neue Jahr durchgeführt. Dabei bearbeitete ich das Thema Wohnen sehr ausführlich. Ich konnte deutlich fühlen, welche Entwicklung im letzten Jahr stattgefunden hatte und woran ich im neuen Jahr weiterarbeiten wollte. Dabei ging es vor allem um Veränderungen im Beziehungs- und Wohnbereich.

Niemand konnte oder wollte mir helfen. Dadurch habe ich erkannt, dass ich hier zwar viele Menschen kannte, denen ich geholfen hatte, die aber so mit sich selbst beschäftigt waren, dass sie nun nicht in der Lage waren, mir zu helfen.

Drei Wochen nach der Bewerbung für das Studium fuhr Björn mit mir zur Wohnungssuche. Wir sahen uns drei Wohnungen an. Nur eine kam in Frage. Als wir bei dieser ankamen, hatten wir erst überlegt, ob wir sie uns überhaupt ansehen wollte, weil das Umfeld so unangenehm wirkte. Sie lag in einer Massensiedlung. Da wir jedoch einen fest vereinbarten Termin hatten, sind wir trotz unserer Bedenken doch hingegangen. Björn und der Vermieter waren sich auf Anhieb außerordentlich sympathisch. Die Wohnung war auch recht schön. Sie hatte einen herrlichen Ausblick über riesige Weiten und war schön aufgeteilt, mit einem Kuppeldach im Flur. Endlich mal eine richtig große Wohnung, wie ich sie mir seit Jahren so wünschte! Da Björn und Bärbel mir zusprachen, sagte ich die Wohnung in den nächsten Tagen zu.

Mit Lars fuhr ich ein paar Tage danach zum Unterschreiben des Mietvertrages. Auch die Frau des Vermieters war unglaublich nett. Sie haben mir immer wieder ihre Hilfe angeboten, damit ich mich in dieser für mich völlig neuen Stadt zurechtfinde. Weil sie schon lange vor Ort wohnten, pflegten sie viele Beziehungen. Meine Vermieterin hatte hier ein Alten- und ein Kinderheim geleitet. Die Hilfe habe ich nie angenommen, weil ich die Beziehung nicht ausnutzen wollte, aber allein dieses offene, herzliche Angebot war sehr hilfreich für mich. Sie haben mich immer wieder mal zum Kaffeetrinken eingeladen und ich mag sie beide gerne. Erst nach über einem Jahr habe ich ihnen von meiner AIDS-Infektion erzählt. Sie konnten sehr offen und problemlos damit umgehen. Wir haben noch immer ein sehr herzliches Verhältnis.

Jetzt hatte ich nur noch drei Wochen, um meine alte Wohnung aufzulösen, alle Behörden zu wechseln, einen Nachmieter zu suchen, die Wohnung zu reinigen und zu übergeben und die Stadt zu verlassen, in der ich seit meinem 18. Lebensjahr gewohnt hatte. Meine gesamte Zeit des Erwachsenseins hatte bis jetzt hier stattgefunden, meine Ansteckung, die Zeit in der AIDS-Hilfe und all die Gerichtsprozesse. Deshalb verabschiedete ich mich meditativ von dieser Stadt. Ich nahm mir Zeit, um all die wichtigen Erlebnisse noch einmal gedanklich und emotional zu durchleben. Dazu stellte ich mich auf den Berg, auf dem ich wohnte, um mir vorzustellen, was mich mit dieser Stadt verband, und habe mein Herz meditativ darauf ausgerichtet und innerlich damit abgeschlossen. Es waren sehr berührende Momente, eine tiefe Erfahrung, mich so bewusst von dieser Stadt, ihren Menschen und den darin entstandenen wichtigen Entwicklungen zu verabschieden und sie dafür wertzuschätzen.

Dann kam der Wahnsinn dieses kurzfristigen Umzuges! Dabei hatte ich insgesamt keine zehn Stunden Hilfe von meinen „sogenannten" Freunden. Im Nachhinein kann ich nicht nachvollziehen, wie ich das schaffen konnte. Ich habe fast alles selbst gepackt und organisiert. Weil ich kein Geld für Urlaub ausgegeben hatte, fast immer zu Hause gewesen war, hatte ich mir viele Bücher und Utensilien für Kunst und Basteln gekauft. Auch fiel mir das Entrümpeln, Weggeben oder Wegwerfen von Sachen schwer. So kam ich neben den Möbeln und diverser anderer Dinge auf über 70 große Umzugskartons.

Allein die Behörden zu wechseln bedeutete viel Arbeit. Ich hatte das große Glück, dass die Umzugskosten übernommen wurden, aber auch das musste mit viel Aufwand geprüft werden. Bei der Stadtverwaltung hatte ich liebevolle, mir zugewandte Sachbearbeiterinnen, die mir dabei halfen. Sie schickten mir ein Umzugsunternehmen, um das Wohnungsinventar zu bemessen. Bei diesem Umzug merkte ich, dass es nur gut sein konnte, diese Stadt zu verlassen. Niemand konnte oder wollte mir helfen. Dadurch habe ich erkannt, dass ich hier zwar viele Menschen kannte, denen ich geholfen hatte, die aber so mit sich selbst beschäftigt waren, dass sie nun nicht in der Lage waren, mir zu helfen. Dies war eine meiner großen Schwierigkeiten: Das Annehmen und gelegentlich auch Einfordern von Hilfe. Meine Freunde waren alle so überzeugt von sich selbst, weil sie spirituell sind, aber in der praktischen Freundschaft war nichts möglich. So stand ich in solchen Situationen allein da. Und doch habe ich es irgendwie geschafft. Ich denke, das hätte kein gesunder Mensch besser hingekriegt. Es war echt eine große Leistung, all das in so kurzer Zeit zu bewältigen, ohne dass daraus später Probleme entstanden. Es war deutlich erlebbar, dass mein Umzug von großem Segen aus der geistigen Welt begleitet wurde. Dafür war ich sehr dankbar.

Der Tag meines Umzuges war allerdings sehr schwierig. Allein die sieben Männer in meiner Wohnung waren eine echte Herausforderung. Dann war ich sauer auf meine Mutter, weil sie nicht zu mir gekommen ist, weil mein Bruder an diesem Tag einen Telefonanschluss bekommen sollte. Das fand ich lächerlich, denn ein solcher Termin hätte leicht verlegt werden können. Er selbst hatte am Umzugstermin die letzte Prüfung seines Studiums und wohnte noch nicht mal bei meiner Mutter. Sein Telefon war deshalb noch gar nicht nötig. Ich brauchte ihre Hilfe nur, weil ich aufgrund meiner Erkrankung seit längerem keine weiten Autostrecken mehr selbst gefahren war und sie mein Auto zum neuen Wohnort fahren sollte. So stand ich da und musste die Wohnung noch an meine Nachmieterin übergeben und endreinigen, als die Umzugsmitarbeiter schon vorgefahren waren. Andreas Freund half mir zum Schluss noch eine Stunde. Die Übergabe selbst verlief sehr gut.

Völlig erschöpft fuhr ich zu der Stelle, an der ich mich mit meiner Mutter verabredet hatte. In ihrer Beschreibung hatte sie jedoch eine andere Autobahnzufahrt gemeint, die ich nicht kannte. Ich bin fast durchgedreht. Irgendwann fuhr ich zu meiner Mutter nach Hause, was sie selbst auch getan hatte und wir trafen uns dort. Ich war stinkwütend und schrie sie an. Meine Mutter entschuldigte sich. Dann war es in Ordnung. Dies zeigte wieder, was passiert, wenn sie es allen recht machen will.

Die Arbeiter des Umzugsunternehmens kamen lange vor mir an der Wohnung an. Sie kamen zwar in die Wohnung hinein, wussten jedoch nicht, wohin die Kisten und das Mobiliar gehörten. Das war ärgerlich, weil sie alles durcheinander gestellt hatten und ich es später allein sortieren musste. Dann brauchten sie etwas aus dem Baumarkt. Meine Mutter fuhr einen Arbeiter hin. Es dauerte lange, bis sie wiederkamen, weil meine Autobatterie nach ungefähr zehn Jahren Lebensdauer den Geist aufgegeben hatte. Sie mussten es stehen lassen und mit dem Taxi weiterfahren. So ein Pech!

Die Arbeiter waren alle sehr bemüht und angenehm. Von ihrer Seite hat alles geklappt. Dann jedoch entstand ein neues Problem, wodurch ich mehrere Tage ohne Wasser in der Küche blieb, bis ein Monteur kam und den Schaden fachgerecht aufhob. So war es ein extrem anstrengender Umzugstag mit einigen Pannen, der aber insgesamt doch erfolgreich zu Ende ging.

Die erste Nacht in der neuen Wohnung war aufregend. Um drei Uhr morgens schrie eine Frau mit vollster Lautstärke um Hilfe. Fast eine halbe Stunde schrie sie ununterbrochen um Hilfe. Ich rief die Polizei an. Sie riefen mich später zurück, dass sie sie nicht gefunden haben. Es hätte jedoch noch eine andere Anruferin wegen dieses Problems gegeben. Danach habe ich keinen Schlaf mehr finden können und hatte nur noch Horrorvorstellungen. Wo war ich nur gelandet?

Am nächsten Tag hatte ich noch einen Wasserschaden in der Küche, und ein größeres Insekt lief durch meinen Küchenschrank. Da waren meine Nerven so am Ende, dass ich Björn angerufen habe. Ich bat ihn, sofort zu kommen. Es war ohnehin schwer zu verstehen für mich, warum er nicht von allein gekommen war. Er hatte immer versprochen, mir den ganzen Umzug zu machen, aber jetzt hatte er überhaupt nicht geholfen. Er war nörgelig, aber das war mir in diesem Fall egal.

Gott sei Dank waren nur der Umzugstag und der Anfang in meiner neuen Wohnung schwierig. Danach konnte ich besser schlafen als in den Jahren zuvor. Ich hatte einen Radiästhesisten (Routengeher) bestellt, der den besten Platz für mein Bett bestimmt und einige Störfelder beseitigt hatte.

Für mich umfasst der Umgang mit meiner
Erkrankung den größten Teil meines Lebensinhaltes.

An einem der folgenden Tage war ich mit dem Auto unterwegs. Eine Frau rannte die Straße entlang und ich fragte, ob sie mitfahren möchte. Sie war die Frau, die auch wegen des Schreiens die Polizei angerufen hatte. Welch ein Zufall! Sie war mit ihren beiden fast erwachsenen Söhnen in ihrer Wohnung gewesen. Auch sie hatte in der Nacht noch große Ängste gehabt und hatte es ebenso schlimm erlebt wie ich. Das hat mich beruhigt, weil Björn und Vera diesen Vorfall gar nicht ernst genommen hatten. Mit Vera entstand deshalb ein richtiger Streit. Sie äußerte sogar, dass ich mich persönlich nicht weiterentwickeln würde. Ich wäre immer noch so wie 1995, als wir uns kennenlernten. Diese Aussage empfand ich als hart und ungerecht. Deshalb schrieb ich ihr einen langen Brief und hatte danach über ein Jahr gar keinen Kontakt mehr zu ihr. In den letzten Jahren war unsere Freundschaft immer tiefer geworden. Viele Besuche und unmäßig viele Telefonate hatten zu einer starken Abhängigkeit geführt. Deshalb war diese Kontaktpause dringend notwendig und konnte die notwendige Freiheit zwischen uns wieder herstellen.

Ein paar Tage nach dem Umzug kam Barbara, um mir zu helfen. Wir hatten eine wunderbare gemeinsame Zeit. Es hat mir einfach nur gut getan. Wir haben miteinander gekocht, gegessen, aufgeräumt, aber auch viel Zeit im Wald verbracht. Mit Barbara war so viel möglich. Mit ihr kann ich mich über all meine tiefen Gefühle austauschen. Auch die praktische Arbeit mit ihr macht sehr viel Spaß. Nach ihrem Besuch stellte ich eine Haushaltshilfe, Susanne ein. Ihre ruhige, zuverlässige Art wurde im Laufe der nächsten Jahre sehr wertvoll für mich.

Ostern war ich bei Karin, einer befreundeten Therapeutin, zum Essen eingeladen. Dort lernte ich Melina kennen. Auch sie arbeitete als Therapeutin im Krankenhaus und war ein Jahr älter als ich. Durch diese Begegnung zu Ostern begann eine intensive Freundschaft zwischen uns. In den nächsten eineinhalb Jahren haben wir sehr viel gemeinsam unternommen. Im Sommer entstand zwischen Karin und ihr ein schwerer Konflikt, wodurch ihre Freundschaft dauerhaft zerstört wurde. Durch ein späteres eigenes Erlebnis begriff ich, wie schwierig Melina sein konnte. Erst dann wurde es mir möglich, Karin besser zu verstehen.

Ende April fuhr ich zum ersten Mal in eine Kur, die das Versorgungsamt bezahlte. Bislang wusste ich nicht, dass es möglich war, jedes Jahr eine Kur zu beantragen. Mehrere Monate zuvor hatte ich einen Antrag gestellt. Es hatte einige Schwierigkeiten gegeben. Ich wollte mich bei einer amtsärztlichen Begutachtung nicht körperlich untersuchen lassen, weil ich jedes Mal nach solchen Untersuchungen einige Tage emotional starke Schwankungen gehabt hatte. Dies jedoch war die verständliche Bedingung für die Bewilligung. Nach meinen ausführlichen Erklärungen waren sie jedoch bereit, einen schriftlichen Bericht meines Hausarztes zu akzeptieren.

Danach folgten Schwierigkeiten mit den infrage kommenden Kurkliniken. Eine sagte aufgrund der AIDS-Erkrankung sofort grundsätzlich ab. Bei der anderen fand nach einer Anfrage bei dem leitenden Arzt eine Therapeutenkonferenz statt. Dort entschieden sie, mich mit der AIDS-Erkrankung zu nehmen, aber nur unter der Bedingung, dass ich während des Kuraufenthaltes keinem Mitpatienten erzählen dürfte, dass ich diese Erkrankung hätte. Darüber regte ich mich ziemlich auf. Es schockierte mich. Wie konnten sie mir dies zumuten? Warum wollten sie bestimmen, was ich wem erzählen darf? Deshalb entschied ich, ihr Angebot abzusagen. Ich bin sicher kein Mensch, der vielen von meiner Erkrankung erzählt. Es ist mir ein großes Anliegen, andere nicht mit meinem Leiden zu belasten, aber ich kann mich auch nicht völlig zurücknehmen. Für mich umfasst der Umgang mit meiner Erkrankung den größten Teil meines Lebensinhaltes. Sie hat für mich eine große Bedeutung. So konnte ich nicht versprechen, mindestens vier Wochen niemandem in einer Kur etwas darüber zu erzählen.

Nach längerem Ringen rief ich nochmals den leitenden Arzt, Dr. Bauer, an und sagte mit dieser Begründung ab. Dr. Bauer meinte dazu, dass er dies verstehen könne. Nach dem Gespräch mit mir überlegte er nochmals. Später rief er an und teilte mir mit, dass er sich entschieden hätte, mich auch zu nehmen, wenn ich Mitpatienten von meiner Erkrankung erzählen würde. So konnte ich, wie in allen Jahren zuvor, selbst bestimmen, ob ich es jemandem erzähle. Später erfuhr ich, dass kurze Zeit zuvor ein Patient mit Hepatitis A im Kurhaus gewesen war, der die gesamten Mitpatienten mit der Vorstellung einer möglichen Ansteckung völlig durcheinander gebracht hatte. Deshalb waren die Bedenken vor einem erneuten Ausbruch von Hysterie, dieses Mal wegen AIDS, bei Dr. Bauer entstanden. Während des Aufenthaltes hat er sich mehrmals entschuldigt, dass er mir erst ein solches Redeverbot auferlegen wollte, bei dem ich nicht die hätte sein können, die ich bin.

> *Ich fühlte mich wie zerrissen, hatte immer wieder furchtbarste Selbstzweifel, Depressionen bis hin zu Suizidgedanken. Erst später habe ich erfahren, dass der Erdbereich, auf dem dieses Kurhaus gebaut ist, zu einem Transformations-, einem spirituellen Kraftort gehört.*

Wegen dieser vorausgegangen Anspannungen und der dadurch entstandenen Unsicherheit hatte ich mir überlegt, dass ich nicht allein fahren wollte und bat um eine Begleitung. Diese wurde vom Versorgungsamt für die Kurdauer bewilligt. Meine Mutter war bei einer Familie außerhalb des Kurhauses untergebracht.

Dr. Bauer war mir von Anfang an sehr sympathisch. Er hatte eine Ausstrahlung, mit der er als Mann bei mir kaum traumatische Auslöser verursachte. Eine körperliche Untersuchung konnte ich jedoch auch durch ihn nicht zulassen. Dr. Bauer hatte bis vor kurzem eine gut besuchte Hausarztpraxis geführt. Aufgrund der Gesundheitsreformen mit den neuen Budgets musste er seine Praxis schließen. Hohe Schulden waren wegen Überziehen dieses Budgets entstanden. Unter den vom Gesundheitssystem erzwungenen Bedingungen wollte er nicht mehr arbeiten. Er war zu der Überzeugung gekommen, dass er als ganzheitlich behandelnder Arzt seinen Patienten nicht mehr gerecht werden konnte.

Der Kontakt zwischen uns entwickelte sich sehr positiv. Nach drei

Tagen sagte Dr. Bauer mir, dass er unglaublich erleichtert sei, dass ich so wäre, wie ich bin. Er wäre sehr besorgt gewesen, nachdem er die Gutachten über meine psychischen und körperlichen Störungen gelesen hätte, sodass er sich einen ganz anderen Menschen vorgestellt habe. Deshalb hätte er echte Angst gehabt, ob es mit mir klappen könnte. Jetzt wäre es jedoch ganz anders. Ich würde eine gute Kraft in dieses Kurhaus bringen und gut hier hinein passen. Das hätte er nicht gedacht. Oft wäre es so, dass gerade die, von denen man glaubt, dass sie schwierig wären, es nicht seien, aber die, die eigentlich einfach sein müssten, schwierig sind. Einige Zeit später, als ich sehr depressiv war und seine Hilfe brauchte, sprach er erneut an, dass die Belastung durch mich gar nicht so schlimm sein könnte, wie er sich vorgestellt hätte. Er wäre immer noch sehr froh, dass ich so wäre, wie ich bin.

Das hat mich natürlich sehr erleichtert. Und doch war ich gerade in den ersten zwei Wochen in der neuen Umgebung mit den neuen Menschen extrem unsicher und teils sogar depressiv. Alle waren unglaublich nett, alles war wunderbar, es war perfekt. Aber ich merkte, wie jedes Mal, dass mich Veränderungen der äußeren Situation aus meinem seelischen Gleichgewicht reißen - und so war es auch hier.

Im Nachhinein nehme ich wahr, dass dieses Kurhaus mit seinen Möglichkeiten, Begegnungen mit Mitpatienten und Bemühungen der Angestellten wie ein Paradies war. Innerlich jedoch habe ich zeitweise unglaublich gelitten. Ich fühlte mich wie zerrissen, hatte immer wieder furchtbarste Selbstzweifel, Depressionen bis hin zu Suizidgedanken. Erst später habe ich erfahren, dass der Erdbereich, auf dem dieses Kurhaus gebaut ist, zu einem Transformations-, einem spirituellen Kraftort gehört. Bei fast allen Patienten entstehen während des Kuraufenthaltes schwere seelische Krisen. Daraus entwickeln sich Lebensveränderungen, Verwandlungen. Durch diese Schwierigkeiten konnte ich mich wenig um meine Mutter kümmern. Es ging ihr sehr schlecht. Ihr Darm war nach einer Antibiotika Behandlung extrem aus dem Gleichgewicht geraten und ihr Blutdruck war teilweise lebensbedrohlich hoch. Täglich hatte sie etwas anderes Schwerwiegendes. Ich konnte irgendwann nicht mehr damit umgehen und sagte ihr das. Mir tut es im Nachhinein noch Leid, dass ich so wenig auf sie achten konnte, aber meine Nerven waren durch die Umzugsanstrengungen, meine vielen Krankheiten und die entstandene Unsicherheit in der neuen Umgebung völlig am Ende. Alles war zu viel, wirklich zu viel, und so konnte meine Mutter keine Hilfe von mir bekommen, und meine Mutter, die eigentlich eine Hilfe für mich sein sollte, konnte keine sein. Gerade wegen meiner starken Erschöpfung hatte ich diese Kur beantragt. Deshalb war ich schneller genervt. Es tat mir wirklich sehr leid und ich habe es ihr auch gesagt. Sie konnte damit sehr tolerant umgehen. Wir waren uns seelisch sehr nahe. Wegen des bedrohlichen Bluthochdrucks musste mein Bruder sie dann abholen.

Da ich immer noch unsicher und instabil war, brauchte ich eine neue Begleitung. Dabei dachte ich sofort an Barbara. Ende letzten Jahres war bei ihr ein gutartiger Gehirntumor entdeckt worden. Viele Menschen hatten für sie gebetet. Alles war gut verlaufen, die einseitige Lähmung nach der Operation hatte sie vollständig überwunden. Der Tumor konnte jedoch nicht ganz entfernt werden, weil er im Bereich der Motorik lag. Bei einer vollständigen Entfernung wäre es zu schwerwiegenden Störungen gekommen.

Aus meinem Erleben heraus hat sie diese herausfordernde Situation mit einer außerordentlichen Stärke und ungewöhnlichem Mut durchgestanden. Ich wusste, dass sie gern verreisen wollte, und so bot ich ihr an, mich anstelle meiner Mutter in der Kur zu begleiten. Sie kam für den Rest der Zeit, in der wir einen sehr harmonischen Austausch hatten, jedoch auch ein paar Krisen zwischen uns überwinden mussten.

Der Therapeut, Herr Wienert, war sehr herausfordernd für mich. Er arbeitete in einem Raum mit einem Vorhang innen vor der Tür. Immer, wenn er ihn zuzog, löste das traumatische, beängstigende Gefühle in mir aus. Dies war sehr unangenehm. Auch seine Art des

Umgangs mit mir löste viel in mir aus, was ich als unangenehm empfand. Am Anfang hatte ich immer wieder den Gedanken, diese Therapie abzubrechen, weil sie mir zu aufwühlend erschien. Da mir ein Gespräch darüber sehr schwer gefallen wäre, behielt ich meine inneren Auseinandersetzungen jedoch lieber für mich. Langsam gewöhnte ich mich, aber wirklich nur langsam. Grundsätzlich ist Herr Wienert therapeutisch höchst begabt und durch eine mehrjährige Fortbildung bei Paolo teils hellsichtig. Im Laufe der Zeit konnte ich ihn dafür mehr wertschätzen und litt nicht mehr so stark unter den Auslösern. Die anderen Therapien waren sehr gut, die gesamte Atmosphäre herzlich.

Bei dieser Vorstellung wurden viele Stücke zum Thema Sterben und Christus-Auferstehung aufgeführt. Dabei hatte ich eine innere Begegnung mit der Seele von Lutz, die scheinbar aus der geistigen Welt anwesend war.

In dieser Zeit war ich geistig sehr offen. Dadurch hatte ich interessante Erlebnisse. Ich konnte die körperlichen Prozesse der Menschen, mit denen ich zu tun hatte, selbst fühlen. Beispielsweise ging ich mit einem Mann spazieren und bekam Herzschmerzen. Im Gespräch erzählte er mir, dass er Professor an einer Uni sei, was sehr viel Anspannung für ihn bedeuten würde, und dass er wegen einer gravierenden Herzerkrankung diese Kur bräuchte. Ein anderes Mal lief ich neben einem Mann und bekam starke Milzschmerzen. Er erzählte mir, dass er therapeutische Milzeinreibungen bekommen würde, weil seine Milz und sein Abwehrsystem so geschädigt seien. Unfassbar! Oft, gerade in dieser Zeit, fragte ich mich, was ich eigentlich selbst aus mir heraus fühle und denke und wie viel immer wieder beeinflusst ist durch das, was von Außen auf mich wirkt, ohne dass ich es so erklärt bekomme wie in diesen Begegnungen?

Während dieses Kuraufenthaltes nahm ich an einem Tagesausflug teil. Zum ersten Mal besuchte ich das Goetheanum in Dornach in der Schweiz. Es wird scherzhaft auch als das anthroposophische „Mekka" bezeichnet, ist Hauptsitz des anthroposophischen Geschehens, und wurde unter der Leitung von Rudolf Steiner erbaut. Ein riesiger Bau, Weltarchitektur aus Beton. Für mich war das Goetheanum so beeindruckend, dass ich in dem Moment, wo wir hochgefahren sind, Tränen in die Augen bekam. Noch nie empfand ich eine solche Faszination für ein Gebäude. Am meisten beeindruckten mich jedoch die Fenster. Es gibt verschiedene Fenster, die in verschiedenen Farben mit Glaskunst bearbeitet sind. Darin sind spirituelle Themen dargestellt. Das rote Fenster hat mich tief bewegt.

Einige Zeit später durfte ich im Goetheanum eine Eurythmieaufführung erleben: die erste in meinem Leben. Das war einfach nur wunderbar. Die Beleuchtung, die Musik, die Eurythmisten aus aller Welt, die Sprache. Es war eine Gnade, dass ich die Eurythmiekunst, mit der ich mich so verbunden fühle und die ich gern studiert hätte, zum ersten Mal in einer solch hervorragenden Professionalität sehen durfte. Bei dieser Vorstellung wurden viele Stücke zum Thema Sterben und Christus-Auferstehung aufgeführt. Dabei hatte ich eine innere Begegnung mit der Seele von Lutz (der an Aids erkrankte Mann, den ich beim Sterben begleitet hatte), die scheinbar aus der geistigen Welt anwesend war. Für kurze Zeit hatte ich das Gefühl, als wenn Lutz mir ganz nahe wäre. Es war ein sehr angenehmes Gefühl, es berührte mich in liebevoller Weise.

Barbara und ich saßen mit zwei gleichaltrigen Frauen an einem Tisch. Ich habe selten in meinem Leben so viel und herzlich gelacht. Wir hatten viel Spaß und haben uns sehr wohl miteinander gefühlt. Die Natur konnten wir gemeinsam im beginnenden Sommer wunderbar genießen. Während meines Aufenthaltes lernte ich viele interessante und liebevolle Menschen kennen, zu denen ich heute noch Kontakt habe. Ich kann kaum beschreiben, wie viele wunderbare Erlebnisse und Begegnungen ich dort hatte. In diesem

Kurhaus entsteht eine sich immer wieder verändernde Gemeinschaft des familiären Zusammenseins, wie sie in unserem Zeitgeist der Individualisierung und der oft damit verbundenen Einsamkeit, teils sogar Egozentrik, unter Menschen nur selten entsteht. So etwas hatte ich noch nie zuvor erlebt. Ich glaube, dass es ein Schicksalsort, ein Ort der Gnade und Transformation ist. Das gesamte Team trägt unterstützend dazu bei.

Mehrmals wöchentlich fanden Gesprächskreise zu verschiedenen Themen zur Lebenshilfe statt, wie das Erlangen innerer Ruhe, dem Umgang mit Angst und verschiedenen spirituellen Disziplinen. Diese wurden von Dr. Bauer geleitet und moderiert. Am Anfang habe ich mich noch nicht getraut, etwas dazu zu sagen. Da ich jedoch ein Mensch bin, der sich schwer mit seinen Einsichten zurückhalten kann, habe ich mich später mehr und mehr an den Auseinandersetzungen beteiligt. Dr. Bauer hat mir dazu anerkennend gesagt, dass er merken würde, wie tief ich mich mit dem Leben auseinandergesetzt habe und wie wertvoll meine Beiträge seien. So war ich acht Wochen an diesem wunderbaren Ort und konnte trotz meiner teils schweren seelischen Krisen die Kur sehr genießen.

Nach der Heimreise stärkte sich der Kontakt zu Karin. Es war viel Liebe zwischen uns. Ihr Respekt und vor allem ihr großes Interesse an mir und meinem Weg gegenüber waren für mich sehr wichtig. Sie hatte ein positives Bild von mir und meinem Wirken, was mir einfach gut tat. Vor kurzem hatte sie sich von ihrem Ehemann getrennt. Durch Beratungen, Bachblüten und Aura Soma versuchte ich sie in ihren Verarbeitungsprozessen helfend zu begleiten. So erfuhr Karin immer mehr, wie viele Ideen und Möglichkeiten ich im heilerischen Bereich hatte. Karin war immer sehr offen für meine spirituellen Erklärungen zum Leben und zum Heilen. Ihre Offenheit, ihre liebevolle Zuwendung und ihr Respekt als ältere (zu diesem Zeitpunkt 63 Jahre) und erfahrene anthroposophische Therapeutin waren sehr heilsam für mich.

Neben ihrer Arbeit im Krankenhaus behandelte sie einige ambulante Patienten aus der Umgebung. Einer ihrer Patientinnen empfahl sie die Aura-Beratung bei mir. So lernte ich Frederike (damals 55 Jahre), eine ehemalige Ärztin, kennen. Sie ist Mutter von zwei erwachsenen Kindern und war in den letzten Jahren an extrem schwerer Migräne erkrankt. Seit einiger Zeit musste sie sogar dauerhaft Morphium als Schmerztherapie einnehmen. Zudem hatten sich starke Angstsymptome mit leichten Psychosen entwickelt. Dagegen nahm sie Psychopharmaka. Als sie zur Aura-Beratung kam, empfahl ich ihr einige Bachblüten, die sehr hilfreich für sie waren. Einige Zeit später führte Frederike einen Eigenentzug des Morphiums durch und ihre Ängste nahmen insgesamt ab. Zwischen uns entwickelte sich eine Freundschaft, in der ich ihr im Laufe der nächsten Jahre vor allem bei der Bewältigung ihres Schicksals half. Ich habe mich intensiv, in Krisenphasen sogar täglich, um sie gekümmert.

Im Juli durfte ich den Studienabschluss von Eurythmiestudenten ansehen. Es war ein sehr eindrucksvolles Erlebnis, bei dem ich mit Karin war. Gerade die Toneurythmie bewegt mich immer besonders. Toneurythmie ist Eurythmie zu Musik. Lauteurythmie zu Gedichten gefällt mir nicht ganz so gut.

In diesem Sommer heirateten Benedikt und Renate. So oft hatte ich mir gewünscht, ihre Trauzeugin zu sein. Ich fühlte mich mit ihrer Ehe stark verbunden. In den letzten Jahren hatte ich sie in besonderer Weise unterstützt. Renate erzählte mir später, dass sie beide auch sehr überlegt hatten, mich zu fragen, Trauzeuge zu werden. Sie wussten, wie schwer es mir fiel, woanders zu schlafen, welche gravierenden Folgen meine Schlafstörung an fremden Orten und die Aufregung dabei haben könnten. Deshalb hatten sie sich nicht getraut, mich darum zu bitten. Ich fühle mich trotzdem als eine wichtige Begleitung ihrer Ehe.

Erfüllung finden im Studium und einer großen Schicksalsaufgabe

Im August entstand bei mir völlig unerwartet eine Brustentzündung. Davon hatte ich noch nie gehört. Ich glaubte, dass so etwas nur stillende Mütter bekommen könnten. Wie bei allen unerklärlichen Erkrankungen bekam ich realistische Ängste. Im Rahmen meines Bemühens, körperliche Symptome im geistigen Zusammenhang zu verstehen, ordnete ich dies in meinen eigenen Lebenslauf ein: Zu diesem Zeitpunkt war ich gerade 33 Jahre alt. Bei Bärbel hatte ich gelernt, dass sich genau in diesem Alter ein Energieschloss öffnet, das an der Seite der Brust sitzt und die jeweilige Brust mit Energie versorgt. Die Thematik dieser seelischen Entwicklung, die bei dieser Öffnung des Energieschlosses im 33. Lebensjahr stattfinden soll, passte absolut zu dem, was sich mir im Moment im Leben zeigte: Die rechte Brust war betroffen. Das zugeordnete seelische Thema war die Auseinandersetzung, ob und wie „man" seine Lebensaufgabe erfüllen kann. Wahrscheinlich wirkten in mir unbewusste Ängste diesbezüglich. Ich merkte das daran, dass mich in dieser Zeit unglaubliche Zweifel quälten, ob ich jetzt studieren könnte. Es erschien mir völlig utopisch. Immer wieder dachte ich, dass ich gar nicht erst hingehen, es ausprobieren sollte. Ich fühlte mich zu krank, zu unsicher, zu ...

Mit meinen starken Zweifeln fuhr ich an einem Tag im August einfach zum Studienort. Dort traf ich die Deutschlehrerin von meinem Bewerbungstag. Es erschien mir als ein geführter „Zufall", dass sie da war, obwohl das Studium noch gar nicht begonnen hatte. Sie war liebevoll und hat mir viel Mut gemacht. Ich könnte so oft kommen, wie ich es selbst schaffe, und auch könnte ich immer wieder eine Epoche Pause machen. Danach fühlte ich mich wieder viel besser.

Das Waldorfstudium ist in Epochen aufgebaut. Dies bedeutet, dass für jeweils 3-4 Wochen ein Thema bearbeitet wird und danach ein völlig anderes. Deshalb hätte ich ohne jede Vorkenntnisse alle 3-4 Wochen neu anfangen können. Dadurch habe ich etwas mehr Gelassenheit gefunden. So konnte ich die Brustentzündung durch Quarkwickel und Aura Soma überwinden und die seelische Thematik, durch die sie entstanden war, bewusst bearbeiten. Im Nachhinein hätte ich mir gar keine Sorgen machen müssen, weil ich eigentlich nie einen Abschluss machen wollte. Dazu war ich viel zu krank. Ich hätte als Gasthörer so oft kommen können, wie ich wollte. Dies jedoch hatte ich nicht gewusst. Ich hatte mich als „richtige" Studentin eingeschrieben und auch Studiengebühren gezahlt.

Dieses Studium beginnt jeder Student mit einer Renovierungszeit. Dies bedeutet, dass mehrere Wochen lang die notwendigen Reparaturen an den Gebäuden durchgeführt werden. Diese begann für mich am 1. September 2002. Wir haben uns das gesamte Gelände des Instituts angesehen, die verschiedenen zu bearbeitenden Projekte. Da waren völlig heruntergekommene Räume, die komplett renoviert werden und in denen teils ganze neue Wände geschaffen werden mussten. Ein Bad musste neu gekachelt werden, die Vorführbühne renoviert, jede Menge Fenster abgeschmirgelt und neu gestrichen, draußen mussten neue Wege geschaffen werden und ein Tonofenbrenner gebaut werden, Unmengen an Gartenarbeit waren zu erledigen. Eine Küchengruppe sorgte für das leibliche Wohl, eine Reinigungsgruppe für die Sauberkeit usw. Wunderbare notwendige Projekte für vier Wochen neue Studentengemeinschaft.

Ich wurde in die Gruppe, die Fensterrahmen abschmirgelt, aufgenommen, weil es bei ihr am Besten möglich war, dass ich komme und gehe, wie ich es schaffte. Mehrmals in der Woche fuhr ich für ein paar Stunden hin und half, wie ich konnte. Es hat mir unglaublichen Spaß gemacht. Ich habe meistens mit einem Franzosen und zum Schluss mit einer Portugiesin zusammengearbeitet. Mit beiden habe ich heute noch freundschaftlichen Kontakt.

Wir haben stundenlang auf Gerüsten gestanden und mit Atemmasken geschmirgelt. Es war toll. Einmal bin ich auf einer unglaublich langen Leiter auf ein hohes Dach geklettert (nur für meine Verhältnisse natürlich!). Ich habe mich da etwas getraut, was ich nie für möglich gehalten hatte. Es war eine wunderbare Zeit mit so viel Gemeinschaft! Ich konnte merken, wie sehr mir in den Jahren, seitdem ich die AIDS-Hilfe verlassen hatte, die Gemeinschaft gefehlt hat. Irgendwie bin ich ein Gemeinschaftsmensch. Wie immer habe ich erst im Nachhinein gemerkt, dass es eigentlich körperlich etwas zu viel Anstrengung war, aber trotzdem war es toll.

Im Oktober begann nach der Renovierungszeit das eigentliche Studium. Der Dozent, der mein Fensterprojekt geleitet hatte, war auch der Leiter meines Kurses. Ich schätze ihn sehr. Er hatte mir ermöglicht, dass ich den Kurs besuchen durfte, in dem die Studenten waren, die bereits ein Studium an einer konventionellen Universität hinter sich hatten und nur noch die speziellen Grundlagen der Waldorfpädagogik erwerben wollten. Dies bedeutete, dass die Gruppe täglich konstant war und auch im Durchschnitt gleichaltrig wie ich.

In der ersten Zeit war ich noch extrem unsicher und hatte innerlich zu kämpfen. Unsicherheit und Vorstellungen nach dem Motto, „was sehen die Anderen, wie wirke ich nach so langer Zeit mit so wenig Sozialkontakten, so wenig ‚normalem' Leben?" quälten mich. Gerade bei dem Umgang mit den männlichen Studenten hatte ich es noch sehr schwer. Sie lösten große Unsicherheit und Ängste aus, die ich schwer aushalten konnte. Immer wieder habe ich mich gefragt: Warum tue ich mir das an? Ich sollte mich schützen vor all diesen Schwierigkeiten, vor diesem inneren Gequältsein. Meine Psychotherapeutin war auch der Meinung, dass ich mich durch diese Auslöser retraumatisieren würde und ich Abstand davon nehmen sollte. Dies jedoch konnte ich nicht. Ich wusste, dass ich die mir dort aufgezeigten Probleme bewusst durchleben musste, auch wenn es erst mal selbstquälerisch erschien. Nur dadurch konnten sie sich verändern. So durchlitt und durchlebte ich es, und nach einiger Zeit wurde es tatsächlich leichter, auch im Umgang mit männlichen Studenten.

Im Nachhinein bin ich sehr dankbar, dass ich dies geschafft habe, weil ich so viel Erfüllung, so viel richtig glückliche Stunden dort haben durfte. Es ist meine Welt dort. Ich habe mich noch nie im Leben so wohl gefühlt, wie bei diesem Waldorfpädagogikstudium. Dort konnte ich merken, wie gerne ich in einer Gruppe bin, wie gerne ich gemeinsam lerne, wie wertvoll es ist, so vielen ausländischen Mitstudenten zu begegnen. Ich bin sehr dankbar, dass die Dozenten mich trotz des Wissens um meine AIDS-Erkrankung so entgegenkommend, respektvoll behandelt und aufgenommen haben.

So hatte ich in der ersten Epoche Naturkunde, anthroposophische Grundlagen und Eurythmie. Da erwachte meine große Liebe zur Eurythmie noch mal so richtig neu. Es hat mir so viel Spaß gemacht. Irgendwann habe ich bei der Leitung einen Antrag gestellt, zusätzlich Heilpädagogik studieren zu dürfen. So hatte ich zweimal wöchentlich noch nachmittags Unterricht. Durch „Zufall" war Dr. Lenzen (anthroposophischer AIDS Spezialist) in den ersten Monaten unser Dozent. Er machte einen hervorragenden Unterricht, reich, lebendig, interessant. Ich hatte ihn vorher gefragt, ob er etwas dagegen habe, wenn ich als seine Patientin dort teilnehmen würde. Er teilte mir mit, dass er es sich gut vorstellen könnte. Es hat später auch keinerlei Schwierigkeit geschaffen, ihn weiterhin als Arzt aufzusuchen.

Insgesamt studieren an diesem Institut über 40 Prozent ausländische Menschen. Sie kommen für das Studium extra nach Deutschland, lernen dafür unsere Sprache und müssen es sogar selbst bezahlen. Alle Kontinente und insgesamt über 40 Länder sind dort vertreten. Die Studiengebühr betrug für jeden 135 Euro monatlich (heute etwas mehr). So sind es alles Menschen, denen wirklich viel an diesem Studium liegt, weil sie so viel investieren müssen. Dies zeigt sich in dem Zusammensein mit ihnen. Es war einfach toll.

Grundsätzlich habe ich weit unterdurchschnittliche Erdkundekenntnisse. Aufgrund meiner Erkrankung konnte ich kaum reisen. Deshalb bin ich zu dem Schluss gekommen: Jeden Morgen, an dem ich dort war, treffe ich die ganze Welt. Lars hatte mal gemeint, dass, wenn ich nicht in die Welt reisen kann, die Welt eben zu mir käme. Genauso empfinde ich es. Gerade deshalb genoss ich es, an diesem Ort so viele Ausländer kennen gelernt zu haben. Dabei konnte ich erkennen, dass sich Menschen aus Korea und Japan besonders zu mir hingezogen fühlten. Mit mehreren entstand ein sehr respektvoller, freundschaftlicher Austausch.

Während dieses Studiums habe ich die Erfahrung von Gemeinschaft mit einer insgesamt tief wirkenden Harmonie machen dürfen. Auch das Umfeld mit der wunderschönen Gartenanlage und den alten Gebäuden trug zum Wohlfühlen bei. Alles war so liebevoll gestaltet. Es ist meine große Erfüllung gewesen, dort sein zu dürfen. Nach einiger Zeit des inneren Ringens mit den traumatischen Auslösern meiner Vergangenheit habe ich mich an jedem Tag, an dem ich studierte, dort rundum wohl gefühlt.

Als ich mich zu Hause innerlich vorbereitet hatte, mich anzog, stand ich im Flur und hatte das deutliche Gefühl, dass diese Begegnung bereits lange vorher in der geistigen Welt geplant war und enorm wichtig war. Mit diesem Bewusstsein fuhr ich zu ihnen.

Im Herbst bin ich von meiner konventionellen Krankenkasse zu einer ebenfalls gesetzlichen Krankenkasse gewechselt, die naturheilkundliche Behandlungen unterstützt. Der Begründer und sein Team haben viel gekämpft, viele Gerichtsprozesse gewonnen und für die alternative Medizin extrem viel bewirkt. Ich hatte schon lange vor, dorthin zu wechseln, weil dann die Kosten für einige meiner Behandlungen, vor allem die Heileurythmie und andere anthroposophische Therapien, übernommen würden. Bislang hatte ich alles selbst gezahlt. Da jedoch abzusehen war, dass ich später durch meine Erkrankung ein großer Kostenfaktor für sie werden würde, hatte ich lange gezögert. Erst nachdem ich gehört habe, dass es einen Kostenausgleich für Schwerstkranke unter den Krankenkassen gibt, konnte ich den Wechsel verantworten.

Leider hatte ich später so viel Ärger wie nie zuvor. Immer wieder musste ich die ungewöhnlichen Grundlagen meiner Opferentschädigungssituation jeweils neuen Sacharbeitern erklären, die mir nie glaubten, sodass sich jedes Mal die Beamten des Versorgungsamtes einschalten mussten. Trotz mehrfachen Forderungen meinerseits nach einem dauerhaft für mich zuständigen Sachbearbeiter wollten die Verantwortlichen nichts daran ändern.

Dies zog so viel Probleme nach sich, dass ich manches Mal die Nerven verloren habe, teils sehr aggressiv geworden bin, bis sie sich dann doch dazu bereit erklärten, mir den jeweiligen Gruppenleiter als Ansprechpartner zur Verfügung zu stellen. Insgesamt musste ich in schwerkrankem Zustand noch mehr kämpfen und viele Probleme bewältigen.

Im September hatte ich von Karin gehört, dass sie Kontakt zu einer Frau hatte, die beruflich sehr erfolgreich war und in dieser Position Spendengelder für soziale Zwecke betreute. Karin hatte in ihrer Nachbarschaft gewohnt und war eng mit ihr befreundet. Als sie ihr von ihrer Tätigkeit als Therapeutin im Krankenhaus erzählte, war diese Frau so beeindruckt, dass sie die ganzheitlichen, naturheilkundlichen Therapien mit 500 000 Euro unterstützte. Das Krankenhaus war, wie viele erweitert arbeitenden Einrichtungen, immer in finanzieller Existenznot. Ich war sehr berührt, als ich von dieser Hilfe hörte. Deshalb schrieb ich ihr einen langen Brief, in dem ich mich bedankte und ihr mein Schicksal schilderte. Auch beschrieb ich, wie gut ich in diesem Krankenhaus in der Psychiatrie 1998/1999 behandelt worden war, im völligen Gegensatz zu dem zweiten entsetzlichen Aufenthalt in der konventionellen Psychiatrie zum Jahreswechsel 2000/2001.

Karin gab der Spenderin, Anna Maria Sanders diesen Brief. Als sie ihn las, war sie so berührt, dass sie sofort entschied, nochmals 500 000 Euro an das Krankenhaus zu spenden. Dieser Brief war der Anlass, dass sie mich persönlich kennenlernen wollte. Ende September fand ein Treffen bei Karin zu Hause statt. Als ich mich zu Hause innerlich vorbereitet hatte, mich anzog, stand ich im Flur und hatte das deutliche Gefühl, dass diese Begegnung bereits lange vorher in der geistigen Welt geplant und enorm wichtig war. Mit diesem Bewusstsein fuhr ich zu dem Treffen.

Eingeladen waren zwei Oberärzte der Inneren Abteilung des Krankenhauses, der Geschäftsleiter, seine Frau, eine Ärztin, eine Sozialarbeiterin, mehrere Therapeuten, Melina und ich. Frau Sanders brachte ihren Sohn Raphael mit. Es wurde viel über ihre berufliche Tätigkeit gesprochen, wie die Spendengelder, die sie verwaltet, für soziale Projekte verwendet wurden.

Während dieser Gespräche habe ich gemerkt, dass einige Gäste an Frau Sanders „energetisch" „gezogen" haben. Es erschien mir so, als wenn sie etwas von ihr wollten und ihr dadurch Kraft entzogen, sie subtil unter Druck setzten. Durch meine sehr sensiblen Empfindungen konnte ich dies fühlen. Dies war sehr schwer für mich auszuhalten. Deshalb versuchte ich, durch meine Fragen und Umgehen mit Frau Sanders entspannend zu wirken. Da ich an weiteren Spendenzahlungen kein Interesse hatte und auch persönlich keinen Nutzen aus den bisher gezahlten Geldern zog, wirkten bei mir auch keinerlei Erwartungen an Frau Sanders. So gelang es mir, mit ihr in einen freieren Kontakt zu kommen. Ich konnte sie mit meinen Fragen und meiner Art sehr berühren. Frau Sanders erzählte Karin auf dem Rückweg, dass sie so beeindruckt von mir sei, dass sie mich privat zu sich nach Hause einladen wollte.

Kurze Zeit später waren Karin und ich bei ihr. Dabei lernte ich auch ihre drei Kinder kennen. Es war der Beginn einer sehr wichtigen Freundschaft für uns beide. In den nächsten zweieinhalb Jahren hatten wir sehr intensiven Kontakt. Ich erlebte ihre berufliche Tätigkeit sehr nah und habe dadurch reiche und vor allem spannende Erfahrungen machen können. Anna Maria ging sehr liebevoll mit mir um und war immer besorgt um mich. Sie bemühte sich sehr, mein Schicksal zu verstehen, hatte ehrliches Interesse daran. Dies tat meiner Seele sehr gut. Durch ihren großen Respekt mir gegenüber konnte meine Selbstachtung noch tiefer heilen. Es war ähnlich wie bei Karin und Andree.

Die Freundschaft zwischen uns entwickelte sich in kürzester Zeit so weit, dass ich zu einer ihrer wichtigsten Beraterinnen für ihre persönliche Lebenssituation wurde. Auch wenn sie von sich aus keinen bewussten Zugang zur Spiritualität hatte, schien meine Weise, wie ich ihre Situation, ihr Leben erfassen und für sie reflektieren konnte, und mein zudem denkender und mitfühlender Umgang sehr hilfreich für sie zu sein. Sie rief mich an, wenn sie Stimmungstiefs hatte und schätzte es, wie tiefsinnig und vor allem ehrlich ich sie beraten konnte. Wenige Menschen sind so offen und ehrlich zu einer Person, die beruflich so erfolgreich ist, nach Außen so viel Stärke repräsentiert. Gerade solche Menschen brauchen jedoch ein Gegenüber, jemanden, der sich traut, ganz er selbst zu bleiben und sich nicht durch die Macht und den Einfluss einer solchen Persönlichkeit einschüchtern lässt oder sich durch falsche Zugewandtheit mir ihr gut stellen will.

Privat war sie gerade mit ihrem Scheidungsprozess beschäftigt. Irgendwann fragte Anna Maria Karin um Rat, ob sie ihrem Sohn Raphael erlauben sollte, zu einem der Scheidungstermine bei Gericht mitzukommen. Karin meinte, dass Anna Maria mich fragen würde. Zunächst fühlte ich mich überfordert mit einer solchen Frage. Ich teilte ihr mit, dass ich keinerlei Erfahrungen mit Jugendlichen hätte. Deshalb könnte ich ihr dazu wenig raten. Da es jedoch eine Entscheidung geben musste, versuchte ich es mit einem Vergleich. Ich erzählte ihr, dass ich, als ich selbst in dem Alter von Raphael gewesen war, das Sterben meines Vaters miterlebt hatte, und deshalb glaubte ich auch, dass er das Recht hätte, an der Scheidung seiner Eltern teilzunehmen, wenn er es selbst wollte. Anna Maria konnte diesen Vergleich annehmen.

Dann jedoch riet ich Anna Maria, dass sich Raphael jemand aussuchen müsste, der während dieses Scheidungstermins nur für ihn dabei wäre, jemand, der ihn begleitete und dem er ganz vertrauen würde. Dies hielt ich deshalb für wichtig, weil Anna Maria an diesem Scheidungstag sicher selbst zu betroffen wäre, um sich um die seelischen Auswirkungen auf ihren Sohn zu kümmern. Sie konnte meine Erklärungen annehmen und wollte es mit Raphael besprechen.

Kurze Zeit später rief sie mich an und teilte mir mit, dass Raphael mich ausgesucht hätte. Ich sollte ihn bei dem Scheidungstermin begleiten. Dies war ein großer Vertrauensbeweis für mich, mit dem ich überhaupt nicht gerechnet hatte. Als der Scheidungstermin stattfand, wurde klar, wie wichtig es gewesen war, dass Raphael dabei gewesen ist und auch, dass ich ihn dabei begleiten konnte. Ihr Ehemann stellte völlig unerwartete Anträge. Bei Raphael eskalierten deshalb die Gefühle vor der Richterin. Da durch dieses unvorhersehbare Ereignis die Ehe an diesem Tag nicht geschieden werden konnte, kam es danach zu einer längeren Phase von neuen Verhandlungen. Beim zweiten, endgültigen Scheidungstermin begleitete ich die Familie nochmals. Während dieser Zeit konnte ich Anna Maria und ihre Kinder mit Bachblüten und Aura Soma unterstützen.

Im folgenden Jahr starb Anna Marias Vater. Aufgrund meiner Erfahrung, mich mit meinem eigenen Sterben auseinander zu setzen und Sterbende zu begleiten, wurde ich auch in dieser Zeit zu einer wichtigen Beraterin für sie. Während seiner letzten Wochen wurden viele Erinnerungen an ihre Kindheit wach. Anna Maria und ich führten viele Gespräche über ihre dabei entstehenden seelischen Prozesse. Dann bat sie mich sogar, ihren Vater auf der Intensivstation zu besuchen. Da ich zu diesem Zeitpunkt jedoch bereits selbst sehr krank war, hatte ich zu große Ängste vor einer möglichen Infektion. Diese persönlichen Erlebnisse gaben unserer Freundschaft Tiefe und Nähe. Gerade ihre Liebe, ihr Vertrauen und ihr Respekt mir gegenüber waren sehr wichtig für mich. Mein Umgang mit meiner Erkrankung, die Anwendung von Naturheilmedizin und mein tiefes Empfinden für Spiritualität hat sie so tief berührt und auch überzeugt, dass sie immer mehr Projekte in ganzheitlich therapeutisch arbeitenden Einrichtungen unterstützt hat. Davon werde ich später noch berichten. Diese gemeinsame Tätigkeit wurde zu einer großen Erfüllung und Lebenszukunftsperspektive für mich. Mein großer Idealismus konnte sich in der Unterstützung mir sinnvoll erscheinenden Initiativen endlich verwirklichen. Ich bin zutiefst dankbar für diese Begegnung und das Wirken mit ihr.

Nun zurück zu den weiteren Geschehnissen im Jahr 2002: Nachdem der erste Hausarzt am neuen Wohnort sich als für mich und meine Situation nicht geeignet herausgestellt hatte, fand ich eine tolle Ärztin, Frau Weber, die mich in den späteren Jahre hervorragend betreut hat. Sie ist Ärztin für Allgemeinmedizin und Psychotherapeutin. Von Anfang an war klar, dass sie die richtige Ärztin für mich ist. Das Besondere war ihre Akzeptanz gegenüber meinem Weg ohne Chemie. Mit ihrer eigenen Überzeugung hat sie mich darin sogar immer unterstützt. Auch gab sie mir gute Empfehlungen für Therapeuten, die in einem sogenannten anthroposophischen Therapeutikum mit ihr arbeiteten und auch regelmäßige Fallbesprechungen über gemeinsame Patienten machen. Ich habe sie selten gebraucht, aber ich wusste, dass, wenn ich etwas hätte, sie immer da gewesen wäre. Sie hat mir sogar angeboten, Hausbesuche bei mir zu machen. Dies habe ich selbst bei schwersten Erkrankungen nie in Anspruch genommen, aber ich war dankbar für ihr Angebot.

Unter Anderem hat Frau Weber mir die rhythmische Masseurin Frau Rose empfohlen. Sie wurde für mich zur hervorragendsten Masseurin, die ich in all den Jahren kennengelernt habe. Durch ihre überragenden Kompetenzen ist sie immer ausgebucht. Sie hat mir trotzdem die Ausnahme ermöglicht, mich regelmäßig zweimal die Woche zu behandeln. Jedes Mal war und ist es phantastisch. Sie ist eine wirkliche Heilerin. Auch als Mensch ist sie sehr wertvoll für mich. Sie wurde eine der wichtigsten Säulen, um meine körperliche und seelische Situation immer wieder zu stabilisieren. Gerade die Kontinuität in den Behandlungen wurde in den nächsten Jahren sehr bedeutsam für mich.

Im Oktober erhielt ich endlich die ersten Zahlungen des Berufsschadensausgleiches als Ärztin - zu diesem Zeitpunkt wäre ich also ohne die Ansteckung fertig ausgebildete Ärztin gewesen. Eigentlich absurd, dass ich so lange warten musste. Aufgrund der niedrigeren Lebenserwartung bei einer AIDS Erkrankung in diesem bei mir weit fortgeschrittenen Stadium war es wahrscheinlich, dass ich ihn nur für kurze Zeit bekommen würde. Für mich war es jedoch jetzt erst einmal eine große Erleichterung, weil ich die Schulden, die ich gemacht hatte, um die Naturheilmittel, Ärzte, Therapien, Biokost etc. zu bezahlen, recht schnell ausgleichen konnte. Für mich waren diese Behandlungen so wichtig, dass ich die dadurch entstehenden Schulden akzeptiert hatte.

Ab diesem Zeitpunkt hatte ich genügend Geld, um alles von meinen monatlichen Einkünften zu zahlen und sogar nach Abzahlungen der Schulden etwas zu sparen. Ich war unendlich dankbar dafür, dass ich dieses Geld überhaupt noch bekommen habe. Zwischenzeitlich hatte ich aufgrund der schweren Krankheitseinbrüche gar nicht mehr damit gerechnet, noch das Jahr 2002 zu erleben, in dem die monatlichen Zahlungen dieses Berufsschadensausgleiches anfingen. Die ganzen Jahre gab ich enorm viel Geld für meinen naturheilkundlichen Weg aus. Im Durchschnitt hatte ich jährlich 8 000 Euro selbst übernommen. Durch den schulmedizinischen Weg wären allein für die chemotherapeutischen Medikamente jährlich Kosten von 24 000 Euro für die Krankenkasse entstanden. Dazu kämen noch die Folgekosten durch mehr Arztbesuche, Untersuchungen und Medikamente gegen die Nebenwirkungen der Chemotherapeutika. Durch meinen Weg war ich frei, selbst zu bestimmen, wie ich behandelt werden wollte. Dadurch habe ich viel Erfahrung sammeln können, welche Therapien mir wirklich geholfen haben. Diese konnte ich sogar an viele andere suchende Menschen weitergeben. Es war mein Anliegen, die Selbstverantwortung für meine seelische, körperliche und geistige Gesundheit zu tragen. Dieser Mangel an Selbstverantwortung, so glaube ich, ist das größte Defizit unseres Gesundhcitswesens. Ich habe bezogen auf meine medizinische Behandlung, soweit es mir möglich war, selbstverantwortlich gehandelt. Von Anderen wurde mir immer wieder mitgeteilt, dass sie davon profitiert haben, weil sie die positive Wirkung bei mir miterlebt haben und sich daran orientieren konnten.

Im Laufe der Jahre äußerten einige meiner Ärzte und Therapeuten, wie wertvoll sie einen solchen Umgang empfinden würden, aber, dass es kaum Menschen geben würde, die diese Verantwortung für sich selbst übernehmen würden. In dieser Form, in der ich es getan habe, können es sicher auch nicht alle Menschen. Dabei geht es um ein Hineinwachsen in die Selbst- bzw. Körperwahrnehmung und die daraus notwendigen Veränderungen in Gedanken und Taten. Dies braucht den Willen und den Mut dazu, unkonventionelle Wege zu gehen auch unabhängig von oder sogar gegensätzlich zu Prognosen und Empfehlungen von Autoritäten, die wir in Forschungsergebnissen und Ärztemeinungen erleben. Dazu ist nicht jeder bereit oder in der Lage. Noch dazu wollen oder können die meisten Menschen wenig Geld für die eigene Gesundheit ausgeben und greifen lieber auf die vorgegebenen, von der Kasse bezahlten Therapien zurück.

Für November hatte ich eine Einladung der Fachhochschule Ottersberg, um ein Seminar über AIDS im Rahmen der medizinischen Ausbildung zu gestalten. Es ist eine staatlich anerkannte Fachhochschule für Kunsttherapie mit anthroposophischem Hintergrund. Am Tag selbst hatte ich Bedenken, ob ich überhaupt fahren konnte, weil ich einen Darminfekt und die ganze Nacht Durchfall gehabt hatte. Die Einladung war mir jedoch so wichtig, dass ich meine gesamten Kräfte mobilisierte.

Es wurde das beste Seminar, das ich je gehalten habe, weil ich so offen über den spirituellen Hintergrund der HIV-Erkrankung, die Wirkung des Virus im Schicksal, und über meine spirituelle Suche und Einsichten reden konnte. Dabei stellten die Studenten gute, tiefgründige Fragen. Dies erfüllte mich zutiefst, weil ich das Gefühl hatte, ihnen ein anderes Bewusstsein vor allem für psychische/psychiatrische Erkrankungen gegeben zu haben, und für den Wert von Kunsttherapie und die generelle spirituelle Bedeutung von Erkrankungen. Es war genau das, was ich mir wünschte.

Den ganzen Tag hatte ich schon starke Schmerzen in einem Finger gehabt, weil ein kleiner Riss sich entzündet hatte. Auf der Rückfahrt mit dem Zug sah ich auf einmal einen roten Streifen vom Finger, der über den gesamten Unterarm verlief. Wie bei jeder neuen Erkrankung entstanden bei mir begründete Ängste. Deshalb fuhr ich an diesem Abend noch mit Karin in die Ambulanz des Krankenhauses. Zum ersten Mal hatte ich eine Lymphadenitis. Das bedeutet, dass eingedrungene Keime bei einer vorhandenen Hautverletzung eine lokale Entzündung entstehen ließen und diese zu einer Entzündung der Lymphbahnen führten. Der Volksmund bezeichnet diesen roten Streifen als Blutvergiftung. Es ist jedoch eine Entzündung der Lymphbahnen, die erst unbehandelt zu einer Blutvergiftung führt und deshalb lebensbedrohlich werden kann. Meist entsteht bei einer Lymphadenitis Fieber.

Dies war die erste Lymphadenitis von vielen, in den nächsten zwei Jahren sicher über 20, teils stark bedrohlichen, die noch folgen sollten. Mein Immunsystem war so zerstört, dass bei jedem kleinen Riss der Haut an den Fingern eine schwerwiegende Entzündung mit teils hohem Fieber entstand. Manchmal hatte ich gerade die eine überwunden, und schon entstand ein paar Tage später eine neue, weil Risse an den Händen zum Alltag gehören.

In dieser Zeit habe ich Propolistropfen entdeckt. Durch einen Artikel in einer Fachzeitschrift für Naturheilkunde *(Natur und Heilen)* war ich darauf gestoßen. Propolis ist Knospenharz, das von den Bienen an Nadelbäumen gesammelt wird. Es dient dem Bienenvolk zur Kittung von Löchern in ihren Brutstätten und zur Isolierung von zum Beispiel verwesenden Mäusen, die in den Bienenstock eingedrungen und dort gestorben sind. Die Wirkung sowohl gegen Bakterien als auch Pilze und Viren wurde gründlich erforscht.

In den nächsten Jahren bestellte ich bei einer Demeter Imkerei immer wieder Propolistropfen als Antibiotika-Ersatz. (Seit einiger Zeit gibt es auch in der Apotheke ein Propolis Präparat der Firma Hanosan). Viele Imker nutzen das Bienenvolk aus, um mehr Propolis für diese Zwecke herstellen zu lassen. Die Bienen brauchen eine bestimmte Temperatur, bei der sie in ihrem Bienenstock leben. Wenn der Imker den Stock durch Ritze verletzt, verändert sich die Temperatur und eine ungewohnte Luftzufuhr ist die Folge. Die Bienen sind dann gefordert, den Spalt sofort mit Propolis zu kitten, den der Imker ihnen wieder „klaut", um ihn zu verkaufen. Bei diesem Umgang wird das Immunsystem der Bienen enorm geschwächt und sie sind sehr bedroht, an Parasitenbefall auszusterben. Die Demeter Imkerei achtet auf das Bienenwesen, forscht, wie auf natürlichem Wege Krankheiten der Bienen behandelt werden können. Es war mir sehr wichtig, weil die Biene eines der wichtigsten Tierwesen auf der Erde ist. Sie sorgen für den Kreislauf der Befruchtung in der Natur. Mittels dieser Tropfen und zusätzlicher Aura-Soma-Behandlungen konnte ich diese zahlreichen, schweren Lymphbahnentzündungen trotz teils hohem Fieber und starker Schmerzen immer ohne Antibiotika und Schmerzmittel überstehen.

Im November war ich bei einer Astrologin. Sie erschien mir sehr kompetent und konnte meine Kindheitserlebnisse sehr gut in Bezug zu meinem Horoskop von sich aus deuten. Auch mein Wesen, viele Stärken und Schwächen konnte sie erkennen. In einem Punkt jedoch rüttelte sie zu sehr an mir. Sie teilte mir in einer sehr belehrenden Art mit, dass sie daran glauben würde, dass meine Ablehnung der Chemotherapie etwas mit einer seelischen Schwierigkeit zu tun hätte, die in meinem Horoskop bereits angelegt sei. Dies begründete sie mit einer astrologischen Konstellation, an der erkennbar sei, wie schwer es mir fallen würde, Ideen loszulassen. Dies teilte sie mir in einer sehr eindringenden, dominanten Art mit, die mich stark verunsichert hat.

Nach dieser Beratung fiel ich in ein seelisches Stimmungstief. Wieder hatte ich Zukunftsängste, Selbstzweifel und massive Schuldgefühle. Nach diesem Gespräch entschied ich, dass ich nicht mehr zu Hellsichtigen oder Menschen gehen sollte, die mehr wissen und sehen. Ich lasse ihre „Wahrheiten" zu tief in mich und habe nicht genug eigene Stabilität und eigenen Halt. Dadurch wurde ich jedesmal sehr verunsichert und mein Selbstbild geriet ins Wanken.

Die Phasen, in denen ich in diesem Jahr Ängste und Selbstzweifel empfunden habe, waren sicher im Gegensatz zum Vorjahr etwas erträglicher gewesen, und doch waren sie immer noch mein Leidbringer Nummer Eins. Zum Ende des Jahres hatte ich den ersten Konflikt mit Melina. Ich erlebte ihn sehr existenziell, weil ich noch nie eine so starke Aggression erlebt hatte. Genau wie Karin empfand ich Melina in ihren Ausbrüchen vulkanartig und damit unangemessen und ungerecht. Danach folgte jedoch wieder eine sehr gute freundschaftliche Phase.

Darin habe ich alle Bereiche meines Lebens, die ich noch verwirklichen will oder die zu meinem Leben gehören, mit den zugehörigen inneren Assoziationen beschrieben. Diese Form von Abschluss und neuem Impuls hat mir sehr gut getan. Ich erlebe solche Art von Struktur immer reinigend.

Im Dezember begannen neue Epochen, und ich besuchte einen Leierkurs. Die Leier ist ein Zupfinstrument, ähnlich dem Klang einer kleinen Harfe. Das Leierspielen hat mir sehr gut getan. Es ist ein so zartes, ausgleichendes Instrument. An Heiligabend fuhr ich zu meiner Mutter. Karin hatte mir ihre Leier ausgeliehen. Meine Mutter war tief berührt von diesem Instrument, konnte sich damit seelisch sehr verbinden. Das Sylvester-Feuerwerk von meinem Balkon aus zu sehen, war „bombastisch". Ich hatte den Überblick über eine große Weite und somit verschiedene Städte. Es war wunderbar. Dabei dachte ich an die Menschen, die ich liebte. Ungewöhnlich war, dass ich so intensiv an Dr. Bauer denken musste und mein Herz voller Liebe war. Später im neuen Jahr war dieses Gefühl für mich ein entscheidender Hinweis für eine echte Herzensbeziehung, der mir zeigte, dass ich ihm helfen sollte.

Dieses Jahr 2002 war ein ereignisreiches Jahr für mich gewesen. Meine äußeren Lebensumstände hatten sich so zum Positiven gewandelt, dass es kaum zu begreifen war. Dieses Jahr war im Gegensatz zu den Jahren zuvor geprägt von deutlich zufriedeneren Phasen. Der Umzug, die Kur, der Kontakt zu Anna Maria und das Studium hatten große Veränderungen und damit Verbesserungen meines seelischen Zustandes mit sich gebracht.

Das neue Jahr 2003 begann harmonisch. Wie in jedem Jahr machte ich einen Jahresrückblick, eine Zeit der Verarbeitung und eine Vorausschau auf das neue Jahr. Dazu hatte ich eine gute Idee. Ich malte einen Kreis und teilte ihn in zwölf Teile. Jeden Teil malte ich in einer anderen Farbe. In den Außenkreis eines jeden Teils schrieb ich die wichtigen, größeren Lebensereignisse des jeweiligen Monats und im Innenkreis die inneren Erfahrungen; das, was innerlich passiert war, was ich gelernt hatte.

Danach habe ich noch einen Kreis mit zwölf Teilen gemalt. Darin habe ich alle Bereiche meines Lebens, die ich noch verwirklichen will oder die grundlegend zu meinem Leben gehören, mit den zugehörigen inneren Assoziationen beschrieben. Diese Form von Abschluss und neuem Impuls hat mir sehr gut getan. Ich erlebe solch eine Art von Struktur immer als reinigend.

Während des Studiums nahm ich im Januar an einem Malkurs teil. Der Unterricht von Dr. Lenzen lief weiter und hat mich sehr inspiriert. Zudem hatte ich dann noch Musikunterricht, der mir auch sehr gut tat.

Es war wie ein Wunder, dass ich im Laufe der Zeit immer weniger

Probleme mit männlichen Personen hatte. Am Anfang musste ich immer wieder kurze Zeit auf der Toilette verschwinden, um mich zu sammeln, um meiner Unsicherheit wieder Herr zu werden. Nach einigen Monaten konnte ich im Unterricht zwischen zwei Männern sitzen. Mit einem Mitstudenten habe ich mich später sogar privat öfter getroffen, bin mit ihm spazieren gegangen oder er hat mir geholfen, in meiner Wohnung Möbel aufzubauen. Ich hätte nie erwartet, dass sich dieses belastete seelische Thema so verbessern könnte. Die bewusste Arbeit daran, dass ich mich immer wieder überwunden hatte, obwohl es so unangenehm war, hatte sich gelohnt - entgegen jeder psychologischen Einschätzung.

Im Februar war ein fünfwöchiges Praktikum für die Studenten in der Schule. Mein Kursleiter hätte sogar einen Praktikumsplatz für mich in einer Kleingruppenklasse eingerichtet. Das fand ich unglaublich entgegenkommend, weil er von meiner AIDS-Infektion wusste. Ich lehnte es jedoch ab, weil ich mich einer solchen Veränderung und Aufgabe keinesfalls gewachsen empfand.

Das Ich und damit die Möglichkeit zur Selbstheilung des Patienten muss gleichberechtigt zur ärztlichen Kompetenz im medizinischen Konzept mit einbezogen werden. Nur wenn diese Ebene erkannt und im Zusammenwirken bewusst ergriffen wird, können die notwendigen tieferen Heilerfolge erwirkt werden.

Um die nun freigewordene Zeit sinnvoll zu nutzen, hatte ich mir überlegt, dass ich eine Zeit ins Krankenhaus gehen sollte. Dr. Lauschers Konzept für AIDS-Kranke war eigentlich so aufgebaut, dass sie ungefähr im Abstand eines halben bis einem Jahr für drei Wochen stationär behandelt wurden, um den Zustand der Erkrankung zu halten und zu stabilisieren. Während dieser jeweiligen Aufenthalte wurden eine Infusions- und Kunsttherapie durchgeführt. Bislang hatte ich dieses Angebot nicht wahrgenommen. Dr. Lauscher war seit Kurzem nicht mehr als Oberarzt tätig, und so wollte ich bei diesem Krankenhausaufenthalt das neue Team kennenlernen, bevor es bei mir zu einer akuten Erkrankung kommen würde. Auch wäre dies für meinen schwer immungeschwächten körperlichen Zustand stabilisierend.

Karin kannte Dr. Baltrusch, den jetzt zuständigen Oberarzt und fragte ihn, ob ich stationär zu ihm kommen könnte. Er lehnte meinen Aufenthalt ihr gegenüber jedoch ab, weil er der Meinung war, dass er mit AIDS zu wenig Erfahrung hätte. Ich sollte in die Privatpraxis zu Dr. Lauscher gehen. Dies hätte mir nicht weitergeholfen, weil ich wusste, dass er mich nicht stationär betreuen könne. Außerdem fühlte ich mich mittlerweile mit ihm persönlich zu verstrickt. Im letzten Jahr hatte es in Dr. Lauschers Familie einen größeren Konflikt mit seiner Tochter Petra gegeben. Sie ist die beste Freundin von Renate. Während dieser schweren Zeit hatte Renate ihr mit all ihren Möglichkeiten geholfen. Dies war jedoch auch für sie zu viel. Deshalb hatte ich Renate sehr häufig beraten, intensiv beigestanden in dieser Konfliktsituation. Dadurch bekam ich sehr tiefe Einblicke in die persönliche Situation von Dr. Lauscher. Dabei ist mir natürlich bewusst, dass solche Konflikte in Familien ganz normal sind, und doch wäre es für mich als Patientin schwierig gewesen, mich ihm gegenüber noch frei zu fühlen, zumal er nicht wusste, dass ich darin verwickelt war.

Da ich bisher in allen Kliniken aufgrund der Diagnose AIDS bei dem ersten Anfragen immer Probleme und Ablehnung erlebt hatte, wollte ich bei einem ambulanten Termin mit Dr. Baltrusch persönlich darüber sprechen. Ich wusste, dass das Krankenhaus für mich die einzige Möglichkeit war, mich im Falle einer schweren Erkrankung behandeln zu lassen. Dieses Treffen wurde ein echtes Horrorerlebnis. Bereits bei der Begrüßung war Dr. Baltrusch sofort außerordentlich abweisend. Nach weniger als zehn Minuten äußerte er in einer sehr abschätzenden Weise, dass ich ein totaler Willens- und Machertyp gewesen wäre und durch meine Krankheit lernen würde, innezuhalten und zu reflektieren. Ich fühlte mich angegriffen. Wie kann er dies in einer von mir als so abwertend empfundenen Art behaupten? Er kannte mich doch nicht wirklich. Selbst ich, mit meiner Begabung, Menschen in ihren Stärken und Schwächen schnell zu erkennen, würde niemals nach zehn Minuten jemandem etwas derart Persönliches mitteilen. Schon gar nicht in einer so unsensiblen Art. Was bildete er sich ein?

Dann musste ich mich mit ihm darüber auseinandersetzen, dass ich angeblich nicht krank genug wäre, um stationär aufgenommen zu werden. Mehrmals sagte ich ihm, dass ich mit der Krankenkasse bereits geklärt hätte, dass sie einen stationären Aufenthalt zahlen würden. In der letzten Woche hatte ich mit meinem Sachbearbeiter gesprochen, weil ich mich auch im Krankenhaus nicht körperlich untersuchen lassen könnte und wissen wollte, ob sie trotzdem eine Kostenzusage geben würden. Ich teilte Dr. Baltrusch mit, dass ich zudem im AIDS-Stadium, dem letzten Stadium der HIV Infektion sei und dass schon deshalb die Kostenübernahme kein Problem sein würde. Er lehnte meine Argumente vollkommen ab und warf mir immer wieder vor, dass ohne gravierende akute Erkrankung in diesem derzeitigen Gesundheitswesen kein Krankenhausaufenthalt mehr möglich wäre. So blieb er fest bei seiner eingefahrenen Ansicht und ließ die Tatsache gar nicht zu, dass meine Krankenkasse mir die Zusage bereits gegeben hatte. Immer wieder meinte Dr. Baltrusch, dass er von AIDS keine Ahnung hätte und dass ich zu Dr. Lauscher gehen sollte. Ich machte ihm klar, dass dies aufgrund persönlicher Verstrickungen nicht möglich und er ja auch nicht mehr als Oberarzt tätig sei. Deshalb müsste er mich im Falle einer akuten Erkrankung und damit stationären Einweisung ohnehin behandeln.

Dann diskutierten wir über Selbstverantwortung. Dr. Baltrusch vertrat vehement die Meinung, dass er als Arzt bei einem stationären Aufenthalt die volle Verantwortung für meine Behandlung hätte. Deshalb würde er z.B. im Falle einer akuten Lungenentzündung eine Behandlung ohne Antibiotika bei mir ausschließen. Ich versuchte ihm klar zu machen, dass ich die Verantwortung für meine Gesundheit und meinen Heilungsweg selbst übernehmen würde. Mögliche Komplikationen aufgrund meiner Entscheidung gegen chemische Medikamente würde ich selbst verantworten. Er wollte die geistigen Grundlagen, die hinter der ergriffenen Selbstverantwortung des Patienten liegen, gar nicht wahrhaben, sondern war völlig dicht und dogmatisch.

Grundsätzlich kann ich akzeptieren, dass ein Arzt sagt, dass er sich mit AIDS nicht auskennt und mich deshalb nicht behandeln will. Die Art seines Umgangs mit mir war jedoch tief verletzend. Auch hätte er mir umsetzbare Alternativen bieten müssen. Ich bin ein anthroposophisch orientierter Mensch und somit auf eine solche Behandlung angewiesen. Ich habe Dr. Baltrusch mehrmals erklärt, dass es mir nicht darum ginge, ob er mit der Behandlung der AIDS-Erkrankung Erfahrung habe. Wenn ich dies erwarten würde, würde ich in ein AIDS-Zentrum gehen. Dort könnte ich mich von schulmedizinisch kompetenten Ärzten beraten und behandeln lassen. Mir ging es jedoch darum, eine anthroposophisch, menschliche Begleitung im ärztlichen und pflegerischen Bereich zu erhalten. Die Wickel, die Medikamente, die Kunsttherapie, die geistige Einstellung sind mir wichtig. In der anthroposophischen Medizin wird nicht die Krankheit, sondern die Konstitution behandelt. Und das ist auch bei einem an AIDS erkrankten Menschen möglich, ohne dass der Arzt damit spezielle Erfahrung hat.

Im Laufe des Gespräches wurde mir sehr deutlich, dass Dr. Baltrusch durch seine grundlegende Einstellung zur Medizin einen so ganzheitlichen Umgang wie meinen gar nicht hätte unterstützen können. Seine Äußerungen über seine Verantwortung als Arzt zeigten, dass er diese Verantwortung nur bei sich selbst suchte. Damit ist gemeint, dass er dadurch das Einwirken der geistigen Welt, die Gnade beim Heilen und die göttlich-geistige Führung des Patienten, den von dort aus wirkenden Heilungsplan vollkommen verleugnete. Sowohl gedanklich, als auch emotional konnte er diese Ebenen gar nicht mitberücksichtigen, sich darauf einlassen. Bei einer solchen Einstellung mangelt es an Schicksalsvertrauen, Demut und Hingabe.

Im weiteren Gespräch äußerte Dr. Baltrusch plötzlich, dass ich wohl ein „schlechtes Karma" (Schuld aus anderen Leben) hätte, wenn ich eine AIDS-Erkrankung hätte. So direkt hat er es nicht gesagt, aber deutlich ausgedrückt, dass er in dieser Weise denkt. Während dieses Gespräches geriet ich immer mehr in Selbstzweifel, Schuldgefühle, Ängste vor der Zukunft, es wurde innerlich immer dunkler, war fast nicht mehr auszuhalten. Das Letzte, was ich ausgehalten habe, war, dass er mich fragte, warum ich überhaupt studieren würde. Als AIDS-Infizierte dürfte ich doch sowieso nicht mit Kindergartenkindern arbeiten. Dazu meinte ich, dass ich ja auch nicht mit Kindergartenkindern arbeiten wollte, sondern mit behinderten Kindern. Seine Antwort dazu war: „Das sind ja auch Menschen!"

Das brachte mich an einen Punkt, an dem ich nicht mehr konnte. Ich war voll von Dunkelheit, kurz vor dem Zerplatzen. Weinen konnte ich nicht, und so entstand in mir ein präpsychotischer Zustand mit leichten Wahnvorstellungen. Ich verließ sein Arztzimmer, ohne mich zu verabschieden. In meiner Not fuhr ich zu Karin. Sie hatte jedoch gerade eine Patientin in der Therapie.

Um mich abzureagieren, ging ich in die Natur. Wie vollkommen durchgedreht lief ich weinend durch den Wald. Was war geschehen? Was hatte ich wahrgenommen? Wie hatte es auf mich gewirkt? Was war das, was mich so stark erschüttert hat?

- Schuld wegen AIDS, schlechtes Karma. Ich bin ein schuldiger Mensch und muss deshalb so leiden. Ich habe früher so viel falsch gemacht.

- Ich darf nicht mit Menschen/Kindern arbeiten.

- Ich kann nicht in dieses Krankenhaus, weil ich nicht krank genug bin und weil der Arzt nicht mit AIDS umgehen will.

- Ich bin ein Willens- und Machertyp = meine Persönlichkeit ist nicht in Ordnung. Wie ich bin und lebe, ist nicht richtig.

Dr. Baltrusch hatte innerhalb einer halben Stunde die seelische Basis für alle Bereiche meines Lebens stark verletzt und mich dadurch in eine tiefe Verunsicherung gestürzt. Die Möglichkeit der Behandlung im Krankenhaus hatte eine existentielle Bedeutung. Er hatte mir diese genommen. Im Nachhinein habe ich erfahren, dass es für Dr. Baltrusch ein großes Anliegen ist, anthroposophisch zu behandeln, dass er jedoch in akuten Krankheitssituationen recht schnell zur Schulmedizin greift. Ich selbst hatte den Eindruck bekommen, dass seine Suche nach Spiritualität nicht zu einem dauerhaft verinnerlichten Erlebnis geführt hatte und somit ein Schicksalsvertrauen in den geistig-spirituellen Prozess für ihn im Umgang damit nicht möglich war.

Ich glaube, dass bestimmte Voraussetzungen erfüllt werden müssen, damit die Anthroposophie in der Medizin zum Segen werden kann: Das schulmedizinische Wissen und die Erfahrungen damit sollten für den Arzt die Basis bilden, die sich erweitern kann durch die eigene selbst erfahrende Beziehung zur geistigen Welt, zu den Schöpfungsprozessen. Daneben müssen die Selbstverantwortung des Patienten, seine Entwicklung und seine geistige Führung berücksichtigt werden. Das Ich und damit die Möglichkeit zur Selbstheilung des Patienten muss gleichberechtigt zur ärztlichen Kompetenz im medizinischen Konzept mit einbezogen werden. Nur wenn diese Ebene erkannt und im Zusammenwirken bewusst ergriffen wird, können die notwendigen tieferen Heilerfolge erwirkt werden. Gerade die Einbeziehung der geistigen Welt ist dabei wesentlich. Diese Erfahrung durfte ich in diesem Leben intensiv machen. Viel Gnade im Heilen kann dadurch erfahren werden.

Nach diesem Gespräch mit Dr. Baltrusch hatte ich im Wald immer wieder Selbstmordgedanken. Die ganze Dunkelheit, die er mir vermittelt hatte, wirkte in mir. Gerade wurden dort auch noch viele großen Buchen gefällt, wodurch auch die dadurch entstehenden Kräfte des Leidens im Wald in mich drangen. Es war entsetzlich. Ich war vollkommen erschüttert. Irgendwann ging ich zu Karin. Sie beruhigte mich etwas. Ich war jedoch so aufgelöst, dass ich von zu Hause noch Bärbel anrief. Durch die jahrelange Begleitung hatte sie tieferes Verständnis für mich.

Die nächsten Wochen hatte ich damit zu tun, wieder freier von dieser tief verletzenden, demütigenden Begegnung zu werden. Erschwerend kam hinzu, dass ich sowohl von Karin, als auch von Melina keine Unterstützung bekam. Sie waren beide absolut überzeugt von diesem „tollen Arzt", den sie so sehr schätzten. Sie mussten ihn schützen, indem sie permanent Erklärungen für sein Verhalten fanden. Das war sehr schwierig für mich. Es kam mir vor, als wenn sie den „Täter" schützten, weil er ihnen näher war und sie seine Schwächen, sein Defizit nicht ertragen konnten. Dadurch wurde die Freundschaft vor allem mit Karin sehr belastet und führte in eine große Krise. Karin nahm Dr. Baltrusch mit allen Mitteln in Schutz und wurde sehr verletzend mir gegenüber.

Durch die großen seelischen Belastungen entwickelte ich massive körperliche Symptome. Ich bekam starke Bauchschmerzen. Wegen dieses akuten Krankheitseinbruches fuhr ich mit Melina zum Generalvertrieb von Aura Soma Deutschland, um mir die zur Linderung hilfreichen Flaschen auszusuchen. Dort traf ich meine Ausbilderin, die ich seit Jahren nicht mehr gesehen hatte. Die Flaschen waren eine Hilfe, jedoch war der innere Prozess, den Dr. Baltrusch ausgelöst hatte, sehr heftig. Diese für mich sehr stark verletzend empfundene Erfahrung konnte ich kaum verarbeiten. Sie wirkte seelisch zu tief. Gerade durch die Haltung von Karin, die sich so stark gegen mich gewendet hatte, fehlte mir der Mut, das Erlebte schriftlich mit diesem Arzt zu klären, was ich sonst in Konfliktsituationen immer getan hatte. Melina und Karin waren die einzigen Menschen, mit denen ich hier am neuen Wohnort bislang befreundet war, und so war ich sehr auf mich gestellt.

Bärbel stand mir in dieser Zeit wie immer telefonisch sehr hilfreich zur Seite. Obwohl sie gar nicht betroffen war, fühlte sie sich persönlich enttäuscht von dem Verhalten dieses Arztes. Sie sagte klar, dass ich auf der Seite der Wahrheit wäre und sie mich in dieser Wahrnehmung nur unterstützen würde, weil sie es tatsächlich selbst so sehen würde. Das war eine große Hilfe in meiner tiefen Verunsicherung.

Innere Begegnung mit den Abgründen des Menschseins

In der gesamten Zeit, während der die anderen Studenten im Praktikum waren, habe ich in meiner Wohnung herum geräumt. Dann war es soweit, wieder ins Institut zu gehen. In dieser ersten Woche erlebte ich so viele Auslöser, dass ich schwer krank wurde. Der Krieg im Irak begann genau in dieser Woche. Da ich keinen Fernseher hatte, hörte ich nur im Autoradio davon. Und doch hatte es eine so starke Wirkung auf mich, dass ich mein Gleichgewicht total verlor. Ich war geistig so offen, dass ich den Ängsten, die sich zu der Zeit auf der Erde entwickelten, voll ausgeliefert schien. Hinzu kam dann noch, dass ich bei einem Spaziergang ein ganz junges Schäfchen an meinem Finger lecken ließ und es dabei einen kleinen Riss machte, der etwas blutete. Da ich ohnehin seelisch bereits sehr angegriffen war, bekam ich psychotische Ängste. Diese irrealen Ängste ließen mich glauben, dass sich das Schaf ansteckt und dadurch andere Schafe und dann sogar Menschen durch Essen des Fleisches infiziert werden könnten.

Natürlich weiß ich, dass dies rein medizinisch nicht möglich ist, aber durch die Lockerung meiner Wahrnehmungen verselbständigten sich diese Vorstellungen. Während der ganzen Zeit seit meiner Ansteckung hatte ich immer wieder ähnliche Phasen, in denen ich massivste irrationale Ängste hatte, jemand Anderen anzustecken, die sich bis ins Unendliche steigerten. Als infizierter Mensch lebt man immer in der Angst, jemand anderen anzustecken.

Dieser Auslöser trug zu einem erneuten Schwellenerlebnis bei. Ich erlebte in dieser Zeit die, wie ich vermute, zerstörerischste Kraft, die durch das Menschenwirken auf der Erde erschaffen und gelebt werden kann. Dieses Erleben war ein Teil von mir, es war, als wäre ich es selbst, als würde es von mir selbst ausgehen. Wahrscheinlich war ich auf diese Kraft in diesem irdischpersönlichen Sinne zu stark

verbunden und habe dadurch diese Zerstörung auf mich bezogen.
Dies bedeutete, dass es unmittelbar in mir gewirkt hat, aber auch,
dass ich die Bedeutung und die Auswirkungen tief in mir selbst
empfand.

In dieser Zeit erlebte ich in mir den Krieg im Irak mit all seinen
Auswirkungen für persönliche Schicksale. Für mich wurde es real, wie durch Not und Angst aus extremster Existenzbedrohung
Morde, Zerstörung geschehen. Ich habe erlebt, wie es dazu kommt,
dass man aus Hunger oder Angst extreme Gewalt anwendet. Dazu
kamen die Empfindungen von sadistischen Foltermethoden, purer
Horror. Erst viel später, über ein halbes Jahr danach, wurde in
den Medien von solchen Foltermethoden im Zusammenhang mit
dem Irakkrieg berichtet. Genau das, was dann erst öffentlich wurde, hatte ich bereits während es geschah in mir erlebt.

Ein anderes Thema während dieses Schwellenerlebnisses war mein
eigener Schmerz. Einige Fragen zermarterten mich: Wie lange kann
ich Schmerzen bei schweren Erkrankungen aushalten, wie viel kann
ich aushalten, wie viel ist für die anderen zumutbar, die mich später
begleiten würden? Was kann geschehen, wenn ich die Kontrolle verliere, weil die Schmerzen unaushaltbar werden? Ich durchlebte ein
großes Ringen und eine starke Auseinandersetzung damit, wie ich
weiterhin mit Schmerz und Angst umgehen sollte. Was kann geschehen, wenn ich an meine Grenzen der Belastbarkeit komme, an
die Überforderung durch zu starke Schmerzen, an die stärkste Form
von Angst? In mir spielten sich die heftigsten Möglichkeiten ab, wie
ich darauf reagieren könnte, die ich mir in diesem Zusammenhang
vorstellen kann.

In meinem Geist erlebte ich diese Eventualitäten, als würden sie
real sein. Es war grauenhaft. Je schlimmer sich jedoch diese Möglichkeiten in mir darstellten und erlebbar wurden, desto bewusster konnte ich später den Schrecken in ihnen bearbeiten und sie
zu einem Teil meines Lebens werden lassen. Es war wichtig, diese
schlimmsten Ängste meines Lebens oder vielleicht sogar des Le-

bens an sich als Teil der Schöpfung im Spiel zwischen Licht und Schatten zuzulassen. Nur so kann das Leben als Ganzes, als umfassender Schöpfungsprozess wahr- und angenommen werden. Die Dunkelheit, die ich in dieser Zeit erlebt habe, existiert immer. Sie ist ein Teil der Wirklichkeit, den wir nur selten erkennen, zulassen oder wahrhaben wollen.

Dieses Schwellenerlebnis war wie eine Einweihung in die Zerstörungskräfte, die zum Werden und Vergehen, zum Leben und Sterben dazugehören. Sie werden aus dem Leben selbst heraus hervorgerufen. Ich erlebte, wie es ist, wenn man durch unglaublichen Schmerz oder die Bedrohung des eigenen Lebens so in die Enge getrieben wird, dass man sich nicht mehr gemäß seiner eigentlichen, verinnerlichten Moral verhalten kann. Weil man sich so stark bedroht fühlt, kann man selbst zerstörerisch werden oder sogar andere Menschen töten. Durch dieses Erlebnis kann ich heute akzeptieren, dass ich in Ausnahmezuständen zu allem fähig wäre. Ich habe es innerlich erlebt, was ich vorher nie für möglich gehalten hätte. Deshalb weiß ich jetzt, dass die Umstände entscheidend sind und dass ich darauf nicht immer Einfluss habe. Diese Erkenntnis hat mich im Mensch-Sein, im Erfassen des Lebens erheblich weiter gebracht. Heute kann ich erkennen, wie viele aus Ängsten vor Zerstörung und Tod geschaffene Begrenzungen mein Leben behindert hatten und wie viel freier ich durch dieses Schwellenerlebnis geworden bin. Jetzt kann ich erfassen, wie wichtig diese schmerzhafte, grauenhafte Zeit gewesen ist. In der Zeit selbst, sie dauerte ungefähr zwei Wochen, war ich mit diesem akuten Erlebnis vollkommen allein. Ich war so voller Ängste und vor allem Schuldgefühle, dass ich niemandem davon erzählen konnte, noch nicht mal Bärbel. Die Angst, in die Psychiatrie zu kommen, war zu groß. Dadurch wurde alles noch intensiver und schmerzhafter.

Die durch den Irakkrieg geweckten Ängste steigerten sich so weit, dass ich damit konfrontiert wurde, dass es sein könnte, dass die Menschheit sich selbst zerstört. Ich befand mich in einem Zustand von tiefster Hoffnungslosigkeit. Nachdem mein seelischer Zustand sich wieder stabilisiert hatte, half Bärbel mir, diese Erlebnisse in einen größeren, tieferen Zusammenhang einzuordnen: Sie erklärte mir, dass solche Menschheitsprozesse zum Leben und damit zum Werden und Vergehen dazugehören. Im Laufe der Entwicklung entstehen Hochkulturen, Menschen erleben einen immer weiter steigenden geistigen, spirituellen, und/oder materiellen Fortschritt. Irgendwann jedoch ist dieses Wachstum, dieser Fortschritt zu Ende. Das Erreichte bricht zusammen und wird an anderer Stelle in anderer Weise weitergeführt. Dabei kann es tatsächlich sein, dass ein Großteil der Menschheit ausstirbt. Dies bedeutet jedoch nicht, dass damit das Leben auf der Erde zerstört wird. Bärbel erklärte, dass es bedeuten könnte, dass sich die Seelen in der geistigen Welt neu ordnen, damit die Erde sich von den „Experimenten" erholen kann und dass ein Neubeginn möglich wird. Dies hat es in der Evolutionsgeschichte der Menschheit immer wieder im Zusammenhang mit massivsten Katastrophen gegeben.

Diese Auseinandersetzung mit Bärbel erleichterte mich, weil ich erkennen konnte, dass das, was ich erlebt hatte, keine wahnhaften Ängste gewesen waren, sondern mich tiefer führen sollten in das Erkennen von Lebensprozessen. Heute weiß ich, dass in meinem Seelenleben eine Angst vor einem so dramatischen Ereignis vorhanden war und sich in diesem „Schwellenerlebnis" zeigte und durch die bewusste Bearbeitung so weit wie möglich erlösen ließ.

Als ich später mit Dr. Bauer über diese Hintergründe meines Erlebnisses sprach, räumte er sogar ein, dass er es für möglich hielte, dass ich die Gefahr erlebt hätte, die in diesem Irakkrieg tatsächlich vorhanden war. In dieser Zeit hätte der Krieg so weit eskalieren können, dass er zu einem Weltkrieg geworden wäre. Er könnte sich vorstellen, dass diese weitere Zerstörung durch das starke Einwirken positiver geistiger Mächte verhindert wurde. Grundsätzlich hätte sich eine solche Katastrophe entwickeln können. Mein Erlebnis würde ihm zeigen, dass es scheinbar die Möglichkeit dazu gegeben hätte. Dr. Bauer vermutete, dass ich sie wahrgenommen hätte, weil ich durch mein mangelndes Immunsystem auch im geistigen Sinne sehr offen wäre. Genauso gut kann der Grund meiner Wahrnehmungen eine Zukunftsvision oder ein eigener Seeleninhalt aus der Vergangenheit sein. Eines jedoch ist eindeutig: Ich habe die sadistischen Foltermethoden innerlich erlebt, die zur gleichen Zeit stattgefunden haben, jedoch erst über ein halbes Jahr später in den Medien veröffentlicht wurden.

Ein anderer Inhalt während dieses Schwellenerlebnisses war das Versagen bezüglich meines jetzigen Lebenswandels wegen meiner Form der Ernährung. Zwar esse ich seit Jahren ausschließlich biologische Nahrungsmittel, aber ich habe viel zu viel Süßigkeiten wie Schokolade gegessen. Während dieser Zeit erlebte ich dies als krankmachend, selbstzerstörend. In den folgenden Monaten wurde es mehr und mehr möglich, dies zu verändern. Ein Jahr lang habe ich keinerlei Schokolade mehr gegessen.

Jede „Psychose" hatte immer eigene wichtige „Themen" gehabt. In dieser war es, wie eben erwähnt, der Krieg und die Infragestellung meiner Ernährung. Dazu kam noch ein weiteres Thema: Das Bienensterben. In dieser Zeit hatte ich das Gefühl, dass das Bienensterben so gravierend sein würde, dass das Bienenwesen ganz aussterben könnte. Mir war nicht bekannt, dass die Bienen tatsächlich bedroht waren. Die Bedeutung der Bienen wurde mir zu diesem Zeitpunkt erstmals deutlich. Es war so beängstigend, genauso bedrohlich wie das, was ich durch die Kriegsauswirkungen erlebte. Die Bienen sind für die ganze Menschheit lebensnotwendig. Von ihnen hängt insbesondere die gesamte Ökokultur ab. Später habe ich erfahren, dass Rudolf Steiner in einem seiner Vorträge geäußert haben soll, dass das Bienenwesen irgendwann gehen wird. Es gibt dazu ein bekanntes Einstein-Zitat: *„Wenn die Bienen verschwinden, hat der Mensch nur noch vier Jahre zu leben; keine Bienen mehr, keine Pflanzen, keine Tiere, keine Menschen mehr."* Während dieses Schwellenerlebnisses steigerten sich meine Ängste ins Unermessliche, weil sowohl der Irakkrieg, als auch das Bienensterben die existenzielle Bedrohung des Lebens auf der Erde beinhalteten. Viel später, über ein halbes Jahr nach diesem Erlebnis, habe ich von dem Hersteller meiner Propolis-Tropfen gehört, dass tatsächlich zeitgleich genau in diesem Frühjahr viele Imker, sogar Berufsimker, arbeitslos geworden seien, weil alle Völker, teilweise über hundert eines einzelnen Imkers, aufgrund eines Parasitenbefalls gestorben seien. Die Bienen waren also zu dem Zeitpunkt meiner diesbezüglichen Wahrnehmungen tatsächlich in großer Gefahr.

Wegen ähnlicher wirklichkeitsgetreuer geistiger Wahrnehmungen wie einerseits diesem Bienensterben, andererseits den sadistischen Taten während des Irakkrieges, definierten die anthroposophisch orientierten Psychiater die „Psychosen" bei mir nicht ausschließlich als Psychosen im krankhaften Sinne. Ich selbst glaube, dass ich durch meine starke spirituelle Offenheit mit den Geschehnissen in der geistigen Welt so in Verbindung stehe, dass ich manches sehr sensibel wahrnehmen kann. Dies betrifft nicht nur solche existenzbedrohenden Wahrnehmungen, sondern auch die positiven Einflüsse. Was jedoch für mich dabei problematisch ist, ist, dass ich in dieser Zeit oft die Hintergründe meines Leidens und meiner Wahrnehmungen gar nicht verstehe und einordnen kann. Durch meine Grundkonstitution, mit Schuldempfinden und Ängsten zu reagieren, kommt es dazu, dass ich dann mit diesen Einflüssen überfordert bin, sie persönlich nehme und dies bei mir zu massivstem Leiden und Selbstzerstörung führt.

Dies war das erste Schwellenerlebnis, bei dem ich den konkreten Bezug zu den Weltgeschehnissen kurze Zeit später einordnen konnte. Dr. Rüter (der Psychiater in der anthroposophischen Psychiatrie) hatte mal scherzhaft gemeint, dass ich geistig so offen sei, dass ich merken würde, wenn in Indien ein Sack Reis umkippt, unbrauchbar wird und dadurch noch mehr Hunger entsteht... Gerade wegen dieser starken Beeinflussbarkeit hätten sie mich im Einzelzimmer behalten.

Durch die späteren Auseinandersetzungen mit Bärbel habe ich innerlich einen tieferen Zugang zu den Lebensprozessen, den Grundlagen des Menschseins erworben. Sie hat mir sehr geholfen, diese von

Schuld und Angst geprägten spirituellen Erlebnisse in die realen Lebenszusammenhänge einzuordnen. Dadurch entfernten sich im Laufe der geistigen Arbeit mit ihr meine Ängste viel weiter von mir. Das heißt nicht, dass ich keine Lebensängste mehr habe - natürlich nicht, und doch habe ich eine Erleichterung in einer neuen Weite gefunden, in der ich das Leben in dem Wandel, dem Werden und Vergehen wirklich empfinden kann. Dies ist leider kein Dauerzustand. Ich muss bei jeder neuen Herausforderung, die in meinem Leben entsteht, wieder neu um dieses innere Grundvertrauen ringen. Gerade durch jedes neue Ringen jedoch entsteht eine noch größere Weite, eine noch tiefere Tiefe und somit ermöglicht mir so das Erfassen des Eigentlichen.

Im Laufe der Jahre habe ich viele Erkenntnisse gesammelt und geforscht, was „Psychosen" für mich bedeutet, wie ich sie verstehe und wie ich glaube, sie zu überwinden. Tatsächlich glaube ich, dass sie immer etwas mit geistiger Überflutung zu tun haben. Die Ursache dafür liegt meiner Ansicht nach in vorausgegangenen schweren traumatischen Erfahrungen, starken Schlafmangelzuständen, überfordernden Lebenssituationen und Reizüberflutungen. Seltener spielen körperliche Erkrankungen, z.B. des Immun- oder Hormonsystems, dabei eine Rolle. Mir selbst ist durch meine Erfahrungen klar geworden, dass die eigentliche Hilfe für Menschen mit Psychosen wäre, länger intensiv zu Hause nachbetreut zu werden, um eine neue Basis für ihren Alltag zu schaffen, die oft verloren gegangen ist.

Diese Basis sehe ich in einem rhythmisch verlaufenden, selbstverantwortlich gestalteten und vor allem strukturierten Lebenskonzept. Während dieser Überflutungen fehlt jede Struktur, jede Fähigkeit zur Ent- und Unterscheidung. Diese kann man nur wiedergewinnen, indem man eine stabile Basis durch Schlaf, Rhythmus und Ernährung schafft. Aufregung und zu viel Reize wie z.B. durch Fernsehen sollten vor allem in den ersten Monaten möglichst völlig gemieden werden. Spaziergänge in der Natur und auch künstlerische-kreative Betätigung, Handarbeit sind sehr hilfreich. Dabei ist eine Begleitung, Betreuung sinnvoll, mit der z.B. die Wohnung wirklich zu einem aufgeräumten, geschützten Ort verändert wird, die Beziehungen, das Umfeld und die Geldangelegenheiten geklärt werden und, falls vorhanden, die Arbeitssituation den Möglichkeiten des Betroffenen angepasst wird.

> *Psychopharmaka sind wertvoll, wenn sie in akuten Situationen eingesetzt werden, aber zur Heilung sind danach andere Schritte notwendig, die viel Menschlichkeit, Bewusstseinsarbeit und Sinngebung bedürfen. Wenn das nicht geleistet wird und weiterhin Psychopharmaka gegeben werden, weil es einfacher ist, wird die Erkrankung chronisch und somit oft nie wieder heilbar: Der vorgeburtlich gefasste Seelenplan kann nicht weiter verfolgt werden, weil die gesunden Impulse der Seele unterdrückt wurden, der Mensch von seinem heilen Kern, seinem Selbst abgeschnitten wurde.*

Im Nachhinein sehe ich diese Forschung und meine Überwindung der Neigung zu „psychotischen" Tendenzen als den größten Erfolg auf meinem Heilungsweg an. Gerade, weil mir alle Psychiater und Spezialisten immer wieder gesagt hatten, dass ich ein Leben lang Psychopharmaka nehmen müsste ist es für mich so wichtig, zu zeigen, dass es doch einen anderen Weg hinaus aus einem solchen Teufelskreis gibt. Die meisten Heilansätze dafür habe ich aus mir selbst heraus entwickelt und durchgeführt.

Ich bin zutiefst dankbar, dass ich aus meinen psychiatrisch als „Psychosen", spirituell als „Schwellenerlebnisse" einzuordnenden Phasen, so stark profitieren konnte, weil mich die Inhalte dem Erfassen von Leben und Menschsein jedes Mal näher gebracht haben. Ich bin nicht Opfer der so viel Schrecken verbreitenden, leidvollen Psychosen, sondern habe sie zum Motor einer weitreichenden Entwicklung machen können. Das, was in meiner Seele oder generell im Menschheitsschicksal nicht verarbeitet wurde, musste durch diesen Umgang und vor allem meinen Leidenswillen nicht durch Psychopharmaka unterdrückt werden, was letztendlich Lernen und Leben verhindert hätte. Dabei gehe ich davon aus, dass die Inhalte von „Psychosen" immer wichtige Botschaften in sich tragen, die unbedingt ernst genommen werden müssen. Sie zeigen Wahrheiten, aus denen man lernen kann oder Ängste der Seele, die sich sonst nie zeigen würden, bei denen jedoch wichtig ist, sie bewusst zu bearbeiten. In der konventionellen Psychiatrie, in der ich im Jahreswechsel 1999/2000 gewesen war, wurde in keiner Weise auf die Inhalte solcher Erlebnisse eingegangen.

Zur Bewältigung und Vorbeugung solcher Krisen war für mich das Wichtigste, einen Plan aufzustellen, wie die Woche abläuft, welche Termine eingehalten werden müssen - Strukturarbeit für den Alltag. Auch eine Mittagspause mit Schlaf war für mich sehr wichtig und vor allem der regelmäßige, frühe Schlaf (zwischen 22 und 23 Uhr spätestens). Dies ist wichtig für den Biorhythmus.

Meiner Meinung nach gibt es gewisse Lebensgesetze, wie zum Beispiel, dass ich, wenn ich nie die Zähne putze, dabei permanent Süßes esse, irgendwann Karies entsteht. Genauso sehe ich es mit den Lebensweisen. Wenn ich rhythmisch lebe, ausgeglichen biologisch esse, genügend Bewegung und Schlaf habe, werden sich der Lebensleib und die Lebenskräfte stärken. Wenn ich diese Gesetze nicht mehr beachte, mich überfordere, überflute usw., wie es heute viele Menschen tun, kann es bei schwächerer Konstitution oder anderen Umständen leichter zu Krankheiten kommen und bei manchen sogar zu Psychosen. Was ich sehr bedenklich finde, ja fast unmenschlich, ist, dass Psychopharmaka und die Psychiatrieaufenthalte ohne Probleme von jeder Krankenkasse teuer bezahlt werden, aber diese so notwendige Sozialhygiene, Lebenshygiene gar nicht unterstützt wird. Von keinem Psychiater habe ich solche Lebensregeln gehört. Sie verordnen Medikamente, aber wenige verstehen diese lebenswichtigen Rhythmen. Vor allem wird den Inhalten, die in Psychosen erlebt werden, gar keine Bedeutung zugemessen. Es erscheint ihnen ausschließlich als Wahn. Die meisten Psychiater können sich einen Sinn und die Chance darin gar nicht vorstellen. Um jedoch eine ganzheitliche, dauerhafte Heilung zu erreichen, muss dies mit berücksichtigt werden.

Dazu möchte ich noch eine Ergänzung darstellen, die sich nach einer Fernsehsendung, einem spirituellen Krimi, für mich entwickelt hat: Seit meinem ersten Schwellenerlebnis auf der Insel habe ich mit allen inneren und äußeren Mitteln versucht, das zu verstehen, was sich in mir gezeigt hatte, was dabei geschehen ist. Es war ein so starker Drang, weil ich wusste, wie stark die Auswirkungen des Erlebten kontinuierlich in Form von unbewussten und bewussten Schuld- und Angstgefühlen in mir wirkten. Aus dem tieferen Verständnis, was ich durch diese Bewusstseinsarbeit erreichen konnte, wurden sie erleichtert.

Dieser Film schien eine Hilfe für mein Verständnis zu beinhalten. Durch ein äußeres schweres Trauma wurde einer der Hauptdarsteller in eine geistige, andere Welt versetzt. Sie wurde Bardo-Welt genannt, eine Welt zwischen Leben und Sterben, eine Welt des Schmerzes und der Schuld. Genauso wie es dort dargestellt wurde, habe ich es auch erlebt. Diesem Schauspieler wurden immer wieder Bilder all der Ereignisse seines vergangenen Lebens gezeigt, in denen er fehlgehandelt hatte. Daraufhin litt er unglaublich unter seiner Schuld. Das, was ihn im realen Leben unbewusst gequält hatte, war Inhalt der verschiedenen Filmausschnitte in dieser Bardo-Welt.

Genauso war es für mich in den „Psychosen". Es ist selbstvernichtend. Nur noch Schuld und Ängste waren in seinem Bewusstsein. Immer wieder hatte er das Gefühl, dass es nur den Ausweg gäbe, sich umzubringen. Dann wurde diesem Mann von einem wichtigen Freund seines realen Lebens klargemacht, dass er sich an die Erlebnisse bewusst erinnern müsse, in denen er Gutes getan, in denen er Anderen geholfen hätte. Er solle zu den guten Taten stehen. Dabei müsse er sich für das Leben entscheiden und dafür kämpfen. Dann sagte dieser Freund meiner Meinung nach etwas Entscheidendes für viele Menschen mit psychischen Erkrankungen: Er müsse seine Lebenskraft wieder an den Willen anbinden. Dies kann, so glaube ich, nur durch eine neue Sinngebung erreicht werden. Viele psychisch schwerkranke Menschen haben ihren Willen fast komplett verloren. Gerade die Psychopharmaka unterstützen dies meiner Meinung nach noch. Menschen, die sie einnehmen, werden gedämpft und fremdgesteuert, „*gelebt*". Psychopharmaka sind wertvoll, wenn sie in akuten Situationen eingesetzt werden, aber zur Heilung sind danach andere Schritte notwendig, die viel Menschlichkeit, Bewusstseinsarbeit und Sinngebung bedürfen. Wenn das nicht geleistet wird und weiterhin Psychopharmaka gegeben werden, weil es einfacher ist, wird die Erkrankung chronisch und somit oft nie wieder heilbar: Der vorgeburtlich gefasste Seelenplan kann nicht weiter verfolgt werden, weil die gesunden Impulse der Seele unterdrückt wurden, der Mensch von seinem heilen Kern, seinem Selbst abgeschnitten wurde.

Der Mann in diesem Film sollte sich für das Leben entscheiden, sich auf das Leben konzentrieren. Ich hatte es ähnlich erlebt. Es war eine grauenhafte innere Welt, in der ich mich in jedem Schwellenerlebnis befunden habe. Man fühlt sich nicht am Leben, aber doch ist man auch noch nicht gestorben. Das ist furchtbar. In diesem Film wurde es so bezeichnet, als wenn die Lebenskraft vergiftet wäre und deshalb solche Empfindungen und Bilder entstünden. Während einer Psychose empfand ich alles, was ich vorher getan hatte, als unzureichend oder falsch. Wenn ich dies später überlege, glaube ich, dass, wenn ich etwas Anderes gelebt hätte, ich mich für genau das dann auch verurteilen würde.

Das Streben nach Erkenntnis hatte bei mir verschiedene Grundlagen: Eine war das generelle Interesse an Weiterentwicklung. Eine andere entstand aus meinem durch die Traumatisierung stark verminderten Selbstwertgefühl. Dadurch musste ich mich permanent in Frage stellen. Außerdem wurde mein Streben geleitet durch meinen Glauben, dass ich durch Erkenntnis einen Weg finden könnte, um endlich gesund zu werden. Ich glaubte, dass es wichtig sei, das zu erkennen, was mich krank gemacht hat, und das zu ändern, was dazu notwendig wäre, wieder gesund zu werden. Dadurch habe ich jedoch lange Zeit viel zu sehr nur mein Defizit angesehen und wollte mit dessen Veränderung weitere Spannung, Leiden, Schmerz verhindern. Immer wieder habe ich das, was ich vorher gemacht habe, deshalb sehr in Frage gestellt. Der Grund dafür war, dass ich davon ausgegangen bin, dass, weil ich immer noch krank war, irgendetwas falsch an mir und meinem Verhalten sein musste. Dies wird auch in sehr vielen spirituellen Büchern so dargestellt. Es ist irgendwie eine „hilflose" Spiritualität, weil sie zu einfach gedacht ist. Dadurch soll jedoch Halt und Orientierung entstehen.

Im Laufe der langjährigen Bewusstseinsarbeit an diesen Psychosen habe ich immer mehr verstanden, dass der Anspruch an die bei mir darin wirksame Vorstellung von Perfektion einer Selbstkasteiung, einem Streben nach einer roboterhaften Vollkommenheit gleichkommt und absolut unmöglich und sogar unmenschlich ist.

Heute stelle ich mir eher die Fragen: Kann ich tatsächlich alles mit Erkenntnis und Arbeit an mir selbst lösen? Was würde dies bedeuten? Inwieweit würde es den Lebensgesetzen, der geistigen Wirklichkeit gerecht? Deshalb eher: Wie kann ich meine Erkenntnisse sinnvoll für das Verstehen meiner Selbst und meines weiteren Lebensweges nutzen? Ich habe, so glaube ich, in den letzten Jahren einen wesentlich ausgeglicheneren, gesünderen Umgang mit Erkenntnis- und Bewusstseinsarbeit gefunden.

Nach diesem Schwellenerlebnis bekam ich eine starke Grippe. Auch viele meiner Bekannten, u.a. Benedikt und Renate, waren davon betroffen und mussten eine Lungenentzündung auskurieren, die mit Antibiotika behandelt wurde. Auch viele meiner Mitstudenten waren davon betroffen. Durch das Erlebnis mit Dr. Baltrusch hatte ich Angst, zum Arzt zu gehen. Ich ging davon aus, dass ich ins Krankenhaus eingewiesen und dort zur chemischen Behandlung gezwungen würde.

Aus dieser Infektion entwickelte sich auch bei mir eine Lungenentzündung. Ich hatte hohes Fieber, Luftnot etc. Dabei war ich ganz allein zu Hause und hatte während dieser Zeit gar keine Hilfe. Es war eine sehr schwere Zeit. Nach über zwei Wochen half auf einmal wie bei einem Wunder eine Aura-Soma-Flasche, die ich durch Zufall zu Hause hatte. Es war die Kinder-Erste-Hilfe-Flasche. Nach zwei Anwendungen am ganzen Körper konnte ich das Fieber vollkommen überwinden. Mit der zusätzlichen Unterstützung der Propolis-tropfen erholte ich mich langsam von diesem Infekt.

Nach Bewältigung dieser Lungenentzündung schrieb ich meiner Hausärztin Frau Weber einen Brief, in dem ich von dem Schwellenerlebnis und der Lungenentzündung und der Angst, zu ihr zu gehen, berichtete. Sie hat mir eine tolle, ausführliche Antwort geschrieben. Die Art, wie sie schrieb, zeigte mir, wie sehr sie hinter mir steht. Sie wollte meinen unkonventionellen Umgang sogar aus tiefster Überzeugung unterstützen. Im Laufe des Kontaktes zu ihr konnte ich erleben, dass sie eine ganz besondere Begabung hat, Briefe zu schreiben, die tief berührend, offen, ehrlich und doch sachlich sind. Ihre Briefe waren jedes Mal heilsam für mich.

Höllenqualen
und vom Sinn des Leidens

Ich war mittlerweile durch die beiden schweren Krankheitseinbrüche sehr erschöpft. Während der gesamten Zeit hatte ich keinerlei Hilfe im Alltag und bei der Bewältigung meiner schwerwiegenden körperlichen Symptome gehabt. Deshalb stellte ich einen Kurantrag. Dann geschah etwas sehr Unerwartetes. Die gesamte Opferentschädigungsakte wurde wegen des ärztlichen Gutachtens für diese Kur zu meiner Hausärztin geschickt. Alle Unterlagen, mein ganzes Leben, die Protokolle über die Art meiner Ansteckung, die Vergewaltigung, Gerichtsverfahren, alle Gutachten, meine geldliche Situation, alles war verschickt worden. Das war ein tiefer Schock, als ich die dicke Akte im Patientenzimmer im Regal meiner Hausärztin liegen sah. Jeder, der bei ihr im Raum wartete, hätte Zugriff auf diese Akte gehabt. Ich war total außer mir, entsetzt. Mich hat das so durcheinander gebracht und in Existenzängste versetzt, sodass ich dadurch wenige Tage danach eine Gürtelrose bekam. Diese Gürtelrose entwickelte sich zum stärksten Schmerzerlebnis meines Lebens. Erst hatte ich nur starke Unterleibsschmerzen, die ich nicht zuordnen konnte. Nach ein paar Tagen entstand ein Ausschlag an der Innenseite des rechten Oberschenkels. Erst dann zeigte er sich auch im Genital- und Analbereich und dehnte sich in den folgenden Tagen immer weiter aus. Dazu kamen stärkste Nervenschmerzen, die sich bis in die rechte Ferse zogen. Auch kribbelte sie immer wieder oder wurde taub.

Es war die Hölle. Erst war alles noch aushaltbar, dann jedoch wurde es immer schlimmer. Die Schmerzen sind nicht zu beschreiben. Gürtelrosen sind generell sehr schmerzhaft. Es gibt Menschen, die sich sogar das Leben nehmen, weil sie so unaushaltbar sind. Zu diesem Zeitpunkt hatte ich bereits ca. 8-10 Gürtelrosen hinter mir, einige waren schwerer gewesen, hatten sogar mehrere Nervensegmente betroffen. Diese jedoch konnte ich in der Schmerzintensität mit keiner vorhergehenden vergleichen. Es war um ein Vielfaches schlimmer. Bei den meisten der letzten Gürtelrosen war ich nicht mehr zum Arzt gegangen. Ich wusste, dass ich keine konventionelle schulmedizinische Behandlung durch Virustatika und Schmerzmittel akzeptieren konnte. Deshalb hatte ich diesen schweren Krankheitszustand lieber allein durchgestanden. Dieses Mal ging ich jedoch zu meiner Hausärztin. Sie glaubte es mir erst nicht, war der Meinung, dass es „nur" ein Herpes Genitalis sein könnte. Ich ertrage es nicht, wenn mir nicht geglaubt wird, gerade, wenn ich genau weiß, dass es stimmt. Da ich ihre ärztliche Bestätigung haben wollte, zeigte ich ihr diesen intimen körperlichen Bereich, obwohl es mich größte Überwindung kostete. Als sie es sah, war sie sehr erschrocken über das große Ausmaß und konnte mir nur zustimmen, dass es eine Gürtelrose sei. Das typischste Zeichen war, dass der Ausschlag nur an einer Seite war und die Pusteln eindeutig die einer Gürtelrose.

Sie verschrieb mir Weleda Kinderpuder. In den nächsten Wochen verbrauchte ich Unmengen an Kinderpuder. Es verhinderte, dass sich vor allem das Schleimhautgewebe noch stärker entzündete, was die Gefahr einer Blutvergiftung bedeutet hätte. In den nächsten Wochen war ich nur noch ein zweites Mal bei ihr, als der Ausschlag sehr massiv war. Immer noch wirkte die Erfahrung mit Dr. Baltrusch nach, sodass ich kaum ärztliche Hilfe in Anspruch nehmen konnte.

Es erschien mir so, als wenn durch das Medikament meine Ich-Kräfte, die Kräfte, meine Kontrolle im Denken und Fühlen zu erhalten, so stark geschwächt wurden, dass mein Ich nur noch wenig Zugriff auf mein Bewusstsein hatte.

Ich telefonierte mit verschiedenen AIDS-Hilfen und auch mit einem

AIDS-Spezialisten. Sie hatten es alle noch nie erlebt, dass jemand im Vaginal-/Analbereich eine Gürtelrose hatte, aber bestätigten mir, dass dies, medizinisch gesehen, möglich wäre. Dann erreichte ich Dr. Lenzen. Er hatte einmal einen solchen Patienten gehabt. Dieser wurde im Krankenhaus mit maximal dosierten Schmerzmitteln und Virustatika-Infusionen behandelt. Martina erzählte mir später, dass ihr Lebensgefährte auch eine Gürtelrose im Intimbereich gehabt hätte. Genau wie der Patient von Dr. Lenzen wurde er im Krankenhaus mit Infusionen gegen den Herpes-Virus und sogar mit Morphium gegen die Schmerzen behandelt.

Das wollte ich jedoch nicht. Deshalb entschloss ich mich wieder, es zu Hause allein durchzustehen. Das bedeutete, dass ich keine Minute mehr schlafen konnte. Sitzen war völlig unerträglich. Ich hatte mir einen medizinischen Sitzring gekauft, der jedoch gar keine Hilfe war. Meine Mutter hatte eine wertvolle Idee: Es gibt Sitzbäder aus Plastik, die in die Toilette gefügt werden können. Dieses Sitzbad war die wichtigste Hilfe in den folgenden Monaten. Ungefähr 200 Sitzbäder habe ich in den folgenden Wochen gemacht. Mindestens fünfmal täglich in den ersten Wochen. In diesem Sitzbad waren die Schmerzen erträglicher. Zeitweise waren sie nur darin auszuhalten. So saß ich teils stundenlang in diesem lauwarmen Wasser.

Die Schmerzen waren grausam. Während dieser Zeit konnte ich eine sehr wichtige, interessante Erfahrung mit den Wirkungen von Medikamenten machen. Meine Hausärztin hatte mir ein anthroposophisches Medikament verschrieben, in dem Johanniskraut homöopathisch mit Gold aufbereitet war (*Hypericum Auro cultum Rh D3*). Es wird gegen Depressionen verordnet. Als ich ungefähr 20 Tropfen eingenommen hatte, bewirkte es bei mir innerhalb von wenigen Minuten eine Wärme, eine Fülle im Herzchakra, die ich sofort wahrnehmen konnte, weil es so eindrücklich stark war. Ich fühlte mich sehr viel wohler, runder in mir selbst. Als ich dann einige Tage später glaubte, die Schmerzen nicht mehr aushalten zu können, habe ich nach der Anweisung von Dr. Lenzen 20 Tropfen Novalgin genommen. Eigentlich eine ganz „normale" Dosis. Jedoch geschah direkt nach dieser Einnahme genau das Gegenteil. Es war das Gefühl, als wenn eine Faust auf mein Herzchakra drücken und alle Kraft darin erdrücken würde.

Dies habe ich insgesamt zweimal ausprobiert. Die Schmerzen wurden nur wenig erleichtert. Für solche starken Schmerzen reichte Novalgin nicht aus. Kurze Zeit nach der Einnahme hatte ich jedoch das Gefühl, als hätte ich nicht mehr genügend Kraft, meine Schmerzen wieder selbst auszuhalten. Es erschien mir so, als wenn durch das Medikament meine Ich-Kräfte, die Kräfte, meine Kontrolle im Denken und Fühlen zu erhalten, so stark geschwächt wurden, dass mein Ich nur noch wenig Zugriff auf mein Bewusstsein hatte. Auch meine Geistesgegenwart und Wachheit waren noch einige Zeit nach der Einnahme stark eingeschränkt. Mir wurde klar, dass ich mich in einen Teufelskreis begeben würde, wenn ich weiterhin Schmerzmittel nähme. Ich hätte immer mehr nehmen müssen, weil meine eigene Kraft, die Schmerzen selbst aushalten zu können, durch das Medikament so stark geschwächt würde. Auch mein Gefühlszustand war dadurch noch weniger zu steuern. Gefühle von Depression und Verzweiflung verstärkten sich. Deshalb habe ich während dieser Erfahrung von grausamsten Schmerzen keinerlei Schmerzmittel mehr genommen.

Dieses Erlebnis der Schwächung meiner eigenen Durchhaltekräfte war sehr tief für mich. Es ist sicher kaum jemandem zumutbar, solche Schmerzen auszuhalten, wie ich sie in diesen Monaten ausgehalten habe. Ich wusste danach, was es bedeutet, wenn chemische Medikamente die Ich-Funktion, das bewusste Ertragen und Überwinden von Krankheitszuständen schwächen und das Bewusstsein trüben. Jetzt jedoch musste ich die Schmerzen allein aushalten. Das Wasserlassen tat schon weh - und noch viel, viel schlimmer war es, wenn ich Verdauung hatte. Das Schlimmste waren die Nächte. Es gab viele Nächte hintereinander, in denen ich gar nicht schlafen konnte. Immer wieder habe ich meinen Koffer gepackt, um mich ins Krankenhaus einweisen zu lassen. Jede Nacht habe ich nur an die Notärzte des Krankenhauses gedacht, und damit gerungen, ob ich es noch weiter aushalten konnte oder direkt in der Nacht zu ihnen gehen sollte.

Es war die Hölle. Es war wirklich die Hölle. Solche Schmerzen sind im Nachhinein kaum noch nachzuempfinden. Heute kann ich nur noch, erahnen, wie grausam es in diesen Wochen gewesen ist, es war ein reines Vegetieren. Wieder hatte ich keinerlei Hilfe im Alltag, nur telefonisch. Als es mir besonders schlecht ging, fragte Karin im Krankenhaus an, ob ich dort stationär aufgenommen werden könnte. Aufgrund der Erfahrung mit Dr. Baltrusch, und weil ich vorher nicht klären konnte, wie sie dazu stehen, dass ich Untersuchungen und eine chemische Behandlung nicht zulassen konnte, war es mir nicht möglich, dieses Angebot anzunehmen. Auch meine Hausärztin war der Meinung, dass ich unter diesen Voraussetzungen nur noch schlechtere Erfahrungen hätte machen können.

Im Rahmen meiner Bewusstseinsarbeit, einer Zeit der tiefen Reflexion des Geschehen, ist mir später klar geworden, dass ich im Krankenhaus zwar mehr Kontakt, Essen und Hilfe bekommen hätte, jedoch durch die Meinungen der Ärzte beeinflusst worden wäre. Ich weiß nicht, ob ich unter diesem Einfluss so stark geblieben wäre, mich gegen die chemische Behandlung zu entscheiden. In den mehreren Krankenhausaufenthalten hatte ich es bewiesen, war mir selbst treu geblieben, aber dieses Mal befand ich in einem sehr viel schlechteren körperlichen Zustand. Auch hätte ich nachts nicht so viel umherlaufen können, wie ich es ungestört in meiner Wohnung gemacht habe. Deshalb glaube ich heute, dass der Weg ohne Krankenhaus für mich der Geeignetste gewesen ist, auch wenn ich unter dem Alleinsein noch zusätzlich zu den Schmerzen sehr gelitten habe.

Meine rhythmische Masseurin lieh mir während dieser Leidenszeit ein Buch über Karma. Durch „Zufall" schlug ich genau diese Stelle als Erstes auf:

„Leiden ist eine Begleiterscheinung der höheren Entwicklung. Es ist das, was man nicht entbehren kann zur Erkenntnis. Der Mensch wird sich einst sagen: Was mir die Welt an Freude gibt, dafür bin ich dankbar. Wenn ich aber vor die Wahl gestellt werde, ob ich meine Freuden oder meine Leiden behalten will, so werde ich die Leiden behalten wollen. Ich kann sie nicht entbehren zur Erkenntnis. Jedes Leiden stellt sich nach einer gewissen Zeit so dar, dass man es nicht entbehren kann, denn wir haben es als etwas in der Entwicklung Enthaltenes aufzufassen. Es gibt keine Entwicklung ohne Leiden, wie es kein Dreieck ohne Winkel gibt. Wenn der Christus-Einklang erreicht sein wird, werden wir erkennen, dass zu diesem Einklang alle vorangegangenen Leiden notwendige Vorbedingungen waren. Damit der Christus-Einklang da sein kann, muss das Leid da sein. - Es ist ein absoluter Faktor in der Entwicklung."

Diese Aussage Rudolf Steiners war für mich die größte Hilfe, diese unbeschreiblichen Schmerzen auszuhalten. Ich konnte mich daran festhalten, dass es einen positiven Sinn in diesem Leiden gab. Davon wurden die Schmerzen natürlich nicht schwächer, und doch war es eine große Hilfe, die eine geistig stärkende Bedeutung und Wirkung für mich hatte.

Im Laufe der Jahre durfte ich einige Erfahrungen machen, wie Leiden sich im positiven Sinn auswirkt, und doch leidet natürlich niemand gern. Immer wieder habe ich mich mit dieser Aussage beschäftigt und immer mehr wurde sie in meinem Herzen zu einer Wirklichkeit, die ich tief begreifen gelernt habe.

Dies sind einige gesammelte Erkenntnisse zu dem Sinn von Leiden:

- Wenn Menschen mit dem Leid von Anderen umgehen, werden ihre eigenen Liebeskräfte und Kräfte der Hingabe und des Dienens freigesetzt und gestärkt.

- Ich selbst habe die Erfahrung gemacht, dass viele wichtige Schicksalsbegegnungen nur im Rahmen von meiner Erkrankung stattfinden konnten.

- Durch das bewusste Auseinandersetzen mit Leiden kann Lebenstiefe, Weisheit und Reife entwickelt werden.

- Das durchlebte Leiden führt zu Mitgefühl für andere Menschen. Ich kann das Leid anderer Menschen ganz anders mitempfinden. Über Mitgefühl können sich Menschen wirklich nahe sein, Gemeinschaft erleben.

- Durch überwundenes Leiden weiß ich mehr, was anderen in ähnlicher Situation helfen könnte, ich kann sie besser beraten, Ideen und Ratschläge für ähnliche Lebenssituationen können hilfreich werden.

- Leiden kann auf verschiedenen Ebenen ausgleichend wirken, einerseits im Karma, aber auch im konkreten Leben, wenn sich zum Beispiel jemand immer überfordert, kann Leiden dazu zwingen, die Mitte, das Maß wiederzufinden, um ein harmonisches Leben zu führen.

- Durch Leiden können geistige und/oder leibliche Entwicklung erreicht und spirituelle Fähigkeiten frei werden.

- Leiden reinigt. Diese Erfahrung konnte ich immer wieder machen, gerade bei starken Schmerzen oder hohem Fieber fühlte ich mich nach Überwindung dieser Erkrankungen sehr gereinigt und dadurch geistig klarer.

Es gibt sicher noch vieles mehr, was durch Leiden bewirkt werden kann, und natürlich auch viel Schreckliches. Als Menschen können wir nur einen minimalen Teil davon erfassen. Ich glaube, dass wir die Wirkung des Leidens im Zusammenhang mit realen Lebensprozessen und Lebensschicksalen mehr erforschen müssten, anstatt es immer nur abzulehnen. Es wäre sinnvoll, sich damit bewusst zu beschäftigen, was sich in den Leben der Betroffenen verändert hat, was tatsächlich bewirkt oder verändert wurde. Dadurch würden wir freier werden, könnten es auch nutzen und eine größere Dankbarkeit für das Leiden empfinden.

Aufgrund meiner Kindheitserfahrung mit dem Jugendamt kann ich mit Ungerechtigkeit und vor allem, wenn mir jemand die Wahrheit nicht glaubt, nur mit starken emotionalen und in diesem Fall sogar körperlichen Krisen reagieren.

Zurück zu meiner Gürtelrose: Monatelang waren Stellen an meinem Unterleib immer wieder entzündet, teilweise eiterten sie. Das Sitzen war am unerträglichsten, weil ich dabei direkt auf dem starken Ausschlag und dem massiv gereizten Nervengebiet saß. Auch Liegen war noch sehr schmerzhaft. Zum Laufen und Stehen hatte ich jedoch zu wenig Kraft. So war diese Zeit wirklich unerträglich. Irgendwann hatte sich eine tiefe Wunde und Entzündung gebildet, die eiterte und höllisch weh tat. Zu diesem Zeitpunkt lag eigentlich bereits das Schlimmste hinter mir. Zum ersten Mal traute ich mich in die Ambulanz, weil ich wusste, dass dies kein Grund wäre, mich stationär im Krankenhaus zu behalten. Mehrmals teilte ich dem Ambulanzpfleger mit, dass ich nicht die Kraft hätte, so lange zu stehen, und sitzen konnte ich auch noch nicht. Draußen war es heiß und drinnen kühlte eine Klimaanlage. Deshalb wurde mir viel zu kalt. Dann erklärte ich dem Pfleger auch noch, dass ich gerade eine Lungenentzündung hinter mir hatte.

Nach zwei Stunden, in denen die Ärztin zwei Patienten behandelt hatte, sagte ich ihr, dass ich jetzt gehen würde, weil ich zu erschöpft sei. Sie reagierte so schroff, ungehalten und ungerecht, dass ich wirklich gehen musste. Bei einem späteren Telefonat erfuhr ich von dem zuständigen Pfleger, dass diese Ärztin immer so langsam sei und es für das Personal selbst auch sehr schwer wäre, mit ihr zusammenzuarbeiten. So war diese Erfahrung, bei der ich Hilfe vom Krankenhaus angenommen hätte, wieder ein „Reinfall".

Während der Phase der starken Schmerzen hatte ich nur für das Allernotwendigste in meinem Haushalt gesorgt, gekocht und eingekauft, nur das Überlebensnotwendigste geschafft. Ansonsten habe ich entweder im Bett gelegen oder Zeit im Sitzbad verbracht. Wie bei der Lungenentzündung hatte ich unter starkem Nachtschweiß gelitten. Die große Anstrengung der Schmerzen und der Schweiß waren in meiner Bettwäsche zu merken. Ich konnte sie irgendwann nicht mehr ertragen. Als es mir nur etwas besser ging, habe ich meine dicken Wollbetten und Unterbetten nacheinander in der Badewanne gewaschen.

Ich erinnere mich noch genau daran, wie anstrengend es war, diese dicken Wollbetten auszuwringen. Dabei konnte ich mich kaum auf den Beinen halten und litt noch sehr unter Kreislaufschwäche. Es ist für mich auch im Nachhinein immer wieder ein Phänomen, dass ich, sobald es mir nur etwas besser geht, so anstrengende Tätigkeiten ausübe. Danach war ich sehr erschöpft, habe mich jedoch wieder bedeutend wohler in meinem Bett gefühlt.

Nach der überwundenen Krankheit stellte sich für mich erneut die Frage nach einer Kur. Meine Hausärztin hatte wegen der verschickten Akte einen Brief an das Versorgungsamt geschrieben, der so gut war, dass die leitende Ärztin des Landesversorgungsamtes mich sofort persönlich angerufen und sich entschuldigt hat. Sie erklärte mir, dass die Beamten in meinem zuständigen Versorgungsamt keine Erfahrungen mit Kuranträgen hätten und deshalb die Akte mitgeschickt hätten. Dies sei gesetzlich nicht erlaubt. Dieser gravierende Verstoß hätte Konsequenzen in der Behörde. Solche Akten würden sogar, wenn eine andere Dienststelle sie am anderen Ort bräuchte, nur mit Dienstwagen von Beamten überbracht und nie mit der Post verschickt. So hatte meine bis ins Körperliche starke Reaktion darauf einen tatsächlichen juristischen Hintergrund.

Dies erlebe ich immer wieder in meinem Leben: Ungerechtigkeiten lösen in mir stärkste Reaktionen aus, aber, wenn sich jemand entschuldigt, kann ich das Problem leicht loslassen, weil ich es als ausgeglichen erlebe. Aufgrund meiner Kindheitserfahrung mit dem Jugendamt kann ich mit Ungerechtigkeit und vor allem, wenn mir jemand die Wahrheit nicht glaubt, nur mit starken emotionalen und in diesem Fall sogar körperlichen Krisen reagieren.

Die Ärztin sagte die Kurbewilligung sofort zu und wir hatten noch ein sehr gutes persönliches Gespräch. Zudem sicherte sie mir die Kostenübernahme dafür zu, dass mich jemand mit meinem eigenen Auto fahren könnte. Das Schwierigste jedoch war jetzt: Wie würde ich die Fahrt überstehen können? Es war klar, dass ich noch nicht so viele Stunden sitzen konnte. Die Gürtelrose war zwar bereits vor ungefähr sechs Wochen entstanden, aber noch immer war das Sitzen grauenhaft. Ich rief beim Versorgungsamt an und fragte, ob sie ein Sitzkissen bewilligen würden. Dort wurde ich mit einem sehr netten Orthopäden verbunden, der mich animierte, doch in die Großstadt zu einem riesigen Fachgeschäft zu fahren und mich nicht in unserer Kleinstadt mit dem kleinen Sanitätsladen zu begnügen.

Das war die große Rettung. Ein Spezialist dort machte sich viele Gedanken über meine sehr ungewöhnliche Situation. Recht schnell kam er zu dem Schluss, dass ein industriell vorgefertigtes orthopädisches Kissen nicht ausreichen würde. So machte er ein Druckprofil meines Gesäßes. Daraus fertigte er mir in den zwei Tagen, die es noch bis zum Kurantritt dauerte, ein individuelles, anatomisch genaues orthopädisches Sitzkissen an. Eine hervorragende Lösung. Dieses Sitzkissen war in den nächsten acht Wochen und vor allem während der Fahrt wirklich „Gold wert". Ohne dieses Kissen war das Sitzen für mich extrem schmerzhaft und wurde so zumindest ein deutliches Stück erträglicher. Noch immer bin ich dankbar, dass ich diese individuelle Hilfe erhalten habe, vor allem, dass dieser Spezialist auf diese Lösung gekommen ist. Ein „normales" orthopädisches Sitzkissen hätte nie ausgereicht.

Durch das Kissen war die Autofahrt zum Kurhaus nun möglich. Lars hatte sich angeboten, mich zu fahren. Es war so schön, mal wieder länger mit ihm Zeit zu verbringen. Eine tiefe Harmonie, intensive Gespräche über Spiritualität und das Leben an sich bereicherten und verbanden uns. An diesem Abend, als wir ankamen, war Sommersonnenwende. Für Lars und viele spirituelle Menschen war es neben der Wintersonnwende das bedeutsamste Fest des Jahres. Den gemeinsamen Spaziergang am Abend konnten wir sehr genießen. Es war schade, dass er am nächsten Morgen fahren musste. Ich hatte mir gewünscht, dass er Dr. Bauer noch kennenlernt. Zumindest zum Händeschütteln hat es noch gereicht.

Gerade nach all diesen extremsten Schmerz- und Überforderungssituationen hätte ich so dringend Mitgefühl, Verständnis und Schutz gebraucht.

Nachdem ich Lars zum Bahnhof gebracht hatte, fand mein Arztgespräch statt. Vor mir hatte eine Frau ein Gespräch mit Dr. Bauer. Sie hatte stark geweint, wirkte extrem zerbrechlich. Dr. Bauer bat mich, dass ich mich doch um sie kümmern sollte. Wir wurden beim Essen zusammengesetzt. Diese Bitte von Dr. Bauer führte zu einer großen Überforderung für mich.

Beruflich war Helga, anderthalb Jahre älter als ich, als Heilpädagogin tätig. Seit einiger Zeit war sie jedoch krank geschrieben. In diesem Krankheitsprozess hatte sie eine Haltung entwickelt, viele Menschen für sich zu beschäftigen, immer neue „Heiler" aufzusuchen und sich überall neue Ratschläge geben zu lassen, aber hatte es sehr schwer, etwas davon umzusetzen. Es erschien mir so, als sei sie völlig von sich selbst abgekommen. Sie brauchte die Aufmerksamkeit und war im Moment gar nicht mehr in der Lage, ihre Selbstverantwortung und Entscheidungsfähigkeit zu nutzen. Es war schwer für mich, zu begreifen, dass sich ihr Wunsch nach Heilung in einer äußeren Suche/Sucht verselbständigt hatte. Zu diesem Zeitpunkt schien vielmehr ein Wunsch nach Versorgung als nach Heilung im

Hintergrund zu wirken. Während des weiteren Kuraufenthaltes habe ich mich viel zu viel um sie gekümmert. Dies war durch die Aufforderung von Dr. Bauer entstanden. Obwohl ich schwerst krank war, habe ich meine Grenzen oft nicht berücksichtigen können.

Schwierig war auch, dass ich ihr gegenüber wenig über mich erzählen konnte. Wenn ich etwas erzählte, äußerte sie oft, dass es ihr zu viel sei und sie stumm spazieren gehen oder mit mir über sich selbst sprechen wollte. Irgendwie fühlte ich mich mehr und mehr seelisch unterernährt ihr gegenüber. Hinzu kam eine leichte Eifersucht, weil Dr. Bauer sich so stark um sie bemühte. Noch nie hatte er wegen meiner AIDS-Erkrankung mit Dr. Lenzen gesprochen und sich wegen des Immunhintergrundes meiner Erkrankung informiert. Jetzt tat er es für Helga, obwohl sie nur eine leichte Immunschwäche hatte. Auch sonst war er sichtlich bemühter um sie als um mich. Später wurde mir klar, dass dies alles für eine alte gemeinsame Schicksalssituation aus einem anderen Leben sprach, die wir hier neu belebten. Es war viel Vertrautes, viel Liebe zwischen uns, und doch waren diese zehrenden Kräfte aktiv.

Das Schlimmste war, dass ich mich von Dr. Bauer gar nicht ernst genommen fühlte. Während der schweren Krankheitsphasen der letzten Monate hatte ich mittlerweile 16 kg abgenommen. Deshalb erzählt ich ihm, dass ich Ängste hätte, dass ich jetzt immer weiter abnehmen würde. Er wollte davon gar nichts hören, weil ich immer noch etwas Übergewicht hätte. Da ich aus eigener Erfahrung im Jahr 1997/98 und mit anderen AIDS-Kranken um die trotzdem existierende Gefahr des rapiden Gewichtsverlust wusste, war seine Verweigerung dieser Realität für mich verletzend. Immer wieder versuchte ich ihm klar zu machen, wie schwer krank ich gewesen war, und welche Ängste ich dadurch auch jetzt noch durchlebte. Dies wehrte er jedoch jedes Mal nur ab und stellte seine Sicht so dagegen, als wenn es gar nicht so schlimm sei, wie ich es beschreiben würde und ich eigentlich übertriebe! Im Nachhinein gesehen habe ich später in allem Recht behalten.

Erst nach über zwei Wochen wurde klar, warum er nicht begreifen konnte, dass ich so starke Schmerzen gehabt hatte. Im Aufnahmegespräch und einigen anderen Gesprächen hatte er nicht akzeptiert, dass ich wirklich eine Gürtelrose am Unterleib gehabt hatte. Immer hatte er es innerlich einfach so abgetan, dass das wohl nicht sein konnte und es deshalb „nur" ein Herpes im Genitalbereich hätte sein können. Diese Verwechslung ist sehr gravierend. Die Schmerzen einer Gürtelrose sind nicht im Entferntesten mit denen eines Herpes genitales zu vergleichen. Die Auswirkungen sind viel, viel schlimmer. Bei einer Gürtelrose ist ein Nervensegment aus dem Lendenwirbelsäulenbereich vom Herpes-Virus betroffen und entzündet das gesamte Gebiet, das es versorgt, wie Genital- und Analbereich und das Bein bis in die Ferse. Bei einem Herpes genitales ist kein Nerv der Lendenwirbelsäule, sondern nur der Genitalbereich betroffen. Das Gebiet des Ausschlages ist wesentlich kleiner. Die Auswirkungen sind somit unvergleichlich geringer.

Dr. Bauer hatte noch nie gehört, dass es so etwas überhaupt gibt, hat jedoch auch nie nachgefragt. So hatte er mich tatsächlich nicht ernst genommen. Während dieses Aufenthaltes war Dr. Bauer sehr abgelenkt durch eigene persönliche Schwierigkeiten. Für mich führte dies zu einem permanenten Ringen darum, endlich von ihm verstanden zu werden.

Gerade nach all diesen extremsten Schmerz- und Überforderungssituationen hätte ich so dringend Mitgefühl, Verständnis und Schutz gebraucht. Alle drei schweren Krankheiten hatte ich fast vollkommen ohne menschliche und medizinische Hilfe allein zu Hause durchgestanden, ohne dass sich irgendjemand dort um mich gekümmert, mich besucht, mir geholfen hätte oder Ähnliches. Ich hatte „Menschenunmögliches" überwunden und war nun verständlicherweise am Ende aller Kräfte.

Da ich ohnehin schon große Schwierigkeiten habe, meine Schwäche, meine Trauer und Verzweiflung zu zeigen, wurde dies durch sein Verhalten nur noch weiter unterdrückt. Meine große Liebe zu Dr.

Bauer wurde dadurch trotzdem nicht getrübt. Ich war „blind" in dieser Liebe. Dies wurde mir immer wieder von Freunden gesagt, denen ich von seinem Umgang mit mir berichtete. Rückblickend kann ich mich selbst schwer verstehen, warum ich so viel Unvermögen von ihm akzeptiert und ihn dabei immer wieder in Schutz genommen habe. Ich kann es mir nur aus der karmischen Erfahrung aus Vorleben und meinem generellen Defizit an väterlicher Zuwendung erklären.

Dabei haben wir jedoch k o m p l e t t vergessen, dass wir göttlich-menschliche Wesen sind. Wenn wir diesen Hintergrund verinnerlicht hätten, wüssten wir, dass der Sinn unseres Lebens der ist, eine Entwicklung zu machen, etwas zu lernen, zu erfahren, und dass wir eine Aufgabe für die Menschheit und uns selbst mitgebracht haben, deren Erfüllung uns zufriedener und oft sogar gesünder machen kann.

Während meines Kuraufenthaltes fand der Termin des Gerichtsprozesses wegen der Überziehung seines Budgets als Hausarzt statt. Er hatte eine sehr gut laufende Praxis gehabt und war als anthroposophischer Arzt so bekannt, dass viele Schwerstkranke seine Hilfe gesucht hatten. Es ist eigentlich ganz verständlich, dass Patienten, die sehr krank sind, sich die Ärzte aussuchen, die einen guten Ruf haben, weil sie ihnen vielleicht noch weiterhelfen können. Da sich jedoch das Budget durch diese kostenintensiveren Patienten nicht vergrößerte, und dieser besondere Umstand von der kassenärztlichen Vereinigung nicht anerkannt wurde, hatte Dr. Bauer dieses Budget über Jahre hinweg massiv überzogen. Vor allem hatte er wohl schwerstkranke Menschen bis zum Sterben zu Hause begleitet und dabei Kosten verursacht, die natürlich weit unter Hospiz- oder Krankenhauskosten lagen, aber für sein Hausarzt-Budget viel zu hoch waren. Deshalb musste er die Praxis schließen.

Da die Überziehungen erst Jahre später aufgedeckt wurden, hatte Dr. Bauer sich jetzt für mehrere Jahre zu verantworten. Hohe Summen waren angefallen. Die abgeschlossene Versicherung tritt in solchen Fällen nur für einen Teil ein. Moralisch war Dr. Bauer im Recht, und sicher sind durch ihn gesellschaftlich gesehen keine Mehrkosten entstanden, sogar deutlich weniger, und doch gibt es diese beschränkenden Vorschriften, die ihn jetzt in seiner gesamten Existenz trafen.

Am Tag seines Gerichtsprozesses habe ich viele Freunde für ihn beten lassen und sehr stark meditiert. Ich spürte, dass es gut verlaufen würde. In der Meditation habe ich sogar genau die Summe in mir wahrgenommen, die Dr. Bauer zahlen musste, die sich später als real herausstellte. Dr. Bauer musste trotz großem Entgegenkommen mehrere Jahre monatlich hohe Raten abzahlen, sodass er finanziell sehr eingeschränkt leben musste. Der Richter hat ihm erklärt, dass es hier nicht um die Wahrheit gehe, sondern um das bestehende Recht. Er äußerte, dass Dr. Bauer ein überdurchschnittlich guter Arzt wäre. Ein Arzt, wie wir ihn uns alle wünschen würden. Jedoch könnte ein solcher Arzt nicht in diesem kassenärztlichen System arbeiten. Dieses bestehende System sei nicht mehr für solche „menschlichen" Ärzte konzipiert. Unglaublich! Der Richter war wirklich sehr verständnisvoll, und sogar die Abgeordnete der kassenärztlichen Vereinigung versuchte, ihm mit ihren Möglichkeiten entgegenzukommen.

Dies zu hören war für mich tief schockierend. In welchem System leben wir, wenn solche menschlich als auch fachlich hervorragende Ärzte nicht mehr darin arbeiten können? Viele Wochen und Monate lang habe ich mich, gerade später auch wegen der Gesundheitsreform 2004, damit beschäftigt, darüber diskutiert und nachgedacht, wie ein humanes Gesundheitswesen, eine humane Versorgung für uns aussehen könnte. Ich habe gehört, dass der größte Teil der medizinischen Forschung von der Pharmaindustrie selbst bezahlt wird. So wird die biochemische Forschung extrem vorangetrieben und kaum die ganzheitliche, naturheilkundlich-spirituelle Forschung unterstützt. Da sich durch die Neuentwicklungen wiederum die Macht der Pharmaindustrie stärkt, werden ausschließlich ihre Präparate von den Krankenkassen gezahlt. Dies bedeutet zurzeit den völligen Verlust der Naturheilkunde für gesetzlich Versicherte.

Ein großer Anteil der Krankenkassenbeiträge wird somit für Technik und Chemie ausgegeben. Damit ist sicher ein großer Fortschritt verbunden, den wir in diesen Bereichen in den letzten Jahrzehnten gemacht haben. Nach meinen eigenen Erfahrungen geschieht dies jedoch auf Kosten der Menschlichkeit. Wir haben immer mehr Möglichkeiten, das Leben zu verlängern, Hindernisse, Krankheiten, Schmerz auszuschalten. Dabei haben wir jedoch k o m p l e t t vergessen, dass wir göttlich-menschliche Wesen sind. Wenn wir diesen Hintergrund verinnerlicht hätten, wüssten wir, dass der Sinn unseres Lebens der ist, eine Entwicklung zu machen, etwas zu lernen, zu erfahren, und dass wir eine Aufgabe für die Menschheit und uns selbst mitgebracht haben, deren Erfüllung uns zufriedener und oft sogar gesünder machen kann.

Was ich damit ausdrücken will, ist, dass wir mit diesen Freiheiten, die wir aufgrund unserer hohen Intelligenz schaffen konnten, nicht im Sinne einer ausgereiften und nachhaltigen Moralität und gesundem Grenzempfinden umgehen können.

Selbstverständlich machen wir durch Anwendung von Chemie und Technik auch Erfahrungen, Entwicklungen, aber es ist eine ganz andere Ebene. Diese Ebene ist sicher auch dringend notwendig, jedoch ist meiner Ansicht nach die Grenze bereits weit überschritten. Moral und Ethik im Umgang mit diesen Grenzen in der Anwendung von den geschaffenen medizinischen Möglichkeiten scheinen mir jedenfalls vielfach nicht mehr in Verbindung mit dem gesunden Menschenverstand genutzt zu werden. Weder die Natur des

Menschen, geschweige denn die Natur in Tier und Pflanze wird auch nur ansatzweise gewürdigt oder in langfristigen Konsequenzen berücksichtigt. Immer wieder muss die Technik auf den neuesten Stand gebracht werden, Massen an schwer zu entsorgenden Materialien sind die Folge. Chemische Verbindungen belasten teilweise bereits in hohem Maße das Trink- und Grundwasser.

Die meisten Menschen erkennen und erleben überhaupt keine Berufung mehr in ihren Tätigkeiten. Was würde es bedeuten, wenn unser Lebenssinn nicht mehr in dem heute waltenden puren Egoismus und damit in vergänglichen Bedürfnisbefriedigungen liegen würde? Ich weiß in aller seelischen Tiefe, warum ich hier bin, was hier meine Aufgaben sind. Das bedeutet nicht, dass auch ich keinen eigenen Willen habe, diese Aufgaben immer erfüllen will oder kann, aber ich lebe in vollem Bewusstsein für meine Entwicklung und Aufgabe und liebe sie von ganzem Herzen. Ein großer Teil dieser Aufgabe war es, meine Selbstverantwortung gegenüber meiner Gesundheit und Entwicklung nach diesem massiven Schock der Ansteckung wieder aufzunehmen. In einer Gesellschaft, in der so starker Einfluss von außen (z.B. durch die Medien) ausgeübt wird wie in unserer Zeit, ist es meiner Ansicht nach eine ganz wichtige Aufgabe, diese Selbstverantwortung neu zu entwickeln und dadurch mehr Freiheit zu finden. Gerade im Gesundheitswesen erlebe ich eine unglaubliche Macht, die von dem Umgang mit Chemie, Technik, Blutwerten und technischen Untersuchungen ausgeht. Sehr viele Entscheidungen werden von als allgemeingültig erklärten Vorgaben oder von Ängsten abhängig gemacht, weil kaum jemand sich noch selbst richtig wahrnehmen und realistisch einschätzen kann.

Der Arzt begreift es gar nicht mehr als seine Aufgabe, den Patienten darin zu begleiten, seinen eigenen Wahrheitsimpuls wahrzunehmen und zu verfolgen. Dieser innere Impuls jedoch ist es, der ihm die nötige Erkenntnis geben könnte, um den Weg zur Gesundung zu finden. Jeder Mensch kann herausfinden, wie er durch Ernährung, Training, geistige Übungen, Erweiterung und Umstellung des Denkens, durch ein anderes Umfeld oder andere Aufgaben Gesundung finden kann. Im derzeitigen Gesundheitssystem wird der Arzt meiner Ansicht nach fast zum „Deppen" degradiert. Alles ist budgetiert. Meine Hausärztin teilte mir mit, dass das Einzige, was zurzeit nicht in ein Budget fällt, die Krankschreibungen seien. Diese sind jedoch aufgrund der Arbeitslosigkeit auch wieder limitiert, weil es sich kaum jemand leisten kann, krank zu sein. Dies bedeutet, dass Krankheiten möglichst schnell überwunden werden müssen und ein Innehalten, eine Lebensumstellung dadurch sehr schwierig wird. Oft ist die Folge, dass starke chemische Medikamente verschrieben werden, weil sie oft eine schnelle Erleichterung erreichen. Die Folgen sind unberechenbar.

Ärzte können nur noch Medikamente auf Kassenrezept verordnen, die erwiesenermaßen Nebenwirkungen haben. Weil fast alle Naturheilmedikamente keine Nebenwirkungen haben, verlieren die naturheilkundlich arbeitenden Ärzte dadurch ihr komplettes Handwerkszeug. Die meisten Menschen sind entweder nicht in der Lage oder nicht bereit, die Kosten selbst zu tragen, zumal sie die schulmedizinische Versorgung mit nur geringen Zuzahlungen erhalten. Durch die neuzeitliche Forschung wird medizinischer Fortschritt geschaffen, der jedoch kaum zu bezahlen ist. Menschen werden durch diese Möglichkeiten immer älter, kosten die Gesellschaft immer mehr Geld. Da tatsächlich nicht alles bezahlt werden kann, wird ganz klar an der Menschlichkeit gespart. Die Forschungen in der Technik und Chemie müssen sich rentieren, und so werden die jeweils neuesten Entwicklungen natürlich möglichst großzügig eingesetzt. Das führt zu immer mehr Möglichkeiten, aber gleichzeitig immer weniger menschlichem Miteinander. Im übertragenen Sinne erlebe ich diesen Umgang so: Es scheint mir, als wenn wir Menschen in den Industrieländern emotional und moralisch auf der Stufe von Kindern stehen, aber bereits mit einer Freiheit und Intelligenz, mit den Möglichkeiten umgehen, die nur Erwachsene haben. Was ich damit ausdrücken will, ist, dass wir mit diesen Freiheiten, die wir aufgrund unserer hohen Intelligenz schaffen konnten, nicht im Sinne einer ausgereiften und nachhaltigen Moralität und gesundem

Grenzempfinden umgehen können.

Bei dem Beitrag hat mich eine Aussage sehr beeindruckt. Diese war, dass dem Körper nicht erlaubt wird, den Weg einzuschlagen, den der Geist längst gegangen ist. Mit allen Mitteln der Medizin wird der Körper am Leben erhalten, aber die Seele kaum berücksichtigt.

Alte Menschen bekommen alles bezahlt, um noch länger zu leben: Operationen, Chemotherapien, Medikamente, die das Leben verlängern. Sie werden jedoch auch am Sterben gehindert. Das Sterben wird verdrängt, ablehnend betrachtet. Dies halte ich für menschenverachtend, denn das Leben beginnt nicht nur mit der Geburt, die wir als so wunderbar erleben, sondern endet auch mit dem Sterben. In Deutschland sterben viele Menschen, indem sie dahinvegetieren, allein liegen, teils nicht mal in den Grundbedürfnissen versorgt, zur Pflegeerleichterung mit Psychopharmaka ruhiggestellt, teils angebunden, mit Bettgittern, Dauerkathetern usw. Schlimmer geht es nicht. So sind sie jedoch „pflegeleicht". Für wirklich menschliche Pflege ist kaum noch Geld, wodurch die Pflegenden ihre Motivation verlieren. Ein Teufelskreis!

Die Kostenexplosion, die durch die immer älter werdende Gesellschaft entsteht, möchte ich nicht als Angriff gegen ältere Menschen darstellen. Es scheint mir nur so, als wenn wir eine sehr „reiche" Zeit zwischen 1960 und 2000 hatten. Diese Jahre haben wir diesen heute alten Menschen zu verdanken! Sie haben den Schmerz der Kriege durch Aufbau, durch Arbeit überwunden. Daraus profitieren wir noch heute. Gerade deshalb haben sie einen würdigeren, menschlicheren Umgang verdient.

Was nur klar dabei sein sollte, ist, dass ein solches Wirtschaftswachstum und dieser schnelle Fortschritt nicht immer so weitergehen können. Das Leben hat Gesetze und die bestehen aus Werden und Vergehen. Die „besten" Zeiten im Sinne einer solch ausgeprägten Versorgung und solcher positiven Entwicklungen haben sich gerade in den letzten Jahren verändert. Wir haben dabei unendlich viele gute Möglichkeiten geschaffen. Jetzt könnten wir lernen, sie konstruktiv im menschlichen Sinne zu nutzen. Gerade die deutsche Opfer- und Jammermentalität, die mit jeder politischen Veränderung und den damit verbundenen Einschränkungen einsetzt, erlebe ich als völlig destruktiv. Die Investitionen in Technik, Chemie und Bürokratie stehen in keinem Verhältnis mehr zu der mindestens ebenso wichtigen menschlichen Zuwendung.

In einer Dokumentation über Sterben in Deutschland sollte vermittelt werden, dass wir mit Menschen in Altenheimen teils schlechter umgehen als mit Tieren. Bei dem Beitrag hat mich eine Aussage sehr beeindruckt. Diese war, dass dem Körper nicht erlaubt wird, den Weg einzuschlagen, den der Geist längst gegangen ist. Mit allen Mitteln der Medizin wird der Körper am Leben erhalten, aber die Seele kaum berücksichtigt. Dahinter sehe ich sehr viel Macht- und Geldgier der Pharmaindustrie, aber auch die Angst der Patienten vor Leid und Sterben, der Drang, das Leben so weit wie nur irgendwie möglich zu verlängern, und die Angst der Ärzte, angeklagt zu werden. Daneben erkenne ich natürlich auch das echte Helfenwollen von Biochemikern und Ärzten an.

In den Jahren meiner Erkrankung habe ich erlebt, dass Technik und Chemie viel, viel, viel seltener notwendig sind, als sie üblicherweise eingesetzt werden. Trotz meiner schwerwiegenden, lebensbedrohlichen Krankheitszustände habe ich sie kaum gebraucht. Diese Erkenntnis zu gewinnen und sich danach zu verhalten erfordert jedoch viel mehr Mut und Selbstverantwortung.

Es fällt mir schwer, zu akzeptieren, dass das Leben geradezu zwanghaft durch künstliche Methoden verlängert wird, aber auf der anderen Seite viele junge Menschen, z.B. mit schwerster MS, nicht genügend Krankengymnastik verschrieben bekommen können. Ich weiß von Dr. Bauer, dass es ein Streitpunkt vor Gericht war, dass er einer jungen Frau mit MS, die bereits im Rollstuhl saß, zwei Mal in der Woche Krankengymnastik aufgeschrieben hat, und die kassenärztliche Vereinigung dies als zu viel ansah. Er musste diese letztendlich selbst zahlen.

Es ist schwer vorstellbar, was es für diesen behinderten Menschen bedeutet, nur durch diese Krankengymnastik Hilfe zur Bewegung zu bekommen, diese jedoch nicht bezahlt wird und er es nicht selbst bezahlen könnte. Gerade bei der Krankengymnastik wird der Bezug zum eigenen Körper und somit zur Aktivierung eigener Heilkräfte und Selbstverantwortung unterstützt.

Durch die Versorgungs- und Konsum-Mentalität in Bezug auf chemische und technische Möglichkeiten in der Medizin wird dem Menschen ein großer Teil der Selbstverantwortung abgenommen. Sie sollen/wollen schnell wieder gesund sein. Ihr Leben, der Ursprung ihrer Krankheit, wird jedoch nicht verändert, die Symptome sind gelindert, bis sich dann neue bilden. Dadurch sind sie wenig aufgefordert, selbst etwas zu verantworten. Alle Schwierigkeiten und alles Leiden sollen ihnen abgenommen und somit ausgeschaltet werden.

In den Jahren meiner Erkrankung habe ich erlebt, dass Technik und Chemie viel, viel, viel seltener notwendig sind, als sie üblicherweise eingesetzt werden. Trotz meiner schwerwiegenden, lebensbedrohlichen Krankheitszustände habe ich sie kaum gebraucht. Diese Erkenntnis zu gewinnen und sich danach zu verhalten erfordert jedoch viel mehr Mut und Selbstverantwortung. Ich musste selbst spüren: Wie dringend ist jetzt eine Untersuchung, was fühle ich selbst in meinem Körper? Was kann ich selbst gegen meine Beschwerden tun?

Eine Ursache des bevorzugten Einsatzes von wirksamen chemischen Präparaten liegt zudem darin, dass Ärzte unter dem Druck stehen, sich juristisch einwandfrei verhalten zu müssen. Zurzeit stehen sie in der alleinigen Verantwortung. Sie müssen auf Sicherheit arbeiten, was einschließt, viele Untersuchungen und Medikamente zu verordnen. Menschenleben hängen von ihnen ab.

Durch mein langes Ringen um das Gesundheitswesen entstand in mir die Frage: Wo stehen wir als Menschheit, wohin haben wir uns entwickelt? Ist das wirklich Fortschritt? Welche Grenzen müssen wir uns selbst auferlegen? Es wird sehr viel Geld in das Gesundheitswesen investiert! Wie kann dies viele Geld sinnvoll, heilsam verwendet werden? Vor allem beschäftige ich mich dabei mit der Verwandlung des Umganges mit Leiden und dem Tod. Ich habe in aller seelisch - menschlichen Tiefe erlebt, was Schmerz auf längere Sicht in meinem Schicksal und in mir selbst bewirkt hat. Schmerz hat mich stärker und reifer gemacht. Für mich wurde diese Einsicht zur absoluten Wahrheit. Genauso sehe ich im Tod einen Übergang, ein Weiterleben. Für mich ist das 100 Prozent sicher. Dies bedeutet nicht, dass ich keine Ängste oder Verzweiflung in Krisen empfinde. Und doch ist mit dieser Grundlage mein Umgang mit Schmerz und Tod umfassender, weitreichender geworden. Irgendwann entstand die Idee: Stellen wir uns ein Leben ohne Schmerz und ein Leben ohne Tod vor. Es ist undenkbar. Gerade im Kontrast von Werden und Vergehen, Liebe und Hass, Freude und Leid liegt das wahre Leben, die wahre Lebendigkeit.

Der Moment, in dem ich Schmerzen empfand, erschien auch mir teils unerträglich. Ich wollte, dass es aufhört. Jedoch erlebe ich in den Auswirkungen in meinem Leben, die Tiefe, die Stärke, die Weisheit, das Mitgefühl, das dadurch entstanden ist. Ich bin dankbar, dass ich es aushalten konnte. Es hat mich seelisch reich gemacht. Für mich ist die erreichte Tiefe und das Bewusstsein für das Leben das Wichtigste, was ich als Mensch anstreben kann. Die Überflutung und oberflächliche Ablenkung durch die Medien und der Konsumwahn verhindern dies heute vielfach. Dadurch, dass die Seele eigentlich etwas Anderes sucht, kann sie unterschwellig nur unzufrieden sein, durch Süchte suchen, aber das, was sie eigentlich sucht, darin nicht finden.

Auch ich bin von meiner Natur aus ein zur Sucht veranlagter Mensch. Dessen bin ich mir tief bewusst. Bei mir drückt sich die Sucht durch zu viel Essen, Telefonieren und, als ich einen Fernseher hatte, Fernsehen aus. Und doch habe ich durch das durchlebte Leiden und die extremen Lebenserfahrungen eine tiefe seelische Erfüllung und dadurch einen Frieden gefunden, den ich mal mehr und mal weniger in meinem Leben empfinde.

Durch das innere und äußere Ringen um das Gesundheitswesen bin ich insgesamt zu der Auffassung gekommen, dass die gesellschaftliche Ausrichtung und die, die unser System bestimmen, tatsächlich nur noch wenig Wert auf Menschlichkeit und vor allem Ganzheitlichkeit legen. Ich muss lernen, dies zu akzeptieren. Das bedeutet, dass ich meine Selbstverantwortung immer mehr schulen muss. Ich habe erkannt, wie hoch der Wert für mich ist, alternative Heilmethoden selbst zu bezahlen, bei denen ich die Erfahrung gemacht habe, dass sie heilsam für mich waren.

Dabei weiß ich, dass die meisten Menschen diese Methoden nur beschränkt bezahlen könnten, und doch ist auch ihnen möglich, dass sie wieder lernen, mehr auf ihre Gesundheit zu achten und im Krankheitsfall bewusster die Verantwortung für sich selbst zu übernehmen.

Intensivere Pflege, menschliche Zuwendung durch Krankengymnastik, Krankenpflege, längere Arztgespräche usw. sind heute Luxus, der selbst gezahlt werden kann, wenn man dies für notwendig hält. Diese Einstellung versuche ich immer mehr zu entwickeln, um mich nicht völlig in der Gegenwehr dieser zurzeit stattfindenden Entwicklung zu verstricken und darunter zu leiden.

Ich bin sehr dankbar, dass wir hier in Deutschland gesetzlich überhaupt so gut versorgt sind. Es kann sein, dass es Länder gibt, in denen es eine ganzheitlichere und/oder menschlichere Versorgung gibt, aber ganz klar sind es viel mehr Länder, in denen diese viel ungenügender ist. Insgesamt bin ich somit der persönlichen Meinung, dass wir unfassbar viel Geld in das Gesundheitswesen investieren, dieses jedoch wenig heilend im seelisch - menschlichen Sinne genutzt wird. Dennoch haben wir eine absolute „Luxus"-Versorgung.

Um mir selbst treu zu bleiben und mich nicht in dem Strom der Zeit dieser beschriebenen Schwächen im Gesundheitswesen zu verlieren, habe ich es zu meiner Lebensaufgabe gemacht, den Sinn in meiner Erkrankung zu erforschen und so lange wie möglich einen Weg ohne chemische Medikamente zu suchen.

Diese Ausführungen beschreiben selbstverständlich nur meine derzeitige Beurteilung und meinen Umgang mit dem Gesundheitswesen. Dr. Bauer hat versucht, mit einer ähnlichen eigenverantwortlichen inneren Einstellung aus seiner Position als Arzt in diesem Kassensystem zu wirken, mit der er jedoch in seiner Praxis gescheitert ist. Nun zurück zu meiner Kur.

Zwei Wochen nach meiner Ankunft setzten sich zwei Frauen an unseren Tisch, mit denen Helga und ich uns unglaublich gut verstanden haben. Iris, eine Heilpädagogin, und Angela, eine gerade schwangere Sprachgestalterin. Für mich war es ein Geschenk, vier Wochen lang diese schon sehr fortgeschrittene Schwangerschaft miterleben zu dürfen. Wir hatten eine wunderbare gemeinsame Zeit.

Dr. Bauer jedoch reagierte mit seinem doch sehr sarkastischen Humor und sagte: „Genießen Sie es!"

Es war eine große Gnade, dass ich das Auto mithatte. Das Schönste in dieser Zeit war nämlich, dass wir mehrmals gemeinsam zu einem Bergsee zum Schwimmen gefahren sind. Wir sind im offenen Cabrio gefahren und hatten wunderschöne Naturerlebnisse. Ein mittelgroßer See, idyllisch eingerahmt von mächtigen Bäumen, und wunderschönstes Wetter. Göttlich. Es war eine tiefe Harmonie zwischen uns und wir hatten viel Freude.

Wie beim letzten Aufenthalt hatte ich neben dieser perfekten äußeren Situation wieder tiefe Transformationsprozesse zu bewältigen. Diese beinhalteten massive psychische Dekompensationen. Eine war wie häufig ein paar Tage vor meiner Menstruation. Schwerste Selbstzweifel trieben mich innerlich in Suizidgedanken, extremste Verzweiflung, Aussichtslosigkeit. Es entstand eine leicht psychotische Stimmung in mir. Am ersten Tag der Menstruation war es dann sofort vorbei. Diese Zusammenhänge zwischen hormonellen Wirkungen und psychischer Verfassung sind schwer zu verstehen, und doch habe ich sie oft so erlebt.

Dann fuhr Helga nach fünfeinhalb Wochen Kuraufenthalt ab. Chaotisch war es mit ihren vielen Tüten, ihren unendlich vielen Klamotten. In meinem Herzen spürte ich eine große Liebe für sie. Trotz der Anstrengung mit ihr und der Eifersucht hatte sich eine wertvolle Freundschaft zwischen uns entwickelt. Auch heute noch haben wir Kontakt. Seelisch hat sie sich sehr gut gefangen und die Telefonate mit ihr wurden im Laufe der Jahre immer bereichernder.

Nach ungefähr viereinhalb Wochen entstand eine Entzündung auf dem Schamhügel. Erst war es nur eine kleine Entzündung, dann wurde es schlimmer. Ich erzählte es Dr. Bauer. Er wollte es sehen. Ich war völlig entsetzt von der Vorstellung, es ihm zu zeigen. Es war eine panische Angst davor in mir. Deshalb sagte ich ihm, dass ich das nicht zulassen könnte. Er gab mir ein homöopathisches Mittel, was ich mir in den entzündeten Bereich spritzen sollte. Dies Mittel wird „das Messer des Homöopathen" oder das „homöopathische Skalpell" genannt (*Myristica Sebifera*). Es treibt Eiterprozesse zum Ausscheiden. Da dieses Mittel sehr selten gespritzt wird, war es bereits fünf Jahre abgelaufen. An der Wirkung konnte ich im Nachhinein erleben, dass homöopathische Medikamente immer noch eine starke Wirkung haben, auch wenn sie schon so lange nicht mehr „haltbar" sind. Ich spritzte mir dieses Mittel in den nächsten zwei Tagen regelmäßig in den Bereich der Entzündung.

Am Nachmittag gingen Corinna, eine Mutter von fünf Kindern, die ich kennengelernt hatte und auch sehr mochte, und ich den längsten Weg spazieren, den ich bislang gelaufen war. Dies war im Nachhinein gesehen eine große Überforderung. Abends hatte ich auf dem Schamhügel erstmals Schmerzen und sah, wie stark er nun entzündet war. Bereits in dieser Nacht hatte ich die Tendenz, Dr. Bauer anzurufen, weil es schwer aushaltbar war. Da ich mich nicht traute, habe ich es lieber ertragen. Tagsüber war es erträglicher. Jedoch habe ich mich auch nicht so viel bewegt wie am Tag zuvor. Abends und nachts wurde es wieder schlimmer.

Am nächsten Morgen habe ich die Entzündung Dr. Bauer gezeigt. Es kostete mich unglaubliche Überwindung, ihm als Mann in diesem intimsten Bereich etwas zu zeigen, wo ich seit Jahren nicht mal mehr bei einer Frauenärztin gewesen war und mich generell nicht untersuchen lasse. Er wollte mir einen Wundverband anlegen, und aus mir platzte spontan das absolute laute „Nein" heraus. Es war mir überhaupt noch nicht möglich. Noch konnte und musste ich es alles selbst machen.

Die Nacht war wieder sehr schwierig. Hinzu kam mein großes Bedürfnis nach Kälte. Eisbeutel gab es jedoch nur tagsüber in der Küche und auch nur ganz kleine, die nur sehr kurz wirkten. Am nächsten Tag hatte ich erhöhte Temperatur, fühlte mich wie „ausgekotzt", hatte einen sehr hohen Puls und auch Herzrhythmusstörungen. Dann auf ein Mal platzte der bis dahin entstandene Abszess. Für mich war so etwas das erste Mal. Ich war so aufgeregt, einerseits war es für mich kaum zu fassen, dass durch ein homöopathisches Mittel ein solcher Prozess ausgelöst werden kann, andererseits hatte ich auch Ängste, was jetzt daraus werden wird, wie ich damit umgehen sollte. Sofort suchte ich Dr. Bauer auf. Er war ganz begeistert. Diese Wirkung hatte er mit Myristica erreichen wollen. Um die entstandene Wunde zu spülen, holte er Wasserstoffperoxyd. Dafür musste ich mich auf eine Liege legen und ihn an diesen intimen Bereich lassen, was für mich unendlich schwer war. Er ist mit meiner Angst jedoch sehr gut umgegangen.

Das Spülen war die Hölle! Es war der intensivste Schmerzmoment, den ich je erlebt hatte. Ich konnte es kaum aushalten. Es hat nicht viel gefehlt, und ich hätte den Arzt angegriffen oder wäre von der Liege gesprungen. Zum ersten Mal wollte ich vor Schmerzen schreien. Dr. Bauer jedoch reagierte mit seinem doch sehr sarkastischen Humor und sagte: „Genießen Sie es!"

In der folgenden Nacht litt ich wieder unter starken Schmerzen, die jedoch durch die Entlastung des entladenen Eiters etwas erträglicher waren. Morgens erzählte mir Dr. Bauer, dass er geträumt hatte, dass er doch noch mal schneiden müsste. Ich spritzte weiterhin das homöopathische Mittel. Den nächsten Tag verbrachte ich vorwiegend im Bett. Das Kühlungsproblem war äußerst unangenehm. Wieder musste ich aufstehen und hoch zur Küche gehen. Dazu fehlte mir oft die Kraft. Dann wurde die Wunde jedoch viel zu warm und schmerzte noch mehr. In diesem Kurhaus gab es gar keine pflegerische Versorgung.

Abends sah Dr. Bauer sich die Wunde nochmals an. Er glaubte, dass die Rötung darum durch eine Allergie auf das Pflaster entstanden sei und sich mein Zustand insgesamt verbessert hätte. Im Nachhinein gehe ich davon aus, dass es keine Allergie war, sondern bereits die flächige, sich ausbreitende Entzündung. Dann teilte er mir mit, dass er eigentlich bis Sonntag frei hätte, jedoch sehr wahrscheinlich nur am nächsten Tag verreist sei. So könnte er, wenn es notwendig sei, übermorgen kommen, um noch mal zu schneiden. Ich bedankte mich bei ihm, erklärte ihm, wie wichtig er für mich sei und dass er mit meiner Angst vor Untersuchungen gut umgegangen sei. Er war sehr warmherzig und es tat mir gut.

Am nächsten Tag (Donnerstag) hatte ich richtiges Fieber und es ging mir extrem schlecht. Zu den starken Schmerzen und dem hohen Fieber hatte ich noch massive Kopfschmerzen, die jedoch mit einem Schüsslersalz (*Magnesium Phosphoricum* D6) etwas erleichtert wurden. Das Schlimmste war, dass ich immer den langen Weg bis zur Küche wegen der Eisbeutel gehen musste. Deshalb konnte ich es nur sehr selten. Der Vertretungsarzt kam erst nachmittags. Nachmittags telefonierte ich mit meiner Krankenkasse, weil ich notfalls in ein anthroposophisches Krankenhaus wollte, was in der Nähe war. Mir wurde jedoch mitgeteilt, dass die Kosten dafür nicht übernommen werden konnten. Also überlegte ich wegen eines anderen anthroposophischen Krankenhauses.

Den ganzen Tag lang machte ich geistige Übungen, stellte mir Heilkräfte vor und machte Heilmeditationen, die ich von CDs anhörte, während ich im Bett lag. So richtete ich meinen Geist permanent auf Heilung aus. Dann sprach ich mit dem Arzt, Herrn Dr. Hesse. Ich war der Meinung, dass ich ins Krankenhaus müsste. Er äußerte jedoch in einem stark abwehrenden, dominanten Ton, dass dies nicht in Frage kommen würde, weil ich noch laufen könnte. So krank könnte ich deshalb noch nicht sein. Daraufhin teilte ich ihm mit, dass ich wegen meiner weit fortgeschrittenen AIDS-Erkrankung Ängste hätte. Er wüsste doch, dass ich medizinisch gesehen schon sehr lange im letzten Stadium wäre. Darauf erwiderte er genauso dominant, dass man wegen Ängsten nicht ins Krankenhaus kommen würde. Dann äußerte Dr. Hesse noch, dass er von seinem anthroposophisch-ärztlichen Lehrer gelernt hätte, dass er sich als Arzt den Patienten ansehen und nicht aufgrund von Diagnosen, sondern nach diesem sichtbaren Zustand entscheiden sollte. Aufgrund dessen, wie ich ihm erscheinen würde, wäre ich noch nicht so krank, um ins Krankenhaus zu kommen. Dazu teilte ich ihm mit, dass ich es nicht so zeigen könnte, wie schlecht es mir wirklich gehen würde. Daraufhin fragte er mich etwas, was ich provokativ empfand: Er wollte wissen, ob denn die Schmerzen so schlimm wären wie bei der Gürtelrose. Ich erwiderte ihm, dass dies nicht so sei, aber dass ich dabei auch kein hohes Fieber gehabt hätte. Die Gürtelrose an sich ist nicht so bedrohlich. Mittlerweile hatte ich über 39 Grad Temperatur.

Ich wollte eigentlich unbedingt ins Krankenhaus, weil ich mich so schwer krank fühlte. Dies schien jedoch aufgrund der Einstellung von Herrn Dr. Hesse nicht möglich. Im Nachhinein weiß ich, dass er von einem der „berühmtesten" anthroposophischen Ärzte ausgebildet wurde, der diese Thesen, die er hier verwendete, mit Sicherheit nicht so gemeint hat, wie er sie auf mich anwendete. Am Abend redete ich mit der Büroleiterin des Hauses und erklärte ihr, dass ich aufgrund der AIDS-Erkrankung sehr gefährdet sei und dass ich mich in einem sehr bedrohlichen Zustand empfinden würde. Sie besprach es nochmals mit dem Arzt und telefonierte mit dem nächstgelegenen (220 km entfernt) Naturheilkrankenhaus, um eine Notunterbringung zumindest vorher zu besprechen, wenn ich in der Nacht Probleme bekommen sollte. Ich war entsetzt von seinem Umgang mit mir. In dieser Kureinrichtung gibt es keine Nachtwachen. Es gibt eine Notfallnummer für den Arzt, der darüber bei sich zu Hause erreichbar ist und nur kommt, wenn es schwerwiegend ist.

Aufgrund seiner recht vehementen Aussagen, dass ich nicht so krank sei, befand ich mich einerseits in einer inneren Verteidigungsposition, fühlte mich unverstanden, ungerecht behandelt, wehrte mich innerlich dagegen, andererseits war ich jedoch zutiefst verunsichert, wie krank ich denn nun wirklich war. Ich konnte mir selbst nicht mehr trauen und auch nicht durchsetzen, doch ins Krankenhaus zu kommen. Auch hätte ich dafür eine Einweisung gebraucht, die ich von ihm nicht erhalten hätte.

Ohne Aggression, ohne Vorwurf, jedoch absolut vehement und klar sagte ich ihm: „Sie können nicht wissen, welche Kraft hinter mir steht."

Kurz vor 22 Uhr rief Herr Dr. Hesse noch mal von zu Hause an, um sich nach meinem Befinden zu erkundigen. Dann versuchte ich zu schlafen. Meine Temperatur lag über 39 Grad. Gegen zwei Uhr morgens wachte ich auf. Ich fühlte mich recht „normal". Das Thermometer zeigte jedoch unter dem Arm 41,9 Grad Celsius. Im Darm konnte ich keine Temperatur mehr messen, weil das Thermometer nur bis 42,5 Grad anzeigen konnte. Somit war es mindestens 42,5. Absolute Lebensbedrohung. Und doch war ich innerlich sehr ruhig. Ich setzte mich aufs Bett und wählte die Notfallnummer. Nichts passierte. Noch mal. Nichts. Noch mal und noch Mal. Nichts. Ich wählte die komplette Hausnummer mit der Durchwahl der Notfallnummer. Nichts. Dann ging ich nach oben zur Rezeption, suchte die Nummer von Dr. Bauer, ging wieder zurück, wählte sie. Seine Ehefrau meldete sich. Dr. Bauer war nicht zu Hause. Sie hatte die Nummer von Herrn Dr. Hesse nicht. Sie war besorgt. Mit all meiner Kraft versuchte ich, sie zu beruhigen, meinte, dass sie auf jeden Fall weiterschlafen könnte, ich würde Hilfe finden. Ich wusste, dass sie mir nicht helfen konnte.

Dann ging ich nochmals durch das ganze Haus und suchte nach Möglichkeiten, an die Nummer zu kommen, Listen von Mitarbeitern zu finden, wälzte regionale Telefonbücher. Ich fand nichts. Letzten Endes suchte ich mir die Nummer der Auskunft. Diese rief ich dann an. Wieder nichts. Keine Nummer des Arztes, nicht verzeichnet. Zwischendurch hatte ich mehrmals meine Temperatur gemessen. Immer wieder das gleiche Ergebnis. Das Fieber war zu hoch, um durch das Thermometer noch angezeigt zu werden.

Ich wusste, dass Herr Wienert, der Therapeut, mit seinem etwas über ein Jahr alten Kind allein zu Hause war und gerade auf die Geburt eines weiteren Kindes wartete. Deshalb war es mir bis dahin innerlich nicht möglich gewesen, in Betracht zu ziehen, ihn anzurufen. Trotz des so bedrohlichen Zustandes hatte ich Hemmungen, ihn zu stören. Jetzt blieb mir keine andere Möglichkeit. An die Büroleiterin dachte ich gar nicht. Ich hätte aber auch ihre Nummer nicht gewusst. So rief ich ihn an und erklärte, was los war. Er war genervt, dass der Notruf nicht funktionierte. Sein Kind war aufgewacht und schrie. Er musste losfahren, um mir hier in der Klinik die Nummer des Arztes rauszusuchen, die auch er nicht hatte. Unglaublich, unvorstellbar, dass die zwei wichtigsten Kontaktpersonen dieser Kurklinik, wie die Ehefrau des Arztes und der einzige ganztags tätige Therapeut, nicht die Nummer des zweiten Arztes hatten!!!

Er ging ins Büro und kam noch nicht mal zu mir aufs Zimmer, sondern rief mich nur an und teilte mir die Telefonnummer mit. Ich bat ihn noch, mir Novalgintropfen rauszustellen. Er musste jedoch sofort wieder nach Hause wegen seines schreienden Kindes. Somit musste ich wieder raus aus dem Bett, um die Tropfen zu holen.

Da es mir nicht so schlecht ging, wie es eigentlich bei einer solchen Temperatur sein müsste; meinte er: „Messen Sie einfach nicht mehr."

Mittlerweile war somit über eine ganze Stunde seit dem ersten Fiebermessen um zwei Uhr vergangen, als ich endlich Herrn Dr. Hesse erreichte. Natürlich war ich sauer. Ich erklärte ihm das hohe Fieber und dass ich mich trotzdem recht „normal" fühlte. Er meinte, dass es unmöglich sei, dass ich so krank wäre, weil ich immer noch so viel organisieren und rumlaufen könnte. Ich wäre noch gut beieinander, wirkte klar und hätte Lösungen gefunden, ihn letztendlich doch noch telefonisch zu erreichen, und wäre somit sogar noch sehr organisiert vorgegangen. Das könnte es bei über 42 Grad Fieber nicht geben. Bei 42 Grad Fieber müsste ich bewusstlos sein!

Wieder fühlte ich mich nicht verstanden, musste mich innerlich wehren und sagte, dass es lebensbedrohlich sei, so eine hohe Temperatur zu haben. Er entgegnete wirsch: „Heute stirbt keiner mehr an Fieber." Ich war fassungslos. Natürlich stirbt heute bei Einsatz starker chemischer Medikamente niemand mehr an hohem Fieber. Wenn ein solcher Zustand mit über 42 Grad Körpertemperatur jedoch nicht behandelt wird, gerinnt das menschliche Eiweiß, und somit nehmen die Organe auf jeden Fall großen Schaden, und sterben kann man dann tatsächlich genauso wie früher. Daraufhin fragte ich ihn, was ich denn jetzt tun sollte. Da es mir nicht so schlecht ging, wie es eigentlich bei einer solchen Temperatur sein müsste; meinte er: „Messen Sie einfach nicht mehr." Unvorstellbar! Ich war entsetzt. Es war nicht zu fassen. „Messen Sie einfach nicht mehr!" Eine solche Aussage kann man nicht glauben! Ein ausgebildeter und promovierter Arzt! Wie kann das heute passieren? Daraufhin äußerte ich, dass er mich am Nachmittag zuvor bereits schon nicht ernst genommen hätte, er solle mich wenigstens jetzt ernst nehmen. Wieder äußerte er seine Meinung, dass er sich immer ansehen würde, wie es dem Menschen gehe, nicht, welche Messwerte und Diagnosen vorhanden seien. Erneut verteidigte ich mich, dass ich nie zeigen könnte, wie es mir wirklich geht. Auch habe ich immer wieder erlebt, dass ich mich umso stärker zeigen konnte, je schwieriger die Situation ist. Das ist tatsächlich ein Phänomen, es ist, als würde ich in solchen Akutsituationen Kräfte mobilisieren, die weit über das „Normale" hinausgehen.

Ich fühlte mich gar nicht ernst genommen. So reagierte ich in meiner wirklichen Verzweiflung, wie ich es sonst nie getan hätte. Ich wusste mir jedoch tatsächlich nicht mehr anders zu helfen. Wie ich in dieser Biographie bereits beschrieben habe, hatten mir mehrere spirituell orientierte Ärzte gesagt, dass ich Zugang zu einer besonders starken seelischen Kraft habe, wie Dr. Krämer, der meinte, dass mein Körper ein Anhängsel einer großen Seele sei. Dies hatte ich noch nie jemandem mitgeteilt, schon gar nicht als Verteidigung. Es erschien mir unangemessen, mich mit dieser Aussage wichtig zu machen. Dies jedoch musste ich jetzt tun. Es war das Einzige, was mir jetzt noch einfiel. Ohne Aggression, ohne Vorwurf, jedoch absolut vehement und klar sagte ich ihm: „Sie können nicht wissen, welche Kraft hinter mir steht." Diese Verbindung hätte ich in jahrelanger geistiger Arbeit erworben. Zudem würde ich immer nur meine Stärke nach Außen bringen und die Schwäche nicht zeigen können. So wäre für wenige meine eigentliche Verfassung sichtbar, weil die meisten damit tatsächlich nicht umgehen könnten, überfordert wären. Ich würde spüren, welche wenigen Menschen mit meiner Schwäche konstruktiv umgehen können. Klar teilte ich ihm mit, dass, wenn er mich jetzt nicht ernst nehmen würde, ich etwas anderes tun müsste.

Es wurde nach dieser starken Aussage etwas besser. Wirklich einsehen konnte er es jedoch noch immer nicht. Herr Dr. Hesse wurde immer vehementer, als hätte er die Weisheit und die Sicherheit eines überdurchschnittlich kompetenten Arztes, was jedoch überhaupt nicht der Fall war. Das habe ich im Nachhinein durch einige andere spätere Situationen mit mir selbst oder anderen Patienten begriffen. Schließlich bot Herr Dr. Hesse mir trotzdem an, dass er kommen würde. Ich war jedoch bereits sehr entnervt und wusste auch, dass sein Fahrweg über 40 km war. Deshalb teilte ich ihm mit, dass ich jetzt Wadenwickel und Novalgintropfen ausprobieren und ihn dann wieder anrufen würde. Ich hatte das Gefühl, dass er mir überhaupt nicht helfen wollte und konnte. Dann wurde es für Dr. Hesse klar, dass er mich gar nicht anrufen könnte. Die Telefonanlage des Kurhauses war so geschaltet, dass man nachts nicht erreichbar war, damit die Patienten in ihrer Nachtruhe nicht gestört werden. Ich versprach ihm, dass ich mich melden würde, falls es mir noch schlechter gehen würde.

So machte ich mir selbst Wadenwickel und nahm ca. 15 Tropfen Novalgin. Eigentlich unglaublich! Ich bin in einer Kureinrichtung und der Arzt lässt mich mit hohem Fieber und einem Abszess nicht ins Krankenhaus; in der Nacht steigt das Fieber in lebensbedrohliche Bereiche; die Notfallnummer des Arztes ist nicht zu ermitteln; keiner der Verantwortlichen hat seine Nummer; ich brauche über eine Stunde, um ihn zu erreichen, dann nimmt er mich noch nicht mal ernst, wohnt 40 km weit weg und ich muss mir selbst die Wadenwickel machen! Zudem hatte ich aufgrund seines Unverständnisses sogar noch Schwierigkeiten damit, dass ich mich so massiv wehren musste. Herr Dr. Hesse hatte mich unglaublich verunsichert, ob ich überhaupt so empfinden darf, und ob es mir wirklich schlecht geht. Ich war sogar verunsichert, ob ich überhaupt so stark auf sein Unverständnis reagieren durfte. Ein anderer Teil in mir war permanent damit beschäftigt, Argumente für die Schwere der Situation und meine darauf folgende starke Reaktion zu sammeln, sich zu rechtfertigen und abzuwehren.

Es kostet mich jedes Mal große Kraft, mich selbst in diesen extremen inneren Positionen auszuhalten. Ich bin dann gar nicht mehr bei dem, was ich fühle, wie es mir wirklich geht. Dies ist ein Ablauf, den ich immer wieder bei mir beobachte, gerade, weil es meistens für andere gar nicht erlebbar ist, wie es mir wirklich geht, sie es jedoch auch nicht aushalten würden. Die Ursache, dass ich mich sogar selbst nicht mehr ernst nehmen kann, war, wie bereits beschrieben, mit dem Erlebnis in meinem zwölften Lebensjahr zu erklären, bei dem das Jugendamt mir nicht geglaubt hatte, was bei uns tatsächlich passiert war.

Für mich war es das erste und auch in den nachfolgenden Jahren das einzige Mal, dass ich nachts ärztliche Hilfe in Anspruch genommen habe. Ich war grundsätzlich ein Mensch, der schwer um Hilfe bitten konnte. Durch die Krankheit habe ich dies mehr und mehr gelernt. Diese sehr unangenehme Erfahrung mit Herrn Dr. Hesse, dass ich trotz einer eindeutig akut lebensbedrohlichen Situation keine Hilfe bekommen hatte und nicht ernst genommen worden war, hatte zur Folge, dass ich mich später noch weniger traute, mich in teils sehr quälenden Krankheitszuständen mit meiner Schwäche für Andere erlebbar zu zeigen.

Immer wieder habe ich in den folgenden Jahren überlegt, Herrn Dr. Hesse anzuzeigen, gerade weil ich bei einem späteren Kuraufenthalt nochmals eine Situation seiner extremen ärztlichen Inkompetenz erleben musste.

Nach diesem Gespräch wickelte ich mir nasse, kalte Handtücher um die Waden, und drum herum noch trockene. Ich hatte überhaupt keine Erfahrung mit Wadenwickeln, hatte sie selbst noch nie gemacht. Auch als Krankenschwester musste ich sie nie anwenden. Ich wusste noch nicht mal, wie sie genau durchgeführt wurden. Mir war nur bekannt, dass sie Fieber senken konnten. Diese Wirkung trat auch recht bald ein, und das Fieber senkte sich auf ungefähr 39 Grad.

Im Nachhinein habe ich lange und intensiv darüber reflektiert, wie es zu einem so kurios erscheinenden ärztlichen Umgang kommen konnte. Zum einen hatte ich den Eindruck, dass es in Herrn Dr. Hesses Persönlichkeit lag, psychologisch möglichst so zu reagieren, dass die Ängste und Problematiken sich durch seine Vertrauen erweckende Stärke, die er ihnen entgegensetzte, vermindern sollten. Er wollte mich und sich beruhigen. Dabei wollte er jedoch die Lebensbedrohung gar nicht sehen und angemessen damit umgehen. Bei mir wirkte dies so, dass ich mich dann noch weniger ernst genommen fühlte, mich in Frage stellte und mich wehren musste.

Vor diesem Erlebnis hatte ich während dieser Kur nur drei oder vier Gespräche mit Herrn Dr. Hesse. So war mir noch nicht aufgefallen, dass er eine sehr dominante, überstülpende Gesprächsführung hatte. Bei den späteren Erfahrungen, die ich selbst mit ihm machte oder bei anderen Patienten, die von ihm betreut wurden, miterlebte, merkte ich, dass er kaum Variationen in seinen Vorschlägen hatte, dass er sich wenig in die individuelle Situation einfühlen konnte. Er wendete bei jedem ein starres Konzept und ähnliche Vorstellungen an. Dabei strahlte er eine Überzeugung und Selbstsicherheit aus, die Weisheit so tief sein eigen nennen zu können, dass es kaum Raum für einen individuellen, freien, beweglichen Umgang geben konnte. Und doch waren die wenigen Gespräche, die ich mit ihm geführt hatte, für mich wertvoll gewesen. Er hatte mich gut unterstützen können, die Entscheidung gegen die Chemotherapie zu stabilisieren. Auch erlebte ich einen mir sehr wahr erscheinenden nächtlichen Traum mit ihm, in dem er mir erklärte, dass ich ein Defizit in Bezug auf meine weibliche Seite hätte und dies eine Ursache des Fortschreitens meiner Erkrankung sei.

Durch Dr. Bauer erfuhr ich später, dass Dr. Hesse keinerlei Erfahrung hatte, auf körperlich lebensbedrohliche Erkrankungen zu reagieren. Bei jeder früheren Arbeitsstelle als Arzt hatte er diese Kompetenz nicht gebraucht oder sie wurde ihm von Kollegen abgenommen. Im Notfallbereich verfügte er somit über gar keine Erfahrung. Seine spirituell-anthroposophische Grundlage hatte sich meiner Meinung nach in Akutsituationen als völlig irreal dargestellt. Später habe ich mehrmals erlebt, wie stark er sich bei anderen Patienten gegen Untersuchungen und chemische Behandlung gestellt hat und dies mit seinem meiner Ansicht nach nicht realitätsbezogenem Verständnis von Spiritualität begründete. Sein spirituelles Verständnis hat keine Wurzeln in unserem Zeitgeist und in dem, was heute für Menschen nötig und möglich ist. Wenn sich seine Patienten nicht selbst um eine kompetente Einschätzung ihrer Situation und die Notwendigkeit einer Behandlung oder Untersuchung bemühten, konnte es ziemlich gefährlich werden. Seine mangelnde Erfahrung mit medizinischen Notfällen erzeugte bei ihm das Verhalten, sie einfach zu ignorieren, wegzuschieben. Meiner Ansicht nach lag in diesem Umgang damit eine große Gefahr, die ich ihm gegenüber später mehrmals angesprochen habe, gerade weil er so machtvoll, scheinbar wissend reagierte. Zum Teil ist ihm dieses Defizit wohl auch bewusst, aber meiner Meinung nach ignorierte er es und war scheinbar nicht bereit, es zu verändern. Er könnte eine Zeit lang auf der Intensivstation oder im Rettungswagen arbeiten, um diese dringend notwendigen ärztlichen Fähigkeiten zu erwerben.

Immer wieder habe ich in den folgenden Jahren überlegt, Herrn Dr. Hesse anzuzeigen, gerade weil ich bei einem späteren Kuraufenthalt nochmals eine Situation seiner extremen ärztlichen Inkompetenz erleben musste. Da ich aber wusste, dass bei einem Gerichtsprozess auch Dr. Bauer große Schwierigkeiten bekommen hätte, habe ich dies nicht getan. Die Liebe zu ihm war zu groß.

Björn wollte das Kurhaus bereits bei diesem ersten Mal anzeigen. Er war extrem wütend auf Herrn Dr. Hesse. Für ihn war es unfassbar, dass es gar keine pflegerische Versorgung gab, keine Kühlelemente, nachts niemand im Haus und der Arzt nicht einmal erreichbar war, und dass es zu all dem noch diesen extrem inkompetenten, grob fahrlässigen Umgang am Abend zuvor und in dieser Nacht mit Dr. Hesse gegeben hatte. Dies ist sicher zu verstehen. Am liebsten hätte Björn das Kurhaus schließen lassen. Ich kann mir vorstellen, dass es tatsächlich zu einer Schließung gekommen wäre, weil allein die Tatsache, dass es keine Nachtwache gab, in einem Kurhaus gesetzlich nicht zulässig ist.

Ich glaube nicht wirklich, dass dies besonders ist. Vielmehr glaube ich, dass in jedem Menschen, in jeder Seele diese Stärken und Möglichkeiten vorhanden sind. Nur dass ich sie eben ausgebildet habe, sie mir immer sehr wichtig waren und ich viel dafür getan habe. Nur dies ist vielleicht besonders. Andere Seelen bilden andere Fähigkeiten aus.

Nun zu meinem eigenen Anteil an dieser Situation: Es fällt mir tatsächlich schwer, meinen inneren Zustand und die Krankheitsauswirkungen nach Außen hin erlebbar und damit für den Anderen fühlbar darzustellen. Es bleibt oftmals und blieb in diesem Fall für Herrn Dr. Hesse abstrakt, wenn ich mein Leiden nur über die Sprache ausdrücken kann. Auch meine Sprache ist trotz schwer lebensbedrohlicher Zustände immer noch klar, stark und vor allem im Inhaltlichen sehr reflektiert. Je schlechter es mir ging, desto klarer und stärker habe ich häufig nach Außen hin gewirkt. Diese Schwäche, die in vielen Lebenssituationen auch eine Stärke war, ist in meiner Kindheit entstanden. In meiner Familie wäre kein Raum für Schwäche oder leidvolle Gefühle gewesen. Ich habe keinen konstruktiven, selbstverständlichen Umgang damit gelernt. Ich musste solche Empfindungen immer ignorieren, auch vor mir selbst. Es kann sein, dass mir deshalb im Außen so lange Ignoranz entgegenkommt, bis ich selbst daran gearbeitet habe und einen anderen Umgang damit pflegen lerne. Auch Herr Dr. Hesse sagte mir am nächsten Tag, dass ich wahrscheinlich aufgrund der schwierigen Vorerfahrungen lernen müsste, für mich selbst zu sorgen, weil es sonst niemand getan hätte. Solche Erfahrungen wie diese völlige Ignoranz bewirkten jedoch eher einen Rückschritt, meine Schwäche nach Außen zu zeigen. Gerade, weil ich von ihm wieder nicht ernst genommen wurde, fiel es mir später noch schwerer.

Etwas besser verständlich ist Herrn Dr. Hesses Verhalten vor dem Hintergrund, dass er noch nie erlebt hatte, wie jemand mit über 42 Grad Fieber mit einer solchen Stärke und Klarheit reagieren konnte. Es war also eine völlig neue Situation für ihn. Da es tatsächlich kaum, wenn nicht sogar keine Menschen in unserer Gesellschaft gibt, die solche schweren Erkrankungen aus vorwiegend eigenen Kräften überwinden wollen oder können, konnte er auch tatsächlich keine Erfahrungen damit haben.

Immer wieder wurde mir deutlich, dass ein solcher eigenverantwortlicher Umgang eine Vorbereitung auf die Zukunft ist, in der es unvermeidbar notwendig sein wird, dass die Menschen lernen, ihre Verantwortung für sich selbst bewusst zu übernehmen, sie aus dem eigenen Innern heraus individuell zu gestalten. Es war eine große Herausforderung, zu begreifen und auch zu akzeptieren, dass ich dadurch, dass niemand damit Erfahrung hat, wenig Hilfe erwarten konnte. Oft litt ich in akuten Situationen darunter, dass mir zu wenig Mitgefühl entgegengebracht wurde, weil die meisten Menschen dem nicht gewachsen sind, es nicht wirklich mitfühlen können. Es gab keine Orientierung und kaum angemessene Hilfe für mich.

Es ist schwer, diese Situation mit Herrn Dr. Hesse wirklich zu verstehen und auch schwer, sie zu akzeptieren. Und doch gibt es neben einem großem Unmut auch eine Dankbarkeit in mir, dass ich in dieser Nacht nicht per Rettungswagen ins Krankenhaus gekommen bin, wo ich sicher mit Antibiotika, hochdosierten Schmerzmitteln etc. vollgepumpt worden wäre. Dadurch, dass Herr Dr. Hesse meine Notsituation ignoriert hatte, hatte er auch einen solchen medizinisch eigentlich notwendigen Ablauf verhindert. Allerdings wäre ich auch, wenn es nach mir gegangen wäre, bereits am Tag zuvor in das naturheilkundliche Krankenhaus gekommen, in dem ein derartiges „Vollpumpen" mit Schulmedizin nicht stattgefunden hätte. Dann wäre sicher einiges im Verlauf meines weiteren Lebens leichter für mich gewesen, was ich später noch näher beschreiben werde.

Nachdem in dieser Nacht das Fieber etwas gesunken war, rief ich erneut den Arzt an. Er hatte in der Zwischenzeit mit Herrn Wienert gesprochen und ihm sein Unverständnis über meinen Zustand erklärt. Herr Wienert hatte ihm mitgeteilt, dass man es wirklich nicht beurteilen könnte, dass ich mit diesem hohen Fieber noch so klar wäre, weil ich ein besonderer Mensch, eine besondere Seele sei.

Ich glaube nicht wirklich, dass dies besonders ist. Vielmehr glaube ich, dass in jedem Menschen, in jeder Seele diese Stärken und Möglichkeiten vorhanden sind. Nur dass ich sie eben ausgebildet habe, sie mir immer sehr wichtig waren und ich viel dafür getan habe. Nur dies ist vielleicht besonders. Andere Seelen bilden andere Fähigkeiten aus.

Ich ruhte noch etwas im Bett bis es Morgen wurde und Herr Dr. Hesse gekommen war. Er rief einen Chirurgen an und nannte mir einen Termin in der Mittagszeit. Die Zeit, die er mir mitgeteilt hatte, war jedoch falsch. Drei Mal zog ich mich an, weil es immer noch nicht der „richtige" Termin war, der mir genannt wurde. Mir diese Anstrengung, mich anzuziehen, die Schmerzen dabei, immer wieder hoch zu laufen, zuzumuten, war eine Unverschämtheit. Beim dritten Mal habe ich die Geduld verloren und habe deutlich meinen Unmut ausgesprochen. Dann endlich konnte ich losfahren. Es war wieder ein extrem heißer Tag, ungefähr 40 Grad. Auch mein Fieber war wieder über 40 Grad angestiegen. Die Fahrt zum Chirurgen dauerte ungefähr eine dreiviertel Stunde. Die Schmerzen waren grausam beim Sitzen.

Der Chirurg sah sich meine Entzündung an. Er war sehr besorgt. Das Ausmaß betrug mittlerweile über 17 cm Durchmesser und ging über die Leisten hinweg. Medizinisch gesehen musste er davon ausgehen, dass bei diesem schweren Entzündungsprozess erneut Eiter gebildet worden sei. Nach dem Abtasten kam er jedoch zu der Auffassung, dass kein eitriger Prozess mehr darin vorhanden und der Eiter vorgestern also vollständig entleert worden sei. Da er jedoch nicht ganz sicher sein könnte, müsste ein Schnitt gesetzt werden. Dann teilte er mir mit, dass eine lokale Betäubung aufgrund der massiven Entzündung entweder kaum - oder sogar wahrscheinlich gar nicht wirken würde. (Wenn ein körperlicher Bereich entzündet ist, ist er viel stärker durchblutet. Eine Betäubung kann deshalb weniger bis gar nicht wirken.) So riet er mir, den Eingriff unter Vollnarkose vornehmen zu lassen. Dies wollte ich jedoch nicht. In ein konventionelles Krankenhaus wollte ich nicht gehen.

Deshalb teilte ich dem Chirurgen mit, dass ich den Eingriff hier bei ihm ambulant durchführen lassen wollte. Erst versuchte er mich noch davon zu überzeugen, dass dies nicht möglich wäre. Nachdem ich jedoch nachdrücklich darum gebeten hatte, bereitete er alles vor. Ich hatte furchtbare Angst, gerade nach der Erfahrung des extrem schmerzhaften Spülens der Wunde. Dabei lag meine Angst nicht darin, Schmerzen durchleiden zu müssen, sondern vor allem darin, dass ich aufgrund der starken Schmerzen meine Hände nicht mehr halten könnte und aufspringen oder seine Hände wegschlagen würde.

Die Betäubung wurde mit langen Nadeln in den ganzen Unterleib vorgenommen. Sie tat höllisch weh. Dann schnitt er. Es war heftig. Die Betäubung hatte tatsächlich nur geringfügig gewirkt. Es kam nur Blut, kein Eiter. Ohne es mir vorher anzukündigen, schnitt er noch ein zweites Mal, noch viel tiefer. Später äußerte der Arzt, dass er so etwas auch noch nie getan hätte. Wieder kein Eiter, nur Blut. Dies hieß, dass es eine Phlegmone war, eine entzündliche, eitrige Infiltration des Bindegewebes, sehr massiv ausgebreitet ohne Abszessherd. Die Wunde blutete sehr stark. Sie wurde mit Tamponaden und großen Tupfern versorgt.

Der Chirurg war erstaunt, ja fassungslos, wie ich diesen schmerzhaften Eingriff durchgehalten hatte. Er konnte nicht glauben, dass ich direkt danach selbständig aufstehen und weitergehen konnte. So etwas hätte er noch nicht erlebt. Dies erwähnte er immer wieder, klang besorgt und ungläubig dabei. Er schien fast auf einen Zusammenbruch zu warten. Ich beruhigte ihn, sagte, dass ich viel gewohnt sei und dass er sich keine Sorgen um meinen Kreislauf machen bräuchte, es wäre alles in Ordnung.

Weil er sich erneut sichtlich erstaunt zeigte, erklärte ich ihm, dass ich meine Lebensaufgabe darin sehen würde, Erkrankungen durchzustehen und zu erforschen, wie man naturheilkundlich damit umgehen kann. Er meinte, dass er als Chirurg davon gar nichts verstehen würde, nur chemische Medikamente und operative Eingriffe kenne, aber tief von meiner Umgangsweise beeindruckt sei und vor allem auch der Art, wie ich mich hier verhalten hätte. Daraufhin erklärte ich ihm, dass er als Chirurg einfach eine andere Lebensaufgabe hätte. Dann schrieb er mir Antibiotika auf, die ich in einer Apotheke holte. Dazu kaufte ich mehrere größere Eisbeutel, weil die des Kurhauses nie ausreichten und viel zu klein waren. Wieder fuhr ich eine dreiviertel Stunde in der Hitze im Taxi zurück. Ich war total erschöpft, als ich ankam.

Sie brachte mir zwei Flaschen, eine mit Apfelsaft, eine mit Birnensaft. Noch nie hat mir Saft so gut geschmeckt wie an diesem Tag.

Die Entscheidung war gefallen, dass ich ins Krankenhaus musste. Noch immer war das Fieber über 40 Grad und dazu die neue Wunde, die weiter ärztlich versorgt werden musste. Die Büroleiterin des Kurhauses organisierte, dass der Sohn der Küchenchefin und seine

Freundin mich fahren würden. Innerhalb von anderthalb Stunden musste ich mit Packen für die Reise fertig sein, weil die Beiden abends noch in einer Disko arbeiten mussten. Ich war in dem Bewusstsein verreist, dass ich acht Wochen Kur vor mir hatte. Somit hatte ich unendlich viele Sachen in meinem Zimmer verstreut, und es erschien mir unmöglich, alles in dieser kurzen Zeit zusammenzupacken. Nach dieser extremen Anstrengung von anderthalb Stunden Taxifahrt, der großen Hitze, dem hohen Fieber und dem chirurgischen Eingriff konnte ich mich somit gerade mal zehn Minuten hinlegen. Dabei machte ich mir wieder Wadenwickel.

Die junge Mutter, mit der ich am Samstag den langen Spaziergang gemacht hatte, half mir danach beim Packen. Es war unglaublich, dass ich dies nach all den Anstrengungen der Nacht und der Operation geschafft habe. Nach anderthalb Stunden war tatsächlich alles fertig im Auto verpackt. Im Nachhinein kann ich es selbst nicht fassen, was ich in den letzten 4 Monaten und besonders in diesen Tagen an „Übermenschlichem" geleistet habe.

Den ganzen Tag hatte ich noch nichts gegessen, nur Wasser getrunken. Die Büroleiterin fragte mich, ob mir jemand noch etwas kochen sollte. Hunger hatte ich nicht. Ich kann mich jedoch noch genau daran erinnern, dass ich unbedingt Fruchtsaft haben wollte. Sie brachte mir zwei Flaschen, eine mit Apfelsaft, eine mit Birnensaft. Noch nie hat mir Saft so gut geschmeckt wie an diesem Tag.

Dieses Wissen um mein mögliches Sterben war ein sehr bedeutsames Erlebnis für mich. Ich fühlte mich im Frieden damit.

Ich versuchte, mit Herrn Dr. Hesse einen guten Abschluss zu finden. Er äußerte, dass es für ihn ein gutes Zeichen sei, dass ich mich sogar in dieser schweren Situation noch gegen ihn hätte wehren können und dass ich noch so gut beieinander sei. Ganz so einfach konnte er es sich jedoch nicht machen. Dies sagte ich ihm in dem Moment aber nicht. Ich erwiderte, dass ich die Schwierigkeiten mit ihm gern später klären würde, wenn es mir besser ginge.

Während der Verabschiedung war Dr. Hesse auf einmal der Meinung, mich doch lieber im Krankenwagen transportieren zu lassen. Dies fand ich absurd. Ich teilte ihm mit, dass das Auto bereits fertig gepackt sei und ich auch so hinkommen würde. Außerdem wusste ich, wie teuer ein solcher Krankentransport gerade bei einer so langen Strecke sein würde. Durch mein hohes Verantwortungsgefühl kann ich solche - in diesem Fall mir unnötig erscheinenden Kosten - nicht zulassen. In einem späteren Gespräch erklärte mir Herr Dr. Hesse, dass er in dem Moment, in dem ich fahren wollte, Angst bekommen hätte, mich im Auto mitfahren zu lassen. In diesem Moment hätte er auf einmal erkannt, wie krank ich gewesen war. Eine späte Einsicht!

Ich glaube, dass es zu meiner Lebensaufgabe gehört, mehr Selbstverantwortung zu entwickeln. Dabei erscheint es mir sehr wichtig, meine eigene moralische Instanz auszubilden. Deshalb fragte ich mich selbst: ist es jetzt notwendig, diese Kosten zu produzieren? Würde ich das Geld für diese medizinische Hilfe ausgeben, wenn ich es selbst zahlen müsste? Meiner Ansicht nach können äußere Gesetze und die Ermöglichung einer „Konsumhaltung" im Gesundheitswesen nur dazu führen, dass die Menschen in Bezug auf den Umgang mit ihrer eigenen Gesundheit unselbständig bleiben. Dadurch entstehen so enorme Kostenbelastungen. Ich glaube, dass es absolut notwendig ist, dass die Menschen lernen, eigenverantwortlich auch damit umzugehen, welche Kosten durch ihre Erkrankungen entstehen. Dies kann nur über Gesundheitserziehung im ganzheitlichen Sinne erreicht werden. Dabei gehe ich davon aus, dass alle Lebenszusammenhänge, die ich selbst „produziere", „schaffe", oder Hilfen, die ich in Anspruch nehme, ein Teil meines Schicksals werden, dass sie in dem, was ich bin oder was mir geschieht, weiterwirken. Dies bedeutet, dass es kein moralischer Anspruch für mich ist, meine Selbstverantwortung in dieser Weise zu entwickeln, kein „besser" oder „gut" sein wollen, sondern ich tue es für mich, für meine weitere Entwicklung, für das, was ich sein möchte, womit ich mich wohler fühle. Und damit für meine Zukunft.

Wie viel davon mir dann durch bewusstes Erkennen und willensstarkes Umsetzen in meiner Lebensführung wie gut gelingt, ist die andere Seite. Dabei ist es immer wichtig, mich in meiner scheinbaren Unvollkommenheit mit der größtmöglichen Akzeptanz und vor allem Demut und Geduld anzunehmen, zu begreifen, dass ich mich im Lernprozess befinde. Es geht mir darum, den Anspruch an mich selbst so zu gestalten, dass er die Herausforderung zur Entwicklung, die ich brauche, in einem Ausmaß hält, das mich stärkt. Dabei möchte ich verhindern, dass ich mich zu sehr unter Druck setze und verhärte, aber ebenso, dass sich die andere Seite verselbständigt und ich mich zu sehr gehen lasse.

Mein Auto war sogar auf dem Beifahrersitz vollgepackt. Deshalb fuhr ich in dem anderen Wagen mit. Die Fahrt zum Krankenhaus dauerte drei Stunden. Dabei konnte ich gut loslassen und entspannen. Die beiden jungen Leute, die mich mitnahmen, waren 19 und 20 Jahre alt und sehr nett.

Während dieser Fahrt hatte ich seit langem zum ersten Mal wieder das ganz klare Empfinden, dass zwei verstorbene Seelen mir sehr nahe waren und mich beschützten. Es war mein Vater und meine Examenspatientin (die Patientin, die ich bei meiner praktischen Prüfung als Krankenschwester betreut hatte). Über zehn Jahre hatte ich nicht mehr an sie gedacht. Ich wusste, dass sie verstorben war. Das Gefühl, die beiden mir nahe zu wissen, war sehr beruhigend und wohltuend. Es berührte mich tief. Ich fühlte mich sicherer. Ich wusste, dass ich mich zwischen Leben und Sterben befand. Dadurch konnte ich diese starke Anwesenheit und Hilfe so deutlich spüren. Dieses Wissen um mein mögliches Sterben war ein sehr bedeutsames Erlebnis für mich. Ich fühlte mich im Frieden damit.

Mut zum Heilen -
Würde im Kranksein

Die beiden Fahrer mussten sofort wieder weg, als wir ankamen. Ich nahm nur das absolut Notwendigste mit in die Klinik zum Schlafen. Die Schwester zeigte mir mein Zimmer. Es war ein sehr schönes Zimmer mit Balkon in einer herrlichen Landschaft. Während des gesamten Aufenthaltes konnte ich sie gar nicht genießen. Eigentlich habe ich sie nicht mal wahrnehmen können, weil ich so weit weg war von dem, was um mich war. Ich befand mich in einer Art von Trance.

Im Zimmer zog ich mir erst mal einen Schlafanzug an. Meine Unterhose war von der Wunde total durchgeblutet. Mein Auto war so zugepackt, sodass ich darin im Dunklen keine neue gefunden hätte. Es war mir natürlich sehr peinlich, als ich dann von den Ärzten untersucht werden sollte. Für mich war es das erste Mal, dass ich so akut ins Krankenhaus gekommen war und an dieser Situation nichts ändern konnte. Ich wusste jedoch, dass sie von meiner HIV-Infektion wussten und sicher selbst aufpassen würden, sich nicht anzustecken.

Dann kam die Ärztin. Es war mittlerweile ungefähr 21.30 Uhr. Bereits in der ersten Begegnung war für mich spürbar, dass es mit ihr nicht einfach werden würde. Sie strahlte etwas Erziehendes, Machtvolles aus. Als ich zwischendurch zum Auto musste, hörte ich sadistische Stimmen in mir, die ich als unbewussten Seelenanteil von ihr wahrnahm. Sie wirkte in ihrem Wesen bedrohlich auf mich.

Es war sofort klar, dass ich keine Untersuchung verweigern durfte. Die Ärztin strahlte eine Autorität aus, die es mir nicht möglich gemacht hätte, für mich einzustehen. Auch fühlte ich mich ihr gegenüber nicht als gleichwertig. Dadurch fängt bei mir sofort das unbewusste Harmonisieren und damit das „mich selbst Rechtfertigen" an, wodurch ich mich von mir und meinem Selbsterleben völlig entferne. Dies alles lief subtil, unbewusst ab.

So ließ ich die Untersuchung über mich „ergehen", versuchte innerlich die Auslöser wegzudrängen, damit ich nicht von traumatischen Erinnerungen überflutet wurde. Das war sehr schwierig. Dann schellte ihr Piepser. Es war der leitende Arzt dieses Krankenhauses, Dr. Heinrich. Sie berichtete ihm von mir und mit welchen Symptomen ich eingeliefert worden war. Er teilte ihr mit, dass er mich persönlich sehen und untersuchen wollte. So gingen wir über die Flure in einen Untersuchungstrakt, in dem er wartete. Mittlerweile war es sicher 22.30 Uhr. Dr. Heinrich stellte sich mir als der leitende Arzt vor und machte ein Ultraschall vom gesamten Bauchraum und auch vom Entzündungsbereich am Unterleib. Ich hatte starke Schmerzen und unangenehme innerliche Auslöser. Eine solche Untersuchung hatte ich seit Jahren nicht mehr zugelassen, schon gar nicht durch einen Mann. Alles wirrte sich in meinen Gedanken und Gefühlen, alte Traumagefühle mit Trauer, Ängsten, so viel durcheinander! Nach außen versuchte ich „klar" und „normal" zu wirken. Es war extrem schwierig.

Erst nach der Untersuchung teilte ihm die Ärztin mit, dass ich vorher geäußert hätte, dass ich mich eigentlich gar nicht untersuchen lassen wollte. Darauf reagierte Dr. Heinrich völlig unerwartet. Er fragte nach, ob ich seine Untersuchung denn jetzt wirklich zulassen wolle. Dabei erschien er mir mitfühlend und machte mit seiner Art der Reaktion klar, dass er mir tatsächlich die Möglichkeit offen ließ, mich dagegen zu entscheiden. Er war auch nicht „von oben" herab.

Ich war sehr berührt, fühlte mich ernst- und wahrgenommen. Dann äußerte ich jedoch, dass ich hier keine Probleme dadurch bekommen wollte, falls ich die Untersuchungen nicht zulassen würde. In dieser Situation war dies sicher auch sinnvoll. Im Nachhinein habe ich versucht mir bewusst zu machen, was es für diese beiden Ärzte bedeutet hätte, wenn ich als lebensbedrohlich erkrankte Patientin gekommen wäre und dann auch noch die Untersuchungen verweigert hätte. Damit ist es sicher nicht möglich, eine konstruktive Behandlung aufzubauen, auch wenn meine Ängste aus meiner Sicht eindeutig verständlich sind.

In den letzten fünf Jahren hatte ich kein Ultraschall oder andere Untersuchungen mehr zugelassen. Es stellte sich heraus, dass meine Wahrnehmungen von meinem Körper und meinen Organen in absoluter Übereinstimmung mit den Untersuchungsergebnissen waren. Mir war klar, dass meine Milz viel zu groß ist. Sie war wohl ungefähr doppelt so groß wie sie sein sollte. Ich merke es an den Spannungsschmerzen, wenn sie überlastet ist, z.B. wenn ich äußerst erschöpft bin. Meine Körperwahrnehmung und die Einordnung der Symptome hatte sich durch die lange Zeit ohne Untersuchungen verfeinert, war realistischer geworden. Ich war mir selbst näher gekommen und musste mir von außen nichts sagen und bestätigen lassen.

Um später erkennen zu können, ob sich das entzündete Gebiet verändert hatte, malte die Ärztin die Ränder mit einem Stift an. Die Entzündung reichte bis in den Unterbauch und die Oberschenkel hinein. Beim Ultraschall an der Phlegmone im Schambereich stellte sich heraus, dass darin kein Abszessgeschehen war. Dr. Heinrich zeigte mir die gesunden Gefäße auf dem Bildschirm und beschrieb mir wie ein Abszess werden würde.

Absolutes Endstadium! Sicher war auch die Virusbelastung enorm hoch. Eine so starke Infektion mit höchstem Fieber und einem Abszess bei einem zerstörten Immunsystem ohne Antibiotika überwinden zu wollen, erscheint als eine unmögliche Herausforderung.

———————

Später haderte ich sehr lange damit, dass der Chirurg am Mittag kein Ultraschall gemacht hatte. Ich wusste nicht, dass es diese

Möglichkeit gegeben hätte. Noch immer leide ich darunter, dass ich diesen massiven, eigentlich unnötigen Eingriff zusätzlich in meinem Unterleib ertragen musste. Vor allem entstanden dadurch lebenslange Folgen durch das stark gestörte Narbenfeld. Ich hatte unglaubliche Wut, weil der Chirurg vorher selbst angenommen hatte, dass kein Eiter darin sei. Dann setzte er nach dem ersten Schnitt sogar noch einen zweiten, tieferen Schnitt, der jedoch auch kein Abszessgeschehen zeigte.

Welche großen Ängste und starken Schmerzen ich durch diesen Schnitt in den nächsten Monaten durchstehen musste, ist unvorstellbar. Er hat ihn innerhalb einer Operation von nicht einmal 20 Minuten gesetzt. Hinzu kam die Gewissheit, dass ich diesen Schnitt auch nicht bekommen hätte, wenn Herr Dr. Hesse mich bereits am Nachmittag zuvor ins Krankenhaus gelassen hätte.

Das zu fühlen, damit umzugehen war eine große Herausforderung in den nächsten Monaten. Dadurch beschäftigte ich mich mit grundlegenden Fragen wie: - Wo stehen wir als Menschen? Was ist Medizin heute? - Die Ärzte haben keine Zeit mehr, um für den Patienten weitreichende Entscheidungen wohlüberlegt zu treffen. In meinem Fall wurde an die Folgekosten, die für die Wundversorgung und durch die Narbenstörung entstanden sind gar nicht erst gedacht. Der Schnitt wurde zudem noch entgegen die Meridianlinien (in der chinesischen Medizin festgelegte Energiebahnen) durchgeführt, und dazu noch an einem sehr wichtigen Punkt des Blasenmeridians und Unterleibs. Noch immer habe ich starke Störungen in diesem Bereich. Es bedurfte eines starken Ringens um das Verstehen und die Akzeptanz dieser Menschheitsentwicklung mit diesen leidvollen Auswirkungen.

Für mich war die Erklärung des Chirurgen, dass er nur Schulmedizin kenne, im Nachhinein eine sehr wichtige Aussage, um das, was er mir durch den Schnitt ohne die Absicherung mittels eines Ultraschalls „angetan" hatte, verstehen und akzeptieren zu lernen. Diese „Unwissenheit" um z.B. die energetischen Folgen solcher Eingriffe verhindern eine ganzheitliche Wahrnehmung und Behandlung. Dabei glaube ich, dass die Ursachen für diese eingeschränkte Ausbildung im Medizinstudium vor allem in Ängsten, Oberflächlichkeit und dem Streben nach Macht zu suchen sind. Dies zu erkennen, mich damit auseinander zu setzen, sie in mir als Teil der Schöpfung und der Entwicklungsprozesse der Menschheit zu verstehen und zu akzeptieren, war später im Zusammenhang mit diesem Chirurgen eine große Aufgabe für mich.

Dr. Heinrich war mir vom ersten Moment an sehr sympathisch. Er wirkte klar, aufrecht, kompetent und dabei mitfühlend, ruhig und vor allem freilassend. Einen solchen Umgang hatte ich nicht erwartet. Nach dem Ultraschall wurde mir eine Blutkultur abgenommen. Dies bedeutet, dass in zwei Fläschchen von ungefähr 100 ml Fassungsvermögen jeweils 10 ml Blut in eine Nährlösung von ungefähr 15 ml gefüllt werden. Bei einer Flasche wird zum Schluss zusätzlich Sauerstoff durch Luftzufuhr zugeführt. Diese Nährlösungen werden mehrere Tage lang bei bestimmten Temperaturen bebrütet. Unter einem Mikroskop kann man dann in den entstandenen Substanzen in der ersten Flasche ohne Luftzufuhr feststellen, ob Keime im Blut vorhanden sind, die sich ohne Sauerstoff vermehren, und in der anderen Flasche die, die sich mit Sauerstoff vermehren. Zu dieser Blutkultur wurde mir noch etwas Blut abgenommen, um ein Blutbild und die Entzündungsparameter zu bestimmen. Die Aidsspezifischen Immunwerte wurden nicht untersucht.

Dann sagte mir Dr. Heinrich, dass bei einem so extremen Krankheitszustand bereits bei einem „an sich gesunden" Menschen unbedingt Antibiotika-Infusionen erforderlich seien. Bei einem so schwer immungeschwächten Menschen wie mir wäre dies jedoch noch viel dringlicher. Ich teilte ihm mit, dass mir dies natürlich sehr bewusst sei. Zu diesem Zeitpunkt bin ich selbst davon ausgegangen, dass ich nicht mehr ohne Antibiotika auskommen könnte. Innerlich war mir klar, wie lebensbedrohlich meine Situation war, und dass eine chemische Behandlung nicht mehr zu umgehen war. Ich spürte, dass ich mich in einem Zustand zwischen Leben und Sterben befand. Immer noch hatte ich hohes Fieber (den ganzen Tag über 40 Grad).

Dann jedoch wendete sich seine Aussage. Dr. Heinrich teilte mir mit, dass er gehört hätte, dass ich bislang keine chemischen Medikamente genommen hätte und dies eigentlich auch nicht wollte. Herr Dr. Hesse schien mit der diensthabenden Ärztin darüber gesprochen zu haben. Ich hatte hier niemandem davon erzählt. Dann sagte er mir: „Wenn Sie es unbedingt ohne Antibiotika probieren wollen, dann gehe ich mit Ihnen diesen Weg, solange Ihr Zustand sich nicht noch weiter verschlechtert." Ich war völlig erstaunt. Damit hatte ich nicht gerechnet.

Im Nachhinein finde ich es unglaublich, dass es sich seit Jahren immer wieder ähnlich gestaltet hatte. Ich musste bei Ärzten oft starke Widerstände überwinden, weil sie nicht an meinen Weg glaubten. Wenn ich jedoch an den Punkt gekommen war, nachzugeben, weil es mir selbst nicht mehr erträglich, nicht mehr annehmbar erschien, gerade dann, wenn ich es selbst auch für zu gefährlich hielt, kam völlig unerwartet von außen eine Unterstützung. Diese ermöglichte mir, doch weiterhin den von mir erwünschten Weg ohne chemische Behandlung zu verfolgen. Das erste Mal war es fünf Jahre zuvor mit Dr. Peters, der mir, als ich bereit war, die Chemotherapie zu nehmen, mitteilte, dass er spüre, dass ich sie nicht wirklich will. Er riet mir, erst in Urlaub zu fahren, um mir ganz klar zu werden. Dadurch habe ich sie nicht angefangen und bin auch ohne sie ausgekommen. So war es immer wieder gewesen, wenn ich nicht mehr konnte. Jetzt wieder. Sehr erstaunlich!

Nun begann ein neuer Versuch, eine neue Herausforderung mit der sicherlich bedrohlichsten Erkrankung, die ich je hatte. Meine letzte Blutentnahme war ungefähr zwei Jahre her. Die Helferzellzahl war zweimal im Abstand eines halben Jahres 170 gewesen (unter 200 beginnt das letzte Stadium der AIDS Erkrankung). Ich konnte davon ausgehen, dass sie jetzt bereits unter 100, vielleicht sogar unter 50 lagen. Absolutes Endstadium! Sicher war auch die Virusbelastung enorm hoch. Eine so starke Infektion mit höchstem Fieber und einem Abszess bei einem zerstörten Immunsystem ohne Antibiotika überwinden zu wollen, erscheint als eine unmögliche Herausforderung. In dieser Zeit jedoch konnte ich mir solche Gedanken gar nicht machen. Sie entstanden auch tatsächlich nicht. Ich war wie in einem Trancezustand, in dem ich nur noch das Ziel verfolgte, diesen lebensbedrohlichen Zustand zu überwinden. Dabei fehlte mir die realistische Einschätzung meiner tatsächlichen Möglichkeiten vollständig.

Nach dieser Untersuchung und Besprechung ging ich in mein Zimmer zurück. Der Unterschied der Messungen zwischen Arm und Darm war erstmals auffällig. Normalerweise sind es im Darm 0,5 Grad mehr als unter dem Arm, jetzt waren es aber 1,5 Grad. Dies kann auf eine Entzündung im Bauchbereich hindeuten. Bei Blinddarmentzündungen ist dies beispielsweise ein typisches Symptom.

Ich legte mich hin und versuchte zu schlafen. Nach kurzem Schlaf wachte ich in der Nacht auf. Ich hatte mir bereits gedacht, dass ich mich nach der Benutzung des Ultraschallgels hätte waschen müssen. Ich war jedoch zu erschöpft, als dass ich mich dazu noch im Stande gefühlt hätte. Sonst wäre mir so etwas nie passiert. Jetzt zeigte sich auf meinem ganzen Körper eine Allergie. Es juckte sehr unangenehm. Der Krankenpfleger gab mir einen Waschlappen. Ich wusch mich eine ganze Stunde lang, was mir gerade bei dieser Hitze wirklich gut tat.

Am nächsten Morgen war deutlich sichtbar, dass die Allergie auch in dem entzündeten Bereich zu einer starken Schwellung geführt hatte. Beim Verbandswechsel sprühte die Ärztin ein Desinfektionsmittel darauf, wodurch es noch zusätzlich sehr gereizt wurde und brannte. Grauenhaft! Unvorstellbar im Nachhinein, was ich in dieser Zeit ohne jedes Schmerz- und Beruhigungsmittel überstanden habe. Natürlich wurde ich immer wieder darauf hingewiesen, dass ich Schmerzmittel nehmen sollte, jedoch wollte ich sie aufgrund der Erfahrung mit der Gürtelrose vermeiden. Die medikamentöse Therapie bestand deshalb nur aus einigen wenigen anthroposophischen

Medikamenten. Ich selbst habe während dieser Zeit zweimal täglich meinen gesamten Körper mit der körperlichen Erste-Hilfe-Flasche von Aura Soma behandelt. Zudem benutzte ich die höchste Dosierung von Propolis-Tropfen, die ich je genommen hatte. Ich durfte vorher bereits mehrere Male erleben, dass ich mit diesen beiden eigenen Möglichkeiten schwerste Infekte allein zu Hause überwinden konnte. Das gab mir Vertrauen.

Dazu reichte mein menschliches Einsehen noch nicht aus, dazu war ich noch nicht in der Lage.

Sonntagabend rief ich bei Dr. Bauer zu Hause an. Während des Packens am Freitag hatte ich ihm auf seinen Anrufbeantworter gesprochen, dass es mir sehr schlecht ginge und dass ich von ihm zurückgerufen werden wollte. Dabei teilte ich ihm mit, in welchem Krankenhaus ich zu erreichen bin. Er hatte immer noch nicht angerufen. Endlich konnte ich ihn zu Hause erreichen. Ich teilte ihm mit, dass ich es nicht gut fand, dass er sich nicht gemeldet hätte. Dr. Bauer meinte, dass er von Dr. Hesse erfahren hätte, dass ich im Krankenhaus sei. Dadurch war er zu der Meinung gekommen, ich sei dort gut aufgehoben und er müsse sich deshalb nicht weiter um mein Anliegen kümmern. Ich erinnerte ihn daran, dass er am Mittwoch versprochen hatte, am Freitag zu kommen, wenn noch ein chirurgischer Schnitt notwendig sei. Auch wusste er doch, dass ich wegen meiner schweren posttraumatischen Belastungsstörung und der AIDS-Erkrankung hier unbedingt seine Unterstützung gebraucht hätte. Gerade deshalb hatte ich ihn bei meinem Anruf gebeten, dass er mich im Krankenhaus anrufen sollte.

Er war mein behandelnder Arzt, nicht Herr Dr. Hesse, und ich war dieses Mal bereits sechs Wochen in seiner Behandlung gewesen, ein Jahr zuvor sogar acht Wochen. Herr Dr. Hesse kannte mich nur von den drei bis vier Gesprächen. Dr. Bauer wusste, wie schwierig/unmöglich Untersuchungen für mich waren. So hatte ich tatsächlich erwartet, dass er sich um meine Verlegung ins Krankenhaus kümmern würde. Er hatte es nicht getan, hatte diese lebensbedrohliche Situation und meine Verlegung völlig ignoriert. Ich war zutiefst enttäuscht. Da er jede Verantwortung abstritt und ich nicht von meiner Meinung lassen wollte, dass er sich darum hätte kümmern müssen, gerieten wir in eine heftige Auseinandersetzung.

Dann sagte er etwas, was mich zutiefst verletzte. Ich hätte Zwangsgedanken! Dies schrieb er später sogar in den Verlegungsbericht. Solch eine tief demütigende Diagnose, nur weil ich an meiner Meinung festhielt, dass er als mein behandelnder Arzt sich um mich hätte kümmern müssen, gerade wegen der lebensbedrohlichen Situation. Gerade, weil er selbst so lange nicht verstanden hatte, dass ich die Gürtelrose am Unterleib hatte und nicht nur einen einfachen Herpes. Gerade, weil ich so einen ungewöhnlichen Weg gehe und viele das nicht verstehen können, und daraus im Krankenhaus Schwierigkeiten entstehen. Gerade, weil er mich so wenig in meinem Leiden wahrgenommen hatte. Vielleicht hätte ich aber auch gerade durch diese vielen bereits erlebten Enttäuschungen realisieren und akzeptieren müssen, dass er dazu nicht in der Lage war, mir wirklich beizustehen. Dazu jedoch reichte mein menschliches Einsehen noch nicht aus.

Dann warf er mir sogar noch vor, dass diese Ärzte dort doch keine Tiere oder Roboter wären und sie mich schon verstehen würden. Es hat mich sehr tief getroffen, wie er dies gesagt hat. Ich war sowieso schon in Not und vor allem stark verunsichert - und dann noch das! Seit Jahren hatte ich nicht so geweint, vor jemand Anderem sowieso nicht und auch noch nie am Telefon. Ich erlebte eine große Enttäuschung, weil er mir so wichtig gewesen war, weil ich von ihm verstanden werden wollte, weil ich von ihm begleitet werden wollte. Es war extrem schmerzhaft. Wir kamen zu keinem Ergebnis. Er beharrte mindestens in der gleichen Zwanghaftigkeit darauf, dass er sich nicht hätte kümmern müssen, wie ich behauptete, dass er es hätte tun müssen.

Ich litt unglaublich. Mit meinem ganzen Innern wusste ich, dass ich Recht hatte. Das ärztliche Versagen von Herrn Dr. Hesse mir gegenüber und das Nichtvorhandensein einer Nachtwache in diesem Kurhaus hätte ihn als ärztlicher Leiter vielleicht sogar seinen Job kosten können. Noch lange habe ich unter dieser Enttäuschung wirklich tief gelitten. An diesem Abend war der seelische Schmerz kaum auszuhalten. Ich bat Dr. Bauer, doch noch mal mit Dr. Heinrich zu sprechen.

Ich hätte... Ich hätte... Immer wieder hätte ich...

Der Montagmorgen war insgesamt ziemlich verhext. Ich hatte geduscht. Beim Abtrocknen tupfte ich mit einem Handtuch meine Wunde zum Trocknen ab. Deshalb war jetzt etwas Blut darauf. Ich fragte den Pfleger auf dem Flur, wo ich die Wäsche hinlegen sollte und sagte, dass dieses Handtuch wegen der Ansteckungsgefahr gesondert entsorgt werden müsste. Er zeigte mir, wo ich es hintun sollte. Ich legte das befleckte Handtuch sichtbar nach oben und sagte es ihm auch.

Zufällig kam dann gerade die eigentlich für mich zuständige Krankenschwester vorbei und wurde darauf aufmerksam. Sie fing sofort an, mich laut zu beschimpfen. Ich hätte es ihr sagen müssen, als sie bei mir im Zimmer war. Ich hätte es im Zimmer lassen müssen. Ich hätte ... Ich hätte... Immer wieder hätte ich ... Ich wehrte mich natürlich mit all meiner Kraft, aber es war und blieb schrecklich.

Der Krankenpfleger versuchte, zwischen ihr und mir zu vermitteln. Er schaffte es jedoch nicht. Die Krankenschwester war total aufgebracht. Am späteren Vormittag holte ich einen Eisbeutel aus dem Kühlschrank. Dabei sah sie mich und war wieder unzufrieden.

Daraus resultierten erhebliche Probleme, die ich später beschreiben werde. Dann kam es auch noch während der Visite mit Dr. Heinrich zu einem Gespräch über Dr. Bauer und das Telefongespräch. Dr. Bauer hatte ihm natürlich seine Sicht des Geschehenen erklärt. Deshalb nahm Dr. Heinrich ihn jetzt in Schutz. Er äußerte seine Meinung, dass Dr. Bauer die Tage frei gehabt hätte und deshalb nicht zuständig gewesen wäre.

Ich bin immer noch absolut überzeugt, dass Dr. Bauer als ärztlicher Leiter des Kurhauses die Verantwortung hatte und sogar gesetzlich dazu verpflichtet gewesen wäre, dem leitenden Arzt hier den Vor-Verlauf meiner Erkrankung mitzuteilen, gerade nach dem Umgang mit diesem völlig unfähigen Arzt. Ich hatte ihn schließlich angerufen und er hatte es versprochen. Es war einfach gemein! So hatte sich der Halt, den ich glaubte, in Dr. Heinrich gefunden zu haben, auch noch aufgelöst. Ich fühlte mich haltlos, verunsichert, bedroht, allein, so entsetzlich schrecklich in dieser schwierigen Situation. Ich war auch allein, weit weg von zu Hause, zu weit, als dass mich jemand hätte besuchen können. Meine Freundin Britta, die ich bei den Auraberatungen mit Andree kennengelernt hatte, bot mir zwar an, mich im Krankenhaus zu besuchen. Ich wollte ihr aber diese weite Strecke von über 600 km nicht zumuten. Zudem hätte sie ihre zwei kleinen Kinder unterbringen müssen. Dies wollte ich nicht zulassen, obwohl es sicher eine Hilfe für mich gewesen wäre.

Dr. Heinrich hatte mir Verständnis entgegengebracht, welches ich unbedingt brauchte. Gerade in solchen äußerlich höchst unsicheren Situationen fühle ich mich sehr abhängig von den Menschen um mich. Ich bin dann ganz besonders haltlos und unsicher. Er war für mich eine Person, von der ich mich sofort verstanden gefühlt hatte. Ich hatte ihn als sehr vertrauenswürdig empfunden. Durch seine Meinung zu Dr. Bauer war ich extrem verunsichert und enttäuscht worden. Natürlich wusste ich, dass Dr. Bauer Urlaub brauchte. Dies war jedoch ein Notfall. Noch heute spüre ich, wie sehr ich mich von ihm allein gelassen gefühlt habe, wie wichtig es für mich gewesen wäre, dass er angerufen hätte.

Jetzt jedenfalls, wo ich mich offen gezeigt hatte, meinem Empfinden und meiner Sicht Ausdruck verliehen und dieser Chefarzt aufgrund der Beeinflussung durch Dr. Bauer so verständnislos mir gegenüber reagiert hatte, fühlte ich mich auch bei ihm nicht mehr sicher. Mein kindliches Ich fühlte sich sehr schuldig, weil es gewagt hatte, seinen Unmut auszudrücken. Diese Instanz in mir glaubt, dass ich alles über mich ergehen lassen muss und dass die Anderen Recht haben, auch wenn ich mich damit nicht gut fühle.

Das andere Empfinden in mir war, dass ich mich noch mehr verunsichert fühlte. Der Boden wurde immer unsicherer und meine innere Unruhe, mein Außer-mir-Sein immer stärker. Die übermäßigen Anstrengungen der letzten Monate wirkten noch nach und dazu kam die immer noch akute Lebensbedrohung durch meine momentane Erkrankung. Ich fühlte mich ohnehin zwischen allen Welten. Jetzt fühlte ich mich auch noch von ärztlicher und pflegerischer Seite unverstanden und alleingelassen. Die Bedrohung, „psychotisch" zu werden, war sehr groß für mich, denn die Voraussetzungen dafür waren alle erfüllt.

Später kam es mehrfach zu Gesprächen zwischen Dr. Bauer und mir über meine angebliche Zwanghaftigkeit, die meiner Meinung nach nur deshalb zu Tage getreten war, weil er zwanghaft auf seiner Meinung beharrt hatte, die ich als Unrecht erlebte. Er hat sich einige Wochen später dafür entschuldigt. Dass er wirklich eingesehen hat, wie grauenhaft es für mich gewesen war, glaube ich nicht. Es war eine große Enttäuschung, die ich versuchte, als seine persönliche menschliche Schwäche anzuerkennen, gerade, weil ich ihn so liebte, gerade, weil ich ihn so zu ihm aufblickte. Er war für mich ein bedeutender Mensch mit einer großen Vorbildfunktion.

In der Nacht von Montag auf Dienstag erlebte ich ein „Wunder". Ich wachte ungefähr um fünf Uhr morgens auf. Seit meiner Reiki-Einweihung 1994 lege ich immer, wenn ich wach bin bewusst meine Hände zur Heilung auf bedürftige Körperregionen. In der Regel ist es vor allem die Milz, die diese Unterstützung braucht, weil sie häufig schmerzt. Dieses Mal legte ich sie nicht direkt auf die Wunde, sondern darüber auf das zweite Chakra. Es liegt unterhalb des Bauchnabels. Dann erlebte ich etwas wie ein Wunder, weil ich spürte, wie die gestauten Kräfte herausgezogen wurden. Ich konnte so deutlich erleben, dass die Entzündung sich erheblich besserte! Es dauerte insgesamt etwas über eine Stunde. Währenddessen war mir bewusst, dass ich meine Hände nicht von dieser Stelle nehmen sollte, weil der Prozess dieser starken Wirkung sonst nicht wiederholbar gewesen wäre. So etwas hatte ich noch nie erlebt. Die Entzündung war nach diesem Erlebnis deutlich zurückgegangen.

Ich war wie erfasst von diesem Wunder und fühlte große Dankbarkeit dafür. Mir war es so erschienen, als würde ein Engelwesen durch mich wirken. Morgens rief ich sofort Bärbel an. Sie war der Meinung, dass es kein Engel gewesen sei, sondern meine eigenen Heilkräfte, die ich dort erstmals in einer so starken Wirkung erleben durfte. Es war sehr eindrucksvoll, zu spüren, wie sich die Entzündung auflöste und sich dabei tatsächlich um ungefähr um 2 cm zurückbildete.

Am Morgen bei der Visite war Dr. Heinrich völlig überrascht. Er konnte es kaum fassen, wie viel besser die Wunde aussah. So etwas Erstaunliches hatte er nicht erwartet. Ich erzählte ihm von dem Wunder und auch er war beeindruckt. In der folgenden Nacht hatte ich ein erneutes Erlebnis meiner Selbstheilungskräfte. Wieder wachte ich gegen fünf Uhr morgens auf und legte meine Hände auf das zweite Chakra. Wieder strömte es eine lange Zeit, zog die Entzündung raus, und wieder bildete sie sich ein großes Stück zurück. Ich war völlig ergriffen von dieser Wirkung.

Bei der Visite am nächsten Mittwochmorgen entstand eine sehr heftige Situation. In meinem Zimmer waren bereits Dr. Heinrich, die Stationsärztin und eine Schwester zum Verbandswechsel. Dann kam noch ein anderer Oberarzt herein, gerade in dem Moment, als sich alle meine Wunde im Intimbereich ansahen. Ich geriet in Panik, hatte starke Auslöser traumatischer Erinnerungen, war übererregt und völlig durcheinander. Spontan äußerte ich, dass er rausgehen müsste, weil ich nicht noch jemanden aushalten würde, schon gar nicht, weil ich ihn noch nie zuvor gesehen hatte. Danach beruhigte ich mich nur langsam. Ich kann mich erinnern, wie schwierig es für mich jeden Tag aufs Neue war, den Ärzten oder dem Pflegepersonal meine Wunde in diesem intimsten Bereich zu zeigen und von ihnen versorgen zu lassen. Auch diese Herausforderung trug wesentlich zu meiner Verunsicherung bei.

Der Oberarzt verließ das Zimmer und kam später wieder, um mir mitzuteilen, dass in der Stationsversammlung beschlossen worden wäre, dass ich keine Eisbeutel mehr selbst aus dem Kühlschrank entnehmen dürfte. Das Risiko, dass sich jemand anstecken könnte, sei zu groß. Auf der Station seien Chemotherapiepatienten, die sehr anfällig wären. Ich entgegnete ihm, dass ich die Eisbeutel immer abgewaschen hätte, bevor ich sie ins Eisfach zurückgelegt hatte. Als ehemalige Krankenschwester könnte ich ihm versprechen, sie auch vorher genügend zu desinfizieren. Darauf wollte er sich jedoch nicht einlassen. Ich müsste jedes Mal klingeln, dann würde mir ein Eisbeutel gebracht. Daraufhin wurde in mein Zimmer sogar ein eigener großer Müllsack und ein eigener Wäschesack hineingestellt, um meinen Müll und meine Wäsche extra zu entsorgen.

Es war einfach Wahnsinn! So ein Schwachsinn! Mittelalter! Ich fühlte mich persönlich gedemütigt - aussätzig. Im Nachhinein kann ich erkennen, dass es das Unvermögen, die vollkommen unberechtigten Ansteckungsängste der Krankenschwester vom Montagmorgen, des anderen Personals und der Ärzte waren. In dieser Situation selbst hatte ich jedoch das Gefühl, dass es niemanden gab, der sich bemühte, mich zu verstehen, mir etwas Halt zu geben. Mit all diesen Schwierigkeiten musste ich allein fertig werden. In diesem Krankenhaus kannte ich niemanden. Der Umgang des Pflegepersonals und der Ärztin war so abweisend, dass ich in ihnen keine Unterstützung erlebte. Während des gesamten Aufenthaltes hatten sie täglich nicht mehr als zehn Minuten Zeit für mich. Durch die Ereignisse mit ihnen wurde ich zudem immer noch tiefer verunsichert, noch haltloser, sodass ich gar nichts mehr annehmen konnte, ich war einfach dicht.

Je schwerer ich erkrankte und je konsequenter ich auf meinem Weg der Ganzheitlichkeit wurde, desto gegensätzlicher wurden die Reaktionen der außenstehenden Menschen. Entweder werde ich abgelehnt, oder die Menschen sind überfordert, oder genau gegenteilig: Mir wird sehr viel Respekt, Achtung und Anerkennung für diesen Weg entgegengebracht.

Ab diesem Gespräch mit dem Oberarzt musste ich jedes Mal klingeln, wenn ich einen Eisbeutel haben wollte. Eisbeutel waren mein einziges Schmerzmittel. Ich brauchte mindestens alle zwei Stunden einen neuen, weil sie durch die Hitze der Entzündung sehr schnell warm wurden. Die Schmerzen waren immer noch sehr stark. Ohne diese Hilfe wären sie nicht zu ertragen gewesen. Immer wieder vergaßen die Krankenschwestern jedoch, die Eisbeutel in den Kühlschrank zu legen, und so waren sie nicht kalt genug. Gerade zur Nacht waren sie für mich von größter Bedeutung, um durch die Linderung des Schmerzes in den Schlaf finden zu können. An einem Abend waren sie wieder nur lauwarm, als ich ins Bett wollte. Ich war extrem wütend. Dies bedeutete, dass ich mindestens anderthalb Stunden warten musste, bis ich endlich schlafen konnte. In meiner Wut zertrümmerte ich den lauwarmen Eisbeutel in der Küche (Es war mein eigener). Die Nachtschwester besorgte von einer anderen Station einen neuen, der dann „Gott sei Dank" kalt genug war.

Es war entsetzlich. Immer wieder passierte es, dass die Eisbeutel nur lauwarm und somit keine Hilfe waren. Diese Aufgabe war von pflegerischer Seite die einzige, die in diesem Krankenhaus für mich getan werden musste, und selbst diese haben sie nicht erfüllt - was nicht hätte sein müssen, wenn ich mich selbst darum hätte kümmern dürfen. Es war schrecklich. Immer wieder war ich außer mir.

Manche der Krankenschwestern erschienen mir zumindest nett. Jedoch haben sie sich keine Zeit für mich genommen und gar kein Interesse an mir gezeigt. Anwendungen, Therapien oder sonstige Verordnungen hatte ich gar keine. Deshalb bat ich die Ärztin um Therapien. Sie äußerte jedoch sehr bestimmt, dass meine Therapie die Bettruhe sei. Dadurch war ich jedoch völlig auf mich selbst zurückgeworfen, hatte keinerlei menschliche Zuwendung, und meine Gedanken konnten nur um sich selbst kreisen. Da ich mangels Kraft und wegen der starken Schmerzen kaum aufstehen konnte, war ich fast 24 Stunden am Tag allein in meinem Zimmer.

Während dieses Krankenhausaufenthaltes habe ich sehr viel meditiert und gebetet. Es ist kaum zu verstehen, dass ich in dieser schweren Situation, selbst in der Versorgung durch ein Krankenhaus, so allein gelassen wurde. Außer dem Verbandswechsel fand gar nichts statt. Keiner redete mit mir, keiner kümmerte sich um das, was mich innerlich bewegte, schon gar nicht, was ich in den letzten Monaten durchlebt hatte. Wenn ich es nicht mehr aushielt, habe ich Gespräche von dem Pflegepersonal eingefordert. Durch die aus meiner Not heraus entstehende fordernde Art, entwickelten sie dann noch mehr Ablehnung mir gegenüber.

Eine der Nachtschwestern war anders. Sie war sehr wichtig für mich. Bei ihr durfte ich die Eisbeutel selbst aus dem Kühlfach nehmen. Sie fand es genauso lächerlich. Dann gab es noch den älteren Pfleger vom Montagmorgen, der zwar nie für mich zuständig und nur selten da war, aber auch er war für mich wichtig. Es war jedes Mal, als würde Gott durch ihn zu mir sprechen, mich kurz wieder etwas aufrichten, mich wieder mit mir selbst in Kontakt bringen.

Dieser Pfleger war überlebensnotwendig in dieser entsetzlichen Zeit. Wenn er da war, baute er mich mit wenigen Worten wieder auf. Er sagte, dass er in meinen Augen sehen würde, welche Seele ich hätte, er hätte mich und meine Aufgabe erkannt. Bei ihm spürte ich einen großen Respekt mir gegenüber.

Mehrmals erklärte er mir, wie er mich in meiner Erkrankung und der darin liegenden Aufgabe und meinem ungewöhnlichen Umgang damit erlebte. Es war hilfreich, dass er so viel Respekt hatte. Ich hätte mich in dieser lebensbedrohlichen, haltlosen Situation sonst noch verlorener gefühlt. Er schrieb mir auch eine Karte mit einem sehr hilfreichen Spruch von Rudolf Steiner:

Erkenne, dass ich die Kraft in Dir bin.
Es gibt keine Macht im Persönlichen.
Es gibt keine Macht in den Umständen.
Es liegt allein die Macht in mir,
der ich Dein Urwesen bin.

Je schwerer ich erkrankte und je konsequenter ich auf meinem Weg der Ganzheitlichkeit wurde, desto gegensätzlicher wurden die Reaktionen der außenstehenden Menschen. Entweder werde ich abgelehnt, oder die Menschen sind überfordert, oder genau gegenteilig: Mir wird sehr viel Respekt, Achtung und Anerkennung für diesen Weg entgegengebracht. Da ich jedoch immer wieder auf Hilfe von gerade den Menschen angewiesen bin, die mich gar nicht verstehen können, bedeutet dies immer zusätzliche Anstrengung, die meinen Weg doppelt schwierig macht.

Dadurch, dass mir oft so wenig Unterstützung und Verständnis entgegenkam, habe ich mich immer mehr mit meinen Bedürfnissen und vor allem dem Zeigen meiner Schwäche zurückgenommen. Ich glaubte, dass ich nicht so schwierig für andere sein durfte. Die aus meiner Situation und meinem Umgang entstandenen Konflikte oder Schwierigkeiten konnte ich lange Zeit nur als meine eigenen Fehler verstehen und verarbeiteten und neigte darin dann zur Selbstzerstörung, zweifelte massiv an mir und meinem Weg. Dies war der Ursprung von großem Leid, das schwer auszuhalten war. Und doch bin ich diesen Weg weitergegangen! Ich konnte es nicht anders, weil ich ihn für mich selbst als wahrhaftig erlebte.

So viel geistige und meditative Arbeit wie in dieser und der nachfolgenden Zeit habe ich noch nie geleistet.

Der Umgang mit der Stationsärztin war sehr schwierig für mich. Sie war förmlich, korrekt, und doch spürte ich an ihr einen starken Widerwillen mir gegenüber. Ich suchte nach der Verbindung zu ihr. Durch sie habe ich noch mal gemerkt, wie stark ich darauf angewiesen bin, dass die, die mich so nah begleiten, mich mögen. Sonst ringe ich unterbewusst fortwährend darum, ihre Sympathie zu gewinnen.

Ich glaube, dass der Kontakt zwischen Arzt bzw. Heiler und Patient viel wichtiger ist, als wir es heute annehmen. Bei manchen Krankheitsprozessen geht es nur in sehr beschränktem Maße um Fachkompetenz, sondern viel mehr um den menschlich-respektvollen Umgang. Der Patient sollte vom Arzt als gleichwertiges Gegenüber wahrgenommen und behandelt werden. Dabei halte ich es für sehr wichtig, dass der Patient nicht in die Versuchung kommt, seine Eigenkompetenz und Selbstverantwortung aufgrund der „mächtig" wirkenden Fachkompetenz des Arztes und seiner gehobenen gesellschaftlichen Stellung an ihn abzugeben. Es war und ist immer noch eine große Schwierigkeit, für mich damit umzugehen, wenn Professionalität auf Kosten der frei wirkenden Menschlichkeit geht.

Diese Ärztin hier im Krankenhaus machte mir Seiten meiner Vergangenheit deutlich, von denen ich seit meiner intensiven Zeit der Selbstreflexion und der Arbeit mit Bärbel wusste. Diese Seiten waren der Ärztin selbst nicht bewusst, es lief subtil ab. Ich empfand starke negative Kräfte bei ihr, die teils sogar leicht sadistische Züge hatten. Diese konnte ich wahrscheinlich nur aufgrund meiner ausgeprägten Sensibilität im Zusammenhang mit der jahrelangen Bewusstseinsarbeit wahrnehmen. Im Kontakt mit ihr musste ich mir immer wieder klar machen, dass es gar nicht möglich ist, mit jedem Menschen einen harmonischen Kontakt zu haben.

Im Nebenzimmer war eine Patientin, die nur jammerte - den ganzen Tag. Sie war objektiv, medizinisch gesehen, wesentlich gesünder als ich, und doch konnte sie den ganzen Tag das Pflegepersonal und den täglichen Besuch beschäftigen. Bei mir entstand Wut, weil ich erlebte, dass jemand wie sie, der gar keine Verantwortung für sich selbst übernimmt und kaum etwas aushalten will, Aufmerksamkeit einfordert, tatsächlich dadurch so viel Hilfe bekommt. Für mich war es schwer zu akzeptieren. Wenn jemand wie ich diese Fähigkeit zum Ausdruck von Erwartungen und Gefühlen nicht hat, kommt ihm nichts entgegen.

Durch dieses direkte Erleben habe ich begriffen, dass das Pflegepersonal keine ich-haften und ich-stärkenden Beziehungen zu Patienten aufbauen kann. Sie reagieren wie automatisch auf unterschwellige Bedürfnisse und Forderungen der Patienten. Damit glauben sie Gutes zu tun und die ihnen entgegengebrachte Dankbarkeit bestätigt sie noch darin. Sie nehmen aber dem Menschen damit die Möglichkeit, ihre Selbstheilungskräfte zu stärken und aus dem Leiden Erkenntnis zu gewinnen. Ich weiß, dass dies ein Spiegel unserer Zeit ist und dem Stand unseres Umganges mit Krankheit in unserem Gesundheitswesen entspricht. Es war schwer, zu lernen, das zu akzeptieren. Dies bedeutete, dass ich viel mehr Kraft aufbringen und leiden musste, um die Selbstverantwortung im Umgang mit Heilung und Gesundheit zu verwirklichen. Menschheitlich gesehen spielte Leiden immer eine große Rolle. Die Möglichkeiten, dieses auszuschalten, haben in der heutigen Zeit eine große Bedeutung. Früher musste das Leiden einfach ausgehalten werden. Dies geschah unbewusst. In unserer Zeit, in der Schmerz abgeschaltet werden kann, geht es mir darum, mich frei zu entscheiden, diesen bewusst auszuhalten und damit eine neue Form der Selbstverantwortung im Leiden zu finden.

Gerade in den nächsten Wochen war es eine tiefe Frage für mich, was dies alles mit mir zu tun hatte. Warum werde ich so behandelt, was löse ich bei den Menschen aus? Kommen sie mit dieser außergewöhnlichen Situation so schwer zurecht? Soll ich mich wehren, lernen, mich für mich selbst einzusetzen? Erscheine ich so, dass ich kaum Hilfe brauche? Kann ich Hilfe annehmen? Wie viel Zuwendung würde ich überhaupt aushalten? Wie sehr lehne ich mich und mein Schicksal ab? Wie gehe ich mit mir selbst um? Wo zweifele ich zu sehr an mir? Fühle ich mich schuldig? Zerstöre ich mich deshalb unbewusst? Das waren die gravierendsten Fragen und dahinter stand eine große Not, ein Leiden, ein Alleinsein, ein seelisches Verhungern, das kaum auszuhalten war.

Diese Fragen wurden vor allem durch Lars ausgelöst. Die Telefonate mit ihm waren bahnbrechend. Es ist jedes Mal für mich wieder erstaunlich, in welchen weitreichenden Dimensionen er denken und empfinden kann. Diese geistigen Auseinandersetzungen waren sehr wichtig, aber natürlich auch anstrengend. Zudem ist es bei einem so grenzenlosen Bewusstsein schwierig, die Anbindung an das Menschsein in dieser Zeit nicht zu verlieren. So viel geistige und meditative Arbeit wie in dieser und der nachfolgenden Zeit habe ich noch nie geleistet. Diese wird sicher zusätzlich eine große Wirkung auf meinen Heilungsprozess gehabt haben.

Es herrschte eine unerträgliche Hitze, es war der Jahrhundertsommer. Während des gesamten Aufenthaltes kein Regen, keinerlei Abkühlung! Bei dieser wahnsinnigen Hitze war das Fieber natürlich doppelt unangenehm. Dazu noch meine jammernde Nachbarin, die es nicht zuließ, dass die Tür auf dem Flur, die nach draußen führte, offen blieb. Es könnte ja ein kurzer Moment Durchzug entstehen, wenn sie ihr Zimmer verlassen würde! Trotz der Hitze war sie immer noch warm eingehüllt in Tücher, absolut übersensibel und überbeschützt. Die Temperaturen im Zimmer wurden so noch unerträglicher.

Immer wieder habe ich jedoch auch sehr mitfühlend an viele Menschen gedacht, die während dieser Hitze noch schwere Arbeit leisten mussten, wie zum Beispiel Björn, mein Bruder, der in der Holzfabrik an Maschinen arbeitete. Björn erzählte mir später, dass er an mich gedacht hätte und er es für noch schlimmer gehalten hätte, bei der Hitze mit Fieber im Krankenhaus zu liegen. Interessant, dass man sein eigenes Leid dadurch besser erträgt, dass man füreinander mitfühlend empfindet.

Die Ärztin hielt sich beim Verbandwechsel kaum an hygienische Vorschriften. Dies erzeugte in mir größte Ängste. Sie zog Handschuhe an, um sich selbst vor einer Infektion zu schützen, arbeitete dann jedoch völlig unsteril.

Das Fieber normalisierte sich im Laufe der ersten Woche. Immer noch rieb ich meinen gesamten Körper zweimal täglich mit Aura Soma ein und nahm Propolistropfen. Dr. Heinrich und die Stationsärztin waren völlig erstaunt, wie schnell die Heilung verlief. Dieser schnelle Rückgang der Entzündung, der Phlegmone, war nicht zu erwarten, noch nicht mal zu erhoffen gewesen. Insgesamt hatte ich viermal frühmorgens das Erlebnis meiner starken Selbstheilungskräfte, während dem sich jedes Mal ein Teil der Entzündung zurückbildete.

Dann jedoch entstand das Problem der Sekundärinfektion. Die Ärztin hielt sich beim Verbandwechsel kaum an hygienische Vorschriften. Dies erzeugte in mir größte Ängste. Sie zog Handschuhe an, um sich selbst vor einer Infektion zu schützen, arbeitete dann jedoch völlig unsteril. Das war unfassbar bei einem Patienten mit einer so weit fortgeschrittenen Immunschwäche. Immer wieder machte ich sie darauf aufmerksam, wenn sie beispielsweise die sterile Spritze ausgepackt auf mein unsteriles Essenstablett gelegt hatte. Ich wies sie an, dass ich diese nicht mehr in der Wunde haben wollte.

Sie reagierte mit Wut, wurde ungehalten, als sie eine neue Spritze besorgen sollte. Auch ging sie jedes Mal mit den Handschuhen an den Mülleimer und dann wieder an meine Wunde oder lief mit den Handschuhen über die Station, holte etwas, fasste alles an, und dann wieder an meine Wunde. Vor diesem unhygienischen Umgang war meine Wunde nicht infiziert gewesen. Erst dadurch infizierte sie sich und fing an zu eitern.

Mehrmals habe ich mich mit ihr auseinandergesetzt, dass es medizinisch gesehen dringend notwendig sei, die Wunde täglich zu spülen und zu verbinden. Sie sah es jedoch nicht ein. Dann stritt sie sogar ab, dass die Wunde eitern würde. Es war eindeutig. Auch eine Krankenschwester hatte es gesehen, und später wurde es von einem Chirurgen bestätigt. Die Ärztin stritt es bis zum Schluss ab. Somit musste ich in diesem Krankenhaus noch starke Abwehr leisten, während ich seelisch kaum Halt bekam. Ich fühlte mich ausgeliefert.

Da ich mich so allein fühlte, habe ich viele Gespräche mit Karin und Lars geführt. Sie waren ein wichtiger Halt. Das Wichtigste, was mir in dieser Zeit immer wieder Lebensmut gegeben hat, war die Aussicht, mit Anna-Maria neue Projekte zu gestalten. Dies war für mich wie eine Motivation zum Leben, wie ein Lebenselixier. Es gab mir Kraft, weiter leben zu wollen. Die Telefonate mit ihr waren so belebend, so wichtig für mich. Anna-Maria war von meinem Schicksal und dem durchlebten Leiden so tief berührt, dass sie sich davon inspirieren ließ, diese ganzheitlich orientierte Medizin unterstützen zu wollen. Ich spürte darin ihr Mitgefühl und ihre große Liebe für mich und mein Schicksal. Jedes Mal nach den Telefonaten waren meine depressiven Zustände wie weggeblasen. Ich fühlte mich in einem hochinspirierten, fast etwas euphorischen Zustand, der mir wirklich gut getan hat. In dieser Zeit des Krankenhausaufenthaltes vertiefte sich unsere Freundschaft sehr und der Boden für das spätere Wirken zur Unterstützung anthroposophischer Projekte wurde geschaffen.

Erst nach einer Woche wurde mir das Ergebnis der Blutkultur mitgeteilt. Nach der Bebrütung wurden anaerobe Keime gefunden. Dies bedeutete, dass ich tatsächlich eine Sepsis (Blutvergiftung) gehabt hatte. Es ist wohl ein medizinisches Wunder, dass ich diese mit meinem zerstörten Immunsystem (wahrscheinlich unter 50 Helferzellen) ohne chemische Unterstützung überleben konnte. Es war körperlich die bedrohlichste Erkrankung, die ich je überwinden durfte. An ihr erlebte ich die heilende Wirkung von Propolis, Aura Soma, anthroposophischen Medikamenten und vor allem viel geistiger Arbeit. Gerade die nächtlichen Erlebnisse meiner Selbstheilungskräfte werden entscheidend zu diesem Erfolg beigetragen haben.

Dr. Heinrich hatte mir dadurch gezeigt, dass er tatsächlich ein tiefstes Bestreben nach diesen eigentlichen Heilerqualitäten verfolgt. Sicher gab es selten eine Möglichkeit, mit einem Patienten einen so gefährlichen Weg zu gehen und dabei Heilung im tiefsten Sinne zu erreichen.

Einige Monate später habe ich erfahren, was bei dieser Erkrankung hätte geschehen können. Zum Beispiel hatte eine Frau nach einer Geburt eine Sepsis gehabt. Durch das hohe Fieber war das Schlafzentrum im Gehirn verbrannt. Sie konnte in den wenigen Jahren, die sie danach noch lebte, nur noch mit stärksten Betäubungsmitteln schlafen und verstarb dann an Krebs. Auch Dr. Lenzen erklärte mir, dass bei so hohen Körpertemperaturen, wie sie bei mir über mehrere Tage angehalten hatten, an den Organen, vor allem dem Herz, große Schäden hätten entstehen können.

Es ist absolut ungewöhnlich, dass ich diese Blutvergiftung ohne bleibende Schäden überwunden habe. Wenn ich mein schweres Schicksal insgesamt betrachte, sehe ich trotz des starken Leidens, dass ich größtes „Glück" in gerade den außergewöhnlichsten Erkrankungsphasen hatte, auch wenn ich dies nicht immer so empfinden kann.

Für die Überwindung dieser Erkrankung bin ich besonders dankbar. Medizinisch gesehen war diese Heilung unvorstellbar. Die geistige Wirklichkeit hatte sich mir dabei in voller Kraft offenbart.

In einem Brief zu Weihnachten bedankte ich mich bei Dr. Heinrich, dass er mir die Möglichkeit gegeben hatte, diese lebensbedrohliche Erkrankung trotz zerstörtem Immunsystem ohne chemischmedikamentöse Einwirkung zu überwinden. Gerade nach meinen vielen Erfahrungen des Unverständnisses gegenüber meinem ganzheitlichen Umgang mit schweren Krankheiten, auch von anthroposophischen Ärzten, war sein Angebot so besonders gewesen. Er hatte auch sich selbst dabei in große Gefahr gebracht. Wenn dieses „Experiment" schief gelaufen wäre, hätte er sich juristisch verantworten und mit einschneidenden Konsequenzen rechnen müssen. Im Nachhinein konnte ich erkennen, wie wichtig die Überwindung dieser Erkrankung für meine spätere Entwicklung war und dass dadurch eine starke spirituelle Öffnung stattfinden konnte. Ich fand es sehr besonders, dass er mir sogar in einem ausführlichen Brief antwortete. Den wichtigsten Teil möchte ich hier zitieren:

„Ich möchte mich auch noch einmal besonders bedanken dafür, dass Sie auch von Ihrer Seite aus den Weg bei uns in der Klinik so mutvoll mitgegangen sind und keine Zweifel haben aufkommen lassen bezüglich der Richtigkeit der Therapie. Sie sprechen von Ihrer Seite in Ihrem Brief die wichtigste ärztliche Qualität, nämlich den Heilermut und den Heilerwillen an, welche erst eine solche Therapie ermöglichen. Dazu bedarf es eben des vollen Vertrauens in die Situation, aber auch in den weiteren Werdegang der Gesundung. Ich selbst schätze es als ein Geschenk, dass diese Konstellation mit Ihnen möglich wurde und Sie dadurch ohne Antibiotika wieder zur Gesundheit gelangt sind."

Dieser Brief war sehr heilsam für mich. Vor allem zeigte er mir, dass mein Ringen um einen spirituellen Umgang mit Krankheitsphasen nicht nur schwierig für Ärzte sein muss, querulantisch wirkt, sondern einen Arzt wie ihn sogar in seinem grundlegenden Streben nach ganzheitlichem Heilen herausfordern und dann sogar zu einer solchen Bestätigung führen kann. Dr. Heinrich hatte mir dadurch gezeigt, dass er tatsächlich ein tiefstes Bestreben nach diesen eigentlichen Heilerqualitäten verfolgt. Sicher gab es selten eine Möglichkeit, mit einem Patienten einen so gefährlichen Weg zu gehen und dabei Heilung im tiefsten Sinne zu erreichen.

In einem Gespräch, das ich im August 2007 mit ihm führte, um sein Einverständnis für die Veröffentlichung dieses Zitates zu erhalten, hatte ich ein ausführliches Gespräch mit seiner Frau. Sie erzählte mir von der Zeit meines Klinikaufenthaltes. Ihr Mann habe sehr darum gerungen, mich in meinem lebensbedrohlichen Zustand zu begleiten. Auch für ihn sei es eine große Herausforderung gewesen. Im vollen Bewusstsein um die Gefahren hätte er entschieden, mir diesen Weg ohne Chemie zu erlauben, weil er in der tiefen inneren Überzeugung gelebt hätte, dass es ihm möglich sei, mir dabei zu helfen, den Krankheitszustand zu überwinden. Diese Überzeugung, so glaube ich, hat sicher entscheidend dazu beigetragen, dass es diesen glücklichen Ausgang gegeben hat.

Mein Krankenhausaufenthalt jedoch blieb weiter schwierig: Bereits nach acht Tagen teilte mir die Stationsärztin mit, dass ich in drei Tagen entlassen würde. Ich war völlig schockiert. Noch immer war ich bettlägerig, war nur zu Toilettengängen aufgestanden, konnte noch nicht sitzen und fühlte mich nach wie vor zwischen Leben und Sterben. Auch brauchte ich immer noch permanent Eisbeutel.

Für mich war diese Entscheidung völlig unverständlich. Viele Patienten mit weniger schweren medizinischen Diagnosen waren viel länger im Krankenhaus. In meinem Zustand konnte eine frühzeitige Entlassung sehr gefährlich sein! Angeblich würde meine Krankenkasse nicht länger bezahlen. Die Ärztin erklärte mir, dass meine Krankheit für den medizinischen Dienst gar nicht so schwer sei, weil ich sie durch die üblicherweise verordnete Therapie mit Antibiotika Infusionen in dieser von ihnen bewilligten Zeit hätte überwinden können. Bei mir entstand eine große Wut auf diese Unmenschlichkeit, die ich sowohl in unserem Kassensystem und zudem von dieser Ärztin erfahren musste. Gerade, weil ich immer extrem selbstverantwortlich mit verursachten Kosten umgegangen war, war es für mich sehr schwer einzusehen, dass ich in meinem jetzigen Zustand, in dem ich dringend mehr Unterstützung gebraucht hätte, diese nicht erhalten konnte. Da ich in diesem Krankenhaus ohnehin kaum Zuwendung erhalten hatte, war es im Nachhinein betrachtet sicher auch besser, dass ich hier entlassen worden bin. In dieser Zeit konnte ich dies jedoch nicht einsehen.

Am Montag sollte ich entlassen werden. Zu Dr. Bauer konnte ich nicht zurück, weil das Kurhaus keinen Platz für mich freigehalten hatte. Auch dies war total unverständlich, weil meine Verlegung zurück abzusehen gewesen war. Sogar der Beamte beim Landesversorgungsamt war schockiert davon. So musste ich in ein anderes Kurhaus.

Die Ärztin kümmerte sich um die Verlegung und die Fahrt. Sie hatte mir zugesichert, dass mein Auto mitkommen würde. Die Zeit vor der Entlassung war schrecklich. Ich hatte deutlich das Gefühl, dass sie unmöglich sein würde, weil ich mich noch zu schwer krank fühlte. Zudem entstanden große Ängste vor einem wieder neuen Haus, wieder neuen Menschen, wieder der Situation, keinen zu kennen. All das wirkte sich stark destabilisierend auf mich aus.

Noch nie hatte ich solche starken Ängste bei einer Entlassung gehabt.

Benedikt wohnte nicht weit von dem Krankenhaus, in dem ich lag. Am Sonntag kam er spontan für ein paar Stunden vorbei. Das war sehr wichtig für mich. Wir hatten uns lange nicht gesehen. So wurde es zu einer besonderen Begegnung. Durch die Anforderungen in seinem Beruf und als Familienvater hatte er sich sehr verändert. Er wirkte viel reifer, männlicher, durchdrungener, mit beiden Beinen sicher in der Welt stehend. Seit einem Jahr war er in der neuesten biochemischen Krebsforschung tätig und arbeitete an einer Methodik mit Protein Microarray. Dieses Wort habe ich extra auswendig gelernt. Benedikt erklärte mir auch die Bedeutung. Diese Forschung war Teil seiner Doktorarbeit. Zwischen uns bestand eine tiefe und starke seelische Verbundenheit, sodass es spannend war, wie sehr ich seine Arbeit annehmen, achten und wertschätzen konnte, obwohl genau sie die Grundlage von all dem war, wogegen ich mich bei meiner Krankheitsbewältigung so stellte, nämlich die Erforschung und Anwendung ausschließlich chemischer Medikamente.

Der Besuch von ihm war zwar nur kurz, aber durch ihn bekam ich wieder ein wenig mehr seelischen Halt. Er war bereits vor dem Krankenhausaufenthalt Teil meines Lebens gewesen. Somit konnte ich durch die sehr persönliche menschliche Begegnung die Verbindung zu mir selbst wieder etwas besser herstellen.

Am Sonntagabend um 22.30 Uhr, nachdem ich die wichtigsten Sachen ins Auto gepackt hatte, traf ich die Ärztin auf dem Flur. Ich sprach sie nochmals auf das Mitnehmen meines Autos an. Sie meinte, wie nebenbei, dass ich ohne mein Auto reisen müsste, sie hätte dies nicht organisiert. Ich war so wütend, die Wut schlug sogar in Hass um. So eine widerliche Person! Bereits am ersten Tag, bei der ersten Begegnung, hatte ich dies intuitiv wahrgenommen, innerlich gewusst, aber das jetzt, das war furchtbar. Bah! Was hätte ich machen sollen, wenn ich es am nächsten Morgen direkt vor meiner Abfahrt erfahren hätte?

Die Nachtschwester reagierte wieder mit großem Verständnis in Bezug auf meine Wahrnehmung der Ärztin. Sie empfand die Ärztin ähnlich wie ich und hatte Vergleichbares mit ihr erlebt. Das war wenigstens eine Hilfe, weil ich mich sonst auch noch selbst in Frage gestellt hätte. Zwei Jahre später bekam ich von mehreren, voneinander unabhängigen Personen ebenfalls die Bestätigung für ihr außerordentlich dominantes und ungerechtes Verhalten.

Da ich vom Packen sehr erschöpft war, konnte ich am Abend vor der Abreise nichts mehr ändern und ging ins Bett. Am nächsten Morgen musste ich alle Sachen aus dem Auto auspacken, umpacken und danach sortieren, was ich dringend bräuchte und was nicht. Ich war fix und fertig. So konnte es passieren, dass ich meinen Autoschlüssel hinten im Kofferraum liegen ließ und die Klappe zuschnappte. Ich hatte keinen Ersatzschlüssel. Dadurch war klar, dass ich nicht fahren konnte. Meine innere Stimme teilte mir sofort mit, dass ich auch nicht fahren sollte. Es war eine höhere Fügung. Noch nie war mir etwas Derartiges passiert. Ich bin ein sehr geistesgegenwärtiger Mensch, dem so etwas nur in Ausnahmesituationen passieren konnte - oder wenn es wirklich sein sollte, aus einer höheren Fügung heraus. Ich teilte dies der Ärztin mit und ich musste bleiben.

Der Autodienst einer Fordwerkstatt versuchte am Nachmittag, den Kofferraum zu öffnen. Er hat es trotz größter Bemühungen nicht geschafft, den Kofferraum meines Kabrios zu knacken. So schickte mir Susanne meinen Ersatzschlüssel von zu Hause. Dadurch konnte ich mich in der Zwischenzeit um meinen Pannenschutzbrief kümmern. Mein Ansprechpartner der Versicherung sagte mir sofort zu, dass ich am Mittwoch mit meinem Auto abgeholt und zum neuen Kurhaus gebracht würde. So hatte sich meine Wahrnehmung vom tieferen Sinn der Verzögerung meiner Entlassung bewahrheitet. Ein großes Glück, mein Auto konnte mit!

Am nächsten Tag kam mein Schlüssel und ich öffnete den Kofferraum. Alles war extrem überhitzt worden, weil in diesen Tagen Temperaturen von teils über 40 Grad geherrscht hatten. Alle naturheilkundlichen und homöopathischen Mittel, auch alle Aura-Soma-Produkte und viele Lebensmittel musste ich wegschmeißen! Mindestens 500 Euro Verlust! Ich war sehr dankbar, dass ich mein Notebook nicht hineingepackt hatte.

Eine einzige von über zehn Aura-Soma-Flaschen war in der Styropor Verpackung geplatzt - ausgerechnet meine Seelenflasche. Spontan vermutete ich, dass dies eine tiefere Bedeutung hätte. Im ersten

Moment beängstigte es mich stark. Ich glaubte, dass durch das hohe Fieber auch in mir etwas „geplatzt", zerstört worden sei. Später versuchte ich es so zu interpretieren, dass die volle Kraft meiner Seele freigeworden war. Diese Überlegungen orientierte ich an dem realen Hintergrund, dass ich bei der Überwindung dieser Krankheitssituation mein volles seelisches und geistiges Potential hatte nutzen müssen.

Im Laufe des Tages bekam ich erneut Ängste vor der Verlegung. Ich glaubte, dass die Zeit noch nicht genügte, die ich gebraucht hätte. Noch nie hatte ich solche starken Ängste bei einer Entlassung gehabt. Wieder zeigte die Stationsärztin gar kein Verständnis dafür. In diesem Gespräch stellte sich jedoch heraus, dass sie im Laufe der Zeit mir gegenüber scheinbar doch Respekt entwickelt hatte. Dies entnahm ich ihrer Aussage, dass ich diese schwere Krankheit fast allein aus mir selbst heraus überwunden hätte. Deshalb würde sie mir diese Verlegung jetzt auch ohne Probleme zutrauen. Dies war ein Zugeständnis mir gegenüber. Viel mehr hätte ich mir jedoch ihre Hilfe und Unterstützung gewünscht.

Abends wurden die Ängste so schlimm, dass ich mich mehrmals an die für mich zuständige Krankenschwester wendete. Es entfachte sich eine massive Auseinandersetzung. Auch sie wollte sich nicht damit beschäftigen, welche Schwierigkeiten ich mit der Ärztin hatte. Sie entgegnete unwirsch, dass ich es früher hätte sagen müssen. Ich hatte es mehrmals gesagt. Ich wurde immer unruhiger, immer aufgebrachter. Irgendwann hörte ich weiter weg auf dem Flur die Stimme von Dr. Heinrich. Ohne Bademantel, im Nachthemd, ziemlich außer mir lief ich über den Flur, weil ich Angst hatte, dass er wieder weg sein könnte, wenn ich mich umgezogen hätte. Ich bat ihn um ein Gespräch. Er kam sofort in mein Zimmer. Wir sprachen über meine Ängste vor der Entlassung. Er versuchte mich etwas zu beruhigen, ging ehrlich auf mich ein, und doch blieb ein innerer Kampf, eine Verwirrung, eine Angst. Es war einfach schrecklich.

Dann sprachen wir über die Projekte von Anna-Maria. Dr. Heinrich äußerte sich darüber, wie deutlich er sowohl in der Verbindung zwischen ihr und mir, als auch bei der überwundenen Blutvergiftung die positiven Auswirkungen meines schweren Schicksals erkennen konnte. Nach einem wertvoll verlaufenen Gespräch verabschiedeten wir uns. Später hatte ich noch Kontakt mit ihm wegen der Reflexion des Erlebten in dieser Zeit und auch wegen der Tätigkeit mit Anna Maria und den Zukunftsperspektiven seines Krankenhauses. Er, die Nachtschwester und der Pfleger hatten sich mir als integre Persönlichkeiten gezeigt. Da der Kontakt mit ihnen jedoch sehr selten gewesen war, war ich in der übrigen Zeit denen ausgeliefert, die sich mehr oder weniger blockiert oder abweisend mir gegenüber verhalten haben.

Auch im Nachhinein empfinde ich die Angst und Unruhe, die ich wegen der Entlassung hatte, als berechtigt. Es hatte nichts mit Phobien oder gar psychotischen Ängsten zu tun, sondern war eine angemessene Reaktion auf die noch nicht ganz überwundene lebensbedrohliche Erkrankung und die mangelhafte ärztliche und pflegerische Versorgung in den letzten Wochen.

Eine große Angst war, dass der Verbandswechsel im Kurhaus noch schlechter durchgeführt werden würde. Immer wieder hatte ich die Ärztin gebeten, sich bitte darum zu kümmern, dass ich dort fachgerecht steril versorgt werden würde. Sie hatte mir mitgeteilt, dass sie es geklärt hätte. Auch Dr. Bauer versprach mir, dass er mit dem zuständigen Personal im neuen Kurhaus sprechen würde. Er kannte das Haus gut, hatte selbst dort in leitender ärztlicher Position gearbeitet.

Eine sehr unruhige Nacht folgte. Morgens war es noch sehr anstrengend, alles zu Ende zu packen. Mit meinen vielen Eisbeuteln bepackt bei Außentemperaturen um die 40 Grad wurde ich von zwei Fahrern abgeholt.

Immer wieder wiederholte sie in einem vorwurfsvollen Ton, dass sie mich in einem so kranken Zustand eigentlich gar nicht hätte aufnehmen können. Man hätte ihr nicht mitgeteilt, dass ich überhaupt nicht kurfähig sei.

Bei der Fahrt konnte ich mich dann doch recht gut entspannen. Als ich in der neuen Kurstätte ankam, brachte ich zuerst die Eisbeutel in den Gefrierschrank. Ich wurde in einem wunderschönen Zimmer mit einem weiten Blick untergebracht. Es handelt sich um ein recht großes Kurhaus, in dem es mehrere Krankenschwestern und auch eine Nachtwache gab. Die für mich zuständige Pflegekraft, Schwester Angelika, war mir auf Anhieb sehr sympathisch. Ich erklärte ihr, dass ich zum Essen nicht runtergehen könnte, weil ich noch weitgehend bettlägerig sei. Dann teilte ich ihr mit, dass all meine Medikamente unwirksam geworden seien und dass ich auflisten würde, was neu bestellt werden müsste. Die Rezepte würde ich nachreichen.

Mittags kam die für mich zuständige Ärztin, Frau Hartmann, mit Schwester Angelika zum Aufnahmegespräch. Frau Hartmann war von Anfang an unerträglich unruhig, erklärte mir sofort in einem sehr unwirschen Ton, dass sie keine Zeit hätte. Vorwurfsvoll fragte sie, warum ich denn erst heute kommen würde, am Montag hätte sie Zeit gehabt und da sei ich angemeldet gewesen. Ich erklärte ihr den Hintergrund meiner Verspätung, aber sie wollte es gar nicht hören. Ununterbrochen ergossen sich ihr Unmut und ihre Unruhe über mich. Keine Viertelstunde hätte sie Zeit und sei dann für mehrere Tage gar nicht da. Frau Hartmann war dermaßen hektisch, dass es für mich kaum auszuhalten war. Wir sprachen nur über die allerwichtigsten Dinge: die Medikamente und den Verbandswechsel. Sie reagierte richtig aggressiv auf meinen schwerkranken Zustand. Immer wieder wiederholte sie in einem vorwurfsvollen Ton, dass sie mich in einem so kranken Zustand eigentlich gar nicht hätte aufnehmen können. Man hätte ihr nicht mitgeteilt, dass ich überhaupt nicht kurfähig sei. Ich würde ihr Budget überziehen und wäre viel zu krank für dieses Haus.

Es war unfassbar. Dann weigerte sich Schwester Angelika auch noch, den Verband zu wechseln. Eine Tamponade könne sie nicht wechseln. Sie hätte nicht die sterilen Instrumente, die dazu nötig seien. Ich war innerlich kurz vorm Ausrasten, musste jedoch äußerlich ruhig bleiben. Als ich erwähnte, dass ich so viele Krankheiten ohne chemische Medikamente durchgestanden hätte, meinte Frau Hartmann total unwirsch, dass das aber hier nicht gehen würde. Sie hätten keine Zeit und keine Pflegekapazität, mir hier zu ermöglichen, eine Lungenentzündung ohne Antibiotika zu überstehen. Ich konnte nichts dazu sagen. Ich hatte immer alles selbst durchgestanden, wollte es ihr sagen, aber ich war von dieser übermächtigen Person völlig zusammengestaucht.

In einem Punkt habe ich mich vehement gewehrt, weil er mich zu sehr verletzte. Noch nie hatte ich ein Budget überlastet. Noch nie war ich für irgendeine Institution teuer gewesen. Gerade, weil ich so ganzheitlich denke und auf alles selbst achte, war dies eine völlig ungerechtfertigte Annahme. Ich würde für jedes Medikament ein Rezept bringen. Immer wieder sprach sie an, dass sie mich nie genommen hätte, wenn sie gewusst hätte, wie krank ich noch sei. Nach dem Gespräch war ich in Grund und Boden gestampft! Keine Freundlichkeit, kein Mitgefühl, keine Kompetenz, wieder keinerlei Entgegenkommen für mich, und das nach all dem, was ich bereits hinter mich gebracht hatte.

Völlig aufgelöst rief ich Bärbel und Dr. Bauer nach diesem Gespräch an. Alle meine Ängste hatten sich bestätigt. Es war vorauszusehen gewesen. Ich hätte diese Verlegung von meiner Seite aus nicht besser vorbereiten können, und doch war mir vorher klar gewesen, dass es zu dieser Entwicklung kommen musste. Ganz so entsetzlich hatte ich es mir jedoch nicht vorgestellt. Wie sollte ich auch das noch ertragen? Ich hatte so viel ausgehalten, wie ich niemals zuvor geglaubt hätte, aushalten zu können, aber jetzt kam auch noch das! Ich fühlte mich am Ende all meiner Kraft. Mit einem hatte Frau Hartmann allerdings Recht: ich war tatsächlich nicht kurfähig! Gerade deshalb hatte ich die Entlassung aus dem Krankenhaus als so abwegig empfunden.

Nach dieser Begegnung war mir klar, dass ich von dieser Ärztin garantiert keine Hilfe erwarten konnte. Sie hatte nicht solche gestauten, unbewussten Kräfte wie die Ärztin aus der Klinik, aber Frau Hartmann war völlig überfordert, über alle Maßen überfordert, gereizt und unruhig. Sie hatte mir sehr klar gemacht, dass sie mich als Patientin nicht betreuen wollte, und so schob sie alle Verantwortung und all ihren Unmut auf mich. Diese Unfähigkeit ihrerseits, Verantwortung zu tragen und schwierige Situationen mit der erforderlichen Kompetenz zu bewältigen, sollte später für mich noch zum Horrorerlebnis werden.

Erstmal jedenfalls zog ich mich völlig in mich selbst zurück. Es war klar, dass ich hier alles selbst machen musste, und so verhielt ich mich auch nach diesem furchtbaren Anfang. Ich sagte nichts mehr, machte alles allein, kümmerte mich um alle Medikamente, Rezepte und Kostenübernahmen, erzählte kaum etwas über meine Probleme, zeigte keinerlei Schwächen und nahm alles selbst in die Hand.

Dr. Bauer und Bärbel waren natürlich schockiert über diesen Umgang. Dass ein Wechsel für mich grundsätzlich schwierig und dass es äußere Schwierigkeiten geben würde, damit hatte Dr. Bauer gerechnet, dass es jedoch so große Schwierigkeiten wären, hatte er nicht gedacht. Er hatte sich jedoch auch nicht genügend um die Bedingungen gekümmert, obwohl er es versprochen hatte. Wieder wurde ich von ihm enttäuscht, denn ich hatte ihm vorher klar gemacht, wie dringlich notwendig meine medizinische Versorgung dort war.

Am nächsten Tag teilte man mir mit, dass ich mit dem Taxi zu einem Chirurgen gefahren würde. Mit diesem Chirurgen hatte ich großes Glück. Er ließ sich auf meine Ängste wegen meines schwachen Immunsystems sehr gut ein und versorgte mich bei jedem Verbandswechsel absolut steril. Er war es, der bestätigte, dass die Wunde eiterte. Mehrmals hatte die Ärztin im Krankenhaus dies verleugnet und mich herablassend behandelt. Als Facharzt der Chirurgie war er natürlich kompetenter, dies zu beurteilen. Er gab mir Recht.

Zu diesem Zeitpunkt war im durch die Gürtelrose betroffenen Hautgebiet am Unterleib zusätzlich eine sehr schwere Pilzinfektion entstanden. Bis zur Einweisung ins Krankenhaus hatte ich noch jeden Tag mehrere Sitzbäder gemacht, um Entzündungen zu verhindern. Dies war jedoch im Krankenhaus wegen der neuen Schnittwunde nicht mehr möglich gewesen. Jeder Toilettengang war ohnehin wegen des Verbandes sehr schwierig gewesen. Auf dem Flur hatte es nur zwei Toiletten gegeben, die von vielen Patienten benutzt wurden. Die mangelnde Hygiene dort war sehr gefährlich für mich gewesen. Es hatten sich massivste Entzündungen und Pilze im gesamten Gürtelrosenbereich gebildet. Ich litt unter großen Ängsten, dass die Keime die wenigen Zentimeter hinauf bis in die Wunde gelangen könnten. Dies hätte zu einer erneuten Blutvergiftung führen können. Irgendwann hatte ich die Idee, den Pilz mit Propolis-Tinktur zu behandeln. Diese Behandlung bewirkte eine sofortige Heilung.

Dieser Chirurg war ein Segen. Ich spürte sein Verständnis, ohne dass wir darüber hätten reden müssen, und er versorgte mich gut. Immer noch war jeder Verbandswechsel sehr schmerzhaft, weil die Tamponade tief in die Wunde reingestopft werden musste, um von innen heraus heilen zu können. Auch er war der Meinung, dass sie täglich versorgt werden müsse, was die Ärztin immer abgestritten hatte.

Dann fingen die Auseinandersetzungen wegen der Kostenübernahme für die Taxifahrten trotz meiner Zuzahlungsbefreiung an. Ich wusste, dass ich mal wieder selbst handeln musste. Nach fünf Taxifahrten hatte ich den Eindruck, wieder selbst fahren zu können. Das Gefühl, das ich hatte, als ich nach diesen Wochen starker Überlebensnot wieder selbständig Auto gefahren bin, war sehr beeindruckend. Es war ein großer Schritt in meiner Heilung, weil das Autofahren etwas Besonderes ist. Dafür ist es notwendig, sich mehr mit dem Umfeld und seinem Körper zu verbinden. Dabei spüre ich mich anders, muss wacher, bewusster und stärker anwesend sein. Es war sehr wichtig, dass ich dies nach der kurzen Zeit gewagt habe. Ich fühlte mich dadurch wieder unabhängiger.

Grundsätzlich machte ich in dieser Zeit eine interessante Erfahrung. Meine gesamte Wahrnehmung hatte sich während der lebensbedrohlichen Erkrankung sehr verändert: sie war äußerst eingeschränkt. Über lange Zeit nahm ich kaum etwas in meinem Umfeld wahr. Ich befand mich durch die langfristige Überforderung der letzten Monate immer noch wie in einem Trancezustand. Die äußere Umgebung war wie nicht vorhanden. Ich konnte mich zwar in den Gebäuden orientieren, aber ich nahm keine äußeren Gegebenheiten, wie die Einrichtung, die Anordnung der Gebäude oder auch die Menschen. wirklich wahr. Alles war so weit weg, kaum zu fassen! Zwar reagierte ich stets adäquat, aber ich war nicht in mir selbst drin. So stark hatte ich einen solchen Zustand noch nie erlebt.

Noch über zwei Wochen nach der Krankenhausentlassung habe ich während des Essens gelegen und bin auch sonst nur für das Notwendigste aufgestanden, wie z.B. für den Besuch beim Chirurgen. Das Essen fiel mir sehr schwer. Ich hatte wenig Appetit und habe kaum gegessen. In der ersten und Anfang der zweiten Woche kam der Sprachgestalter zu mir ins Zimmer. Er war sehr nett. Zu ihm und dem Heileurythmisten hatte ich einen guten Kontakt. Sie zeigten mir über die gesamte Zeit deutlich ihre Anerkennung und ihren Respekt und gaben sich größte Mühe. Damit haben sie mich psychisch sehr unterstützt.

Frau Hartmann hatte mir Gespräche mit einer Sozialarbeiterin verordnet. Sie war noch sehr jung, vielleicht gerade 30 Jahre alt, sehr ruhig und angenehm in ihrer Ausstrahlung. Beim ersten Mal kam sie auf mein Zimmer, weil ich noch nicht so lange hätte sitzen können. Endlich konnte ich einem Menschen meine Krankengeschichte der letzten Wochen erzählen, alles von dem hohen Fieber, der Reaktion der Ärzte im Kurhaus und im Krankenhaus und dem aktuell furchtbaren Erstkontakt mit Frau Hartmann. Sie hörte sich alles mit Ruhe und Geduld an, lenkte gar nicht ein. Damit half sie mir, endlich einmal alles loszuwerden. Endlich ein Gegenüber, dem ich etwas erzählen konnte! Es war so wichtig für mich, obwohl ich sie gar nicht kannte. Als sie mir dann noch mitteilte, dass sie die Besitzerin des Kurhauses sei, empfand ich innerlich eine große Erleichterung. Sie war mir sympathisch und ist die gesamte Zeit sehr gut mit mir umgegangen. Bei den Gesprächen hörte sie einfach zu und manchmal trug sie konstruktiv ihre Meinung dazu bei. Für mich war es so genau richtig.

Wenn ich auf das Leiden zurückblicke, empfinde ich es als große Gnade, dass ich die Tiefe des Schicksalsstromes erkennen durfte, die mein Weg in dieser Zeit genommen hat. Es ist für mich Ausdruck einer höchsten göttlichen Führung, was sich dort entwickelte und aus meinem Aufenthalt später entstand.

Gehen konnte ich in den ersten zwei Wochen nur unter starken Schmerzen. Da ich die viele Ruhe auch nicht mehr ertragen konnte, habe ich mich überwunden, mich trotzdem zu bewegen. In der ersten Zeit musste ich mir beim Gehen immer die Wunde zuhalten, weil es sonst nicht auszuhalten war. Der Druck auf die Wunde war schmerzerleichternd. So lief ich kurze Schritte im direkt gegenüberliegenden Wald und hielt mir dabei mit den Händen meine Wunde.

Beim Gehen konzentrierte ich mich sehr stark auf den Bodenkontakt. Durch das hohe Fieber, den Schnitt und die starken Schmerzen hatte ich den Bezug zu meinen Beinen ziemlich verloren. Dazu fiel mir ein Gedicht aus der Heileurythmie ein, das mir hilfreich erschien, um die Verbindung zu Beinen und Erde wieder herzustellen. Bei jedem Schritt sprach ich innerlich dieses Gedicht von Hedwig Distel:

Erde, ich spüre Dich
Leise berühr ich Dich
Dulde den Menschenfuß
Fühl meinen Liebesgruß
Trägst mich bei jedem Schritt
Nimmst meine Last noch mit
Schenkst mir die Heimat hier
Erde, ich danke Dir!

Dieses Gedicht im Zusammenhang mit dem bewussten, langsamen Gehen auf dem Waldboden hatte eine sehr heilsame Wirkung.

Am ersten Tag, an dem ich endlich ohne Zuhalten gehen konnte, kam mir ein Mann im Wald entgegen. Erst hatte ich Angst, im Wald angesprochen zu werden. Er fragte mich, ob ich wisse, wann es dunkel werden würde. Genau wusste ich es nicht und nannte ihm deshalb eine geschätzte Zeit. Dann gingen wir weiter. Als ich aus dem Wald kam, war es schon recht dunkel und es war noch nicht die von mir angegebene Zeit. Ich bekam ein schlechtes Gewissen, machte mir Sorgen um ihn, ob er nun noch zurückfinden würde, obwohl ich ihm etwas „Falsches" gesagt hatte. Gerade in diesem Moment kam er aus dem Wald. Ich ging zu ihm, um mich zu entschuldigen. So kamen wir ins Gespräch.

Es stellte sich heraus, dass er anthroposophischer Kunsttherapeut war. Jan wohnte in der Nähe und arbeitete in verschiedenen Jugendgefängnissen als Kunsttherapeut. So hatten wir eine gemeinsame Gesprächsbasis. An diesem Abend verabschiedeten wir uns jedoch nach kurzer Zeit.

Am nächsten Tag trafen wir uns wieder „zufällig" im Wald, und auch noch ein drittes Mal begegneten wir uns durch Zufall. Danach verabredeten wir uns. Nach kurzer Zeit habe ich mich leicht verliebt. Es tat mir wirklich gut, ich bin dankbar für diese Schicksalsbegegnung. Durch die Krankheiten war ich sehr herausgeschmissen aus dem „normalen" Leben, und das Gefühl des Verliebtseins brachte mich wieder etwas zurück. Er war deutlich älter als ich. Bei einem Spaziergang habe ich ihm erzählt, was ich für ihn empfand. Jan ging mit einer großen Reife mit dieser Situation um. Es war uns beiden klar, dass es keine Beziehung zwischen uns geben würde, und doch war es ein Geschenk, dass wir uns kennen gelernt hatten.

Interessant war, dass wir uns durch „Zufall" immer wieder auch im Alltag begegneten, im Bioladen usw. Es schien eine große Anziehungskraft zwischen uns zu geben. Wir hatten wunderbare Spaziergänge in schönster Natur mit herrlichen Sonnenuntergängen. Dabei führten wir sehr interessante Gespräche. Noch nie hatte ich mich in einen so viel älteren Mann verliebt.

Jan war sehr tief in die Spiritualität eingedrungen, hatte viel gelesen und durchdacht. So waren unsere Gespräche sehr spannend. Er erzählte viel aus seinem Leben, das von starker Individualität geprägt war. Sein ganzes Leben lang war er Künstler gewesen, hatte in verschiedenen Ländern gelebt und sich zeitweise als Reiseführer über Wasser gehalten. So war er reich an Erfahrung und Erlebnissen.

Wir hatten einen sehr unterschiedlichen Zugang zur Spiritualität. Durch diese Unterschiedlichkeit kam es manchmal zu Missverständnissen und Reibungen in unserer Kommunikation. Und doch ermöglichte eine Grundharmonie zwischen uns einen konstruktiven Umgang damit. Insgesamt gesehen war es eine große Gnade für mich, dass dieses Verliebtsein für beide Seiten völlig ohne Verletzungen und Schwierigkeiten in eine Freundschaft umgewandelt werden konnte. Es scheint sich bei mir eine innere Aufrichte entwickelt zu haben, sodass ich nun nicht mehr zur Symbiose neige und viel leichter wieder loslassen kann, als ich es in jüngeren Jahren konnte. Dies schien mir ein Zeichen von seelischer und geistiger Reifung, aber auch von Heilung zu sein.

In dieser Begegnung mit ihm erkannte ich einen Teil des tieferen Sinns, warum ich nicht zurück in das Kurhaus von Dr. Bauer konnte. Ich sollte ihm begegnen. Der noch wesentlichere Teil des tieferen Sinns hatte mit dem Kurhaus selbst und dem gemeinsamen Wirken mit Anna Maria zu tun. Eines dieser beiden Kurhäuser wurde einige Zeit später durch Spenden aus dem von Anna Maria verwalteten Geld aus dem Konkurs gerettet. Diese wichtige Schicksalsfügung konnte sich nur durch diesen Umweg in dieses Haus entwickeln. Dieser Sinn und die Aufgabe erschlossen sich mir erst einige Monate danach. Ich werde diese weiteren Entwicklungen später beschreiben.

Wenn ich auf das Leiden zurückblicke, empfinde ich es als große Gnade, dass ich die Tiefe des Schicksalsstromes erkennen durfte, die mein Weg in dieser Zeit genommen hat. Es ist für mich Ausdruck einer höchsten göttlichen Führung, was sich dort entwickelte und aus meinem Aufenthalt später entstand. Ich bin zutiefst dankbar, solche höchsten Fügungen so tief erlebt und dadurch erkannt und verinnerlicht zu haben. Dabei durfte ich sie als die Wunder begreifen, die sie sind. Dadurch konnte ich Vertrauen in eine permanent wirkende höchste Führung entwickeln, was sicher im Sinne der Ewigkeit wichtiger ist als jeder äußere Erfolg oder körperliche Heilung. Solche Wunder erleben in dieser offensichtlichen Form und vor allem mit so weitreichenden Konsequenzen sicher nur wenige Menschen in ihrem Leben. Und doch bin ich überzeugt davon, dass jeder das Wunder der göttlichen Kraft, der göttlichen Führung und des Sinns der eigenen Aufgabe im Alltag langsam zu erfassen lernen kann.

Eine Woche nach der Verlegung entstand ein großes „Ämterdrama". Die gesetzlichen Grundlagen des Landesversorgungsamtes sahen vor, nur die Kosten für höchstens acht Wochen Kur zu übernehmen. Sechs Wochen hatte ich davon bereits bei Dr. Bauer verbracht, wodurch nur noch zwei Wochen übrig waren. Alle Bemühungen, eine Kostenübernahme meiner Krankenkasse zu erreichen, scheiterten. Die Rückreise von über 500 km nach Hause konnte ich noch nicht bewältigen. Ich telefonierte stundenlang mit Ämtern und der AIDS-Hilfe. Die Sozialarbeiterin der AIDS-Hilfe und der Beamte vom Landesversorgungsamt setzten sich unglaublich für mich ein.

Dann geschah etwas Unfassbares: Die leitende Ärztin des Landesversorgungsamtes bot sich an, mir privat das Geld zu geben! Immer wieder hatte ich die Erfahrung gemacht, dass sich die für mich zuständigen Beamten mir gegenüber sehr menschlich, mitfühlend und äußert bemüht verhalten hatten. Dieses Angebot jedoch ging weit darüber hinaus. Ich erlebte es als Ausdruck höchster Menschlichkeit. Es wäre mir jedoch nie möglich gewesen, dies anzunehmen. Es entsprach nicht meinem moralischen Empfinden, ihr dieses private Opfer zuzumuten. Ich verfolge meine Lebensaufgabe, in der ich darum ringe, gerade mit dem bestehenden Recht Lösungen zu finden.

Seit meiner Infizierung wurde mir mehrmals Geld von Privatpersonen angeboten, aber ich habe es nie angenommen. Sicher wäre es zeitweise, vor allem vor der Zahlung des Berufsschadensausgleiches, aufgrund der hohen geldlichen Belastungen für die naturheilkundlichen Behandlungen manches Mal sicher leichter für mich gewesen, aber ich hätte mich damit nicht wohl gefühlt. Ich habe sozialrechtliche Aufgaben, wie die Erneuerung des Opferentschädigungsgesetzes, das den Bedarf der Opfer dieser Zeit berücksichtigen kann. Die möchte ich erfüllen, indem ich mich hier beispielsweise für eine angemessene Lösung einsetzte. Das Angebot der Ärztin des Landesversorgungsamtes war Ausdruck tiefsten Mitgefühls; schon das allein wirkte sehr heilsam.

Die Krankenkassenmitarbeiter sperrten sich allerdings total. Sie dürften angeblich nicht bezahlen, was rechtlich eindeutig nicht stimmte. Sie hatten bislang kaum etwas für mich gezahlt. So viele Jahre lang waren der Krankenkasse die Kosten für die AIDS Medikamente von über 2000 Euro monatlich erspart geblieben. Auch hatte ich trotz schwerster Krankheiten kaum Arztbesuche oder Krankenhausaufenthalte in Anspruch genommen. Trotzdem blockierte sie jetzt alles. Ich empfand es als extrem unsozial gegenüber mir als schwerkrankem Menschen.

Durch sehr viel Bemühen des zuständigen Beamten und der Ärztin beim Landesversorgungsamt wurde dann doch eine gesetzliche Notregelung für die zwei Wochen, die ich noch dringend brauchte, gefunden. Es ist erstaunlich, wie sehr sich die Beamten immer für mich engagiert haben.

Das Wichtigste jedoch, was ich immer wieder gefordert hatte, nämlich dass Herr Dr. Hesse Fortbildungen in Akutmedizin machen oder darin Erfahrungen sammeln sollte, wurde nicht weiterverfolgt. Sein ärztliches Wirken blieb weiterhin eine Gefahr.

Nach ungefähr zwei Wochen im neuen Kurhaus untersuchte mich Frau Hartmann mit der Methode, die sie bei Paolo gelernt hatte. Dabei konnte sie körperliche, seelische und geistige Störungen wahrnehmen, indem sie sich mittels Körperkontakt in verschiedene geistige Ebenen einfühlte. Nach dieser Untersuchung erklärte sie mir, dass mein unterer Körper völlig ohne Leben wäre, sehr krank und ausgelaugt. Ab dem Herz jedoch würde es sich anfühlen wie ein anderer Mensch, sehr licht, hell, gesund und von göttlichem Schutz erfüllt. Es wäre ein beeindruckendes Gefühl für sie gewesen. Währenddessen hätte sie intuitiv die Erkenntnis gewonnen, dass ich aus der geistigen Welt heraus stark geführt wäre und dass sie keine Medikamente für mich finden müsse. Dafür würde gesorgt.

Während der Kur bei Dr. Bauer hatte ich regelmäßig Öldispersionsbäder verordnet bekommen. Sie waren sehr heilsam für mich. Ich bat Frau Hartmann darum, und auch sie schätzte sie als sehr hilfreich für mich ein. Sie überlegte, welche Pflanzensubstanz im Öl für mich hilfreich wäre und ordnete sie an.

Dann begann aber wieder ein Kampf. Die Krankenschwester verweigerte mir die Bäder, weil sie wegen meiner Wunde danach die Wanne hätte desinfizieren müssen. Frau Hartmann stellte sich plötzlich auch auf ihre Seite und nahm ihre Anordnung wieder zurück. Sie begründete es medizinisch damit, dass ich gar keine Bäder nehmen dürfte, weil die Wunde noch offen wäre. Nach telefonischer Anfrage waren sowohl Dr. Bauer, als auch der Chirurg aus medizinischer Sicht dafür, dass ich die Bäder bekommen sollte. Deshalb erhielt ich einen Termin beim Chefarzt der Kurklinik. Ich hatte ihn vorher noch nicht kennengelernt. Als ich seinen Raum betrat, begrüßte er mich, indem er mir die Hand gab. Zu einem Gespräch mit mir war er nicht bereit. Ich sollte mich sofort auf eine Liege legen, sodass er sich die Wunde ansehen könnte. Dann fasste er ohne sich die Hände gewaschen zu haben auf meinen Schambereich und drückte mit seinen Fingern daran herum. Danach wusch er sich die Hände.

Ich war völlig fassungslos. Er redete gar nicht mit mir und teilte mir lediglich mit, dass ich keine Bäder bekommen würde, sondern nur Einreibungen. Es ist für mich nicht zu fassen, dass der Umgang mit einem AIDS-Kranken nach so vielen Jahren AIDS immer noch so demütigend sein muss. Was ich in diesen Wochen mit dieser Wunde erleben musste, war durch den diskriminierenden und unhygienischen Umgang teils so entwürdigend gewesen! Generell sollte „man" sich doch wohl die Hände waschen, bevor man in den Schambereich eines Menschen fasst, und erst recht bei einer Wunde! Ich hatte mich extra vorher geduscht und die Wunde neu versorgt. Nach diesem Kontakt musste ich sie erneut reinigen und versorgen. Und dann verordnete der Arzt außerdem nur noch Einreibungen, was natürlich nicht im Geringsten ein Ausgleich für die Wirkung der Bäder war. Ich war wütend!

Die Zeit in diesem Kurhaus war auch in Bezug auf das Essen sehr schwierig. Das Haus hatte große finanzielle Schwierigkeiten. Daraus entstanden viele Probleme für die Patienten, sodass sie sich immer wieder beschwerten. Bei mir zeigten diese sich auch bei den Mahlzeiten. Es gab herrliches Essen, aber wenig für wirklich kranke Menschen, viel üppiges Fleisch und riesige Büffets, auf denen fast keine biologischen Lebensmittel zu finden waren.

Aufgrund meiner fortgeschrittenen Erkrankung konnte ich viele Lebensmittel nicht mehr vertragen. Dies hatte ich der Krankenschwester mitgeteilt. Die Folge davon war, dass ich während meiner vierwöchigen Kur jeden Mittag und jeden Abend dasselbe Essen, erhielt, immer gleich zubereitet. Es bestand immer nur aus drei sich abwechselnden gekochten Getreidesorten und insgesamt etwa fünf verschiedenen gekochten bzw. verkochten Gemüsesorten.

Nach ein paar Wochen wurde ich immer unzufriedener. Ich hatte dem Küchenpersonal und sogar den Koch selbst mehrmals gebeten, dass ich gern mal eine andere Zubereitung, z.B. etwas Gebratenes, einen Auflauf oder andere Gemüsesorten hätte. Dem Küchenpersonal war es selber schon peinlich geworden, aber der Koch wollte nichts daran ändern. Dieser war nur eingestellt worden, weil sie keinen Koch gefunden hatten, der biologisch kochen konnte. Er verfügte über keine Erfahrung mit der Zubereitung von biologisch vollwertigen Mahlzeiten und Diäten für kranke Menschen. Während der Krankheitsphasen hatte ich immer mehr abgenommen. Gerade weil ich wenig Appetit hatte, wäre eine ausgeglichenere, abwechslungsreichere Ernährung dringend notwendig gewesen. Dies war jedoch nicht möglich. Gutes Essen war immer sehr wichtig für mich gewesen und so kaufte ich mir im Bioladen selbst das, was ich gut vertrug.

Insgesamt fühlte ich mich sehr aus meinem Körper und dem Leben rausgeworfen. Dies hatte Frau Hartmann bei ihrer Untersuchung klar erkannt. Ich hatte wenig Kraft, musste mich noch sehr schonen. Nach ungefähr zweieinhalb Wochen bekam ich jedoch die Idee, dass ich das Gegenteil von dem machen müsste, was der gesunde Menschenverstand oder die Ärztin mir geraten hätte. Gegenüber dem Kurhaus war ein Tennispark. Ich meldete mich bei einem Tennislehrer an. Dabei hatte ich die Vorstellung, dass ich durch das Tennisspielen wieder sicheren Kontakt zu meinen Füßen und meinem unteren Körper herstellen könnte. Es war eigentlich noch viel zu anstrengend und vor allem wegen der Wunde noch zu schmerzhaft. Da ich jedoch bereits in kurzer Zeit wieder nach Hause entlassen werden sollte, musste ich mich überwinden. Tennis spiele ich sehr gern, und so spielte ich nur kurze Zeiten, 15-20 Minuten. Dies erwies sich auch tatsächlich als sehr heilsam. Es schien mir als das Beste, was ich als Therapie hätte machen können. Ich fühlte mich wieder etwas mehr in meinem Körper „zu Hause".

Nach ungefähr drei Wochen traute ich mich, Dr. Bauer zu besuchen. Meine Liebe zu ihm war so groß, dass ich versuchte, den Schmerz der durch ihn entstandenen Verletzungen immer wieder aufzulösen. Beim ersten Mal wollte ich kein Gespräch mit Herrn Dr. Hesse. Er konnte dies nicht verstehen, aber ich war noch nicht so weit. Erst beim zweiten Besuch konnte ich mit ihm sprechen. Dabei habe ich wenigstens einen Teil dessen, was für mich mit ihm so schwierig gewesen war, mit ihm besprechen können. Er konnte sein Versagen nicht wirklich einsehen. Vor allem konnte er gar nicht verstehen, was sein Verweigern der Krankenhauseinweisung und das Verleugnen meines lebensbedrohlichen Zustandes für mich bedeutet hatte. Deshalb entschuldigte er sich nur formal.

Mein Leiden führte später für viele Patienten in diesem Kurhaus zu positiven Veränderungen. Eine Woche nach meiner Verlegung wurde ein Kühlschrank gekauft, weil der Kurleitung klar geworden war, dass die Patienten nachts Zugriff auf Eisbeutel haben müssten. Bei meinen späteren Kuraufenthalten erlebte ich, wie wichtig dieser Kühlschrank für Patienten mit Allergien war, die auch ihre eigenen Nahrungsmittel darin lagern konnten.

Eine wichtige Veränderung war, dass ab diesem Zeitpunkt die private Telefonnummer von Herrn Dr. Hesse jeden Abend für die Patienten bei der Pforte einsehbar war. Außerdem wurde die Telefonanlage nachts nicht mehr auf den Anrufbeantworter weitergeschaltet, sodass die Ärzte im Notfall die Patienten erreichen können, was vorher nicht möglich war. Dr. Bauer hatte mir gestanden, dass ihm bereits länger bewusst gewesen wäre, wie wichtig diese Veränderungen waren. Sie waren als Mangel bekannt, die Umsetzung wurde jedoch immer verschoben. So konnte es nur über die Einsicht nach meinem leidvollen Erlebnis dort geschehen. Das Wichtigste jedoch, was ich immer wieder gefordert hatte, nämlich dass Herr Dr. Hesse Fortbildungen in Akutmedizin machen oder darin Erfahrungen sammeln sollte, wurde nicht weiterverfolgt. Sein ärztliches Wirken blieb weiterhin eine Gefahr.

Bei diesem Besuch habe ich mir von Dr. Bauer ein Buch von Friedrich Husemann und Otto Wolff geliehen, das als ein Standardwerk für anthroposophische Ärzte bezeichnet werden könnte. Ich wollte es unbedingt lesen, weil es mich schon lange sehr interessiert hatte. Immer wieder hatte ich gute Erfahrungen damit gemacht, Bücher einfach intuitiv aufzuschlagen. Oft hatte ich dadurch große Hilfen für meine derzeitige Lebenssituation erhalten, wie bei dem Buch, durch das ich bei der Gürtelrose am Unterleib eine Erklärung über den Sinn des Leidens bekommen hatte. Als ich nach dem Besuch bei Dr. Bauer im Kurhaus zurückgekehrt war, schlug ich es intuitiv auf, ein Buch mit über 1000 Seiten. Es war unglaublich, was dort beschrieben war. Es passte absolut zu meinem Leben und zu meiner Erkrankung. Es handelte sich um die Beschreibung des Präparates Silber/Argentum. Dieses Mittel wurde so beschrieben:

„Durch einen Schock kann die Situation entstehen, dass partiell der Ätherleib nicht wieder richtig in den physischen Organismus, besonders im Stoffwechselbereich eingegliedert werden kann. Dies kann durch einen seelischen Schock, einen Unfall oder auch eine Geburt eintreten. Durch solch einen Schock wird vor allem die labile Verbindung des Astralleibes zu den Fortpflanzungsorganen gestört. Der ‚herausgeschockte' Astralleib verkrampft sich dann in eine andere

Region des Organismus, z.B. im benachbarten Verdauungs-Trakt. Die Lösung dieser Art von Krämpfen wird manchmal schon durch Oxalisanwendungen allein erreicht. Dadurch wirkt man direkt auf das Zentrum des vegetativen Nervensystem, auf das ‚Bauchgehirn'. Eine Argentum-Oxalis Therapie (sogenannte Schocktherapie) hat sich bei intestinalen Neurosen, Schocks im Bereich des Stoffwechselsystems besonders der Fortpflanzungsorgane wie auch überhaupt bei Störungen des vegetativen Nervensystems bewährt."

Ich hatte von Herrn Dr. Hesse gehört, dass Argentum den Menschen zu seinen Schicksalsstrom zurückführt. Es passte so gut zu meinem Erkrankungsbild! Schwere Schockerlebnisse hatten zu Störungen im Unterleib und dem Verdauungsbereich geführt. Als ich dies las, war ich sehr überrascht: Wieder so eine Erfahrung der geistigen Wirklichkeit, dass ich genau das aufgeschlagen hatte, was zu mir passte. Nach einigem Nachdenken überkam mich jedoch auch ein großer Schmerz und später auch Enttäuschung. So lange schon war ich anthroposophisch behandelt worden und hatte, soweit ich mich erinnern kann, dieses Heilmittel noch nie bekommen. Erst jetzt, fast zehn Jahre nach meiner Infizierung, hatte ich es selbst gefunden. Dies war schwer verständlich für mich. In der folgenden Zeit habe ich es von mir aus immer wieder genommen, und später wurde es mir auch mehrmals ärztlich verordnet.

Es ist bekannt, dass Fieber reinigt und Schmerzen zu höheren Bewusstseinszuständen führen. In alten Kulturen wurden spirituelle Einweihungsprozesse über das Zufügen von Schmerzen herbeigeführt.

Der Sprachgestalter im Kurhaus war ein großer Segen für mich. Er vermittelte mir sehr viel Respekt. Immer wieder stärkte er mich, indem er mir mitteilte, dass er der Auffassung wäre, dass mein

Schicksal sehr wichtig für andere Menschen sei. Bei einem Therapietermin fragte er mich, ob ich bereit wäre, einer anderen Patientin zu helfen, die zurzeit etwas resigniert sei. Sie hätte in den letzten Jahren auch sehr viele schwere Krankheiten überwinden müssen, zuletzt eine Hirnhautentzündung. Er glaubte, dass ich sie durch meine Kraft und meinen Umgang mit meiner Erkrankung vielleicht etwas unterstützen könnte. Ich habe dies als tiefe Würdigung durch ihn erlebt.

Bis zu meiner Entlassung verbrachte ich viel Zeit mit dieser Frau, Angela. Der Kontakt tat auch mir sehr gut und es entwickelte sich eine Freundschaft, die noch heute besteht. Angela war bereits über 60 Jahre alt und hatte bis zu ihrer Berentung für die anthroposophisch orientierte Christengemeinschaft gearbeitet. Ich versuchte ihr, mit meinen Erfahrungen und Ideen für Heilmethoden hilfreich zur Seite zu stehen. Auf der anderen Seite konnte ich aus ihrem erarbeiteten geistigen Wissen und ihrer reifen Persönlichkeit auch sehr profitieren. Besonders die Spaziergänge und die dabei stattfindenden tiefsinnigen Gespräche genoss ich sehr. Es war der einzige Kontakt zu Patienten, den ich während dieses Kuraufenthaltes aufbauen konnte.

An einem Nachmittag trafen wir Jan im Wald. Sie fand ihn auch sehr sympathisch. Ich hatte ihr erzählt, dass ich mich in ihn verliebt hatte. Sie äußerte, dass sie es gut verstehen könnte, sie hätte sich auch in ihn verlieben können. Sie sei jedoch glücklich verheiratet.

Während einer unserer gemeinsamen Spaziergänge mit Jan kam es zu einer intensiven Diskussion. Er äußerte, dass er eine Gefahr darin sähe, dass ich Zugang zu einer sehr tiefen Weisheit hätte, jedoch noch nie Texte zu anthroposophischen Hintergründen und der Menschheitsentwicklung von Rudolf Steiner gelesen hatte. Mehrmals während unserer Treffen hatte er mir Druck gemacht, dass ich mich damit beschäftigen sollte. Ich habe jedoch die Erfahrung gemacht, dass mir das viele Lesen von spiritueller Literatur eher schadet, weil ich es nicht genügend in das Leben selbst und mein

Gefühlsempfinden integrieren kann. So bleibt es ein theoretisches Wissen. In meinen Schwellenerlebnissen hatte es sich gegen mich gewendet und zur geistigen Überflutung beigetragen.

Es war sehr hilfreich für mich, dass Angela mich nach seiner Kritik sehr liebevoll in Schutz nahm. Sie äußerte, dass ich für sie wie eine weise Großmutter wäre und sie Jans Bedenken nicht teilte. In dieser Zeit hatte ich tatsächlich einen Zugang zu Weisheit, wie ich ihn noch niemals vorher gehabt hatte und auch nie wieder danach. Es war wie ein mentaler Höhepunkt. Es schien mir so, als wäre durch die überstandene Blutvergiftung geistig etwas frei geworden. Dadurch wurde es möglich, dass ich diese Weisheit empfangen konnte. Es ist bekannt, dass Fieber reinigt und Schmerzen zu höheren Bewusstseinszuständen führen. In alten Kulturen wurden spirituelle Einweihungsprozesse über das Zufügen von Schmerzen herbeigeführt. Durch die Schmerzen und das Fieber der letzten Monate war eine solche geistige Veränderung möglich geworden.

Während dieses Kuraufenthaltes hatte ich immer wieder Freunde am Telefon beraten und dabei einen Zugang zu Intuition und Weisheit gehabt wie nie zuvor. Mir war bewusst, dass die Weisheit nicht von mir erdacht wurde, sondern ich fühlte mich wie ein Kanal, durch den ich individuell für den Menschen, den ich beraten habe, geistiges Wissen, aber auch praktische Ideen vermitteln konnte. Dabei ist natürlich nur das zugänglich, was meinem Bewusstsein, meinen Erfahrungen und meinem Seelenhintergrund entspricht.

Die „höhere" Weisheit merke ich daran, dass ich das, was ich den Menschen mitteile, das, was „durch mich kommt", was ich „aufnehme" und was ich dann ausspreche, vorher nicht selbständig hätte denken können. So wurde vieles bei den Beratungen auch für mich selbst sehr lehrreich und inspirierend. Ich fühlte mich dann wie beseelt, von einer lebendigen Kraft eingenommen. Daran erkannte ich, dass die Weisheit sich nicht in mir selbst bildete. Es war eine besondere Zeit während dieses Kuraufenthaltes. Dieser geistig-spirituelle Zustand war jedoch sehr hochschwingend und war deshalb auch anstrengend. Ich hätte ihn nicht dauerhaft erhalten können.

AIDS-Kranke werden dabei ganz anders behandelt. Ihr Infektionsrisiko wird eher ignoriert, jedoch das des Personals, sich mit AIDS infizieren zu können, total überbewertet. Sie schützen sich selbst, aber nicht mich als gefährdete Patientin.

Zwei Tage vor der Entlassung hatte ich die letzte Einreibung. Schwester Angelika kam dafür zu mir ins Zimmer und wickelte mich danach in meinem Bett in Tücher. Ich äußerte, dass sie heute ein sehr schönes Halstuch tragen würde. Sie antwortete mir, dass sie es wegen Halsschmerzen anhätte, sie hätte einen Infekt. Als sie das Zimmer verlassen hatte, begannen bei mir Ängste, die ich kaum noch stoppen konnte. Ich wusste, wie leicht ich mich anstecken konnte, und sie war mir körperlich sehr nahe gekommen, gerade eben noch von Gesicht zu Gesicht.

Die Unruhe wurde so schlimm, dass ich es nach der Einreibung keine zehn Minuten im Bett aushielt. Ich ging zu Schwester Angelika und teilte ihr mit, dass ich Angst hätte, mich von ihr angesteckt zu haben. Dabei äußerte ich, dass ich es ihr beim ersten Kontakt sofort gesagt hatte, dass sie nicht kommen dürfe, wenn sie einen Infekt hätte. Sie verteidigte sich nur, stritt alles ab. Das machte mich noch wütender. Ich hatte es ihr im Beisein von Frau Hartmann bei der ersten Begegnung als wichtigste Information genannt, dass keiner mit einem Infekt zu mir kommen dürfte. Schwester Angelika sah es jedoch nicht ein.

Nachmittags bekam ich tatsächlich Halsschmerzen und sogar erhöhte Temperatur. Als ich dann zum Abendbrot wieder haarscharf dasselbe zum Essen wie Mittags bekam, bin ich innerlich Amok gelaufen.

Das Fass war voll. Ich war belastet durch Ängste, den tatsächlich entstandenen Infekt und all die vorangegangenen Schwierigkeiten.

Die Küchenhelferinnen standen auf meiner Seite und rieten mir, dass ich nochmal zum Koch gehen sollte. Dieser hatte jedoch keinerlei Verständnis. Zufällig kam Frau Hartmann gerade in die Küche. In der Zwischenzeit hatte ich ein relativ gutes Verhältnis zu ihr entwickelt, weil ich sie nie belastet und mich um einen harmonischen Kontakt bemüht hatte. So erschien es mir wie ein Segen, dass ich ihr in dieser schwierigen Situation begegnete. Das brachte ich ihr gegenüber auch deutlich zum Ausdruck und sagte ihr, wie froh ich wäre, dass sie gerade kommen würde. Sie reagierte kaum auf mein Anliegen, setzte sich mit ihrem Essen hin und aß, kümmerte sich nicht um mich. Für mich war es ein innerer Ausnahmezustand. Sie meinte nur, dass das Essen hier generell schlecht sei für kranke Menschen. Sie sagte dies in einem vorwurfsvollen Ton und war dabei auch inhaltlich teilweise verletzend.

Als ich dann von der Situation vom Vormittag erzählte, äußerte sie sogar die Meinung, dass Schwester Angelika nicht an ihren Infekt und meine mögliche Ansteckung hätte denken müssen. Ich hätte es zwar gesagt, aber das wäre nicht möglich (bei nicht mal zehn Patienten, die eine Schwester persönlich betreut!).

Wenn ich mit einer Krebsdiagnose nach einer Chemotherapie Patient in dieser Kuranstalt gewesen wäre, hätte das Personal sicher viel mehr Rücksicht auf das ähnlich zerstörte Immunsystem und die darauf folgende Infektionsanfälligkeit genommen. AIDS-Kranke werden dabei ganz anders behandelt. Ihr Infektionsrisiko wird eher ignoriert, jedoch das des Personals, sich mit AIDS infizieren zu können, total überbewertet. Sie schützen sich selbst, aber nicht mich als gefährdete Patientin.

Dadurch, dass ich mich ohnehin schon so wund und haltlos fühlte, wollte ich nun besser gehen. Ich hatte gar keine Unterstützung in Frau Hartmann gefunden. Deshalb entwickelte sich große Wut. Vollkommen außer mir rief ich Bärbel an. Weinend, wütend, völlig aufgelöst habe ich ihr alles erzählt und glaubte, dass ich keine Minute mehr hier in dieser Klinik bleiben konnte. Bärbel kennt mich jahrelang und weiß, wie sie mich in kürzester Zeit beruhigen und wieder in Kontakt zu mir selbst bringen kann. Sie riet mir, erst mal in den Wald zu gehen und die nächsten Tage ohne diese Ärztin einen Abschluss in dieser Klinik zu finden. Es wäre wichtig, mich noch zwei Tage zu erholen, damit ich die lange Fahrt überstehen konnte. Als ich dann im Wald war, reagierte ich in geistigen Attacken meine Wut ab.

Am nächsten Tag bekam ich von dem Sprachgestalter wertvolle Unterstützung wegen meines Konflikts. Darüber war ich sehr dankbar. Ich überwand mich, doch zum Abschlussgespräch mit Frau Hartmann zu gehen. Dabei wurde deutlich, dass sie überhaupt nicht gemerkt hatte, wie ich sie empfunden habe. Sie war einfach erschöpft und wollte nicht schon wieder etwas über die Probleme mit dem Essens hören. Deshalb hatte sie die Situation in ihrer Schwere für mich überhaupt nicht richtig eingeschätzt. Dann erfuhr ich von ihr, dass sie seit langem keine Diäten mehr verschrieben hatte, weil dies mit dem Koch ohnehin nie funktionieren und dadurch nur Ärger nach sich ziehen würde.

Auch meinen Infekt hätte sie nicht ernst genommen. Ihrer Meinung nach wäre es nicht möglich, so schnell Symptome zu entwickeln. Sie weigerte sich vehement, dies zu glauben. Ich habe jedoch mehrmals selbst die Erfahrung gemacht, dass ich, wenn ich Kontakt mit Bakterien oder Viren hatte, bereits nach ungefähr vier Stunden Veränderungen im Denken merke, dann im Fühlen und sich bereits nach ungefähr bereits nach 6-8 Stunden die ersten körperlichen Symptome zeigen.

Am Anfang kann ich die Veränderungen, die durch den infektiösen Prozess im Denken bewirkt werden, noch beeinflussen, mit zunehmenden körperlichen Symptomen ist dies jedoch nicht mehr möglich. Wenn ich in den ersten Stunden in einem sehr bewussten Zustand war oder mich darum bemühe, kann ich sogar den geistigen Hintergrund des jeweiligen Infektes klar benennen. Diesen Ablauf habe ich sogar bei Infektionen erlebt, bei denen ich gar nicht wusste, dass jemand einen Infekt hatte. Dies war mir zum ersten Mal nach einem Termin bei Dr. Erdmann aufgefallen. Am selben Abend bekam ich Schüttelfrost und Durchfall. Erst erklärte ich es mir so, dass der Tag zu anstrengend gewesen sein muss und ich deshalb so stark körperlich reagierte. Später erfuhr ich, dass Dr. Erdmann ein paar Tage zuvor von dem gleichen Krankheitsbild betroffen war. Auch meine Freundin, die am selben Tag wie ich bei ihm war, hatte sich bei ihm angesteckt. Dies war ein Beweis, dass ich tatsächlich innerhalb weniger Stunden einen Infekt aufgenommen und Krankheitssymptome entwickelt hatte.

Frau Hartmann jedoch stritt eine solche Möglichkeit penetrant ab. Um die körperlichen Folgen des Infektes wollte sie sich auch nicht kümmern. So musste ich mir wieder selbst helfen. Die Krankenschwester war die nachfolgenden Tage krankgeschrieben - somit war es ein schwererer Infekt gewesen. Aufgrund meines sehr geschwächten Immunsystems brauchte ich mehrere Wochen, um diesen Infekt zu überwinden.

Das Schlimmste war später der Abschlussbericht, den die Ärztin mit allen Diagnosen und dem Therapieverlauf und ihrer Rechnung an eine falsche Behörde schickte. So ist die Postsendung mit den vertraulichen Daten durch mehrere Abteilungen gereicht worden und dann durch die Adressvermittlung des Einwohnermeldeamtes mit der Mitteilung zu mir geschickt worden, dass die Sendung nicht zuzuordnen wäre.

So war aller Datenschutz und vor allem mein Persönlichkeitsschutz in Bezug auf die AIDS-Erkrankung von der Ärztin völlig missachtet worden. Noch schlimmer war jedoch der Inhalt dieses Berichtes. Sie schrieb: „Drei Tage vor Entlassung zog sich Frau Sandgi eine leicht febrile Hals-Ohrenentzündung zu, die zu einer psychischen Dekompensation führte. Verständliche Angst vermischte sich mit Ärger über inkompetente Behandlung und unausgewogene Diät, wobei wohlmeinende Intervention dann auch falsch verstanden wurde und zunächst zum Kommunikationsabbruch führte. Diese Dekompensation im Sinne einer posttraumatischen Belastungsreaktion konnte jedoch tags darauf sachlich besprochen und geklärt werden."

Ich war so schockiert über ihre unwahre Interpretation, dass ich sofort bei Frau Hartmann anrief. Sie hatte mich so dargestellt, als sei ich querulantisch und psychisch krank, sowohl wegen meiner Reaktion auf das Essen, als auch wegen des Infektes. Der Koch hatte bereits eine Abmahnung erhalten und wurde kurze Zeit später sogar entlassen. Selbst die Putzfrauen hatten sich bei mir bedankt, dass endlich einmal jemand etwas entgegnet hatte, weil auch sie darunter sehr litten. Auch hatte Frau Hartmann mit keinem Wort erwähnt, dass die Krankenschwester grob fahrlässig gehandelt hatte, indem sie mit einem ihr bekannten Infekt mir als schwer immungeschwächter, lebensbedrohlich erkrankter Patientin körperlich sehr nahe gekommen war. Mit ihrer Darstellung hatte Frau Dr. Hartmann alle entstandenen Schwierigkeiten auf mich gewälzt und sie mit meiner psychischen Traumatisierung erklärt. Damit hatte sie keine Verantwortung übernommen. Dies ist eine Form von Machtmissbrauch. Ein solcher Arztbericht kann für mich als Patientin weitreichende Konsequenzen haben.

Dass dieser Brief zurückgekommen war, hatte für mich eine spirituelle Bedeutung. Ich hielt es für eine höhere Fügung, weil der Brief nicht zur Kureinrichtung zurückgeschickt wurde, was eigentlich viel näher gelegen hätte. Am Telefon teilte ich Frau Hartmann deutlich mit, dass sie dadurch von der geistigen Welt die Möglichkeit bekommen hätte, die Schwierigkeiten entweder aus dem Bericht zu streichen, oder zu beschreiben, was wirklich passiert war. Dies war ihre Chance! Sie jedoch stritt alles ab und wollte ihr Schreiben am nächsten Tag genauso wieder losschicken, ohne es zu verändern.

Deshalb habe ich mich an die Besitzerin des Kurhauses gewandt. Sie konnte meinen Unmut verstehen und versuchte es mit der Ärztin zu klären, aber sie konnte sich nicht durchsetzen. Sie als Ärztin hätte das Recht, dies so zu schreiben. Deshalb konnte ich nichts weiter tun. Am Schlimmsten empfand ich, dass durch diesen Brief meine Beziehung zu den Beamten beim Versorgungsamt beeinträchtigt werden könnte. Ich bin sehr abhängig von ihnen. Wenn sie einen solchen Bericht lesen, ist es natürlich, dass sie ein „falsches" Bild von mir vermittelt bekommen. Meine Ängste sind dann, dass sie mich bei weiteren Anliegen nicht mehr genügend ernstnehmen. Große Ängste und enorme Wut entstanden in meiner Seele.

Für mich war die größte Schwierigkeit, wahrnehmen und akzeptieren zu lernen, wie häufig im Hintergrund einer spirituellen Ausrichtung Hochmut oder Scheinheiligkeit wirken kann.

Weil ich jemand bin, der den Hintergrund eines so ungerechten Verhaltens verstehen möchte, habe ich mich mit dieser Ärztin intensiv beschäftigt. Ich bin zu dem Schluss gekommen, dass sie wenig eigene seelische Substanz gebildet hatte, eigentlich innerlich sehr unsicher ist. Durch ihre Ausbildungen hatte sie jedoch hervorragende spirituell-geistige Fähigkeiten erworben. Diese Fähigkeiten verleiteten sie scheinbar, sich über andere Menschen zu erheben und ihre Macht als Ärztin auszunutzen.

Im Laufe der Jahre bin ich immer wieder Schülern von Paolo begegneten, die sich auf ihre erworbenen geistigen Fähigkeiten sehr viel einbildeten. Es erschien mir so, als wenn durch das Ausbilden der oberen Chakren, die starke spirituelle Wahrnehmungen und Fähigkeiten zur Folge hatten, andere Chakren nicht im gleichen, gesunden Maße mit- und weiterentwickelt wurden. Gerade bei ausgeprägten hellsichtigen Wahrnehmungen über das 6. Chakra sind vor allem genügend ausgebildete Herzenskräfte (4. Chakra), jedoch auch ein harmonischer Umgang mit der eigenen Macht (Solarplexus, 3. Chakra) und dem Verantwortungsbewusstsein (2. Chakra) dringend notwendig, um diese erworbenen Fähigkeiten und Wahrnehmungen konstruktiv anwenden zu können. Ein möglicherweise fehlendes Gleichgewicht darin könnte zu ihrem Fehlverhalten geführt haben.

Durch Dr. Bauer erhielt ich noch eine weiterreichende Erklärung. Er vermutete, dass Frau Hartmanns Verhalten etwas damit zu tun haben könnte, dass sie länger mit Drogenabhängigen gearbeitet hatte. In dieser Tätigkeit ist es notwendig, einen Teil der Ich - Funktion des kranken Menschen zu übernehmen. Dadurch könnte sich jedoch auch eine Art von Respektlosigkeit gegenüber dem Ich des Anderen ausbilden. Genau so hatte ich mich gefühlt. Bei diesem Konflikt ging sie so mit mir um, als wenn sie zeitweise meine große seelische Kraft nicht mehr wahrgenommen hätte und mich dadurch auf meine vermeintlich psychische Erkrankung reduzierte. Es ist sicher eine große Herausforderung, bei der Begleitung von Suchtkranken eine angemessene, respektvolle Abgrenzung herzustellen. In meinem Fall schien sie in unangemessenes Verhalten zurückgefallen zu sein.

Diese Erklärungen waren sehr wichtig für mich. Für mich war die größte Schwierigkeit, wahrnehmen und akzeptieren zu lernen, wie häufig im Hintergrund einer spirituellen Ausrichtung Hochmut oder Scheinheiligkeit wirken kann. Dies hatte ich auch in mir selbst, vor dem Hintergrund meiner verschiedenen Inkarnationen, bei dem Schwellenerlebnis auf der Insel erkannt. Jetzt aber musste ich die Auswirkungen schmerzhaft durch andere Menschen, vor allem Ärzte erfahren. Einige haben hohe Ideale, ein großes umfangreiches spirituelles Wissen, sind in der Lage, eindrückliche spirituelle Erklärungen und wunderbare Ideen von sich zu geben, aber mit dem praktischen Leben und vor allem mit dem Herzensempfinden sind sie oft weniger verbunden. So wirkt es zerstörend für das Miteinander und die eigentliche seelische Entwicklung. Damit musste ich jetzt umgehen lernen. Nach so vielen solchen Erlebnissen ist es immer noch schwer für mich zu realisieren, dass sich Menschen, die sich als „anthroposophisch" bezeichnen und fühlen, so entwickeln oder eine solche Grundkonstitution in sich tragen. Eigentlich sollte mir klar sein, dass auch sie genauso Menschen sind, die lernen, die sich bemühen und doch Fehler machen. Gerade sie sind vielleicht sogar manchmal Menschen, die mehr Halt brauchen und deshalb die Gemeinschaft dieser spirituellen Ausrichtung suchen oder ihren Selbstwert über diese Besonderheit definieren müssen.

Auf die in diesem Jahr gemachten Erfahrungen folgte für mich eine Zeit der tiefen Auseinandersetzung und Klärung. Was bedeutet eigentlich Spiritualität, wie stellt sie sich im Leben dar? Zudem dachte ich noch viel darüber nach, wie spirituell ich selbst lebe, wie ich damit in meinem konkreten Leben umgehen kann. Dann versuchte ich zu erkennen, wie einzelne Mitmenschen damit umgingen, wo Stärken und Schwächen lagen. Dabei versuchte ich, dies bewusst zu akzeptieren. Die Enttäuschungen, die ich erlebt hatte, hatten sich auf Erwartungen aufgebaut, die diese Menschen scheinbar nicht erfüllen konnten. Grundsätzlich glaube ich, dass meine Erwartungen sich an „normalem" menschlichen, sozialen Verhalten orientiert hatten und doch gerieten diese Ärzte und das Pflegepersonal diese nicht erfüllen. Für mich ist es wichtig, zu lernen, so etwas weniger persönlich zu nehmen, weniger verletzt zu reagieren und es wirklich zu akzeptieren, dass Menschen so sind. Es ist meine Aufgabe, daran zu lernen und zu wachsen.

Ich weiß mittlerweile, dass ich viel stärker als andere Menschen auf Hochmut, Abstreiten von Verantwortung, ungerechte Schuldzuweisungen an mich, Scheinheiligkeit, mangelnde Wahrhaftigkeit und vor allem Ungerechtigkeit reagiere. Meine starken Reaktionen sind teilweise schwer für andere Menschen nachzuvollziehen. Ich glaube, dass dies vor allem dadurch entstanden ist, dass das Jugendamt und der Kinderschutzbund mir als Kind nicht glaubten, dass ich massives Unrecht erlebt hatte.

Der Umgang mit spirituellen Fähigkeiten oder einer spirituellen Lebensausrichtung scheint grundsätzlich schwierig zu sein. Das hatte ich in diesem Jahr leidvoll erfahren müssen. Die Erwartungen an

Menschen, die sich als spirituell ausgeben, sind höher und können bei Enttäuschungen zu tieferen Verletzungen führen.

Im Rahmen meines Bemühens, Menschheitsprozesse zu verstehen, ist mir irgendwann bewusst geworden, dass es im Umgang mit Spiritualität wichtig ist, die Grundlage zu berücksichtigen, dass hier auf der Erde völlig unterschiedlich weit entwickelte Seelen leben. Dies wird kaum berücksichtigt und kann so zu gravierenden Störungen im zwischenmenschlichen Kontakt führen. Immer wieder habe ich, wenn ich jemanden beraten habe, der in einem Konflikt mit jemand anderem stand, weil er seinen Erwartungen nicht entsprach, darauf hingewiesen, dass er dies wahrscheinlich gar nicht konnte. Der Grund kann entweder sein, dass sie völlig verschieden sind, was eher berücksichtigt wird, oder dass der andere tatsächlich eine jüngere Seele ist, die den an sie gestellten Ansprüchen gar nicht gerecht werden kann.

Dabei suchte ich nach Beispielen: Zu der Verschiedenheit fiel mir ein, dass man eine Dattelpalme nicht neben eine Sibirische Tanne pflanzen würde. Als Beispiel der jüngeren Seele benutzte ich häufig den Vergleich, dass man von einem dreijährigen Kind nicht erwarten würde, im Haushalt den Abwasch zu machen. Oder einem Grundschüler würde man als Hausaufgabe keine Abiturklausur geben. So etwas erwarten jedoch viele Menschen von anderen, weil sie sich gar nicht vorstellen können, dass die Moral und die Fähigkeiten tatsächlich noch nicht vorhanden, noch nicht ausgebildet sind, weil es jüngere Seelen oder sie sehr verschieden sind.

Wenn ich mir vorstelle, dass ich permanent überfordert würde, indem ich viel besser sein sollte, als ich es jetzt sein kann und von mir aus bin, oder mehr begreifen sollte, als ich begreifen kann, wird dies zu großen Schwierigkeiten führen. Ich benutze dabei auch manchmal das Beispiel, dass mein Engel natürlich mehr weiß als ich, mehr überschauen kann, andere Fähigkeiten hat als ich, und doch respektiert er meinen Stand der Entwicklung, er überfordert, überflutet und kritisiert mich nicht permanent. So habe ich die

„Psychosen"/Schwellenerlebnisse erlebt. Dabei wurde ich mit geistigen Inhalten und Erwartungen überflutet, die mich letzten Endes in Ängsten und Selbstverurteilungen kapitulieren ließen.

Dieses Menschheitsgesetz der verschieden weit entwickelten Seelen ist im Alltag schwierig anzuwenden und umzusetzen, weil wir Erwartungen haben, wie jemand zu sein hat und wie die Umstände sein sollten. Und doch halte ich es für dringend notwendig, dass ein Bewusstsein für diese garantiert vorhandenen Grundlagen geschaffen wird und diese entwicklungsfördernd einbezogen werden können.

Endlich wieder zu Hause!
Das Leben neu ergreifen

Zurück zu meinem Kuraufenthalt: Am Freitagabend besuchte mich Dr. Bauer. Es war eine sehr harmonische Begegnung. Zum Abschluss hat er mich in den Arm genommen. Es war das erste Mal und ich konnte es gut zulassen. Ich empfand eine tiefe Liebe ihm gegenüber.

Am Samstag kam Lars. Am nächsten Tag fuhren wir nach Hause. Wir verbrachten eine schöne Zeit miteinander, führten wunderbare Gespräche. Dabei konnten wir sogar einen der Lebenswünsche von Lars erfüllen. Er wollte eine auf dem Weg liegende große Universitätsstadt besichtigen, und so machten wir einen Abstecher über Mittag. Ich habe es kräftemäßig besser durchgehalten als ich gedacht hätte. Nur die Schmerzen beim Sitzen beeinträchtigen mich immer noch sehr.

Einige Zeit nach meiner Entlassung habe ich erfahren, dass meine Auseinandersetzungen doch noch etwas Positives in dem Kurhaus bewirkt haben. Nach meiner Entlassung fand eine Fortbildung von der Deutschen AIDS-Hilfe für die Mitarbeiter der Kurstätte statt, bei der über die Versorgung von AIDS-Kranken und die Ansteckungsmöglichkeiten für die Mitarbeiter informiert wurde. Sie hatten an mir erlebt, wie wenig sie über die Krankheit wussten und wie schwierig der Umgang dadurch gewesen war.

Nach zwölf Wochen war ich dann endlich wieder zu Hause. Meine Wunde war immer noch nicht ganz abgeheilt, jedoch schon deutlich kleiner. Ich konnte sie ohne chirurgische Hilfe versorgen. Während der gesamten Zeit durchlebte ich immer wieder Zeiten, in denen meine Ängste eskalierten. Die Angst, dass ein Infekt entsteht, der eine erneute Blutvergiftung zur Folge gehabt hätte, belastete und quälte mich teils stark. Zwischendurch war die Sorge so groß gewesen, dass ich geglaubt hatte, notfallmäßig noch mal ins Krankenhaus zu müssen. In den nächsten Monaten hatte ich immer wieder Infekte, die jedoch nie stärker bedrohlich waren.

An meinem ersten Tag zu Hause fuhr ich zum Waldorfinstitut. Dabei merkte ich wieder, wie glücklich ich an diesem Ort war. Gerade war Bauzeit und ich traf ein paar liebe Bekannte. Ich belegte einen Kurs für Physik. Der Lehrer war einfach toll. Scheinbar hatte ich früher in der Schule nie jemanden, bei dem ich auch nur etwas verstanden habe. In diesem Unterricht verstand ich zumindest, welche Bereiche der Physik es überhaupt gibt, und bekam eine Ahnung, wie etwas funktioniert. Dies jedoch verstandesmäßig zu erfassen, ist mir auch dabei nicht gelungen. Physik scheint ein Bereich zu sein, der mir wenig zugänglich ist, auch, wenn ich mich darum bemühe. Relativ schnell schaltet mein Bewusstsein ab und ich kann gar nichts mehr verstehen. Dies zu erleben war eine wertvolle Selbsterfahrung für mich, weil ich durch meine Schulerfahrungen gewohnt war, alles leicht zu verstehen und anwenden zu können. Es gibt jedoch auch Bereiche, die meinem Vorstellungs- und Denkvermögen wenig zugänglich sind.

Dann hatte ich noch einen Mathematikkurs beim gleichen Lehrer. Das liegt mir viel mehr und hat mir sehr viel Spaß gemacht. Bei Dr. Lenzen belegte ich einen Kurs in Heilpädagogik. Insgesamt merkte ich jedoch, dass ich sehr wenig Kraft für den Unterricht hatte, sehr schnell überfordert und erschöpft war. Und doch wollte ich unbedingt daran teilnehmen. Durch den Unterricht und die Begegnungen mit den Mitstudenten erlebte ich eine tiefe seelische Erfüllung.

In dieser Zeit habe ich die Freundschaft zu Melina beendet. In unserem Kontakt war in den letzten Jahren nie ein ausgeglichenes Geben und Nehmen entstanden. Wenn es mir selbst gut ging, habe ich viel investiert, sie in allen Lebenssituationen beraten, sie mit meinem Auto dahingefahren, wohin sie wollte, für sie gekocht und vieles mehr. In Zeiten jedoch, in denen ich krank gewesen war oder ihre Hilfe gebraucht hätte, hatte sie mich immer allein gelassen, sich gar nicht um mich gekümmert.

Ich hatte so viel für sie getan und wurde dann wieder enttäuscht. Auch konnte ich mir nie sicher sein, wann sie „explodierte". Diese „Explosionen" hatte Karin auch in ihrer Bedrohlichkeit erlebt. Für mich war bald klar, dass dies keine wirkliche Freundschaft werden würde. Es war enttäuschend für mich, gerade weil ich Melina für eine Person halte, die sowohl die seelischen Möglichkeiten, als auch die Zeit gehabt hätte, im Geben und Nehmen ausgeglichener zu sein.

All diese Menschenbegegnungen waren Geschenke,
Erfüllung für mich.

Im Dezember hatte ich immer wieder Lymphadenitis. Jeder kleinste Riss am Finger entzündete sich so stark, dass die Lymphbahnen bis in den Oberarm gerötet waren. Es war sehr anstrengend, das dabei entstehende Fieber und die Ängste immer wieder zu überwinden. Irgendwann rief Helga an und erzählte mir, dass sie zu Dr. Bauer ins Kurhaus fahren würde. Sie fragte mich, ob wir Weihnachten gemeinsam dort feiern könnten. Eigentlich wollte ich Heiligabend mit meiner Mutter verbringen. Als ich ihr von dieser Möglichkeit erzählte, riet sie mir, dass ich auf jeden Fall fahren sollte, weil ich mich dort wohl fühlen würde. Es war eine schwierige Entscheidung, weil ich meine Mutter sehr liebe und weiß, dass Weihnachten ihr eigentlich wichtig ist und sie mir nur zuriet, weil sie das Beste für mich wollte. Andererseits telefonierten wir ohnehin viel und hätten uns zu Weihnachten auch nur für ein paar Stunden gesehen.

So fuhr ich mit der Bahn in die Kurklinik. Im Nachhinein gesehen war es eine richtig gute Entscheidung. Es war schön, Dr. Bauer wiederzutreffen. Leider hatte ich an diesem Wochenende wieder eine schwere Lymphadenitis mit über 39 Grad Fieber, die ich jedoch erneut mit Propolistropfen und Aura Soma überwinden konnte.

Helga kam einen Tag später an. Vor dem Schlafengehen gingen wir runter in die Badeabteilung und ich las ihr bei einem gemeinsamen Fußbad ein Märchen vor. In der Woche, in der sie da war, haben wir dies jeden Abend genießen können. Beim Essen saßen wir mit drei Frauen zusammen, mit denen wir uns sehr gut verstanden haben. Eine Frau, Renate, war mir besonders sympathisch, weil sie so reif und liebevoll wirkte. Es stellte sich dann heraus, dass sie die berufliche Partnerin von Iris war. So saß ich im Sommer vier Wochen neben Iris und jetzt neben ihrer Partnerin. Wenn das noch Zufall sein sollte bei einer Entfernung von bestimmt 800 km zwischen diesem Haus und ihrem Wohnort. Es begann eine wunderbare gemeinsame Zeit.

Weihnachten in diesem Haus war ein Traum. Das Essen war unübertrefflich und die gesamte Atmosphäre ebenso. So geborgen, liebevoll, feierlich. Es hat sich absolut „gelohnt", dass ich hingefahren bin. Ich war zutiefst dankbar für die Begegnungen und die Umstände. Viel Schnee, wunderschöne Spaziergänge.

Am ersten Feiertag hatte ich aufgrund des hervorragenden Angebots der Küche einige Süßspeisen gegessen, die ich eigentlich nicht essen würde. Den am zweiten Weihnachtstag beginnenden Schwindel brachte ich erst einmal damit in Verbindung. Dieser Schwindel sollte sich jedoch zum ernsthaften und langfristigen Problem entwickeln. In der Zeit meines Aufenthaltes wurde es immer schlimmer.

Ich bat Dr. Bauer mit Dr. Lenzen darüber zu sprechen. Dieser meinte, dass es ein HIV-spezifisches Problem sein könnte, z.B. eine HIV-Enzephalopathie (schwerwiegende Erkrankung des Gehirns aufgrund der Auswirkungen des Virus). Hinzu kam dann sehr starke Übelkeit, sodass sich selbst im Liegen alles drehte und mir sehr übel war. Es war wirklich schrecklich. Teils konnte ich nicht mehr frei laufen, musste mich festhalten. Ich lag viel im Bett. An eine Rückreise nicht zu denken war. Deshalb musste den Aufenthalt für drei Wochen verlängern. Die Krankenkasse und das Versorgungsamt konnten gar nichts übernehmen. So habe ich insgesamt sechs Wochen Kur selbst bezahlt. Aufgrund der generellen Verschlechterung meines Gesundheitszustandes stellte ich Ende Januar von der Klinik aus beim Versorgungsamt einen Verschlechterungsantrag für eine höhere Einstufung bei der Opferentschädigung.

Bei all den unangenehmen Symptomen lernte ich in dieser Zeit doch viele nette Menschen kennen, auch Menschen, die ich bewunderte, wie Renate, dann noch eine Frau, die ein altersübergreifendes anthroposophisch - ökologisches Wohnprojekt in einer Stadt gegründet hatte, ein Mann, der ein alternatives Versicherungsunternehmen entwickelt und realisiert hatte, eine Ärztin, die an der Gründung eines der anthroposophischen Krankenhäuser beteiligt gewesen war, und einige andere Menschen, die für andere Menschen im Einsatz sind und etwas wagen in einer Zeit, in der relativ wenig Idealismus und Menschlichkeit wirken.

Immer wenn ich an dieses Kurhaus denke, verbinde ich damit, dass es ein Ort der Schicksalsbegegnungen ist, ein sehr besonderer Ort, an dem Menschen sich finden, neue Impulse gesetzt werden in einer sehr geborgenen, familiären Atmosphäre. All diese Menschenbegegnungen waren Geschenke, Erfüllung für mich. Viele gemeinsame Abende verbrachten wir im „Wohnzimmer", in dem wir quatschten, strickten und wo vorgelesen wurde. Es war die perfekte Idylle, nie ein unzufriedenes Wort, und doch tiefe, echte Begegnung. So lernte ich sogar noch Socken stricken und strickte je ein Paar für Anna Maria, Karin und mich.

In dieser Zeit habe ich mich jedoch auch um jemanden bemüht, dem es seelisch extrem schlecht ging. Es war ein Jura Professor, der nach seiner Pensionierung in einen tief depressiven Zustand gerutscht war. Zudem hatte er Medikamente nicht vertragen und seine Milz musste entfernt werden. Viele Stunden habe ich mich um ihn gekümmert, bin mit ihm spazieren gegangen, was sehr anstrengend, auch teilweise sehr belastend war, diese tiefste Ausweglosigkeit, Verzweiflung zu verkraften. Während des Laufens sagte er alle fünf Minuten, dass er nicht laufen könnte, dabei konnte er ganz normal laufen. Ungefähr alle zehn Minuten teilte er mir mit, dass er jetzt doch seinen Sohn anrufen müsste, weil er sich umbringen wolle. Er war in einer solchen Unruhe und inneren Not und wusste trotzdem ganz genau, wie er auf andere wirkte. Er schämte sich sehr für das, wie er sich benahm, kam sich wie ein Tier vor, aber konnte es nicht ändern. Das muss Folter sein.

Dr. Bauer hat sich um ihn intensivst bemüht, sowohl medizinisch, als auch privat. Fast jeden Abend spielte er mit ihm Schach - mit ihm als ebenbürtigem Partner. Es war ein idyllisches Bild mit den beiden, wenn sie im Aufenthaltsraum saßen. Er konnte ihm jedoch eigentlich nicht helfen. So wurde der Professor schließlich in eine anthroposophisch orientierte Psychiatrie verlegt.

Die Zeit zwischen Weihnachten und Neujahr war sehr ruhig und besinnlich. Das Abendprogramm an Sylvester wurde von den Patienten umfangreich und liebevoll gestaltet. Ich habe mich mit Flötenspiel beteiligt und bin kurz nach Mitternacht ins Bett gegangen. Eine Cellistin, die ich kennengelernt hatte, hat mir während der Zeit, in der sie da war, immer wieder ein Lied vorgespielt, das ich als mein Lieblingslied bezeichnen würde: Adagio von Johann Mattheson (1681-1764). Renate begleitete es mit dem Klavier. Es war ein Musikstück, in dem ich die emotionale Tiefe erlebte, die ich in mir selbst und im Leben suchte und fühlte. Es berührte mich jedes Mal zutiefst.

Dieses Jahr 2003 endete in sehr liebevoller Gesellschaft. Ein Jahr mit den schmerzhaftesten Erkrankungen und der dadurch entstandenen verstärkten Öffnung für die geistige Ebene.

Während dieses Kuraufenthaltes hatte ich somit eine der tiefsten Auseinandersetzungen mit dem Sterben und habe dabei Frieden darin und eine andere Ebene von Leben gefunden.

Das Jahr 2004 begann äußerlich ruhig. Wie bei jedem Aufenthalt an diesem Kurort wurden auch die Tiefen meiner Seele berührt und in Aufruhr gesetzt. Dieses Mal entstand ein großes Ringen um meine eigene Sterblichkeit. Dr. Bauer hatte ein Blutbild bestimmen lassen, das zeigte, dass ich nur 2700 Leukozyten hatte. Er äußerte dazu, dass es wie ein Zustand nach einer Chemotherapie sei. Der anhaltende Schwindel, die schwere Übelkeit und diese Tatsache ließen mich annehmen, dass mein Leben wahrscheinlich nicht mehr lange dauern würde.

Zeitweise war ich traurig, verzweifelt, weniger ängstlich, aber bedrückt. Dann wieder empfand ich tiefen inneren Frieden. Es war sehr eindrucksvoll, zu spüren, welcher Friede im Sterben liegen kann, kein Ringen mehr, nicht mehr glauben, was alles noch wichtig ist, was ich alles noch erfüllen will, wer wie mit meinem Sterben fertig wird. In dieser Zeit meines sechswöchigen Kuraufenthaltes erlebte ich somit einerseits eine tiefe Annahme meiner Erkrankung und meines möglichen Sterbens und andererseits das Ringen, Zweifeln und Verzweifeln damit.

Dr. Bauer konnte sich kaum darauf einlassen. Immer wieder hatten wir lange Diskussionen darüber, dass ich es für notwendig hielt, mich in diese Auseinandersetzung mit meinem Sterben zu begeben, nicht, weil ich Todessehnsucht hatte, nicht, weil ich dadurch depressiv wurde, nicht, weil ich dadurch aufgab, sondern weil ich dadurch die Realität, die sich mir so klar zeigte, ernst nehmen wollte. Er wollte dies nicht einsehen. Indem ich um sein Verständnis kämpfte, verlor ich sehr viel Kraft. Durch diese Konfrontation mit dem eigenen Sterben konnte ich jedoch meine Möglichkeiten, die ich noch hatte, besser einschätzen und dann auch nutzen lernen. Mir wurde bewusst, dass mein wichtigstes Vorhaben das war, diese Biographie zu Ende zu schreiben. Zudem wollte ich gern in diesem neuen Jahr mehr Kuren, mehr körperliche Anwendungen selbst zahlen.

Diese Überlegungen, womit ich meine jetzt wahrscheinlich nur noch sehr begrenzte Lebenszeit füllen wollte, waren mir sehr wichtig. Bei den Auseinandersetzungen mit Dr. Bauer stellte sich heraus, dass Dr. Bauer der Meinung war, dass ein Arzt einen Menschen nie aufgeben dürfte. Er dürfte nie mit dem Sterben als inneres Bild umgehen. Dies hätte Rudolf Steiner in seinen Vorträgen über das Bild des Arztes so ausgeführt. Auch ich glaube, dass dies bis zu einem gewissen Punkt wichtig ist. Nur so ist zu jedem Zeitpunkt noch Heilung möglich, weil der Arzt die Chance dafür in seinem Bewusstsein bis zuletzt noch offen hält.

Ich glaube jedoch auch, dass es während einer tödlich verlaufenden Erkrankung Phasen gibt, in denen man beide Möglichkeiten offen nebeneinander stehen lassen können sollte. Vor allem halte ich es für dringend notwendig, dass der Arzt den Patienten darin begleitet, sich mit dem Sterben, dem bis dahin noch möglichen Leben und dem Abschluss des bisher gelebten Lebens tief auseinander zu setzen. Dies bedeutet für mich, dass er es mit aushält/erträgt, dass ich leide, dass ich trauere, dass ich Ängste habe und verzweifelt bin. Das war immer das, was ich persönlich gesucht habe.

Ich wollte mich mit diesen meinen Gefühlen zeigen, wollte sie ausdrücken, ohne, dass der Andere überfordert ist oder es abwehrt. Dabei wollte ich mich getragen, verstanden fühlen. Dies war und ist immer wieder eines meiner größten Bedürfnisse gewesen, das mir zu diesem Zeitpunkt noch nicht häufig erfüllt wurde. Dabei fiel es mir selbst oft zu schwer, mich in diesen sensiblen Empfindungen zu zeigen und nicht nur darüber zu reden.

Während dieses Kuraufenthaltes hatte ich somit eine der tiefsten

Auseinandersetzungen mit dem Sterben und habe dabei Frieden darin und eine andere Ebene von Leben gefunden. Das Leiden, das Ringen, das Sich-Stellen, das Durchleben hat sich meiner Meinung nach absolut gelohnt, denn ich suche nach dieser Tiefe im Leben und der daraus entstehenden Freiheit und Liebesfähigkeit.

Wie bei jedem Kuraufenthalt fand ein wöchentlicher Gesprächskreis über wechselnde Themen, wie z.B. Umgang mit Ängsten, Vergebung, Schlafstörungen oder spirituelles Leben statt. Diese Gespräche wurden von Dr. Bauer geleitet. Dabei konnte ich ihn in seiner Persönlichkeit, seiner Einstellung zu Menschen und zum Leben kennen lernen. Dabei erlebte ich einen Teil, der ganz anders war als der in den Gesprächen mit mir, ein Teil, durch den er immer mehr zu einem großen Vorbild für mich wurde. Manches Mal tat mir mein Herz weh, weil durch seine Einstellungen und Äußerungen so viel Liebe in mir erzeugt wurde. Eine große Sehnsucht nach einer solchen inneren Ausrichtung wurde in mir wach.

In einem Gesprächskreis zitierte Dr. Bauer einen Auszug aus der Bibel, der mich tief beeindruckte. Es war eine andere Erklärung über die Wirkung von Schmerz im Schicksal:

Korinther 11.12

„Darum, damit ich mich nicht überhebe, wurde mir ein Dorn für das Fleisch gegeben, ein Engel Satans, dass er mich mit Fäusten schlage, damit ich mich nicht überhebe. Um dessentwillen habe ich dreimal den Herrn angerufen, dass er von mir ablassen möge. Und er hat zu mir gesagt: Meine Gnade genügt dir, denn (meine) Kraft kommt in Schwachheit zur Vollendung. Sehr gerne will ich mich nun vielmehr meiner Schwachheiten rühmen, damit die Kraft Christi bei mir wohne. Deshalb habe ich Wohlgefallen an Schwachheiten, an Misshandlungen, an Nöten, an Verfolgungen, an Ängsten um Christi willen, denn, wenn ich schwach bin, dann bin ich stark."

Sicher ist das Wohlgefallen an Misshandlungen nur als Übertragung aus einer anderen menschheitsgeschichtlichen Zeit anzusehen und muss gemäß der heutigen eigenen Einstellung zum Leben interpretiert werden. Wenn Dr. Bauer es vorgelesen hat, bekam ich eine Ahnung, was es bedeutet und wie es auch im Zusammenhang mit meinem Schicksal und meinen Erfahrungen mit Schmerz zu verstehen ist.

Neben diesem Respekt gegenüber Dr. Bauer und andererseits dem Ringen mit ihm wurde mir während dieses Aufenthaltes klar, wie krank er war. Sein Krankheitszustand hatte sich massiv verschlechtert, sodass er während der Woche meist über Nacht in der Klinik blieb und nicht zu seiner Familie fuhr. Ich hatte das Gefühl, dass die ärztliche Unterstützung durch Herrn Dr. Hesse nicht ausreichte und somit zu viel Verantwortung auf ihm lastete. Als ich Anna Maria davon erzählte, erklärte sie sich sofort bereit, das Kurhaus finanziell zu unterstützen, um noch jemanden zusätzlich einzustellen. Anna Maria bat mich, Dr. Bauer zu fragen, wie viel Geld er dafür bräuchte. Er nannte mir einen Betrag von 20 000 Euro. Ich versuchte Dr. Bauer davon zu überzeugen, dass dies nicht weit führen würde. Die Lohnkosten für einen zusätzlichen Arzt wären bei diesem Betrag sehr schnell verbraucht. Deshalb wurde dem Kurhaus 50 000 Euro überwiesen.

Eine große Aufgabe, bei der ich mich sehr engagierte.
Und das, obwohl ich eigentlich so krank war.

Während dieses Aufenthaltes bekam ich auch tiefere Einblicke in die finanzielle Situation des Hauses. Ich wusste, dass das Haus gerade eine schwere Krise hinter sich hatte. Immer noch stand das Haus finanziell auf sehr „wackeligen Beinen". Die Bausubstanz war sehr alt und durch den Geldmangel konnten in den letzten Jahren keinerlei Reparaturen vorgenommen werden. Dies war jetzt dringend notwendig: Rohre waren veraltet, es gab Wasserschäden, eine stark stinkende Heizungsanlage, renovierungsbedürftige Zimmereinrichtungen und vieles mehr.

Auch das andere Kurhaus, in dem ich nach der Blutvergiftung gewesen war, kämpfte mit finanziellen Problemen. Nachdem ich Anna Maria von den Missständen dort berichtet hatte, bekam sie Interesse, dieses zu „retten". Während des letzten Sommers (2003) hatte ich deshalb Gespräche mit dem leitenden Arzt geführt. Anna Maria hatte Gelder dafür überweisen wollen, jedoch stellte sich dann heraus, dass sie aus rechtlichen Gründen noch gar keine Gemeinnützigkeit beantragen konnten. Deshalb waren die Spendengelder (250 000 Euro) auf den Konten dieses Kurhaus hier bei Dr. Bauer „geparkt" und sollten ihnen später überwiesen werden.

Die große Liebe, die ich für Dr. Bauer empfand, überzeugte Anna Maria, das Geld dann doch diesem Kurhaus für die dringend notwendigen Renovierungen zu überlassen und von dem Projekt des anderen Kurhauses ganz abzusehen. Dies wurde zu einem großen Segen für das Haus.

Jetzt, ein halbes Jahr nach der Blutvergiftung, zeigte sich der Sinn, warum ich den Umweg in dieses andere Kurhaus hatte machen müssen. Alles erschien mir jetzt auf einmal so gewollt, so richtig. Die Mitarbeiter dieses Kurhauses hatten sich lange sehr stark für dieses Haus eingesetzt und teils mit großem Lohnverzicht weitergearbeitet, in den Flauten sogar selbst die Zimmer renoviert. Ich kann mir vorstellen, dass, wenn Menschen sich so ehrlich um etwas bemühen, die Hilfe aus der geistigen Welt auch im materiellen Sinne kommen kann. Gedanken, Wille und Ideale werden zu Materie. Zudem glaube ich daran, dass dieser Ort als Heilungs- und Schicksalsort weiter erhalten werden musste.

Für die Überweisungen der Gelder brauchte Anna Maria eine Bestätigung, dass das Kurhaus die Anerkennung der Gemeinnützigkeit hat. Dabei fiel auf, dass sie gar nicht existiert. In den Jahren nach der Berentung des alten Chefarztes hatten sie Spendenquittungen geschrieben, aber gar nicht gewusst, dass sie dies eigentlich nicht hätten tun dürfen. Nun musste eine nachträglich wirksame Gemeinnützigkeit beim Finanzamt beantragt werden. Wenn dies bei einer offiziellen Prüfung aufgefallen wäre, hätte das Haus sicher Strafzahlungen leisten müssen.

Im Laufe der nächsten Monate erzählte ich Anna Maria immer wieder von der wertvollen Arbeit von Dr. Bauer. Deshalb kam es dazu, dass sie mich fragte, ob er noch einen beruflichen Lebenstraum hätte. Als ich ihn fragte, wurde deutlich, dass das Haus mit den wenigen vorhandenen Betten nicht wirtschaftlich arbeiten konnte. Aufgrund des niedrigen Krankenkassensatzes konnten nur Defizite erwirtschaftet werden. Deshalb hatte er den Wunsch, einen Anbau zu bauen, um die Wirtschaftlichkeit zu erhöhen und das Haus behindertengerecht zu verändern.

Anna Maria wollte diese Idee unterstützen. So erhielt das Kurhaus insgesamt eine Million Euro in Teilzahlungen. Zudem richtete Anna Maria einen Sozialfonds für Menschen ein, die eine Kur nicht selbst bezahlen könnten, jedoch sehr bedürftig waren. An diesen wurde zusätzlich 80 000 Euro überwiesen.

Danach begannen Ideen zu keimen, wie ein solcher Umbau/Anbau verwirklicht werden könnte. Architekten wurden beauftragt, die Räume begutachtet usw. Es war aufregend für mich, all das miterleben und mitreden zu dürfen. Eine große Aufgabe, bei der ich mich sehr engagierte. Und das, obwohl ich eigentlich so krank war.

Anfang Januar entwickelte sich bei mir ein Riss im rechten Mundwinkel (Rhagade). Dies ist bei mir meist ein Zeichen von Erschöpfung. Normalerweise hatte es sich immer recht schnell zurückgebildet. Dieser Riss wurde jedoch zu einem großen Problem. Ich probierte alle möglichen Salben, sogar mit antibiotischer Wirkung aus - mit keinerlei Erfolg. Im Laufe der nächsten Wochen wurde die Wunde so groß, dass ich Bedenken hatte, dass sie gar nicht mehr heilen könnte. Dann wurde mir ärztlich geraten, chirurgische Hilfe in Anspruch zu nehmen. Davor hatte ich zu große Angst. Ich fühlte mich ohnehin schon sehr entstellt im Gesicht. Durch einen „Zufall" fand ich dann doch ein Mittel, das die Wunde nach und nach zuwachsen ließ. Es war eine große Erleichterung.

Mitte Januar kam Frederike. Es war sehr schön, mit ihr zwei Wochen zu verbringen. Für sie war es der erste Kuraufenthalt dort. Sie war genauso begeistert wie ich, fühlte sich total wohl, geborgen und exzellent versorgt. Ich hatte ihr diese Idee geschenkt und sie hat sie sofort umgesetzt. So stärkte sich unsere Freundschaft, die sich für mich teils sehr anstrengend gestaltete, weil es ihr sehr häufig schlecht ging und ich bei dem Bemühen um sie immer wieder sehr belastet wurde. Jedoch war es mir ein wichtiges Anliegen, sie darin zu unterstützen, mit ihrem Leben zurechtzukommen und sich zu verändern. Sie schenkte mir sehr viel Dankbarkeit zurück.

Da der Schwindel nach sechs Wochen immer noch nicht besser geworden war, zweifelte ich sehr, ob ich nach Hause fahren konnte. Ich fühlte mich sehr zerrissen. Einerseits würde es zu Hause vielleicht besser werden, andererseits war eine richtig große Angst in mir, dass ich die Fahrt nicht überstehen würde. Ich hatte das Gefühl, dass es leichter sein könnte, mit Frederike zurückzufahren. Deshalb entschied ich mich im letzten Moment dafür.

Herr Wienert glaubte, dass es eine Hilfe sein könnte, Granitsteine während der Fahrt in den Händen zu halten. Er kam extra am Morgen der Abreise und brachte mir zwei dicke runde Steine. Die Taxifahrt war bereits furchtbar. Mir war entsetzlich übel und schwindelig, sodass ich glaubte, es nicht mal bis zum Bahnhof zu schaffen. In der Bahn wurde dies jedoch besser. Während der ganzen Fahrt hatte ich die Steine in den Händen und empfand sie als sehr wertvoll.

Susanne holte uns vom Bahnhof ab. Die Rückfahrt mit dem Auto war wieder furchtbar, und so war ich glücklich, als ich zu Hause angekommen war. In den nächsten Wochen stellte sich heraus, dass der Schwindel nur als Beifahrer entstand. Wenn ich mich in der Lage fühlte, selbst zu fahren, hatte ich nur noch das Problem der Schmerzen beim Sitzen, jedoch keinen Schwindel.

Wie konnte ich, als seine ehemalige Patientin, es wagen, ihm so etwas vorzuschlagen?

Während der Zeit in der Kur war ich zerrissen, so verzweifelt gewesen, völlig unentschieden, was mir gegen diesen schweren Schwindel helfen könnte. Dann entstand auf einmal Klarheit: Eine osteopathische Anwendung bei Dr. Krämer könnte mir vielleicht helfen. Susanne fuhr mich zu ihm. Die Behandlung war wirklich sehr heilsam. Mein Zustand verbesserte sich sehr. Bei diesem Termin sprachen wir noch über etwas sehr Ungewöhnliches: Im letzten Jahr (2003) hatte ich gehört, dass in dem Kurhaus, in dem ich nach der Blutvergiftung gewesen war, dringend ein neuer Chefarzt gesucht wurde. Daraufhin hatte ich im November unter der Dusche eine Vision gehabt, dass Dr. Krämer der geeignete Chefarzt sein könnte. Es war eine starke Vision, ein spirituelles Erlebnis gewesen, in der ich auch erfuhr, dass Herr Dr. Hesse gern als Arzt dahin wechseln wollte, was sich später als wahr herausstellte, was ich jedoch nie hätte ahnen können.

Anfang Dezember hatte ich Dr. Krämer privat zu Hause angerufen, um ihm von dieser Vision zu berichten. Dies hatte mich große Überwindung gekostet. Wie konnte ich, als seine ehemalige Patientin, es wagen, ihm so etwas vorzuschlagen? Er war natürlich sehr überrascht. Dann teilte er mir in einer sehr respektvollen Weise mit, dass dies für ihn nicht in Frage kommen würde, weil er eine gutgehende Arztpraxis und gerade ein neues Haus bezogen hätte. Auch wusste ich, dass er mehrere Kinder hatte und seine Frau ein

Geschäft führte. Ich empfand es als peinlich, ihn dies gefragt zu haben.

In den darauffolgenden Wochen bewarb sich Dr. Krämer dann doch für die Stelle. Es kam zum Kontakt zwischen ihm und dem vorübergehenden ärztlichen Leiter des Kurhauses, mit dem ich deshalb bereits telefoniert hatte. Zu Ostern dieses Jahres (2004) wurden Dr. Krämer und seine Frau für einige Tage von ihm eingeladen, um Verhandlungen über eine mögliche Zusammenarbeit zu führen und damit sie die Kureinrichtung kennenlernen konnten. Dabei entschied Dr. Krämer, dass es seine Lebensaufgabe sein könnte, dieses Haus zu führen. Er fühlte sich dieser Aufgabe gewachsen und hatte klare Konzepte, wie er das Haus wieder zu einem gut geführten Kurunternehmen entwickeln könnte.

Seine Frau und er fühlten sich sehr wohl in ihrer Heimatstadt und mit ihren beruflichen Aufgaben. Sie hatten eigentlich keinen Grund für einen so großen Umzug von über 700 km und einem völligen Neuanfang, und doch entschieden sie sich beide dafür. Seine Frau erzählte mir bei einem Telefonat, dass sie es für ihren Mann tun würde, weil auch sie darin seine Aufgabe erkennen würde. Deshalb hätte sie sich entschieden, dass sie ihn in dieser Einrichtung mit ihren Begabungen unterstützen könnte.

Dr. Bauer kannte Dr. Krämer, weil er ihn als Dozent beim Medizinstudium unterrichtet hatte. Auch er war der Meinung, dass Dr. Krämer der richtige Mann wäre, um dieses Haus wieder aufzurichten. In der Zwischenzeit hatte ich es auch geträumt. Es handelte sich um einen sogenannten Wahrtraum, in dem mir zudem noch etwas sehr Persönliches von Dr. Krämer gezeigt wurde. Er fand es völlig erstaunlich, weil es wahr war und ich es nicht hätte wissen können. Einige Jahre später erzählte er mir, dass ein anderer Teil meines Traumes jedoch bislang noch nicht in Erfüllung gegangen wäre.

So sprachen wir bei meinen Besuchen zur Osteopathiebehandlung auch ausführlich über seine inneren Entscheidungsprozesse, Möglichkeiten und Herausforderungen. Nach Ostern war ich wieder bei ihm. Kurz bevor ich die Praxis verlassen wollte, holte er ein eingepacktes Geschenk hervor. Er teilte mir mit, dass seine Frau mir etwas schenken wollte. Es war der Engelstein (Elestialkristall), den ich vor ungefähr drei Jahren kurz vor meinem Umzug in ihrem Laden bewundert hatte, mir aber zu diesem Zeitpunkt finanziell nicht leisten konnte. Sie hatte sich daran erinnert und meinte, dass es ihr in dem Kurhaus sehr gefallen hatte und sie ihn mir als Dankeschön, da ich dies möglich gemacht hatte, schenken wollte.

Das war wirklich etwas Besonderes! Dieser Engelstein und mein großer Engelstein, von dem ich bereits im ersten Band meiner Biographie berichtet habe, sind immer noch meine Lieblingssteine in einer großen Steinesammlung. Ich war völlig überwältigt und vor allem so überrascht, dass sie ihn mir schenkte. Mir war es peinlich, ein so wertvolles Geschenk anzunehmen. Ich teilte Dr. Krämer mit, dass ich es nicht annehmen kann, aber Dr. Krämer und seine Frau überzeugten mich, dass er für mich bestimmt sei. Ich liebe ihn sehr. Er hatte immer einen besonderen Platz. Viele Erlebnisse verbinde ich mit diesem Stein. Seit einiger Zeit liegt er sogar bei mir im Bett. Ich spüre, wenn ich seine Hilfe so nah brauche. Es war ein wunderbares Geschenk, für das ich sehr dankbar bin.

Es setzt Respekt voraus und das innere Wahrnehmen der Gleichberechtigung von Therapeut und Patient. Gerade an dem Respekt gegenüber dem Ich des Anderen mangelt es in solch ungleichen äußeren Positionen sehr häufig.

———

Die Osteopathiebehandlungen waren jedes Mal sehr wertvoll für mich. Dr. Krämer ist ein echter Heiler. Er ist nicht nur Arzt, sondern heilt auch auf tieferen Ebenen. Es hat mir schon oft und langfristig geholfen. Bei seiner Behandlung werden stärkere körperliche und seelisch-geistige Blockaden gelöst. Dies war der Grund, warum ich ihn als leitenden Arzt in einer Kurstelle für sehr wichtig gehalten hätte. Er hätte viele Menschen erreichen können.

Herr Dr. Hesse war auch im Vorstand dieser Klinikleitung. Er und die Mitarbeiter, die ich dort selbst schon als sehr schwierig erlebt hatte, waren letztendlich doch nicht bereit, ihn einzustellen. Dr. Krämer, Dr. Bauer und ich kamen zu der Überzeugung, dass gerade Herr Dr. Hesse einen so willensstarken, autonomen Partner nicht neben sich wirken lassen können. Wir waren sehr enttäuscht, weil wir alle seine Lebensaufgabe darin gesehen hatten. Ich glaube, dass ich in meiner Vision eine höhere Fügung, eine große Möglichkeit erkannt hatte, Dr. Krämer damit zu verbinden, aber dass diese höhere, geistige Fügung von diesen Menschen nicht zu erkennen oder zu erfüllen war. Es kommt immer wieder vor, dass Menschen aus Angst oder Eigennutz sich in diese höheren Führungen nicht einordnen können. Lange haben wir gehofft, dass die Klinikleitung doch noch auf ihn zurückkommen würde, aber es lag nicht mehr in unserer Hand.

Dr. Bauer erklärte mir, dass Rudolf Steiner vielfach darunter gelitten hatte, dass seine Visionen, die er aus der geistigen Welt erhalten hatte, nicht befolgt wurden und sehr viel Leiden daraus entstand. Genauso war es in diesem Fall. Unter der späteren Leitung des Kurhauses kam es immer wieder zu großen Krisen und Wechseln im ärztlichen und therapeutischen Team unter denen die Patienten stark leiden mussten. Dies hätte vielleicht nicht sein müssen.

Als ich im Juli bei Dr. Krämer war, wollte er mir unbedingt einen Mann vorstellen, der Geschäftsführer eines großen anthroposophischen Krankenhauses gewesen war und auch versucht hatte, diesem Kurhaus zu helfen. Dr. Krämer und er hatten sich bei den Verhandlungen um dieses Kurhaus kennen gelernt, angefreundet und wollten jetzt gemeinsame Projekte verwirklichen. Etwas später eröffnete Dr. Krämer neben seiner ambulanten anthroposophischen Hausarztpraxis eine separate Praxis für Osteopathie, die sich sehr gut entwickelte. Er erzählte mir, dass er durch die Bewerbung bei dem Kurhaus inspiriert wurde, seine Lebensaufgabe umzugestalten. Ich hätte den Anstoß dazu gegeben. Er äußerte sogar, dass ich dadurch weichenstellend für seine Biographie gewesen sei. Es hat mich sehr befriedet und gefreut, dass er doch noch einen Nutzen daraus gezogen hat.

So konnte zwischen uns eine sehr nahe, persönliche Beziehung entstehen. Dies ist bezeichnend für meine Biographie. Oft hat sich das Arzt-Patienten-Verhältnis durchwirkt, Berufliches wurde mit Persönlichem verbunden. Meine Begabung, auch meinen Therapeuten helfen zu können, konnte sich in vielen Kontakten so entwickeln, dass beides nebeneinander möglich war, sodass die Professionalität des Therapeuten mir gegenüber trotzdem nicht beeinträchtigt wurde. Dies ist sehr besonders, und ich bin natürlich sehr dankbar, dass diese Therapeuten so offen für meine Begabungen waren. Es setzt Respekt voraus und das innere Wahrnehmen der Gleichberechtigung von Therapeut und Patient. Gerade an dem Respekt gegenüber dem Ich des Anderen mangelt es in solch ungleichen äußeren Positionen sehr häufig. Das eigentlich erforderliche professionelle Abgrenzen hätte solche Entwicklungen verhindert.

Karin und ich nannten sie die Muttropfen!

Karin wurde im April 2003 berentet. Sie wollte aufs Land ziehen und hatte sich ein kleines Häuschen bei einer Freundin auf ihrem Bauernhof renoviert. Da sie glaubte, dort dauerhaft leben zu wollen, hatte sie sehr viel Geld investiert. Dann kam es jedoch zu starken Konflikten mit ihrer Freundin. In dieser Zeit ging es ihr emotional teilweise sehr schlecht und wir telefonierten viel. Ich habe voll und ganz zu ihr gehalten und sie stark unterstützt. Dadurch vertiefte sich unser freundschaftlicher Kontakt.

Als klar wurde, dass sie bereits nach wenigen Monaten zurückziehen wollte, suchte ich in unseren Zeitungen und fand ihre Traumwohnung. Nach einer ersten Besichtigung von mir schaute sie sich die Wohnung selbst an und sagte sofort zu. Es entwickelte sich sogar eine sehr harmonische Freundschaft zwischen ihr und den unter ihr wohnenden Vermietern. So hatte sie doch noch ihren Platz gefunden. Später zeigte sich, dass sie unbedingt hier sein musste, weil ihr Patenkind Laura und einige andere Freunde dringend ihre Hilfe brauchten und so der Sinn dieses Zurückziehens deutlich wurde.

Auch ich hatte seit über einem Jahr Kontakt zu Laura (18 Jahre), die ein Down-Syndrom (Mongolismus) hat. Einmal in der Woche war sie bei Karin. Dort trafen wir uns immer wieder und es entwickelte sich eine sehr besondere Liebe. Karin war der Meinung, dass Laura sich in mich verliebt hätte. Ich erhielt unvorstellbar rührende, wunderbare Liebesbriefe, gemalte Bilder und vieles mehr von ihr. Solche offenen, ehrlichen, direkten Briefe der Liebe sind wir gar nicht gewohnt. Sie sind so ungewöhnlich, so herzensbetont. Laura äußert sich immer geradeheraus, kann sich gar keine Gedanken darüber machen, was ich dazu denke, wie es ankommt, und so sind ihre Briefe und die Begegnung mit ihr einfach wunderbar. Es war pure Liebe, die sie mir entgegengebracht hat, das tat mir sehr gut.

Ich habe die Aufgabe, die im Kontakt mit ihr bestand, gerne angenommen. Dazu gehörte, dass ich bewirken konnte, dass sie die Verhaltensweisen, die für ihre Familie oder in der Schule sehr unangenehm waren, mit meinem Einfluss etwas verändern konnte. Beispielsweise das Zähneputzen, dem sie sich meist verweigerte und dadurch immer wieder Ärger entstand, oder dass sie sich nicht gern wusch und vieles mehr. Wenn ich sie darum bat, wurde es erheblich leichter. Laura sagte dann, dass sie es für mich tut, weil sie mich liebt.

In der Schule war sie eher ängstlich. Deshalb mischte ich ihr Bachblüten, die die Ängste nehmen und Ich-stärkend wirken sollten. Karin und ich nannten sie die Muttropfen! Für mich war sie bereit, sie regelmäßig einzunehmen. Tatsächlich veränderte sich ihr Verhalten in der Schule, sodass sie sich mehr traute und sogar mit Erfolg eine Hauptrolle in einem Theaterstück spielte. So konnte ich hilfreich wirken und zugleich viel durch sie lernen.

Vor allem jedoch war es für mich sehr wichtig, an ihr zu erleben, wie dankbar ich sein kann, so denken und fühlen zu können, wie ich es kann. An ihr konnte ich erkennen, wie es auf mich wirkt, dass ihr weniger bewusstes, eigenständiges Denken möglich ist, dass sie eher triebgesteuert ist und dadurch wenig aus sich heraus entwickeln und ergreifen kann. Das zu erleben, erfüllte mich mit tiefer Dankbarkeit, die ich ebenso fühle, wenn ich ahne, welche Gnade und Erfüllung durch ihre Herzens- und Liebeskraft in ihrem Leben entsteht. Dabei kann ich auch nur erahnen, welche Möglichkeiten der Entwicklung und des Lernens in ihrem Schicksal im Sinne der ewigen Seelenentwicklung liegen. Ich habe viel durch sie gelernt und sehr viel Liebe erhalten.

Im letzten Jahr hatte ich für ihre Mutter einen Beschwerdebrief an die Rentenstelle geschrieben. Sie hat insgesamt sechs eigene Kinder, davon zwei schwerstbehinderte Kinder. Jeder, der jemals länger mit schwerstbehinderten Kindern zu tun hatte, weiß, wie anstrengend der Alltag mit ihnen ist, auch, wenn viel Liebe zurückkommt. Die Behörde argumentierte damit, dass sie angeblich nicht krank genug sei. Also bräuchte sie keine Kur. Sie wäre nur depressiv und sollte eine Psychotherapie machen. Ich war so entsetzt, dass ich einen klaren, engagierten Brief an die Rentenstelle schrieb. Dabei formulierte ich vor allem den Wert des Mutterberufes, den Umgang der Gesellschaft damit und die großartige Leistung dieser Frau. Auch daraufhin waren sie nicht bereit, eine Kur zu genehmigen.

Mitte März 2004 kam sie wegen einer Blutdruckkrise ins Krankenhaus. In dieser Zeit träumte ich, dass sie mir mitteilte, dass sie Krebs in weit fortgeschrittenem Stadium hätte und sehr schnell sterben werde. Sie war vorher nicht krank gewesen. Ich erzählte Karin von meinem Traum, aber wir konnten damit erst mal nichts anfangen. Eine Woche nach meinem Traum berichtete sie dem Oberarzt bei der Visite, dass sie Rückenschmerzen hätte. Bei den darauf folgenden Untersuchungen wurden Knochenmetastasen festgestellt. Bei dem Primärtumor handelte es sich um eine Krebsart mit einer schlechten Prognose und einem meist raschen Krankheitsverlauf. Zwei Monate später verstarb sie. Durch den Traum war ich innerlich vorbereitet worden und konnte „leichter" mit der Realität umgehen. In dieser Zeit war ich für Laura besonders wichtig. Wir telefonierten meistens mehrmals täglich. An dem Tag, an dem sie erfuhr, dass ihre Mutter verstorben war, rief sie mich sofort an. So begleitete ich sie noch intensiver, lernte, liebte und wurde geliebt.

Dadurch lernte ich ihren Vater kennen, den ich für sehr besonders halte. Ich habe großen Respekt vor seinem Wesen und Leben. In der Zeit, in der ich deutlich kränker wurde und trotzdem bei meiner Entscheidung gegen die chemische Behandlung blieb, vermittelte er mir immer wieder, wie wichtig ich für Laura wäre. Er machte mir klar, dass er sich wünschen würde, dass ich für sie weiterleben würde. Zu meinem Geburtstag in diesem Jahr schenkte er mir deshalb symbolisch einen Apfelbaum. Eine wunderschöne Idee und Geste seiner Wertschätzung! Er wurde in Karins Garten gepflanzt, wo er heute noch steht.

Um mich bei meinem vielen Alleinsein sinnvoll zu beschäftigen, hatte ich im Frühjahr angefangen, Kleidung zu nähen. Die Mutter von Susanne hatte mir die Grundlagen dazu gezeigt. Dann habe ich zwei Leinenkleider und einen Rock genäht. An einer Hose habe ich mich auch ausprobiert. Diese passte jedoch nicht so gut, sodass ich sie nur selten getragen habe. Mit meinen beiden Kleidern war ich jedoch zufrieden. Es ist einfach etwas ganz Besonderes, wenn man etwas für sich selbst herstellt. Leider bin ich jetzt wieder viel zu dick, um sie tragen zu können!

*Für mich bedeuten diese verletzenden Erlebnisse mit
den beiden Ärzten nicht, dass sie schlechte Ärzte
sind oder dass ich glaube, dass sie immer so
reagieren, sondern nur, dass sie scheinbar mit der
AIDS-Erkrankung und vielleicht mit meinem
ungewöhnlichen Umgang damit Schwierigkeiten
haben und deshalb diese ablehnende Haltung
entwickelten.*

In diesem Frühjahr fand auch eine Besprechung mit Anna Maria, Karin und mir über die Verwendung der Spendengelder im Krankenhaus statt. Dr. Heyden als leitender Arzt dieses Projektes, einige Therapeuten, eine Patientin der Schmerzambulanz und jemand von der Geschäftsleitung waren dabei anwesend. Ich konnte mich mit meinem Umgang mit Krankheit und Gesundheit sehr gut einbringen, sprach über Selbstverantwortung und die Möglichkeiten dazu.

Als ich den starken Schwindel gehabt hatte, hatte Dr. Bauer auf meinen Wunsch hin mit Dr. Heyden telefoniert, um ihn zu bitten, sich um mich zu kümmern, wenn ich wieder zu Hause wäre. Er hatte ihm mitgeteilt, dass es mir darum gehen würde, ihn in einem ambulanten Gespräch kennenzulernen, so dass er im Notfall vorbereitet wäre. Dies hatte er Dr. Bauer zugesagt.

Als ich mich dann wenige Tage nach dieser Konferenz im Krankenhaus wegen eines Termins an seine Sekretärin wandte, entwickelte sich ein Alptraum. Er ließ mir durch sie ausrichten, dass er nicht wüsste, wer ich sei - und das nach zwei Begegnungen bei Terminen mit Anna Maria, einem Brief, in dem ich ihn auch bereits um einen Termin gebeten hatte, zwei persönlichen Telefonaten und dem Anruf von Dr. Bauer! Ich war entsetzt und erklärte es seiner Sekretärin. Er ließ mir daraufhin ausrichten, dass er keine ambulanten Termine machen würde, stationär würde er mich behandeln. Ich war fassungslos.

Seiner Sekretärin erklärte ich in geduldigem, aber bestimmten Ton, dass ich tief enttäuscht bin wegen dem, was ich mit Dr. Baltrusch und Dr. Heyden erlebt hatte. Weil sie gar kein Interesse an meinem außergewöhnlichen Umgang mit einer lebensbedrohlichen Erkrankung hatten, fragte ich mich mittlerweile, wie weit sie ihren spirituellen Hintergrund tatsächlich verinnerlicht hatten. Die Sekretärin konnte dies gut verstehen und versprach mir, dass sie noch mal mit ihm sprechen und mich dann zurückrufen würde. Dies ist nie geschehen.

All das war für mich nicht zu begreifen. Deshalb schrieb ich Dr. Heyden einen Brief. Darin legte ich offen dar, welche Erlebnisse und Begegnungen ich in den zwei Jahren, in denen ich mittlerweile im Krankenhauseinzugsgebiet wohnte, mit diesen beiden Ärzten gehabt hatte. Auch beschrieb ich meine Zweifel an seiner Spiritualität. Insgesamt war es ein klarer, offen formulierter Brief, eben so wie ich immer schreibe. Als ich ihn Karin vorlas, reagierte sie sehr überraschend. Dabei warf sie mir vor, dass ich kein Recht hätte, ihn so stark in Frage zu stellen. Auch dürfte ich nicht erwähnen, dass wir befreundet seien. Dabei äußerte sie sich sehr massiv und wirkte in ihren Worten stark verletzend. Mein Vertrauen in unsere Freundschaft wurde dadurch tief erschüttert.

In den Tagen danach fühlte ich mich nicht mehr lebensfähig und wollte auch nicht mehr leben. Meine Basis an diesem Wohnort schien zerstört: Weder das Krankenhaus, noch die Freundschaft zu Karin konnten mir nun noch Halt geben. Studieren konnte ich bereits seit Monaten nicht mehr, weil ich zu erschöpft war. Notfallmäßig telefonierte ich mit Dr. Bauer, Bärbel und meiner vorigen Therapeutin, weil ich völlig aufgelöst war, weil keine Hoffnung, kein Vertrauen mehr in mir war. So sehr geweint hatte ich lange nicht. Ich war völlig aufgelöst.

Für mich war lange völlig unverständlich, dass sie als meine Freundin nicht hinter mir stand. Ich hatte nicht berücksichtigt, dass sie den Ärzten näher stand als mir. Sie glaubte an ihre Fähigkeiten und konnte nicht zulassen, dass sie auch Schwächen hatten. Somit griff ich mit meiner Kritik nicht nur die Ärzte an, sondern letztlich auch sie. Deshalb konnte sie mir nicht helfen. Daraus habe ich abgeleitet, dass sie im Falle einer noch schwereren Krankheit auch nicht in der Weise für mich einstehen würde, wie ich es geglaubt hatte. Es war sehr schmerzhaft, dies zu begreifen. Ich hätte es niemals zulassen können, dass meine Freundin bei so schweren Krankheiten zwei Jahre lang keinerlei Hilfe bekommen hätte. Natürlich hätte ich mich für sie eingesetzt.

Im Nachhinein entwickelte ich mehr Verständnis für Karin, weil ich heute weiß, wie schwierig für sie Konfliktbewältigung und für etwas Einstehen generell war. Diese Schwäche war ihr selbst bewusst. Ich hatte ihr bereits mehrmals ausgleichende Bachblüten gegeben, um dies zu überwinden. In dieser Situation hatte sich ihre Schwäche gegen mich gerichtet.

Ich schickte den Brief zu Bärbel. Sie war der Meinung, dass gerade der Teil, in dem ich Dr. Heyden so ehrlich in Frage gestellt hatte, für sie sehr gelungen war. Sie fand den Brief außerordentlich gut. Sie erklärte mir, dass sie sich nie auf meine Seite stellen würde, nur weil sie mich so lange kennt oder mich beruhigen will, sondern immer auf der Seite der von ihr erlebten Wahrheit Stellung bezieht und sich einsetzt. In diesem Fall wäre sie sogar selbst enttäuscht, mitzuerleben, wie diese Ärzte hier im Krankenhaus mit mir umgehen würden. Als ich umgezogen bin, hätte sie nie damit gerechnet, dass sie meinen von ihr als so wichtig empfundenen Weg nicht gerne unterstützen würden. Für sie war dies Verhalten nicht nachvollziehbar. Ihre Aussagen haben mir etwas geholfen, weil ich mich so aufgelöst fühlte und tief zweifelte.

Nach ein paar Tagen hat sich Karin für die Aussage entschuldigt, dass ich sie benutzen würde. Dies hätte sie nicht so gemeint. Diese

Entschuldigung war sicher hilfreich, und doch hatte es bereits die tief verletzende Wirkung gehabt, die nun nicht so leicht aufzulösen war. Den Brief fand sie trotzdem ungerecht und nahm die beiden Ärzte in vielen Streitgesprächen immer wieder in Schutz. Mit ihr war keine konstruktive Auseinandersetzung möglich. Aufgrund ihrer Kritik habe ich den Brief nie abgeschickt und der Konflikt zwischen Dr. Heyden und mir blieb unbearbeitet. Die Auswirkungen zeigten sich bei mir psychosomatisch in wochenlangem Fieber, was sehr anstrengend war.

Für mich bedeuten diese verletzenden Erlebnisse mit den beiden Ärzten nicht, dass sie schlechte Ärzte sind oder dass ich glaube, dass sie immer so reagieren, sondern nur, dass sie scheinbar mit der AIDS-Erkrankung und vielleicht mit meinem ungewöhnlichen Umgang damit Schwierigkeiten haben und deshalb diese ablehnende Haltung entwickelten. Mir ist sehr klar, dass sie trotz meiner Erfahrungen mit ihnen sehr gute anthroposophische Ärzte für andere Patienten sein können.

Karin und ich versuchten, diesen Bereich auszuklammern, weil wir zu keiner Übereinstimmung kommen konnten. Jedoch blieb seit dieser Zeit ein Bruch in unserer so wertvollen Freundschaft.

Der Priester und der Arzt sollten eng miteinander arbeiten, um so dem Menschen zu ermöglichen, die eigene Heilung und das Karma bewusst zu ergreifen.

In der Zeitschrift „Natur und Heilen" hatte ich von einem unkonventionellen Bluttest namens Auraskopie gelesen. Bei der Auraskopie reicht ein einziger Blutstropfen aus, um das Organsystem unter dem Mikroskop zu erkennen und Rückschlüsse daraus zu ziehen. Dabei bildet sich alles so ab, wie es im Körper angelegt ist. Die Diagnostik wird ohne jegliches Wissen um vorangegangene Erkrankungen getroffen.

Im Mai unterzog ich mich eines solchen Tests. Dabei wurde festgestellt, dass meine gesamten Organe schwerst betroffen waren, so dass es ein Bild ergab, als wenn im ganzen Körper Krebsanzeichen waren und viele Entzündungen. Das Eindrucksvollste für mich war, dass es möglich war, mit dieser Methode sogar Krankheitsprozesse zu erkennen, die sehr spezifisch waren, wie zum Beispiel entzündliche Veränderungen im rechtsseitigen Becken-Leisten-Oberschenkelgebiet. Es war genau da, wo ich die Gürtelrose und später den Abszess gehabt hatte. Das hat mich wirklich beeindruckt, obwohl fast alles Andere auch gestimmt hat, aber dass man etwas so Detailliertes im Blut erkennen konnte, hätte ich nie gedacht. Überraschend fand ich auch, dass mir der Arzt als Erstes erklärte, dass es im Blut sichtbar sei, dass ich zu viel Süßigkeiten essen würde. Dies stimmte natürlich. Aufgrund meiner angespannten seelischen Situation brauchte ich diesen Ausgleich über das Essen, zumal ich durch die schweren Erkrankungen bereits massiv an Gewicht verloren hatte.

Der Befund des Tests war insgesamt ein tiefer Schock. Ich habe ihn Vera vorgelesen. Ihre spontane Reaktion war, dass sie sehr ernst äußerte, dass ich mir jetzt einen Sargdeckel kaufen könnte. Die Beschreibungen wirkten tatsächlich in diesem Sinne. Dadurch wurde erneut das ungeklärte Thema einer eventuellen Behandlung im Krankenhaus aufgeworfen.

So ließ ich mich von Bärbel hellsichtig beraten, mit welchem der Ärzte ich ein Gespräch anstreben sollte. Es fiel die Entscheidung auf einen leitenden Oberarzt. Ich rief Dr. Bauer an, um ihn zu bitten, mit ihm zu sprechen. Dr. Seger sagte einen ambulanten Termin zu. Vor dem Termin war ich sehr aufgeregt. Dr. Seger war mir sehr sympathisch. Als ich ihm erzählte, wie ich in den letzten zwei Jahren behandelt wurde, äußerte er, dass er gar nicht verstehen würde, warum im Umgang mit mir alles so schief gelaufen wäre. Eigentlich wäre der Gründungsimpuls des Krankenhauses der gewesen, Menschen wie mir die Versorgung mit alternativer Medizin zu ermöglichen. Das Krankenhaus sei für Menschen wie mich gebaut worden. Er war der Meinung, dass sich alle Ärzte dieses Krankenhauses genau über solche Menschen wie mich freuen sollten, gerade, weil ich einen solchen selbstbestimmten, alternativen Weg gehe. Er wäre sehr erstaunt, was ich im Umgang mit den Ärzten hier erlebt hätte, und könnte es nicht verstehen.

Dies zu hören war für mich sehr erleichternd. Bislang hatte ich so sehr kämpfen, so viel Leiden durchstehen müssen. Dann teilte er mir mit, dass er meine Behandlung nicht übernehmen könnte, weil er kaum stationär tätig sei. Er würde jedoch mit Dr. Heyden sprechen, um mit ihm zu klären, warum es so schwierig verlaufen wäre, denn eigentlich wäre er für mich gut geeignet. Trotzdem versprach er mir, mich im Notfall persönlich zu betreuen, wenn Dr. Heyden meine Behandlung nicht übernehmen wollte. Dann riet er mir, einen Priester zur Begleitung zu suchen, weil es laut Rudolf Steiner eine wichtige Rolle spiele, dass der Priester den karmischen Weg in eine Beziehung zum Gesundheitlichen bringt. Der Priester und der Arzt sollten eng miteinander arbeiten, um so dem Menschen zu ermöglichen, die eigene Heilung und das Karma bewusst zu ergreifen. Ich erklärte ihm, dass dies genau das Tätigkeitsfeld ist, das Bärbel schon seit Jahren übernommen hatte.

Nach diesem Termin war ich sehr erleichtert. Durch die Erleichterung konnte ich jedoch auch deutlicher merken, wie extrem belastend die Zeit der Schwierigkeiten mit dem Krankenhaus und Karin gewesen waren. Immer wieder hatte ich überlegt, was ich tun könnte, wenn ich mich in einem lebensbedrohlichen Zustand nicht stationär aufnehmen lassen konnte. Ich war schwerst krank und das Krankenhaus schien mir überlebensnotwendig. Immer wieder hatte ich extremes Leiden aushalten und überwinden müssen, weil mir dieser Zugang verwehrt gewesen war. Durch meinen Gedanken darüber war teils ein so starker Druck in mir entstanden, dass ich zu der Auffassung kam, dass ich mir bei einer lebensbedrohlichen Erkrankung selbst mein Leben nehmen müsste. Dies erschien mir neben einem Umzug in eine andere Stadt mit anthroposophischem Krankenhaus die einzige Möglichkeit zu sein. Ich wusste, dass ich mich niemals in ein „normales" Krankenhaus einliefern lassen wollte. Das wäre für alle Beteiligten aufgrund meiner Verweigerung von Schulmedizin und der Untersuchungsängste eine totale Überforderung gewesen. Genau wie in der konventionellen Psychiatrie könnte ich dabei wieder sehr verletzt werden. Soweit durfte ich es also nicht kommen lassen und würde mir selbst im schlimmsten Fall das Leben nehmen müssen. Dieser Druck hatte mich im letzten Jahr extrem belastet. Das merkte ich jetzt umso mehr, nachdem es durch dieses Gespräch etwas besser geklärt war.

Ich sollte den Arzt nach einer Woche anrufen, um zu besprechen, was er erreicht hatte. Er ließ mir über seine Sekretärin ausrichten, dass Dr. Heyden sich bereit erklärt hätte, mich stationär zu behandeln, wenn ich es nötig hätte. Das war wieder nicht das, was ich erreichen wollte. Mir war ein ambulantes Gespräch vor einem möglichen stationären Aufenthalt sehr wichtig. Somit war ich kaum einen Schritt weitergekommen. Ich konnte nichts tun.

Es scheint eine andere geistige „Frequenz" erreichbar zu sein, in der diese Weisheit zugänglicher ist und freier fließen kann.

Im Mai war mein Geburtstag. An diesem Tag nahm ich ein paar Stunden an einem Seminar über Schicksalslernen und Selbsterziehung am Waldorfinstitut teil. Abends fuhr ich zu Karin und Laura. Sie haben mir einen wunderschönen Geburtstag bereitet. Karin kochte hervorragend. Alles war so wunderbar geschmückt und sie benutzte sehr schönes Geschirr. Es war ein so schönes Gefühl, so liebevoll verwöhnt zu werden. Ich habe mich von Herzen gefreut.

An diesem Tag und den Tagen danach habe ich eine sehr wertvolle

Erfahrung gemacht. Durch die vielen Briefe und Anrufe habe ich wahrgenommen, dass ich mich hier auf der Erde sehr geliebt fühlte, dass ich mich mit den Menschen, die mich liebten und die ich liebte gut aufgehoben fühlte. Ein solches Empfinden hatte ich in dieser bewussten Form vorher noch nie. Meist fühlte ich mich allein und war ja auch tatsächlich fast immer allein. Es war wie ein Wunder, diese Zuneigung erleben zu dürfen. In den letzten Jahren hatte ich viele Menschen kennengelernt, Freundschaften zu Menschen aufgebaut, denen ich wichtig war, die mich liebten, zu vielen, denen ich tiefgreifend helfen konnte oder denen eine Inspiration für ihr eigenes Leben durch das Vorleben meines ungewöhnlichen Lebensweges möglich wurde. Ich hatte von ihnen so viele überdurchschnittlich positive Rückmeldungen für meinen Weg und meine Hilfen bekommen, dass ich mich richtig wohl fühlte hier im Leben auf der Erde. Es war ein echtes Geschenk, einen solchen Moment erleben zu dürfen. Gerade nach so großem Leiden war diese Anerkennung sehr hilfreich.

Durch die Erlebnisse, die ich vor allem nach den lebensbedrohenden Erkrankungen hatte, weiß ich, dass - wie bereits beschrieben, die Weisheit, die ich ihnen vermitteln konnte, nicht nur von mir selbst stammte. In diesen Momenten merke ich, dass ich in mir Gedanken habe, die ich vorher noch nie gedacht habe, die ich auch selbst mit viel Nachdenken nicht entwickeln könnte. Durch das Zuwenden zu geistigen Bereichen in lebensbedrohlichen Zeiten, kam es zu einer solchen Entwicklung von geistigen Fähigkeiten. Dadurch wurde die Verbindung dafür geschaffen. Es scheint eine andere geistige „Frequenz" erreichbar zu sein, in der diese Weisheit zugänglicher ist und freier fließen kann. Auch wenn ich weiß, dass diese Weisheit nicht persönlich ist, war sie dennoch eine Folge meiner Anstrengungen.

Im Juli fragte Frederike mich, ob ich Anna Maria fragen könnte, ob sie Geld für ein Projekt für die Arbeit mit psychiatrisch erkrankten Jugendlichen spenden könnte. Ihr Mann war darin tätig und hatte sie darum gebeten, mich zu fragen. Diese besondere Arbeit, die Anna Maria unterstützen sollte, hatte eine große Bedeutung in der Therapie der Jugendlichen. Anna Maria erklärte sich sofort dazu bereit. Kurz zuvor hatte ich sie gefragt, ob sie meinem Studienort, dem Waldorfinstitut, Geld spenden könnte, weil ich gehört hatte, dass dringend bauliche Veränderungen durchgeführt werden mussten. Auch dabei wollte sie gern helfen.

Diese beiden Projekte sind die einzigen gewesen, für die ich Anna Maria von mir aus um Unterstützung gebeten habe. Es ist nicht meine Art, um Gelder zu bitten, auch, wenn ich davon nicht selbst profitiere. Mittlerweile hatte sich herumgesprochen, wofür Karin und ich uns einsetzten. Dadurch wurde ich immer wieder von verschiedenen Personen gebeten, einen Kontakt zwischen Anna Maria und ihnen herzustellen, um Spendengelder zur Umsetzung ihrer Ideen oder für bestehende Projekte zu erhalten. Es war eine große Herausforderung, mich von den direkten oder unterschwelligen Forderungen dieser Menschen abzugrenzen. Ich fühlte mich unter Druck gesetzt und habe mich intensiv damit auseinandergesetzt, dass es nicht darum gehen kann, jedem zu helfen. Es folgte eine tiefe Auseinandersetzung damit, welche Ideale ich verfolgen möchte, woran mein Herz am meisten hing und wie viel Kraft ich dafür einsetzen konnte. Vor allem jedoch wollte ich die Freundschaft zu Anna Maria nicht ausnutzen. Durch die mehrfachen Anfragen in meinem Umfeld konnte ich noch besser verstehen, wie schwer Anna Maria es hatte, weil sie diesen Bitten täglich ausgesetzt war.

Er machte mir klar, dass alle Krankheiten, die ich jetzt überstanden hatte, mit einer Chemotherapie nicht aufgetreten wären. Für ihn war es nicht zu verstehen, warum ich mich damit so quälte.

In diesem Sommer hatte ich besonders oft Lymphadenitis mit teils hohem Fieber. Jede kleinste Verletzung der Haut führte zu einer schweren entzündlichen Reaktion. Jedes Mal entstanden bei mir natürliche Ängste, es nicht mehr selbständig überwinden zu können. Bei den ersten Infekten dieser Art war ich noch viel aufgeregter. Mit der Zeit wurde es aber fast zu einer permanenten Bedrohung und zu einer Selbstverständlichkeit, die mich trotzdem jedes Mal viel Kraft kostete. Die Alternative wäre die dauerhafte Einnahme eines Antibiotikums gewesen, was ich jedoch nicht akzeptieren konnte.

An einem Tag konnte ich nicht Auto fahren. Ein dicker roter Streifen verlief von einem Finger der rechten Hand bis unter die Achsel. So dick war er vorher noch nie gewesen. Dabei hatte ich hohes Fieber. Dies erschien mir sehr bedrohlich. Einmal zog der Streifen sogar bis in das Brustgewebe hinauf. Ich wollte essen, konnte mir jedoch selbst nichts machen. Ich bat Frederike, mit mir essen zu fahren.

Als sie diesen Streifen an meinem Arm sah, war sie entsetzt. Als Ärztin wusste sie, was dies bedeutet, und konnte sich bei bestem Willen nicht vorstellen, dass ich das tatsächlich selbst überwinden könnte. Frederike war der Meinung, dass ich damit zum Arzt gehen müsste. Kein Arzt würde mir sonst später glauben, dass ich einen so schweren Infekt gehabt und selbständig überwunden hätte. Susanne hat es auch mehrmals gesehen und war jedes Mal sehr besorgt gewesen. Ich wollte mich jedoch nicht der Situation aussetzen, von einem Arzt beeinflusst zu werden, doch Antibiotika zu nehmen. So überwand ich es erneut aus mir selbst heraus. Und doch wurde ich durch die dauerhaft auftretenden schweren Infekte immer weiter geschwächt.

Die rhythmische Massage war gerade wegen der Erschöpfung dringend notwendig und wertvoll für mich. Frau Rose behandelte mich zwei Mal wöchentlich. Die Krankenkasse wollte im Jahr nur die Kosten von zehn Massagen übernehmen. Sie hatten außer sehr wenigen Besuchen bei meiner Hausärztin, einigen anthroposophischen Medikamenten und die dreizehn Tage Krankenhausaufenthalt wegen der Blutvergiftung in den letzten Jahren, in denen ich so viele schwere Erkrankungen gehabt hatte, gar nichts bezahlt. Dadurch hatte die Krankenkasse in über acht Jahren, in denen ich nach schulmedizinischer Meinung bereits die Chemotherapie hätte nehmen sollen, allein daran über 200 000 Euro gespart. Die Folgekosten für AIDS-Spezialisten, Blutentnahmen, Untersuchungen etc. fielen bei mir ebenfalls weg. So hielt ich es für selbstverständlich, dass sie die Kosten für die zusätzlich notwendigen Massagen übernehmen würden, aber da irrte ich mich.

Nach über einem halben Jahr Kampf stellten sie mir die Bedingung, dass ich meine Blutwerte bestimmen lassen sollte, um die 700 Euro Mehrkosten für die Massagen erstattet zu bekommen. Diese spezifische Blutuntersuchung kostete ungefähr die Hälfte des geforderten Betrages. Verrückt! Weil es sicher auch für den gestellten Verschlechterungsantrag beim Versorgungsamt nützlich sein könnte, neue Blutwerte nennen zu können, ließ ich mich sozusagen „zwingen", obwohl ich die Werte eigentlich gar nicht wissen wollte. Deshalb besuchte ich Anfang Juni meine alte Heimat und machte einen Termin bei Dr. Peters zur Blutentnahme. Er machte mir klar, dass alle Krankheiten, die ich jetzt überstanden hatte, unter einer Chemotherapie nicht aufgetreten wären. Für ihn war es nicht zu verstehen, warum ich mich damit so quälte. Wenn ich es aus seiner schulmedizinischen Perspektive sehe, ist es auch wirklich nicht zu verstehen. Ich war jedoch von meinem Umgang und dem, was ich dadurch entwickeln konnte, tief überzeugt. Auch im Nachhinein bereue ich nichts und würde es immer wieder genau so machen wollen.

Am selben Tag war ich auch bei Dr. Krämer zur osteopathischen Behandlung und bei Dr. Erdmann zum Austesten chinesischer Kräuter. Dr. Erdmann erzählte, wie unzufrieden er wegen der Gesundheitsreform sei. Ich meinte zu ihm, dass ich immer schon gedacht hatte, dass er seine Kassenzulassung abgeben und nur noch privat zahlende Patienten mit alternativen Heilmethoden behandeln sollte. Außerdem glaubte ich, dass es wichtig sei, sein wertvolles Wissen anderen weiterzugeben. Ich schlug ihm vor, dass er an einer Uni in der Weiterbildung für Chinesische Medizin unterrichten könnte. Er fand die Idee sehr gut. Dies konnte er jedoch nicht mehr umsetzen, weil er kurze Zeit später erkrankte und in den Ruhestand gehen musste. Ab diesem Zeitpunkt konnte ich nicht mehr zu Dr. Erdmann. Er war viele Jahre lang ein sehr wertvoller ärztlicher und menschlicher Kontakt für mich gewesen.

In diesem Sommer hatte ich zum ersten Mal Musiktherapie. Ich hatte das Glück, von Professor Kerner therapiert zu werden. Im Rahmen der Tätigkeit mit Anna Maria hatte ich mit ihm zu tun gehabt. Am Anfang war es sehr herausfordernd, mit ihm allein in einem total schalldichten Raum zu sein, es weckte Ängste in mir, aber nach kurzer Zeit hatte ich großes Vertrauen zu ihm. Er war so warmherzig, die Therapie tat mir sehr gut mit ihm. Das Phantastische war, dass er so gut improvisieren konnte! Wir fanden heraus, dass ich getragene, melancholische, tiefe, fast romantische Musik liebe und am Wenigsten schnelles, hohes und vor allem Dynamisches. Durch die schweren Krankheitsprozesse war ich sensibler geworden. Ich spürte die Wirkung der Musik unmittelbar, sogar körperlich. Ich spürte, wie sie direkt auf meinen Solarplexus und den Bauch wirkte wie eine Nahrung, die mich bei mir selbst ankommen ließ. Es tat mir einfach gut. Doch je kränker ich wurde, desto seltener fuhr ich zu ihm.

Totales Loslassen - Hadern und Akzeptanz beim Sterben

Ein paar Tage nach meinen Arztbesuchen erfragte ich die Blutwerte von der Laborärztin. Sie waren ein tiefer Schock, auch wenn ich damit gerechnet hatte. Nur noch 25 Helferzellen. Ein Todesurteil! Nun begann eine erneute intensive Auseinandersetzung mit den beiden Möglichkeiten Sterben oder Chemotherapie.

Dabei fühlte ich mich extrem zerrissen. Für mich war das Leben nach dem Tod nicht mehr nur ein Glaube - es war eine absolute Gewissheit geworden. Gerade deshalb empfand ich diese Auseinandersetzung so belastend. Beide Möglichkeiten schienen mir kaum aushaltbar, aussichtslos, zum Verzweifeln. Dies bewirkte die Zerrissenheit, es gab keinen Ausweg in eine für mich annehmbare, erträgliche Lebenssituation.

Ich versuchte, mir mit logischen Argumenten die Entscheidung leichter zu machen. Für die Chemotherapie sprach für mich Folgendes:

- Meine Mutter würde während meines Sterbeprozesses und danach sehr leiden müssen. Für sie wäre es eine große Erleichterung, wenn ich nach ihr sterben würde. Auch für meinen Bruder wäre es ein schwerer Schicksalsschlag in einem Leben, in dem er es ohnehin sehr schwer gehabt hatte. Auch meine Mutter würde wahrscheinlich nicht mehr lange leben und so würde er in sehr jungem Alter seine ganze Familie verlieren.

- In den letzten Jahren konnte ich sehr viel bewirken, vielen Menschen helfen. Allein von meinem alternativen Umgang mit meinem Leben haben viele Menschen profitiert. Zudem hatte ich viele Menschen in ihren Lebenssituationen und in Bezug auf die Anwendung von Heilmitteln beraten. Auch das Zusammenwirken mit Anna Maria hatte weitreichende Konsequenzen gehabt. Durch eine Lebensverlängerung könnte ich noch sehr viel bewirken, auch sozialpolitisch.

- Es gab viele Menschen, die mich wirklich liebten und für die ich sehr wichtig war, die durch mein Sterben einen Verlust empfinden würden.

- Das Leiden des Sterbens wäre erst einmal aufgeschoben. Mir würde eine Pause geschenkt, die ich schon so lange nicht mehr gehabt hatte. Vielleicht könnte ich mich etwas erholen. Ich war selten in meinem Leben so glücklich wie während des Waldorfpädagogikstudiums, das ich dann vielleicht wieder fortsetzen könnte. Ich könnte auch noch einige andere schöne Dinge im Leben tun.

- Seit zwei Jahren, seitdem ich den Berufsschadensausgleich als Ärztin erhalte, war ich finanziell gut abgesichert. Ich empfand dies als sehr angenehm, es erleichterte mein Leben erheblich. Wenn ich weiterleben würde, könnte ich dies noch weiter genießen.

Für einen natürlichen, ganzheitlichen Umgang ohne chemische Behandlung und dem damit verbundenen wahrscheinlich sehr baldigen Lebensende sprach für mich:

- Seit meinem 20. Lebensjahr war mein wichtigster Lebensinhalt die Auseinandersetzung mit biologischer Ernährung und einer ganzheitlichen Lebensweise. Für diesen konsequenten Lebensweg ohne den Einsatz chemischer Medikamente hatte ich unvorstellbares Leiden auf mich genommen. Bislang fühlte ich mich trotz all des Leidens seelisch ungebrochen. Ich lebte immer noch gerne und war überhaupt nicht verbittert. Die Einnahme der Chemotherapie würde mich geistig-seelisch brechen. Meine Ideale, meine Lebensinhalte müssten sich vollkommen umgestalten. Durch einen konsequent weitergeführten Weg würde ich mir selbst treu bleiben, mich integer fühlen. In dem Buch *Der Pferdeflüsterer* von Nicholas Evans habe ich etwas gelesen, was dies verdeutlicht:

„*Was manchmal wie eine Unterwerfung aussieht, ist in Wirklichkeit gar keine. Es geht darum, was in unseren Herzen geschieht, darum, dass wir den Weg des Herzens klar erkennen, akzeptieren und ihm treu bleiben, egal wie stark der Schmerz auch sein mag. Das Leid ist viel, viel, viel größer, wenn man sich selbst untreu wird.*"

In meinem Herzen wirkte die Vorstellung von einem ganzheitlichen, spirituellen Umgang mit meiner AIDS-Erkrankung. Dieser schloss einen so starken Eingriff durch chemische Medikamente aus.

- In meinem Leben hatte ich bereits einige Erfahrungen mit chemischen Medikamenten gemacht. Mein Leben hatte mit der Hormontherapie meiner Eltern begonnen und wurde erst dadurch ermöglicht. Als Baby wurde es auch mehrfach mit schulmedizinischen Maßnahmen erhalten. Dann die grauenhaften Erfahrungen mit den Psychopharmaka in den Psychiatrien. Ich hatte das Gefühl, dass ich durch einen natürlichen Tod diesen fragwürdigen Umgang mit chemischen Medikamenten in meinem Schicksal ausgleichen könnte. Ich hatte die Hoffnung, dass ich mich dadurch in die natürlichen kosmischen Gesetze wieder einfügen könnte.

- Chemische Medikamente sind auf allen Ebenen wirksam. Ich hatte größte Bedenken, wie sehr der Zugang zur Spiritualität, zum Geistigen dadurch eingeschränkt, verändert werden würde. Es fängt bereits beim Essen an. Immer wieder hatte ich die Erfahrung gemacht, dass, wenn ich etwas nicht vertragen oder konventionell angebaute Lebensmittel gegessen hatte, mein Denken und Fühlen verändert/beeinträchtigt wurde. Mit naturheilkundlichen Mitteln und biologischer Ernährung fühle ich mich geistig, emotional und körperlich freier, gesünder. Dabei erlebe ich ein lebendiges Wohlfühlen. Welche Wirkungen würde eine chemische Medikation auf meinen geistigen Zustand und meinen spirituellen Zugang haben?

- Wenn ich mich weiterhin gegen die chemische Behandlung entscheiden würde, würde nicht nur für mich eine Vergiftung verhindert, sondern auch für die Umwelt und meine Mitmenschen. Das Trinkwasser ist teilweise schon stark mit chemischen Substanzen belastet, die zumindest bereits homöopathisch bereits wirken, mancherorts sogar bereits materiell. Im Trinkwasser vieler Städte wurden verschiedenste Substanzen wie Pestizide, Schmerzmittel, Blutdruckmittel, Chemotherapeutika usw. nachgewiesen. Wie wird sich der Mensch dadurch weiterentwickeln?

- Ich habe ein tiefsinniges, reiches Leben gehabt. Es gibt wenige Menschen, die sich so tief mit dem Leben auseinandersetzen konnten und vor allem so viele tiefe Lebenserfahrungen machen durften. Aus meinen Erlebnissen habe ich spirituell, geistig und auch menschlich sehr „profitiert". Ich durfte ein sehr erfülltes Leben führen. Dieses Argument wurde im Laufe der nächsten Monate ausschlaggebend für die Rechtfertigung meiner Entscheidung gegen die Chemotherapie.

- Ich hatte das Gefühl, dass ich genug gelitten hatte. Eine Lebensverlängerung könnte auch eine Verlängerung des Leidens bedeuten. Auf jeden Fall müsste ich den Sterbeprozess nochmals durchstehen. In den letzten Monaten war ich durch die schweren Krankheitsprozesse meinem Lebensende bereits sehr nahe gekommen, hatte bereits einen großen Teil des Weges dahin überstanden. Das Leiden beim Sterben wäre aufgeschoben.

- Durch die Einnahme von chemotherapeutischen Medikamenten würde ich mich immer fremdgesteuert fühlen, wie bei Psychopharmaka. Mein Leben wäre künstlich geschaffen. Ich fühlte, dass ich nicht mehr im Ganzen ich selbst bleiben könnte. Egal, welche „Vorteile" es haben würde, ich würde nie wieder den vollen Frieden meiner Seele erreichen, wie ich ihn habe, wenn ich zwar leide, aber innerlich frei bin im natürlichen Lebens- und Leidensprozess.

- Die Grundlage des Lebens ist in der Substanz der chemischen Medikamente völlig zerstört. Alle Stoffe sind aus den natürlichen Lebenszusammenhängen gerissen. Diese künstlich geschaffenen Wirkstoffe würden mich am Leben erhalten, würden in meinem Blut an Stellen eingreifen, die tiefgreifende Veränderungen im gesunden Gefüge meines Körpers hätten. Diese von den natürlichen Lebensprozessen völlig abgeschnittenen Substanzen waren aus der Angst der Patienten und Ärzten vor dem Tod, aus Macht- und Erfolgsstreben, aber auch aus Profithintergründen entstanden. Gerade dies, das wusste ich, würde auch im Geistigen auf mich zurückwirken. Das war zu diesem Zeitpunkt eine undenkbare, grausame Vorstellung.

Wenn ich dies beschreibe, bin ich innerlich immer noch in höchstem Maße mit Trauer, Wut, Resignation und Verzweiflung konfrontiert. Wo stehen wir Menschen in unserer „Unmenschlichkeit", wenn ich als AIDS-Betroffene nur mit diesem starken Eingriff weiterleben kann? Warum forschen wir nicht geisteswissenschaftlich?

Die Entscheidung um mein weiteres Leben empfand ich so: Was ich auch tun würde, es war nur furchtbar! Ich fühlte mich in extremem Maße gedemütigt und gestraft. In all den Jahren hatte ich an eine Heilung geglaubt und alles mir Mögliche dafür getan! Jetzt erschien alles ABSOLUT aussichtslos! Niemand konnte das wirklich verstehen, weil keiner, den ich kannte, je so gegen das gekämpft hatte, was ich durch die Psychopharmaka in mir erlebt hatte, den Angriff auf mein Ich, auf mein Menschsein!

Das Ringen um diese Entscheidung war eine nicht zu ermessende

Belastung. Eine solche Entscheidung ist letztendlich menschenunmöglich, eine Entscheidung für das eigene Leben oder das eigene Sterben. Und doch musste ich sie treffen! Ich fühlte ich mich völlig überfordert und nicht reif genug dafür. Immer wieder habe ich gebetet, dass mir bei dieser Entscheidung geholfen, sie mir abgenommen würde, weil ich mich dem nicht gewachsen fühlte. Was ist im Rahmen meiner seelischen Entwicklung, dem Bestreben, im Einklang mit der göttlichen Weisheit, meinem höheren Schicksalsplan zu handeln, das Beste, was führt im Sinne der Gesamtheit zu der tiefsten Harmonie? Dies herauszufinden war mein größtes Bestreben.

In dieser Zeit (Juni 2004) hatte Anna Maria einen Termin mit Dr. Heyden. Ich hatte ihr von meinen Schwierigkeiten mit ihm erzählt. Sie reagierte parteiisch, hielt zu mir. So äußerte sie in diesem Gespräch ihm gegenüber deutlich ihren Unmut darüber, wie er mit mir umgegangen ist. Sofort bekam ich bei ihm einen ambulanten Termin, dem ich zuvor über ein Jahr „hinterhergerannt" war. Erst war mir gar nicht klar, ob ich es überhaupt zulassen konnte, weil das Vertrauen zerstört war. Vorher hatte er mir mehrmals erzählt, dass er nie ambulante Patienten hatte. Inzwischen wusste ich, dass es nicht stimmte, weil ich zwei Patienten kannte, die bei ihm in ambulanter Behandlung waren.

Trotz des inneren Ringens darum nahm ich den Termin wahr. Ich versuchte, offen zu sein, mich auf ihn einzulassen. Er kam mir auch entgegen. In dem Gespräch nahmen wir uns vor, dass er mir helfen wollte, wegen der Chemotherapie zu einer Entscheidung zu kommen. Er erklärte mir die Wirkungsweisen von verschiedenen chemischen Medikamenten im spirituellen Sinne. Immer noch war ich klar in der Entscheidung gegen chemische Medikamente.

Im August litt ich unter extremem Reizhusten. Dr. Heyden vermutete, dass es eine PCP sein könnte, eine AIDS-spezifische Lungenentzündung, und nahm mich stationär auf. So war ich eine Woche im Krankenhaus und wurde untersucht: Magenspiegelung, Ultraschall, Untersuchung meines bronchialen Auswurfs (Sputums),

Blutentnahmen und Röntgen der Lunge. Alles war in Ordnung. Der Befund der 25 Helferzellen bestätigte sich leider. Auch die Virusbelastung war extrem hoch. Eine PCP wurde jedoch nicht festgestellt. Der Kontakt zu Dr. Heyden verbesserte sich während dieser Woche sehr, der Reizhusten leider nicht.

Der Kontakt zur Stationsärztin war unglaublich heilsam im Gegensatz den Vorkommnissen im letzten Jahr. Sie war in Namibia groß geworden, hatte dort Medizin studiert und danach als Ärztin gearbeitet. Die vielen an AIDS sterbenden Menschen in Afrika hatten sie in eine Stimmung von Hoffnungslosigkeit geführt. Als sie jetzt erlebte, wie viel Stärke, Bewusstheit und Reife ich durch diese Krankheit entwickelt hatte, war es für sie, wie sie sagte, ein großes Geschenk. Gleich am ersten Tag bedankte sie sich, weil sie noch nie so ein lehrreiches, interessantes Erstgespräch mit einem Patienten geführt hätte. Es war eine wunderbare Stimmung zwischen uns. Das hat mir so gut getan! Sie hatte ein echtes Interesse an mir und meiner Erkrankung und fühlte sich dem gewachsen, was bei den drei Ärzten im vorigen Jahr nicht der Fall gewesen war.

Unglaublich! Daran wurden mir die Grenzen der Schulmedizin so deutlich! Bei schulmedizinischen Untersuchungen hätte ein solcher organischer Zusammenhang niemals festgestellt werden können. Auch hätte es dafür keine Behandlung gegeben.

Kurz vorher hatte ich beim Versorgungsamt einen Antrag auf eine Kur gestellt. Direkt nach dieser Woche im Krankenhaus fuhr mich Lars zu Dr. Bauer. Mittlerweile war ich schon seit einigen Wochen fast ausschließlich bettlägerig. Ich war so extrem erschöpft, dass ich fast nichts mehr bewältigen konnte. So war es auch dort. Ich hatte außerhalb der Mahlzeiten kaum menschlichen Kontakt. Ansonsten lag ich im Bett.

In den ersten Wochen hatte ich auch noch Pech mit meinen „Tischgenossen". Es gab kaum angenehmen Kontakt zwischen uns. Dadurch wurde es zusätzlich anstrengend für mich. Erst nach der Hälfte der Zeit kamen Gäste, mit denen ich mich besser austauschen konnte. Später war das Essen in der Gemeinschaft gar nicht mehr möglich. Ich bekam es aufs Zimmer. Mein Körpergewicht verringerte sich immer mehr, ich wurde immer schwächer.

Der permanente Reizhusten war auch noch ein großes Problem. Ich litt sehr darunter, und auch wegen der Mitpatienten war es mir peinlich. Dann habe ich herausgefunden, dass es hilfreich war, Bonbons zu lutschen. Nach kurzer Zeit jedoch hatte ich schwersten Pilzbelag in meinem Mund. Dr. Bauer entnahm eine Probe. Bei der Untersuchung stellten sich eine starke Pilzbelastung und ein schwer zu behandelndes Bakterium heraus. Die notwendige Behandlungen mit Antimykotika (chemisches Medikament gegen Pilze) und Antibiotika wollte ich zu diesem Zeitpunkt immer noch nicht. So nahm ich wieder hochdosierte Propolistropfen, aber auch die halfen zum ersten Mal nicht ausreichend. Als jedoch dann noch Pilze am Unterleib dazu entstanden, haben die Propolistropfen dort sofort geholfen.

Irgendwann erzählte mir jemand von einem Osteopathen, Dr. Adler, der in der Nähe eine anthroposophische Arztpraxis hatte und auch bei Paolo gelernt hatte. Ich fuhr mehrmals zur Behandlung zu ihm. Durch seine Fähigkeit, Störungen mit den Händen zu erfühlen, stellte er fest, dass der Husten ursächlich gar nichts mit der Lunge zu tun hatte, sondern mit der Thymusdrüse. Diese behandelte er, und der Reizhusten ging deutlich zurück. Nach einigen Behandlungen war er ganz geheilt und ist nie wiedergekommen.

Unglaublich! Daran wurden mir die Grenzen der Schulmedizin so deutlich! Bei schulmedizinischen Untersuchungen hätte ein solcher organischer Zusammenhang niemals festgestellt werden können. Auch hätte es dafür keine Behandlung gegeben. Der Erfolg seiner Behandlungen zeigte jedoch die Bestätigung seiner so fragwürdigen

Theorie, dass der Husten mit der Thymusdrüse zu tun haben kann!

Wie jeder Osteopath konnte Dr. Adler durch seine erweiterten Wahrnehmungen ganzheitliche Diagnosen stellen. Nach einer Sitzung teilte er mir etwas Erschreckendes mit: Mein Ätherleib, mein Lebenskräfteleib hätte sich fast komplett verabschiedet. Dadurch konnte er wenig damit arbeiten. Er erklärte mir, dass es bei der Osteopathie nur dann möglich sei, heilend einzugreifen, wenn noch Lebenskräfte vorhanden sind, die zur Selbstheilung führen können. Dies war kaum noch möglich. Seit über einem halben Jahr hatte ich gar keine Menstruation mehr. Auch das zeigte den großen Mangel an Äther-/Lebenskräften. Der Körper verfügte nicht einmal mehr über genügend Kräfte, um den Menstruationszyklus aufrechtzuerhalten.

Mehrmals zeigte Dr. Adler sich sehr beeindruckt von meinem reifen Umgang mit meiner Erkrankung. Er teilte mir mit, dass er dies vorbildhaft empfinden würde. Jedoch würde er nicht wissen, ob er dies in einer ähnlichen Situation selbst auch so schaffen könnte. Der Kontakt mit ihm hat mir sehr gut getan. Er ist so ein sensibler, ausgeglichener, feinsinniger Mensch. Es war eine Gnade, diese Begegnung gehabt zu haben. Ein großer Heiler!

Mit Dr. Bauer hatte ich, wie jedes Mal, einen zwiespältigen Kontakt. Einerseits wirkte eine so große Herzensliebe, wie ich sie ansonsten nur für Björn empfinden konnte. Andererseits war es nach wie vor sehr anstrengend, um sein Verständnis zu ringen.

Bei einem seiner Gesprächskreise konnte ich wieder erleben, wie unsensibel er mir gegenüber war, wie wenig Bewusstsein er für meine Situation hatte. Während des Gesprächskreises arbeitete er mit dem Buch *The Work* von Katie Byron. Als Beispiel zitierte er daraus dem Buch die Aussage einer Frau, die ihrem ehemaligen Partner den Vorwurf machte: „Du hast mich vergewaltigt und mit AIDS angesteckt." Dann erklärte Dr. Bauer, dass Katie Byron diese Einstellung im therapeutischen Arbeiten nicht akzeptieren würde, sondern die Aussage umdrehen würde, damit die Frau sich nicht mehr als Opfer fühlen sollte. Sie sollte sich sagen: „Ich habe mich anstecken lassen. Ich trage die Verantwortung."

Diese befremdliche Einstellung machte mich sehr betroffen. Ich saß direkt neben Dr. Bauer - wie unsensibel von ihm! Daran nahm ich wahr, dass er keinerlei Bewusstsein für mich und das, was er bei mir ausgelöst hatte. Ich ging aus dem Gesprächskreis raus....

Während der persönlichen Gespräche mit ihm versuchte er mich immer wieder in eine lebensbejahende, positive Richtung zu bringen und konnte schwer akzeptieren, dass ich teilweise extrem resigniert war. Auch wegen der Einnahme chemischer Medikamente hatten wir immer wieder Auseinandersetzungen. Er wollte mich dazu umstimmen, sie zu nehmen. Mir wurde bewusst, dass er als Arzt so ausgebildet war, für jedes Problem eine Lösung zu finden, alle Symptome behandeln zu müssen. Somit hatte er gar keine Erfahrungen damit, jemanden in seinem Eigenen, nicht immer Nachvollziehbaren, zu akzeptieren und sein zu lassen. Vor allem ist es scheinbar für Ärzte schwer, das Leiden eines Patienten auszuhalten, ohne eingreifen zu können. Das sind sie nicht gewohnt. So war Dr. Bauer ziemlich herausgefordert, weil ich bei meiner Einstellung und meinem Umgang blieb.

Mittlerweile war ich so erschöpft, dass das Lesen zu anstrengend war. Immer wieder wollte mich Dr. Bauer davon überzeugen, etwas zu lesen, was ihm wertvoll erschien. Seine Bücher, die er als sinnvoll für die Themen meiner Seele einschätzte, stapelten sich auf dem Klo...! Mir fehlte die Konzentration, um zu lesen oder zu meditieren, um den Kontakt zur geistigen Welt bewusst aufrecht zu erhalten. Immer wieder hatte ich grausame Alpträume. Dr. Bauer war der Meinung, dass ich in diesem Zustand nicht in die geistige Welt zurückgehen, nicht sterben könnte. Solange sich diese massive Dunkelheit in meinen Träumen noch ausdrücken würde, würde ich es dort sehr schwer haben. Gerade deshalb versuchte er mich von seinen spirituellen Übungen zu überzeugen. Ich war jedoch eindeutig nicht mehr in der Lage, solche geistigen Anstrengungen durchzuführen. Dr. Bauer wollte dies scheinbar nicht wahrhaben.

Viel später habe ich erfahren, dass Anna Maria sowohl Dr. Bauer, als auch Dr. Heyden angerufen und ihnen gesagt hat, dass sie mich dringend überzeugen sollten, die Chemotherapie zu nehmen.

Da ich mit den Mitpatienten nicht über meinen Zustand reden konnte, brauchte ich einen Ansprechpartner. Ich fragte Dr. Bauer, ob er jemanden wüsste, der für mich gegen Bezahlung als Begleitperson tätig sein würde. Seit Kurzem arbeitete eine neue Kunsttherapeutin in der Klinik. Ich mochte Almuth sofort sehr gerne. Als Dr. Bauer sie bat, sich zusätzlich zur Maltherapie um mich zu kümmern, sagte sie sofort zu. Damit hatte ich gar nicht gerechnet. Gerade sie, etwas Besseres hätte mir nicht passieren können! Ich weiß noch, wie sehr ich mich darüber gefreut habe.

Am Anfang gingen wir noch etwas im Wald spazieren. Es war jedoch kein wirkliches Spazierengehen mehr. Auf jede Bank musste ich mich hinsetzen und es durften keine Wege mit Höhenunterschieden mehr sein. Ich war absolut kraftlos. Später war noch nicht einmal dies möglich.

Almuth erzählte mir, dass Dr. Bauer sie mehrmals gefragt hätte, ob es wirklich so sein könnte, dass ich körperlich so geschwächt sei. Er glaubte eher, dass ich einfach nur depressiv sei und ich mich mehr zusammenreißen könnte. Scheinbar konnte er sich gar nicht vorstellen, dass ich tatsächlich so krank bin. Genau so erlebte ich ihn im persönlichen Kontakt, wodurch das Ringen um Verständnis mit ihm sehr anstrengend für mich war. Ich war enttäuscht, weil er es eigentlich besser wissen musste. Er hatte mich als einen Menschen kennengelernt, der sich immer bis aufs Äußerste zusammengerissen und weit über seine Kräfte bewusst überwunden hatte. Für Almuth war es keine Frage. Sie erlebte mich und wusste, dass es mir tatsächlich so schlecht ging. Es war wertvoll, dass sie mit so viel Mitgefühl für mich da war. Von ihr fühlte ich mich voll und ganz verstanden. Sie war die wichtigste Hilfe, die ich während dieses Aufenthaltes hatte.

Frederike reiste mir zum zweiten Mal für eine dreiwöchige Kur nach. Es ging ihr in dieser Zeit häufig sehr schlecht. Ich fühlte mich stark belastet, weil sie mir immer wieder von den Hintergründen ihres Leidens erzählte und kaum auf mich eingehen konnte. Irgendwann merkte ich, dass ich es nicht mehr schaffen konnte und so bat ich sie, die Schwere meiner Erkrankung zu berücksichtigen und sich mit ihren Problemen zurückzuhalten. Dies war ihr nicht möglich. Sie war zu stark gefangen in ihren Ängsten und depressiven Zuständen. Als sie mich dann sogar nachts deshalb weckte, hatten wir am nächsten Tag eine Auseinandersetzung darüber. Diese war wichtig, weil sie den dringend nötigen Abstand schaffte. Wir konnten uns nach einigen Tagen der Pause wieder neu begegnen.

Anna Maria wollte endlich das Kurhaus kennen lernen, das sie mit über einer Million Euro unterstützt hatte. Sie kam mit einer Freundin übers Wochenende. Ich hatte mich darauf gefreut, aber es verlief sehr enttäuschend. Anna Maria empfand das Haus mit der einfachen Einrichtung als eher primitiv. Auch war es für sie nicht zu verstehen, dass im Haus abends gar keine Aktivitäten mehr stattfanden, dass die Patienten ab ca. 21 Uhr alle in ihren Zimmern waren. Alles war ihr hier zu ruhig. Gerade das ist es, was die Patienten und ich selbst so sehr schätzten. Mir war weder eine luxuriöse Einrichtung, noch viel Ablenkung wichtig, sondern die familiäre Atmosphäre, die menschlichen Begegnungen, Natur und Ruhe.

Hinzu kam, dass ihre Freundin den baulichen Zustand des Hauses stark bemängelte. Sie sah nur die Mängel und erlaubte sich niederschmetternde Aussagen dazu. Es baute sich ein richtig düsteres Bild auf. Dann kamen sie zu dem Schluss, dass eine Renovierung oder ein Anbau gar keinen Sinn mehr machen würde. Ihr Vorschlag war deshalb, die gespendeten Gelder dafür zu verwenden, die Defizite, die der Kurbetrieb bis zur Pensionierung von Dr. Bauer erwirtschaftete, auszugleichen.

Diese negativen Aussagen der Freundin von Anna Maria waren nicht uneigennützig. Sie selbst wurde von Anna Maria bei dem Neubau eines Spezialkrankenhauses unterstützt, das mehrere Millionen Euro kosten sollte. Dadurch war sie befangen, zulassen zu können, dass diesem Kurhaus weiteres Geld zukommen sollte, weil die Gelder, die Anna Maria einsetzen konnte, natürlich begrenzt waren. Ihr Projekt scheiterte später trotz des Einsatzes von so viel Geld.

Bei diesem Besuch von Anna Maria entstand zudem eine sehr schwierige Auseinandersetzung über meine Entscheidung gegen die Chemotherapie. Beide konnten nicht verstehen, dass ich sie nicht nehmen wollte. Die Freundin ging sogar so weit, meinen Geisteszustand und meinen Umgang mit Spiritualität dabei in Frage zu stellen. Immer wieder, auch schon in vorherigen Gesprächen, hatte Anna Maria mir zu verstehen gegeben, wie wichtig ich für ihr Leben sei, dass sie mich persönlich brauchen würde. Ich könnte sie so gut beraten, und wenn ich weiterleben würde, könnten wir noch viele soziale Projekte gemeinsam unterstützen.

Mir war klar, dass ich in den letzten Jahren tatsächlich sehr wichtig für sie geworden war. Ich habe sie in Bezug auf viele Lebensthemen sehr gut beraten können: wegen der Probleme, die in der Zeit ihrer Scheidung entstanden waren, dem Sterbeprozess ihres Vaters und der dabei stattgefundenen Verarbeitung ihrer Kindheit, aber auch wegen gesundheitlicher Probleme. Und doch sah ich deshalb keine Verpflichtung, die Chemotherapie nehmen zu müssen.

Bei ihrem Bemühen, mich davon zu überzeugen, ist Anna Maria mehrmals sogar so weit gegangen, dass sie mir mitteilte, dass sie kein Geld mehr in anthroposophische Projekte, vor allem für dieses Kurhaus, geben würde, wenn ich sterben sollte. Sie selbst war von der anthroposophischen Medizin nicht wirklich überzeugt. Eher hatte es sie sehr berührt, dass ich so lange damit leben und so viele schwere Krankheiten überwinden konnte. Dies und der Einfluss von Karin hatten sie überzeugt, diese Medizin zu unterstützen.

Jetzt erlebte sie, wie ich sichtlich kränker wurde und wollte, dass ich chemische Medikamente nehme. Immer wieder äußerte sie, dass ich eine neue Aufgabe darin finden könnte, indem ich dann beweisen könnte, wie wirkungsvoll die anthroposophische Medizin als begleitende Therapie bei der Chemotherapie sein kann.

Viel später habe ich erfahren, dass Anna Maria sowohl Dr. Bauer, als auch Dr. Heyden angerufen und sie gebeten hat, mich davon zu überzeugen, dringend die Chemotherapie zu nehmen. Da sie beide für ihre Institutionen sehr viel Geld von ihr bekamen, haben sie sich sicherlich davon beeinflussen lassen. Vielleicht musste ich auch deshalb so stark mit Dr. Bauer kämpfen! Die Sicht von Anna Maria ist aus ihrer Lebensauffassung heraus absolut verständlich. Sie hat kein Vertrauen in ein Leben nach dem Tod. Ihr ganzes großartiges Engagement zugunsten kranker Menschen beruhte darauf, dass sie keine religiöse Grundlage hatte, die ihr das Vertrauen geben würde, im Leiden einen Sinn zu finden. Deshalb lag ihr so viel daran, durch den Einsatz der Spenden viel Leiden wie möglich zu vermindern oder zu verhindern.

Bei diesem Besuch war sie so sehr von der negativen Einstellung ihrer Freundin beeinflusst, dass es mich selbst schwer depressiv machte. Sie stellten mich auf eine Art und Weise in Frage, die nicht, wie vorher voller Respekt, von ihr selbst kam, sondern durch den Einfluss der Freundin ziemlich herablassend und abwertend war. Nachdem Dr. Bauer und ich sie zum Bahnhof gebracht hatten, ging es mir seelisch extrem schlecht, ich fühlte mich düster und traurig. Das Kurhaus und Dr. Bauer lagen mir stark am Herzen und meine Entscheidung gegen die Chemotherapie stand für mich fest. An beidem hatten sie massiv gerüttelt. Es war grauenhaft. Bärbel konnte mich am Abend wieder etwas beruhigen.

Dr. Bauer war ebenfalls sehr aufgebracht nach diesem Besuch. Er schrieb einen Brief an Anna Maria, in dem er klarstellte, wie wichtig es sei, auch das zu berücksichtigen, was nach seiner Berentung mit dem Kurhaus weiter geschehen würde. Viele Mitarbeiter und Patienten wären davon abhängig. Anna Maria reagierte darauf verständnisvoll und sagte weitere Hilfen zu.

Es entwickelte sich der Wunsch, dass ich gern in diesem Kurhaus nach „Hause" in meine eigentliche „Heimat", die geistige Welt, gehen wollte. Die Büroleiterin teilte mir mit, dass sie dies im Team bereits selbst auch schon so überlegt hätten. Sie würden ein Zimmer für meine Pflege umgestalten.

In den nächsten Wochen rangen Dr. Bauer und ich wie beim letzten Aufenthalt um die Frage: Ist es heilsam, mich ganz auf das Sterben einzulassen, ist es sinnvoll, dem Hadern nachzugeben, alles abschließen zu wollen, die Chance der Lebensverlängerung durch Chemotherapie nicht mehr anzunehmen? Darf er dies als Arzt zulassen und sich selbst auch darauf einlassen?

Wie bereits erwähnt, war Rudolf Steiner der Meinung gewesen, dass der Tod eines Patienten von seinem Arzt nicht gedacht werden darf. Es ginge darum, die Möglichkeit der physischen Heilung weiterhin zuzulassen. Dabei wäre es unbedingt notwendig, sich den Menschen in einem Lebensstrom zwischen Leben und Sterben so vorzustellen, dass gar kein Abschluss mit einbezogen wird. Nur so könnte der Arzt Heilung ermöglichen. Für mich ist dies genauso. Und doch glaube ich nicht, dass Steiner damit gemeint hat, dass wir den Umgang mit dem Sterbeprozess so gestalten müssen, dass der Tod als physisches Ende eines Lebens nicht genügend bewusst berücksichtigt wird. Für mich erscheint es die wichtigste Erfahrung meines Lebens, dass ich in diesen Monaten den Sterbeprozess so tief erleben durfte und das Sterben ganz akzeptieren konnte.

Während dieser Zeit erlebte ich innerlich immer wieder einen Wechsel zwischen Hadern und Akzeptanz. Ich kann mich noch vage an die Gedanken und Gefühle erinnern, in denen ich stark mit Gott und dadurch dem Leben an sich und dem Schöpfungsprozess gehadert habe. Das Hadern ließ sogar Hass entstehen. Wut, Trauer, Verzweiflung und Ängste wuchsen ins Grenzenlose. Ich nahm die Unendlichkeit der Schöpfung, des Lebens und Sterbens, von Zeit und Raum in weitreichenden Facetten wahr und erlebte das teils als sehr beängstigend und leidvoll. Es gab Zeiten, in denen ich zutiefst verzweifelt war, weil ich die Lebensprozesse, das Leben nur als endlose Folge von Leiden wahrgenommen habe. Dann jedoch entstand wieder der tiefste Frieden, den ich je in meinem Leben empfunden hatte. Ich konnte mich dem Sterben, dem Abschied vollkommen hingeben, es voll und ganz akzeptieren und fühlte mich wohl dabei. Das mir Wichtigste hatte ich vollendet: Meine Biographie war fertig geschrieben.

Ich entschied mich innerlich, wer welche meiner materiellen Gegenstände haben sollte, z.B. überlegte ich, wer mein Auto oder meinen großen Elestialkristall haben sollte. Meinen geliebten Teddy Selena sollte Laura haben. Zwischendurch dachte ich, dass ich ihn lieber mit mir verbrennen lassen sollte, weil er mir so wichtig war.

Auch im Nachhinein empfinde ich diese Erfahrung als besonders wertvoll für mein ganzes weiteres Leben: Ich habe erlebt, wie es ist, wenn materielle Gegenstände die Wichtigkeit, die wir ihnen sonst zuschreiben, vollkommen verloren haben. Ich konnte alles Materielle ohne Probleme loslassen. Es war bedeutungslos geworden. In dieser Zeit merkte ich, dass sein Wert für uns als Menschen vollkommen verschwindet, wenn man - wie ich - fast nur noch im Bett liegt und sich auf den Tod vorbereitet. Ich konnte mir gar nicht mehr vorstellen, dass materielle Dinge vorher so wichtig für mich gewesen waren. Es war eines der bedeutungsvollsten Erlebnisse meines Lebens, dass ich dies begreifen durfte. Ich empfand es tief in meinem Herzen als einen göttlichen Prozess voll Vergebung und vor allem tiefsten Friedens.

Ich begann zu überlegen, wo ich sterben wollte. Es entwickelte sich der Wunsch, dass ich gern in diesem Kurhaus nach „Hause" in meine eigentliche „Heimat", die geistige Welt, gehen wollte. Die Büroleiterin teilte mir mit, dass sie dies im Team bereits selbst auch schon so überlegt hätten. Sie würden ein Zimmer für meine Pflege umgestalten.

Zudem hatte ich in dieser Zeit das Bedürfnis, noch einmal mit Josef in Kontakt zu treten. Die Partnerschaft mit ihm war für mich sehr bedeutsam gewesen. Ihre Beendigung hatte ich niemals verarbeitet. So hatte ich in diesem Sterbeprozess das Gefühl, dass ich mit ihm sprechen wollte. Ich bat Dr. Bauer, ihn anzurufen, um ihn darum zu bitten. Warum es dazu nicht gekommen ist, kann ich heute nicht mehr erinnern.

Während dieser Kurzeit ging Dr. Bauer eine Woche in Urlaub. Einen Tag nach Beginn seiner Reise bekam ich eine erneute Gürtelrose im Bereich der Brustwirbelsäule. Es war eine der schwereren Gürtelrosen, weil sie sich wieder über mehrere Nervensegmente ausbreitete. Wieder war nur Dr. Hesse da. Er hat sich die gesamte Woche gar nicht um mich gekümmert. Almuth arbeitete noch als Altenpflegerin und hatte auch nur wenig Zeit. So war ich wieder mir selbst überlassen. Irgendwann wurden die Schmerzen und die Verzweiflung so groß, dass ich Dr. Bauer auf dem Handy angerufen habe.

Er teilte mir kurz mit, was Dr. Hesse mir spritzen sollte. Für fünf Minuten täglich kam dieser danach auf mein Zimmer, um mir die Spritzen zu geben. Ansonsten hat er sich gar nicht um mich bemüht. Dabei, so erinnere ich noch, hat er mir erklärt, dass ich ein „Antoniusschicksal" hätte. In Grünewalds Isenheimer Altar gibt es eine Darstellung eines Mannes (Antonius), der entsetzlich gequält, aber dadurch sehr geläutert wird und sich spirituell weit entwickelt. Mit dieser Erklärung hat Dr. Hesse jede Verantwortung und jedes Mitfühlen und Mitdenken von sich gewiesen. Er hatte darin den Sinn meines Leidens „gefunden" und meinte wohl deshalb, sich nicht um mich kümmern zu müssen.

Das Spektrum meiner seelischen Erlebnisse in Bezug auf die Vorbereitung auf meinen Tod erscheint mir grenzenlos. Es ist eine Gnade gewesen, diesen Prozess so bewusst erleben zu dürfen. Nur wenigen Menschen ist es gewährt, diese Erfahrung zu machen. Ich hatte mich bewusst dafür entschieden und sie bewusst ganz durchlebt.

Es war eine grauenhafte Woche, wieder kaum Kontakt, Gespräche und Hilfe und das obwohl ich in einem Kurhaus war! Ich habe einige Hörbücher gehört. Das war lange Zeit das Einzige, was mir möglich war. An meinem Essenstisch hatte ich den Besitzer eines Hörbuchverlages kennen gelernt. Ich hatte ihm einige Hörbücher abgekauft und er hatte mir noch eines geschenkt. Irgendwann fehlte mir sogar zum Zuhören die Konzentration, aber zu dem Zeitpunkt hatte ich auch bereits dauerhaften inneren Frieden erreicht hatte.

Mit dieser Gürtelrose begannen durch die massiven Schmerzen wieder meine extrem schweren Schlafstörungen. In der vorhergehenden Zeit hatte ich das Schlafen genießen können. Gerade dieses ungewöhnlich lange Schlafen wurde von Dr. Bauer stark hinterfragt, indem er es als Symptom einer Depression ansah. Erst viel später hat er eingesehen, wie krank ich wirklich gewesen bin.

Die Nächte waren aufgrund des zusätzlichen massiven Nachtschweißes noch anstrengender. Starker Nachtschweiß ist ein typisches Symptom fortgeschnittener Immundefekte. Seit einem halben Jahr litt ich darunter. Mehrmals in der Nacht waren mein Schlafanzug und sogar die Bettwäsche klatschnass. Es war extrem unangenehm. Trotz des starken Leidens traf ich in dieser Zeit noch eine tiefere Entscheidung gegen eine Chemotherapie. Ich erlebte mein mögliches baldiges Sterben als stimmig. Diese Klarheit bedeutete eine große seelische Erleichterung für mich.

Mittlerweile konnte ich immer weniger Essen zu mir nehmen. Seit Monaten entstanden bei mir nach jedem Essen schwere Übelkeit und teils stärkste Bauchkrämpfe. Ich hatte schon sehr viele naturheilkundliche Medikamente ausprobiert, aber alle ohne jeglichen Erfolg. Seit der Lungenentzündung und der Gürtelrose im letzten Jahr hatte ich fast 30 kg abgenommen. Ich sah wirklich krank aus. Eigentlich hatte ich immer noch genügend Appetit, aber die Schmerzen nach dem Essen waren so anstrengend und unangenehm, dass ich immer weniger zu mir nahm. Im Kurhaus gab sich das Küchenteam die größte Mühe, kochte für mich all das extra, was ich noch einigermaßen vertrug, jedoch reagierte ich auf fast alle Nahrung mit schweren Bauchkrämpfen.

Im Zusammenhang mit den Schwierigkeiten beim Essen in dieser Zeit erinnere ich mich immer wieder gern daran, dass ich damals noch einen Wunsch hatte. Ich wollte einen „Negerkuss" essen. Ich hatte es mehreren erzählt. Irgendwann schickte mir jemand eine Packung Schokoküsse. Da ich wusste, dass ich diese garantiert nicht vertragen würde, musste ich sie leider Dr. Bauer für seine Kinder schenken.

Dann erzählte mir Bärbel von den Soluna-Präparaten. Dies sind sogenannte spagyrische Heilmittel, bei deren Herstellung Heilpflanzen, Mineralien und Metalle durch behutsame rhythmische Prozesse heilsam aufgeschlossen werden. Die Solunate werden seit über 85 Jahren entsprechend den paracelsischen Prinzipien zubereitet.

Ich wollte eigentlich kein neues Präparat ausprobieren, ich hatte genug davon. Um Bärbel nicht zu verärgern, probierte ich es trotzdem noch aus. Sie riet mir zu dem Präparat „Stomatik". Nach kurzer Zeit verbesserte sich mein Verdauungsprozess zunehmend und ich konnte viel mehr Nahrungsmittel vertragen. Ich war so dankbar für dieses wertvolle Medikament!

Bärbel hatte mich all die Jahre in bester Weise begleitet. Ich erhielt sehr viel Hilfe und Wissen von ihr. Immer wieder hatte sie mir zu verstehen gegeben, dass sie daran glaubte, dass ich den AIDS-Virus überwinden könnte. Die Motivation für ihre Hilfe basierte auf diesem Glauben an eine völlige Gesundung. Ihre innere Einstellung war, dass es eine Art von Versagen war, wenn jemand krank wurde. Das Versagen lag ihrer Meinung nach z.B. im Lebenswandel oder in inneren Einstellungen. Wenn diese Ursachen verändert und überwunden sind, löst sich die Erkrankung auf. Als ich jetzt immer kränker wurde, konnte sie dies scheinbar nur schwer akzeptieren. Mein Denken und Empfinden über Krankheit ist vielschichtiger. Lange habe ich selbst nach der Überwindung der AIDS-Erkrankung gestrebt, jedoch erlebt, dass es mir nicht möglich gewesen war und vielleicht auch nicht möglich gemacht werden sollte. Ich hatte dies akzeptiert. Seitdem ging es mir besser. Der Druck und die Vorwürfe mir selbst gegenüber ließen nach. Es war wie eine Befreiung.

Bärbel hatte dieses Streben und den Wunsch nach vollständiger Heilung nicht losgelassen. Als ich jetzt so krank war fühlte ich mich oft nicht mehr von ihr verstanden. Ein Gespräch, das wir wegen der bevorstehenden Entlassung geführt hatten, werde ich nie vergessen. Bei einer Beratung aus der der geistigen Ebene ließ sie mir mitteilen, dass es beim Sterben erforderlich sei, dass ich in allem Frieden finden müsste. Dies drückte sie in einer moralisch Weise aus, die mich wütend werden ließ, weil ich es für unmöglich und auch nicht erforderlich hielt. Als Bärbel in diesem Gespräch auch noch nach der Zeit nach der Entlassung aus dem Kurhaus fragte, sagte sie etwas, was mich noch mehr verärgerte. Sie äußerte, dass ich nach der Entlassung zu Hause meine Lebensbasis neu ergreifen, wieder für mich selbst sorgen und sogar für mich selber kochen sollte. Ihre Meinung war, dass ich stärker werden würde, wenn ich meine Versorgung wieder selbst übernähme. Dies war für mich unvorstellbar. In ihr lebte die Vorstellung, dass ich viel mehr leisten könnte als das, was ich tatsächlich tat.

In diesem Gespräch teilte sie mir sogar mit, dass ich mich hängen lassen würde. Ich fühlte mich völlig unverstanden und überfordert. Seit acht Jahren hatte ich ihren Rat als spirituelle Lebensstütze genommen, als tiefe Wahrheit gesucht und ihrer Meinung große Bedeutung gegeben. Deshalb übertrug ich nun diese Aussagen und das daraus entstehende Gefühl des Unverstandenseins auf die geistige Ebene. In mir entstand der Gedanke, gequält zu werden. Es schien mir so, als würde Gott sadistisch sein und ich wäre ihm und einem sadistischen Leben ausgeliefert. Für mich war in diesen Momenten keinerlei Liebe, nichts Positives mehr zu spüren - nur noch Wut, Ängste und pure Verzweiflung. Dies war die grauenhafteste Phase in meiner Auseinandersetzung mit dem Leben an sich und meinem eigenen Sterbeprozess.

Insgesamt betrachtet bin ich gerade auch für die Zeit dieses absurd erscheinenden Empfindens von Leben, nämlich die Sicht nur auf das Qualvolle zu richten und zeitweise darin gefangen zu sein, sehr dankbar. Ich glaube, dass ich dieses Empfinden und die Erkenntnisse darin brauchte, um mich ganz zu fühlen. Das Erlebnis, vom Leben gequält zu werden, war für mich während dieser Zeit vollkommen real. Heute weiß ich, dass es nur ein Blickwinkel ist, nur ein Teil des Ganzen. Und trotzdem ein Teil, den wir im normalen Lebensfluss, im Alltag, nie sehen oder sogar nicht sehen wollen. Ihn bewusst einzubeziehen wird dem Leben, wie es tatsächlich ist, gerechter.

In den Wochen im Kurhaus habe ich viele verschiedene Betrachtungsweisen des Lebens durchlebt. Das Spektrum meiner seelischen Erlebnisse in Bezug auf die Vorbereitung auf meinen Tod erscheint mir grenzenlos. Es ist eine Gnade gewesen, diesen Prozess so bewusst erleben zu dürfen. Nur wenigen Menschen ist es gewährt, diese Erfahrung zu machen. Ich hatte mich bewusst dafür entschieden und sie bewusst ganz durchlebt. All das Grausame habe ich ohne Ablenkung ausgehalten und kann es jetzt durch den in den letzten Jahren gewonnenen Abstand wiederum bewusst reflektieren. Das ist den meisten Menschen nicht möglich, weil sie während eines solchen möglichen Prozesses zu abgelenkt sind durch Besuche, Fernsehen, Bücher, Krankenhauspersonal und vor allem durch die Einwirkungen chemischer Medikamente, die das Bewusstsein trüben. Deshalb kann es nicht zu einer so tiefen, so bewussten Auseinandersetzung und der dadurch stattfindenden seelisch-geistigen Reifung kommen. Ich bin unendlich dankbar dafür, dass mir dies ermöglicht wurde. Es hat in mir eine umfassendere Wahrnehmung für das Leben geformt, die unverschönter und geklärter ist. Vor allem fühle ich mich bereichert durch die vielfältigen Facetten des Lebens, die ich in dieser Zeit erlebt hatte. Ich habe das Sterben bis zu einem Punkt durchlebt, der mich freier für das Leben gemacht hat.

Dies bedeutet für mich, dass ich das Leben heute viel mehr genießen kann. Alles, was ich erlebe, ist viel intensiver geworden, ich empfinde alles tiefer. Dies gilt sowohl für die schönen Dinge des Lebens, sodass ich mich viel mehr freuen, viel mehr staunen kann über alles, was möglich ist, was ich erfahren darf. Genauso viel tiefer berühren mich jedoch die Schwierigkeiten, sowohl meine eigenen, als auch die anderer Wesen. Meine Wahrnehmungen haben sich sehr erweitert und sind auch feiner geworden. Zudem nehme ich die durch das Durchleben meines Sterbeprozesses entstandene Freiheit darin wahr, dass ich dieses jetzt so intensiv erlebte Leben auch jederzeit wieder loslassen kann. Ich bin mir meiner Vergänglichkeit viel bewusster, kann sie leichter akzeptieren.

Während der Kur habe ich mehrmals mit Renate gesprochen. Immer wieder hat sie während der Telefonate geweint, weil sie realisierte, wie krank ich war und dass ich mich für das Sterben entschieden hatte. In den Jahren unseres Kontaktes hatte sich eine tiefe Freundschaft zwischen uns entwickelt. Renate erzählte mir, dass sie mich sehr lieben würde und dass ich wirklich wichtig für sie sei.

Die Gespräche zwischen uns handelten meistens von der Beziehung zu Benedikt oder ihren Kindern. Da ich die beiden so lange kannte und sie sehr liebte, habe ich ihre gesamte gemeinsame Entwicklung, ihre Stärken, ihre Schwächen und ihre Bedürfnisse tiefgreifend verstehen gelernt. Ich fühlte mich wie ihr Trauzeuge, der ihre Höhen und Tiefen mit ihnen teilen durfte.

Renate erzählte mir, dass die Gespräche mit mir jedes Mal noch lange nachwirken würden. Oft würde sie mit Benedikt im Bett noch über die Inhalte sprechen. Das Wichtigste sei ihr, dass ich so eine ausgeprägte Fähigkeit hätte, zuzuhören. Nur wenige Menschen könnten so zuhören. Dies wird mir immer wieder gesagt. Ich kann mich auch nach Jahren noch an die Details fast jeden Gespräches erinnern. Ich denke, dass dies durch mein großes Interesse an Menschen, gerade an meinen Freunden, zu erklären ist. Während jedes Gespräches versuche ich, die ganze Situation des Menschen, seine seelische Konstitution und Möglichkeiten der Entwicklung zu erfassen, zu verstehen und dann hilfreich mit Verständnis, Ideen oder Bewusstseinsarbeit zu unterstützen. So hatte ich auch ihnen helfen können.

Die beiden Kinder hatten mehrmals miterlebt, dass Renate geweint hatte und fragten sie, warum sie so weinte. Renate erklärte ihnen, dass ich sehr krank wäre und sie deshalb traurig sei. Ihr vierjähriger Sohn meinte spontan: „Jule soll Kügelchen nehmen!" Er hatte auch homöopathische Kügelchen bekommen, als er krank war, und wusste, dass sie helfen. Ich fand es sehr rührend.

Renate hatte ihren Kindern irgendwann eine Geschichte vorgelesen, in der erzählt wurde, dass die verstorbenen Seelen über den Regenbogen in den Himmel gelangen könnten. Irgendwann waren sie auf dem Weg zu der Beerdigung von Benedikts Patentante. Sie sahen einen Regenbogen und er fragte sie: „Mama, geht Jule jetzt auch auf den Regenbogen?" Renate meinte: „Nein, jetzt ist erst mal die Tante auf dem Regenbogen." Das hat mich tief berührt. Ich hatte einen sehr starken inneren Bezug zu diesem Kind und es zu mir, auch wenn wir uns nur einmal gesehen haben. Wenn wir jedoch telefonierten, war es jedes Mal sehr besonders.

Durch die Schwere der Erkrankung musste ich länger als die genehmigten acht Wochen in der Kur bleiben. Die Büroleiterin bot mir an, dass sie mich umsonst weiter behandeln würden, weil ich ihnen durch die Vermittlung der Gelder und meinen Einsatz geholfen hätte. Anna Maria wollte auch, dass ich nichts selbst bezahlen sollte. Mein moralisches Empfinden konnte dies jedoch nicht zulassen. Das Geld war für sozial Schwache gespendet worden. Mein Einkommen überstieg die vorgegebenen Grenzen jedoch deutlich. Deshalb hätte ich es nie mit meinem Gewissen vereinbaren können, dieses Angebot anzunehmen. Auch war mir klar, dass ich aus meinem idealistischen Einsatz für anthroposophische Projekte niemals materiell profitieren wollte. Ich wollte meine Integrität bewahren. In den folgenden Jahren sollte ich erleben, wie wichtig dies gewesen war. So zahlte ich die Verlängerung selbst.

Als ich mich wieder reisefähig fühlte, bat ich Björn, mich abzuholen. Er war sehr erschrocken, wie schwerkrank ich auf einmal wirkte, wie ausgemergelt, dünnhäutig und schwach. Ich hatte das niedrigste Gewicht erreicht, was ich jemals hatte: 65 kg bei einer Größe von 1,76 m. Natürlich scheint das an sich nicht bedrohlich, jedoch war ich es gar nicht gewohnt; ich war immer stark übergewichtig gewesen. Björn hatte mich noch nie so gesehen. In den Jahren danach erzählte er mir und sogar meinen Freunden immer wieder, dass er mich nie wieder in einem so schwer kranken Zustand abholen würde. Während der ganzen Fahrt hätte er größte Angst gehabt, dass ich zusammenbrechen würde. Er hätte sich sehr hilflos gefühlt. Ich habe dies nicht so wahrgenommen.

Mein Zustand hatte sich langsam entwickelt. Björn hatte das nicht mitverfolgt. Von meiner Mutter hatte ich gehört, dass er bei der Arbeit vor seinem Chef geweint hatte, weil er sehr darunter litt, dass ich so schwer krank war und sterben wollte. Während des Zusammenseins habe ich jedoch gar nichts davon gemerkt, wie es ihm mit mir ging. Er war nicht in der Lage, sich mir darüber mitzuteilen. Die Fahrt überstand ich eigentlich recht gut. Ich habe das Zusammensein mit ihm sehr genießen können.

Ich konnte mir kaum selbst Essen kochen und nahm noch mehr ab.

Als ich nach Hause kam, traf mich erstmal ein Schock: Susanne hatte, obwohl es bereits Ende Oktober und sehr kalt war, keine Heizung angestellt und nichts vorbereitet - und das, obwohl sie wusste, dass ich kommen würde. So erwarteten mich eine total kalte, ungeputzte, unordentliche Wohnung und viele abgestorbene Blumen, die Susanne nicht genügend gepflegt hatte.

Dann erst merkte ich, dass die Heizung im Wohnzimmer kaputt war. Es dauerte eine ganze Woche, bis das notwendige Ersatzteil installiert werden und ich im Wohnzimmer wieder heizen konnte. Es war eine große zusätzliche Anstrengung, mehrmals mit den Handwerkern zu verhandeln und in allen Räumen neue Thermostate einbauen zu lassen. In der Zwischenzeit verbrachte ich den ganzen Tag allein im Bett im geheizten Schlafzimmer. Und das alles in meinem schwerkranken Zustand und ohne jegliche menschliche Hilfe in meinem Alltag. Ich konnte mir kaum selbst Essen kochen und nahm noch mehr ab. Es war unerträglich!

Point of no Return?

Ich machte einen Termin bei einer AIDS-Spezialistin, den ersten seit mehreren Jahren. Das Ergebnis der Blutentnahme war niederschmetternd. Die Blutwerte waren noch schlechter geworden (12 Helferzellen). Ich fühlte mich vom Leben und von der Krankheit bezwungen. Verzweiflung, Resignation und Ängste flammten erneut auf.

Trotzdem suchte ich immer noch nach Lösungen: Mir fiel der Film *Unterwegs in die nächste Dimension* von Clemens Kuby ein. Diesen hatte ich mir drei Mal in der Woche angesehen, in der ich drei Jahre zuvor umgezogen war. Er ist der eindrucksvollste Film, den ich in meinem Leben gesehen habe. Eindrucksvoll in dem Sinne, dass er vieles zeigt, wofür ich lebe und kämpfe. Clemens Kuby war u.a. bei einem Heiler in Burma gewesen, der in einer Meditation Informationen über die Zusammensetzung eines Heilmittels gegen AIDS bekommen hatte. Dies schien mir jetzt von großer Bedeutung. Ich wollte persönlichen Kontakt zu ihm haben.

Im Internet konnte ich recherchieren, dass er über die Hotline von Questico, einer Internet-Plattform für spirituelle Lebensberater, zu erreichen war. Bei dieser Telefonhotline legt jeder Berater sein Honorar als Minutenpreis fest. Nach einem Telefonat wird der entstandene Preis vom Bankkonto abgebucht. Es ist möglich, sich von sehr vielfältigen spirituellen Disziplinen beraten zu lassen: Astrologie, Kartenlegen, Hellsehen, Traumdeutung, Schamanismus, aber auch Kristallkugel- oder Kaffeesatzlesen usw.

Um mit Clemens Kuby zu sprechen, musste ich mich bei Questico anmelden. Dazu gehört zuerst ein Gratisgespräch. Der Berater entscheidet, wann er sich für Gratisgespräche frei schaltet, die ihm nicht bezahlt werden. Clemens Kuby führte gar keine Gratisgespräche. Er nutzte diese Plattform nur als Möglichkeit, um Interessenten seiner Filmtätigkeit einen persönlichen Kontakt zu ermöglichen, und nicht als generelle spirituelle Lebensberatung wie die anderen Berater.

Deshalb „musste" ich erst ein Gespräch mit einer anderen Expertin führen. Diese Frau war eine Hellseherin und Kartenlegerin. Sie sagte mir eine so gute Zukunft voraus, dass ich mich danach seelisch deutlich besser fühlte. Dabei teilte sie mir auch mit, dass die Beratung von Clemens Kuby und die Medikamente sehr wichtig für mich seien. Durch ihre Beratung hat sie in mir große Hoffnungen und Erwartungen geweckt. Im Nachhinein betrachtet ist jedoch gar nichts von dem eingetroffen, was sie vorausgesagt hatte.

Am selben Abend konnte ich auch Clemens Kuby erreichen. Er war überhaupt nicht offen für mich, gab mir Tipps, mit denen ich nichts anfangen konnte und riet mir zu Gedankenübungen, die ich ohnehin bereits seit langer Zeit anwendete. Zudem zerstörte er alle Hoffnung, dass ich Kontakt zu dem Heiler aus Burma aufnehmen könnte. Auch glaubte er nicht, dass ich die Medikamente bekäme, weil die Zollbestimmungen es nicht zulassen würden. Insgesamt erschien er mir viel verhaltener gegenüber dem Wirkungserfolg der Medikamente als in dem Film. Es erschien mir so, als wollte er mir nicht die volle Wahrheit mitteilen. So endeten hier erst einmal meine Hoffnungen.

In der nächsten Woche hatte ich einen Termin mit Dr. Heyden. Er sagte mir deutlich, wie extrem krank ich sei. Immer noch war dies sehr unwirklich für mich. Es war schwer, selbst einzuschätzen, wie es wirklich um mich stand. So krank fühlte ich mich tatsächlich nicht. Durch seine ausgereifte Wahrnehmung der verschiedenen Bereiche des ätherischen Feldes im Körper konnte er mir mitteilen, dass es über einem Ohr bereits tote Stellen geben würde.

Dann äußerte er, dass er jetzt erst mal in Urlaub gehen würde und dass ich danach zu einer Behandlung ins Krankenhaus kommen könnte, wenn ich dazu bereit wäre. Ich versprach ihm eine neue grundlegende Prüfung meiner Einstellung gegenüber der chemischen Behandlung.

Während der letzten Monate hatte ich mich sehr stark damit auseinandergesetzt, verschiedene Meinungen gehört und sehr viel Druck von den Personen, die mich liebten, wahrgenommen. Den letzten großen Stein hat Bärbel ins Rollen gebracht. In der Woche nach dem Gespräch mit Dr. Heyden fragte ich sie, was sie jetzt an meiner Stelle tun würde. Sie sagte mir in ihrer immer ehrlichen Art, dass auch sie in einem solchen Zustand die Chemotherapie nehmen würde.

Diese Aussage war ein großer Schock für mich. Bärbel war in ihrem Verständnis immer die wichtigste Person für mich gewesen. Sie hatte voll und ganz hinter mir gestanden und immer geäußert, dass sie sich, wenn sie selbst betroffen wäre, auch gegen die chemische Behandlung entscheiden würde, wenn sie es schaffen würde. Jetzt, auf ein Mal, konfrontierte sie mich mit einer anderen Auffassung. Dadurch verlor ich meinen Halt. Ich stürzte ins Bodenlose.

Was sollte ich jetzt tun? Verzweifelt suchte ich nach Antworten. Diese fand ich in einer erneuten Auseinandersetzung: Ich beschäftigte mich noch einmal sehr mit den Möglichkeiten, die ich haben würde, wenn ich durch den Einsatz der chemischen Medikamente doch weiterleben würde. Mir wurde deutlicher, dass ich die Chancen, die ich durch die Veröffentlichung dieser Biographie, die Projekte mit Anna Maria und auch für mich selbst und meine Familie hatte, nicht aufgeben wollte. Vor allem Anna Maria hatte mir sehr deutlich gezeigt, wie wichtig ich für sie war. Ich befand mich unter einem starken äußeren und inneren Druck. Die Bedürfnisse der mir nahestehenden Menschen, meine Möglichkeiten bei einer Lebensverlängerung, aber auch das schwer aushaltbare Leiden waren die ausschlaggebenden Gründe, mich dann doch für die Behandlung mit antiviralen Medikamenten zu entscheiden. Dies wollte ich mit Dr. Heyden nach seinem Urlaub besprechen.

Nach vier Wochen allein zu Hause wurde mein Zustand so unerträglich, dass mir klar wurde, dass ich dort nicht weiter bleiben konnte. Ich hatte niemanden, der für mich sorgte. Mein Bewusstsein trübte immer weiter ein. Deshalb rief ich im Krankenhaus an und fragte nach, ob ich bereits vor der Rückkehr von Dr. Heyden ein Zimmer bekommen könnte. Dies wurde mir für den darauf folgenden Montag zugesagt.

Es kann doch nicht sein, dass der psychiatrisch Erkrankte, wenn er wegen einer internistischen Erkrankung stationär behandelt werden muss, für diese Zeit die psychiatrischen Symptome überwinden muss.

Die erste Woche im Krankenhaus erlebte ich als schwierig. Keiner der Ärzte kannte mich. Ein junger Arzt im Praktikum, Herr Helmig, machte die Anamnese. Als er kam, war er sehr interessiert und ich so aufgeregt, dass ich ihm sehr offen begegnete. Er hatte besonderes Interesse an den „Psychosen" und stellte sehr tiefe, gute Fragen dazu. Dadurch dauerte die Erstuntersuchung fast anderthalb Stunden.

Die Fragen waren eigentlich zu intensiv. Bei der Beantwortung durchlebte ich alles erneut. Dafür war ich zu instabil. Gerade zu Beginn eines Krankenhausaufenthaltes bin ich eher haltlos, offen und sehr verwundbar. Die einzige Grenze, die ich setzen konnte, war, als Herr Helmig genau beschrieben haben wollte, wie die Vergewaltigung abgelaufen ist. Ich erklärte ihm, dass ich dazu nichts sagen wollte. Und doch war damit auch dieses traumatische Thema losgetreten. Nach dem Gespräch fühlte ich mich ziemlich durcheinander. Im Nachhinein habe ich erfahren, dass der Stationsarzt, Dr. Jonas, eine gute, ausführliche Anamnese gewollt hatte, die er selbst zeitlich nicht hatte durchführen können.

Am nächsten Tag wollte Herr Helmig die körperliche Untersuchung durchführen. Er war total abweisend, verfolgte streng sein Zeitlimit und ich empfand ihn insgesamt nun als sehr unfreundlich. Da ich mich am Tag zuvor so stark geöffnet hatte, war dies besonders verletzend für mich. Dazu kam, dass ich mich seit vielen Jahren nicht mehr von einem Mann körperlich hatte untersuchen lassen. Bei dem Abszess ging es nur um den betroffenen Bereich und nicht um eine Ganzkörperuntersuchung. Nachher ging es mir extrem schlecht. So viel war ausgelöst worden, und ich fühlte mich grenzwertig, kurz vor der Überflutung, der „Psychose".

Am nächsten Tag war Visite von Dr. Baltrusch (dem Arzt, der mich im letzten Jahr so tief gedemütigt hatte). Ich hatte Dr. Jonas mitgeteilt, dass ich keinen Kontakt zu ihm haben wollte. Dr. Baltrusch kam trotzdem. Sofort äußerte ich, dass er das Zimmer verlassen sollte. Als Dr. Jonas und Herr Helmig später wiederkamen, erzählte ich, dass mich dieser Kontakt schockiert hätte. All die Verletzungen, Demütigungen, vernichtenden Vorstellungen von ihm waren wieder wachgerufen worden. Die beiden reagierten sehr heftig. Sie wären eine innere Station, keine Psychiatrie. Diese Abweisung war tief verletzend für mich, und wieder hatte ich niemanden dort, an den ich mich wenden konnte. Es war schrecklich.

Im Nachhinein ist es für mich nicht nachzuvollziehen, warum auf einer internistischen Station nicht auch ein psychiatrisch kranker Mensch interdisziplinär fachgerecht behandelt werden kann. Es kann doch nicht sein, dass der psychiatrisch Erkrankte, wenn er wegen einer internistischen Erkrankung stationär behandelt werden muss, für diese Zeit die psychiatrischen Symptome überwinden muss. Dass mir dies nicht möglich war, wurde mir jedoch bei fast allen Aufenthalten auf den internistischen Stationen vorgeworfen. Erst Wochen später bei der Entlassung konnte ich ein klärendes Gespräch mit Dr. Jonas darüber führen.

Dort bin ich nach einer für mich nicht nachvollziehbar langen Zeit aufgewacht. Von allem hatte ich gar nichts wahrgenommen. Es ist ein komisches, verunsicherndes Gefühl, nicht zu wissen, was passiert ist.

Mit dem Arzt im Praktikum hatte ich während des Aufenthaltes keinen weiteren Kontakt mehr. Als ich ihn anderthalb Jahre später zufällig im Bioladen traf, hat er sich von sich aus sofort bei mir entschuldigt. Im Nachhinein wäre ihm bewusst geworden, dass er beim ersten Mal nicht so ausführlich hätte fragen, und bei den darauf folgenden Kontakten nicht so abweisend hätte sein dürfen. Er habe zu diesem Zeitpunkt noch wenig Erfahrung gehabt, erklärte er mir. Ich konnte seine Entschuldigung sehr gut annehmen, weil ich seine Ehrlichkeit spürte. Während der Befragung hatte er mir vermittelt, dass er ein tatsächliches Interesse an meinem Umgang mit Psychosen gehabt hatte, der Zeitdruck es ihm jedoch nicht möglich machte, sich mehr Zeit für mich zu nehmen.

Als Dr. Heyden aus dem Urlaub zurückkam begann die Therapie mit AZT. AZT war das erste Medikament, was 1987 in Amerika zur Behandlung AIDS-Kranker zugelassen wurde. Zum Abendbrot erhielt ich die erste Tablette. Wenige Stunden später bekam ich einen großen epileptischen Krampfanfall (Grand Mal) mit langem Atemstillstand. „Zufällig" war gerade in diesem Moment der Pfleger auf seinem Abenddurchgang in meinem Zimmer. Er erzählte mir später, dass ich wohl erst dummes Zeug erzählt und dann der massive Krampfanfall begonnen hätte. Ich selbst habe daran keine Erinnerung.

Der lange Atemstillstand war lebensbedrohlich. Deshalb fuhr mich der Pfleger in meinem Bett sofort auf die Intensivstation. Dort bin ich nach einer für mich nicht nachvollziehbar langen Zeit aufgewacht. Von allem hatte ich gar nichts wahrgenommen. Es ist ein komisches, verunsicherndes Gefühl, nicht zu wissen, was passiert ist.

Als ich aufwachte, merkte ich, dass ich einen venösen Zugang im Arm liegen hatte. Ob ich akut Medikamente gespritzt bekommen habe, weiß ich nicht. Kurz nach dem Erwachen kam eine Ärztin und teilte mir mit, was geschehen war. An die Inhalte dieses Gespräches kann ich mich nicht erinnern. Jedoch weiß ich genau, wie wichtig es mir war, die Nacht keinesfalls auf der Intensivstation zu verbringen. Ich wusste, dass ich dort nie zur Ruhe gekommen wäre. Direkt neben mir lag eine Frau, Apparate piepsten, ich empfand es als so entsetzlich, dass ich sofort verlegt werden wollte. Auf eigene Gefahr wurde ich wieder in mein Zimmer gebracht.

Während eines großen Krampfanfalles entladen sich gewaltige Kräfte. Dabei kann es zu Selbstverletzungen kommen. Ich hatte mir auf meine Zunge gebissen. Die rechte Seite meiner Zunge war tagelang massiv geschwollen, sicher doppelt so dick wie normal. Es tat höllisch weh und das Essen war unerträglich. Jetzt musste nach der Ursache für den epileptischen Anfall gesucht werden. AZT löst an sich keine Anfälle aus. Somit musste es im Gehirn eine ursächliche Störung geben. Deshalb wurde am nächsten Tag eine Kernspinuntersuchung durchgeführt: meine erste Kernspinuntersuchung nach über elf Jahren AIDS-Infektion. Bislang hatte ich diese immer wieder verweigert. Auch an den Ablauf dieser Untersuchung kann ich mich nicht erinnern.

Dann folgte noch eine Gehirnwasseruntersuchung (Liquorpunktion). Daran kann ich mich vage erinnern. Erinnern kann ich mich jedoch wieder daran, dass ich es schmerzhaft und anstrengend fand, danach 24 Stunden zu liegen. Dies ist üblich nach einer Gehirnwasserpunktion. Dabei durfte ich mich gar nicht drehen oder den Kopf anheben. Dadurch erlebte ich selbst zum ersten Mal, was ich jahrelang als Krankenschwester bei Patienten getan hatte. Ich musste eine Bettpfanne zum Wasserlassen benutzen. Sie war so kalt und unangenehm. Hinterher war der gesamte Unterleibsbereich nicht ganz sauber. Das war eine wichtige Erfahrung, die Gott sei Dank nur einen Tag gedauert hat. Für andere Menschen, die lange darauf angewiesen sind, muss dies sehr schlimm sein. Auch dass ich nicht aufstehen, mich gar nicht bewegen konnte, bewirkte, dass sich meine Energien stark stauten und ich mich sehr unwohl fühlte.

Am nächsten Tag wurde mir der Befund der Kernspinuntersuchung mitgeteilt. Darin war eine Gehirnentzündung mit mehreren Herden im Sprachzentrum, eine Schwellung und eine Gehirnhautentzündung zu erkennen. Außerdem war eine Bluthirnschrankenstörung deutlich sichtbar. Im Liquor (Gehirnwasser) war nicht sicher festzustellen, ob Viren, Pilze, Parasiten oder Bakterien ursächlich dafür waren. Die Herde im Kernspin sahen typisch nach Toxoplasmose aus. Eine sichere Diagnosestellung konnte es jedoch nicht geben. Die Wahrscheinlichkeit einer Toxoplasmose war jedenfalls sehr hoch. Bei Menschen mit schwerer Immunschwäche kann der Toxoplasmoseerreger alle Organe befallen - am häufigsten das Gehirn. Es bilden sich große Entzündungsherde, die zu Symptomen wie Wesensveränderungen, Lähmungserscheinungen, Krampanfällen, Fieber und Kopfschmerzen führen.

Meine Mutter machte sich große Sorgen um mich und wollte mit Dr. Jonas sprechen. Bei einem Telefongespräch teilte er ihr mit, dass mein Zustand sehr kritisch sei. Die Chance, dass ich diesen schweren Krankheitszustand überleben würde, auch wenn ich mich mit allen medizinisch möglichen chemischen Medikamenten behandeln ließe, läge trotzdem noch unter 50 Prozent.

Scheinbar sollte mein Sterben mit allen Mitteln der geistigen Welt verhindert werden.

Mehrere Monate später wurde mir erst bewusst, was es bedeutet hätte, wenn durch die AZT-Tablette kein Krampfanfall eingetreten wäre. Wenn Dr. Heyden mit einem anderen Medikament angefangen hätte (AZT ist das einzige AIDS-Medikament, das die Bluthirnschranke überwindet), hätte ich keinen Grand Mal Anfall bekommen. Vor allem war es erstaunlich, dass der Pfleger ihn miterlebt hat. Es war nur in diesen fünf Minuten seiner Anwesenheit möglich gewesen. Danach wäre abends niemand mehr in mein Zimmer gekommen. Diese beiden höchst unwahrscheinlichen „Zufälle" zeugen von einer unermesslichen göttlichen Fügung.

Wenn zu diesem Zeitpunkt, wie Dr. Heyden und ich besprochen hatten, nur die HAART-Kombinationstherapie begonnen hätte, hätte diese allein nichts an der Toxoplasmose verändert hätte. Dr. Heyden teilte mir später mit, dass, wenn die Toxoplasmose jetzt nicht erkannt und behandelt worden wäre, ich langsam immer benommener und später bewusstlos geworden wäre. Ich wäre trotz des Beginns der Einnahme der AIDS-Medikation innerhalb kürzester Zeit (ca. drei Monaten) gestorben, weil alle Symptome, die ich hatte, weiterhin auf die AIDS-Erkrankung und meine dadurch entstandene Schwächung zurückgeführt worden wären. Nur durch eine zusätzliche spezifische medikamentöse Therapie kann eine Toxoplasmose überwunden werden. Wenn die Toxoplasmose überhaupt noch erkannt worden wäre, wäre es sicher zu spät gewesen. Ich wäre dann verstorben, indem ich einfach eingeschlafen wäre. Somit habe ich mein weiteres Leben dieser AZT-Tablette zu verdanken, die ich so lange abgelehnt hatte. Scheinbar sollte mein Sterben mit allen Mitteln der geistigen Welt verhindert werden.

Und doch habe ich trotz dieses eigentlich sehr glücklichen Zufalls später sehr lange stark darunter gelitten, dass ich die Chance meines Lebens verpasst hatte, einfach einzuschlafen. So viele Monate entsetzlichen Leidens lagen vor mir, von denen ich damals noch nichts wusste. Den Weg zurück, das Leiden durch die Bewusstlosigkeit zu beenden, gab es dann nicht mehr.

Im Nachhinein ist es verwunderlich, dass es niemandem aufgefallen ist, dass ich eine so schwere Gehirnerkrankung hatte, nicht einmal der AIDS-Spezialistin, bei der ich kurz vorher gewesen war. Dr. Bauer und Bärbel teilten mir erst später mit, dass ich damals bereits seit längerer Zeit gelallt hätte. Da ich geistig scheinbar etwas weggetreten war, konnte ich es selbst nicht erkennen. Auch passte diese Wahrnehmung wohl kaum zu Bärbels Rat, nach der Kur zu Hause wieder eigenständiger werden zu können.

Nach dieser Diagnose begann die Therapie der Toxoplasmose. Insgesamt war ich wie benommen und habe nur wenige Einzelheiten aus dieser Zeit in Erinnerung. Ich kann mich noch nicht einmal daran erinnern, wie ich es empfunden habe, so viele verschiedene Infusionen zu bekommen. Wegen der Unsicherheit in der Diagnosestellung mussten alle möglichen Ursachen behandelt werden. Deshalb erhielt ich täglich drei antivirale Infusionen (Zovirax), vier verschiedene Antibiotika Präparate, ein Mittel gegen Pilze und ein Antiepileptikum.

Daraufhin entstand eine grauenhafte Komplikation als Reaktion auf eines der Medikamente: eine schwere Ganzkörperallergie! Eine Woche lang grausames Jucken und Brennen am ganzen Körper. Es war die Hölle!!! Unerträglich! Ich musste mich permanent mit homöopathischen Salben eincremen, die kaum Linderung verschafften. Cortison oder andere hilfreiche Medikamente konnte ich nicht benutzen, weil sie das Immunsystem noch weiter geschwächt hätten. Dr. Heyden wollte sie verständlicherweise nicht einsetzen. Diese Woche war schlimmer als alle Wochen zuvor.

Auf der anderen Seite erinnere ich mich auch an sehr angenehme Empfindungen und Erlebnisse aus dieser Zeit: Ich war wieder im Einzelzimmer untergebracht. Durch diese Einsamkeit konnte ich sehr gut geistig arbeiten. Noch nie habe ich so viel meditiert und gebetet wie in diesen Wochen. Fast permanent beschäftigte ich mich innerlich mit heilenden Übungen, soweit es mir möglich war. Dies wäre in einem Zimmer mit mehreren Patienten unmöglich gewesen. Ich wäre völlig abgelenkt gewesen und hätte mich mehr mit den

Anderen beschäftigt als mit mir selbst.

Ich habe es genießen können, mich im Bett mit inneren Reisen durch den Körper und die Seele zu beschäftigen und dadurch heilend zu wirken. Es war so angenehm, mich in mir selbst zu beschäftigen. Dies hatte ich zuvor noch nie erlebt. Ich war immer ein Mensch, der äußerlich sehr aktiv sein, Sichtbares schaffen musste. Jetzt war es jedoch so wunderbar leicht, innere Bilder zu erschaffen, die mich nährten, die mir gut taten. Auch das Beten fiel mir wieder viel leichter.

In dieser Zeit durfte ich die Erfahrung machen, dass der Geist grenzenlos ist und dass tatsächlich alles in mir selbst liegt. Ich konnte mir alles vorstellen, alles in mir selbst erschaffen und die gleichen Empfindungen haben, als wäre es real. Diese Entwicklung hatte sich bereits im letzten Sommer angebahnt, als ich so viel im Bett lag und viel schlafen konnte. Durch die starken Schmerzen bei der Gürtelrose und während der Zeit des Ringens um Leben oder Sterben war sie unterbrochen worden. Ich erinnere mich sehr gern an diese Zeit.

Als künstlerische Therapien hatte ich Sprachgestaltung und Maltherapie. Eigentlich wollte ich lieber Musiktherapie. Dr. Heyden erklärte mir jedoch, dass das Gehirn die stärkste Verbindung zur Sprache, zum „ICH" hätte, und da die Entzündung sogar im Sprachzentrum lag, sollte ich aus therapeutischer Sicht auf jeden Fall Sprachgestaltung machen. Nach kurzer Zeit machte es mir auch richtig Spaß. Die Therapeutin suchte vorwiegend Sprachübungen aus, die Ich-Kräfte bildeten. Die wichtigste Sprach-Körperübung, die ich noch lange danach täglich durchgeführt habe, war zu einem Spruch:

ICH bin hier.
Hier bin ICH.
In mir Licht.
Licht in mir.
ICH bin ICH.

Diese Übung wird mit langsamem Schreiten sehr konzentriert durchgeführt. Dadurch fand ich mehr Bezug zu mir selbst, den ich in der durch die Immunschwäche entstandenen Grenzenlosigkeit immer wieder verlor.

Mir erschien die Sprachgestaltung als sehr anstrengend. Oft war ich nicht in der Lage, aufzustehen, mehrere Wochen ist die Sprachgestalterin zu mir ins Zimmer gekommen. Manchmal habe ich es geschafft, für ein oder zwei Übungen aufzustehen, aber dann musste ich mich schon wieder hinlegen.

Noch deutlicher wurde es beim Malen. In der ersten Woche bin ich noch mit Mundschutz (wegen der Infektionsgefahr für mich) in ein weiter entferntes Gebäude gelaufen. Dann jedoch kam auch die Maltherapeutin zu mir ins Zimmer. Es gab um Weihnachten herum eine längere Zeit, in der ich so schwach war, dass ich gar nicht mehr malen konnte. Dann hat sie mir ein Märchen vorgelesen. Nach spätestens zehn Minuten konnte ich jedoch nicht mehr zuhören.

Ein Traum, jemand liest mir, nur mir allein, im Bett ein Märchen vor, wurde erfüllt, und ich konnte es vor lauter Erschöpfung überhaupt nicht genießen. Die Maltherapeutin musste den Inhalt immer mit ihren eigenen Worten wiederholen. Dabei konnte ich besser zuhören und es auch mehr und mehr behalten. Zum Abschluss fasste sie es zusammen und beim nächsten Mal wiederholte sie das, was bislang in dem Märchen geschehen war.

Das Lesen ist bis heute noch immer nur sehr begrenzt möglich. Längere Texte kann ich gar nicht mehr lesen, ein Buch schon erst recht nicht. Mir ist sehr bewusst geworden, dass das Lesen ein multikomplexer Vorgang, eine große Leistung des Gehirnes ist. Bereits im Herbst 2004 war mir eine Einschränkung beim Lesen aufgefallen. Ich hatte es mir jedoch durch die Erschöpfung erklärt. Da sich diese Leseschwäche auch nach völliger Rekonvaleszenz kaum verbessert hat, glaube ich, dass sie nur durch einen möglicherweise im Gehirn entstandenen Schaden zu erklären ist. An der Konzentration an sich kann es nicht liegen, weil ich in Gesprächen eine hervorragende Konzentration besitze. Dies zeigt sich darin, dass ich mich auch noch lange Zeit danach sehr detailliert daran erinnern kann. Meine Schwäche erlebe ich nicht darin, dass ich nicht lesen kann, sondern darin, dass ich das Gelesene in seinem Sinn nicht verarbeiten kann. Wenn ich lese kann ich nur sehr kurze Abschnitte lesen und das darin Beschriebene verstehen. Dies ist so anstrengend für mich, dass mein Bewusstsein nach kürzester Zeit abschaltet und kein weiteres Lesen mehr möglich ist.

Ich war lange Zeiten tatsächlich voller Hingabe, innerem Frieden und fühlte mich wohl dabei, einfach dazuliegen und geistig zu arbeiten.

Auffällig war in den letzten Wochen zudem, dass ich meine rechte Hand nicht genügend führen/kontrollieren konnte. Dr. Heyden erklärte mir, dass das Sprachzentrum mit der Koordination der Hände verbunden ist. Die Entzündungen waren auf der linken Seite des Gehirns. Dadurch entstehen die Ausfälle auf der rechten Körperseite. Das Schreiben war für mich schwierig geworden, meine Schrift völlig verändert, nicht mehr flüssig, sondern krakelig, eher wie die eines Kleinkindes.

Dann hatte ich einen rettenden Einfall. Bei meinem Kuraufenthalt im Herbst hatte ich eine Frau bei der Kunsttherapie erlebt, die Schichttechnik mit Aquarell malte. Ich vermutete, dass diese Methode jetzt sehr heilsam sein könnte. Dabei ist es notwendig, klare, gerade Linien aneinander zu malen. Es forderte große Konzentration. Das würde die Koordination meiner rechten Hand trainieren. Ich wusste, dass dies jetzt für mich am Besten sein würde. Die Maltherapeutin zeigte sich sehr offen für diesen Vorschlag und zeigte mir, wie ich es durchführen konnte. In den folgenden Wochen habe ich mit viel Disziplin und über lange Zeiten des Tages allein in meinem Bett daran gearbeitet.

So sind sieben Schichttechnik-Bilder entstanden. Die meisten sind sehr harmonisch, wunderschön geworden, nur zwei sehen eher etwas chaotisch, krank oder zu dunkel aus. Ein Bild liebe ich am meisten. Es zeigt die Farben meiner Seelenflasche von Aura Soma, Magenta mit Violett.

Durch die schlechte Koordination meiner rechten Hand ließ ich auch immer wieder etwas hinfallen. Dieser Zustand hielt mehrere Monate an. Flaschen, Gläser, die Farbpötte, alles fiel mir hin. Immer wieder musste das Pflegepersonal die Scherben auffegen und vor allem das Bett neu beziehen.

In den ersten Wochen der chemischen Behandlung war ich geistig teils sehr weggetreten. Einmal war ich so durcheinander, dass ich mich plötzlich in einem anderen Flur wiedergefunden habe, indem ich dort sozusagen „aufgewacht" bin, nicht wusste, wie ich dahingekommen war. Es hat mich nie beängstigt. Das Lustigste war, dass ich einmal im Bad am Waschbecken stand und meine Hände waschen wollte. Ich hielt sie bestimmt zehn Minuten unter den Wasserhahn und wartete darauf, dass das Wasser lief, aber das tat es nicht, weil ich ihn gar nicht aufgedreht hatte. Ich war ziemlich weggetreten.

Wann bei mir die Stotterei angefangen hat, erinnere ich gar nicht mehr. Ich erinnere mich nur daran, dass ich mehrere Wochen lang fast nur noch gestottert habe. Es war, als wäre ich eine Schallplatte, die einen Sprung hat. Ich habe es mit sehr viel Humor nehmen können und betrachtete dieses Phänomen mit Abstand. Dabei hatte ich mehr Humor als die Ärzte selbst. Bei der Visite habe ich ihnen immer etwas „vorgestottert". Es dauerte sehr lange, bis ich einen einzigen Satz verständlich vermittelt hatte. Sie konnten es manchmal gar nicht fassen, dass ich trotzdem so viel echten Humor hatte. Das hat sie sehr beeindruckt.

Was ich im Nachhinein jedoch erstaunlich finde, ist, dass ich so wenig unter dem gelitten habe, was mir verloren ging, das, was mir persönlich immer so bedeutend erschien: zeitweise meine Konzentrationskraft, das Lesen und dann noch die Fähigkeit des flüssigen Schreibens. In dieser Zeit fühlte ich mich diesbezüglich voller Frieden. Auch telefonieren konnte ich nur sehr selten. Nicht einmal für Hörbücher, meine große Leidenschaft, reichte meine Kraft und Konzentration. Ich war lange Zeit tatsächlich voller Hingabe, innerem Frieden und fühlte mich wohl dabei, einfach dazuliegen und geistig zu arbeiten. Ich habe mich nie bedroht gefühlt, ich hatte nie Angst, dass ich diese Fähigkeiten nicht wiedererlangen würde. Es gab für mich keinen Grund, Angst zu haben.

Manchmal habe ich jedoch auch sehr gelitten. Diese Leiden waren nun aber anderer Natur. Sie bezogen sich vor allem auf die Zukunft. Jetzt fehlte mir ein Lebenskonzept, ich fühlte mich orientierungslos. Alles war so offen, was sollte ich tun? Alle Sicherheiten waren weg. Ich konnte kaum aufstehen, war zu allem zu schwach, und vor allem erlebte ich es als eine entsetzliche Demütigung, dass ich diese Chemotherapie nach all den Bemühungen, meine Krankheit zu überwinden, und all dem daraus resultierenden Leiden nun doch zulassen musste.

Diese Zerrissenheit ist schwer zu beschreiben. Ich glaube, dass dies nur jemand verstehen kann, dem es so wichtig war wie mir und der so viel Leiden auf sich genommen hat wie ich, um diesen chemischen Substanzen zu entgehen und der es so tief fühlen kann, welche Auswirkungen sie auf allen Ebenen haben. Der seelische Schmerz wegen der Einnahme der chemischen Medikamente war für mich sehr schwer auszuhalten. Dr. Heyden wollte mir immer wieder Hoffnung machen, indem er meinte, dass sie mir doch meine großen geistigen Fähigkeiten wiedergeben würden. Ich empfand jedoch keine Dankbarkeit, weil ich unter der zunehmenden Schwächung weniger gelitten hatte als unter der Gewissheit, jetzt so große Mengen chemischer Präparate - einen Cocktail an Gift - zu mir nehmen zu müssen, um weiter zu leben.

Um diese Not zu lindern, rief ich regelmäßig bei Questico an, um mich beraten zu lassen. Dadurch lernte ich Samidh kennen. Er ist ein zen-buddhistischer Mönch, der in einem Kloster in Deutschland lebt. Er schreibt an einem Buch über Zen-Buddhismus in Deutschland. Seine Beratungsschwerpunkte liegen in einer sehr umfassend ausgebildeten Astrologie und im Kartenlegen. Der Kontakt zu ihm war in dieser und in der Zeit nach der Entlassung sehr wertvoll für mich. Später habe ich mir angewöhnt, bei jeder Beratung bei Questico alles direkt mitzuschreiben und dann die Inhalte zu unterstreichen, die mir wichtig erschienen. Nach ein paar Tagen las ich diese Gespräche nochmals durch und reflektierte, was daran wirklich wichtig war. Dadurch verarbeitete ich die vielen Eindrücke und Einflüsse. Dies war eine große Hilfe für mich, Struktur und Überblick herzustellen. Ich bin sehr dankbar dafür, dass ich dies bereits vor der Ansteckung kultiviert und gepflegt habe. Irgendwann wurde mir klar, dass das Schreiben auch eine Art von Disziplin, von spiritueller Disziplin ist. In der Zeit des Krankenhausaufenthaltes selbst konnte ich natürlich nicht so bewusst damit umgehen.

Immer wieder wurde mir in den nächsten Monaten von Beratern gesagt, dass sie durch ihre Hellsichtigkeit wahrnehmen würden, dass ich so spirituell sei, dass ich selbst Beratungen bei Questico anbieten könnte. Mir fehlten jedoch die nötigen Ausbildungsgrundlagen, die dort gefordert werden. Samidh ging sogar so weit, dass er mir anbot, die nötigen Zertifikate einfach auszustellen, weil er die Berechtigung dazu hätte. Dies wollte ich natürlich nicht. In meinem Alltag kann ich genügend Menschen beraten. Das liegt mir viel mehr, als Fremde am Telefon zu beraten.

Mittlerweile konnte ich dank des spagyrischen Medikamentes immer mehr Essen vertragen. Wenn meine Mutter mich besuchte, brachte sie stets sehr leckere Sachen mit. Am liebsten mag ich ihre Kartoffelpuffer. Aber auch die Getreideburger waren phantastisch. Von dem süßen Gebäck mag ich am liebsten ihren Zucchinikuchen. Fruchtig lecker! Ich konnte wieder essen. Es war ein solcher Genuss! Ich konnte das Essen genießen, gerade weil ich mich vorher so lange damit gequält hatte. Zwischendurch habe ich sogar zweimal gewagt, eine ganz „normale" Pizza zu bestellen, und selbst die habe ich relativ gut vertragen. Daran war seit Jahren nicht mehr zu denken gewesen. Essen war immer schon sehr wichtig für mich, aber nach einer so langen Krise war es ganz besonders.

„Frau Sandgi, auch wenn Sie jetzt nicht daran glauben, ich bin immer für Sie da. Ich habe ein ehrliches Interesse an Ihrem Leben."

Nach Weihnachten entstand ein Konflikt zwischen Dr. Heyden und mir. Angefangen hatte es mit seinem Unverständnis gegenüber meiner Ablehnung der antiepileptischen Medikamente. Er sah die medizinische Ursache des Stotterns in epileptischen Anfällen, die seiner Meinung nach einer medikamentösen Therapie bedurften. Deshalb ordnete er ein neurologisches Konzil an. Der Chefarzt der Neurologie bestätigte seine These, dass fokale epileptische Anfälle kurze Bewusstseinsverluste und die Stotterei bewirken würden. Er wollte mir unbedingt ein chemisches Medikament dagegen geben. Intuitiv wusste ich, dass dieses Medikament mir sehr schaden würde. Der Neurologe wollte von meinen Bedenken jedoch nichts hören. Er wäre nur gekommen, um mich zu überzeugen. Dafür wäre er geschickt worden. Dr. Heyden und er haben mir aus ihrer medizinisch verständlichen Perspektive sehr viel Angst gemacht vor all dem, was passieren könnte, wenn ich es nicht nehmen würde.

Durch den starken Druck, den sie auf mich ausgeübt hatten, habe ich mich überzeugen lassen. Ich hatte Angst, dass ich nicht weiterbehandelt werden würde, wenn ich mich nicht auf ihre Therapie einließ. So habe ich mich trotz besseren Wissens doch darauf eingelassen. Kurz nach der Einnahme habe ich eine starke Verschlechterung meines Zustandes erlebt, wie ich es vorher bereits geahnt hatte. Die

Symptome waren später nachvollziehbar, es waren genau die Nebenwirkungen, die auf dem Beipackzettel angegeben waren. Ich geriet in einen leicht psychotischen Zustand. Deshalb setzte ich durch, das Medikament auf eigene Verantwortung hin abzusetzen. Mein Zustand verbesserte sich daraufhin wieder. Dr. Heyden wollte nicht einsehen, dass die Verschlechterung diesem Medikament zuzuschreiben wäre. Die Stotterei war tatsächlich durch das Anti-Epileptikum verringert worden, aber ich konnte diese Nebenwirkungen nicht ertragen. Die Angst, dass das Gehirn durch die permanenten fokalen Anfälle geschädigt werden könnte, traf mich weniger als diese psychisch-seelischen Einschränkungen. Deshalb verweigerte ich die Medikamente.

Wieder hatte ich ein eigenes, inneres Gefühl, was hilfreich sein würde: Die Sprachgestaltung. Durch die disziplinierte Sprachgestaltung habe ich es tatsächlich geschafft, die Anfälle selbst zu steuern, bis sie dann letztendlich trotz der Erhöhung der Chemotherapie ganz aufhörten. Deutlich war, dass das AZT, das die Bluthirnschranke überwinden kann, diese Symptomatik auslöste, weil durch diese Substanz die Krampfschwelle herabgesetzt wurde.

Dies war die einzige Situation, in der ich mich gegen die Behandlung der Ärzte gewehrt habe, weil ich so deutlich in mir gefühlt und gewusst habe, dass sie die dann tatsächlich eingetretene Verschlechterung bewirken würde. Alles andere habe ich im vollsten Vertrauen genau so eingenommen, wie es mir verordnet wurde. Und doch führte dies zu einem Konflikt mit Dr. Heyden. Er kam mit Dr. Jonas, dem Praktikanten, einem Pfleger und der Kunsttherapeutin zur Visite. Dabei wurde Dr. Heyden so vehement, dass ich mich nicht mehr wehren konnte. Ich saß in meinem Bett und war so traurig, dass ich hätte weinen mögen, konnte es aber nicht. Dabei hatte ich bereits Tränen in den Augen, was für mich schon sehr ungewöhnlich ist. Dies haben alle gesehen. Dazu muss ich erklären, dass ich in all den Jahren nach meiner Ansteckung nur äußerst selten vor anderen Menschen geweint hatte. Weinen fiel mir immer schon schwer, aber durch die hohe Anspannung der Grundsituation war dieses Loslassen, das im Weinen liegt, noch weniger möglich. Es war schon sehr schwer, wenn ich allein war, noch schwerer am Telefon, vor anderen Menschen war es jedoch fast unmöglich.

Die Kunsttherapeutin versprach mir, später noch einmal vorbeizukommen, aber niemand kam. Es war an einem Freitag. Auch später fragte mich niemand, wie es mir mit diesem Konflikt ging. Dr. Heyden hatte versprochen, dass er am Wochenende kommen würde, weil er Dienst hätte. Den ganzen Samstag lang wartete ich auf ihn. Mehrmals fragte ich das Pflegepersonal, ob sie ihn nicht anrufen oder anfunken könnten, aber sie erreichten ihn angeblich nicht.

Ich war tief enttäuscht. Als er dann am Sonntag irgendwann hereinkam, war ich schon völlig fertig. Mir ist bewusst, dass die meisten Menschen nicht verstehen können, warum sich jemand derartig von den Reaktionen und Meinungen anderer Menschen abhängig macht. Es gehört jedoch zu meinen Schwächen, ist eine Folge meiner Traumatisierungen, und sicher auch eine natürliche Reaktion für jemanden, der so schwer krank ist und kaum familiäre und freundschaftliche Unterstützung hat.

Seit langem versuche ich diese Form der Abhängigkeit durch geistige und psychotherapeutische Arbeit zu überwinden. Jedoch glaube ich, dass ein so tiefer Entwicklungs- und Heilungsprozess seine Zeit braucht und nur begrenzt dem eigenen Wollen unterliegt. Grundsätzlich habe ich diesbezüglich bereits deutliche Fortschritte gemacht. Diese zeigen sich darin, dass mich solche Enttäuschungen zwar jedes Mal genauso tief wie vorher verletzen, sie genauso tief in mich dringen, dieselbe Wirkung haben, jedoch nicht mehr so lange andauern. Die Intensität hat sich nicht verändert, aber dafür die Dauer des Leidens.

Als ich Dr. Heyden am Sonntag dann meinen Unmut zeigte, wurde er extrem wütend. Er äußerte, dass ich unverschämt wäre, und wirkte dabei sehr ungehalten. Wenn mich etwas völlig schockiert, dann ist es, wenn ein Mann wütend wird. Ich empfinde es als richtig existenzbedrohlich und muss mich dann sofort zurücknehmen. Ich fühle mich wie ein Kleinkind, habe entsetzliche Angst und kann mich gar nicht mehr wehren. So war es auch in diesem Moment. Ich weiß nicht mehr, wie es weitergegangen ist. Es war emotional so gewaltig für mich, dass ich es wahrscheinlich aus meiner Erinnerung abgespalten habe. Ich erinnere mich nur noch daran, dass es sich irgendwann entspannt hat und wir uns beide entschuldigt haben. Dann sagte Dr. Heyden sehr eindringlich: „Frau Sandgi, auch wenn Sie jetzt nicht daran glauben, ich bin immer für Sie da. Ich habe ein ehrliches Interesse an Ihrem Leben." Diese Aussage hatte eine große Bedeutung für mich. Es war ein tiefgreifendes Erlebnis. Auch da hätte ich weinen können. Ich fühlte mich so offen, so verletzlich, so schwach. Er hatte dies durch sein Entgegenkommen bewirkt. Es war wie ein Ausgleich, ein Ankommen bei mir selbst nach so schweren Traumata mit Ärzten. Dr. Heyden war für mich da! Ich hatte es erleben dürfen, sein Versprechen, das mir so wichtig war. Für mich erschien es wie eine große Erlösung. Zum Abschied gab er mir die Hand.

An Sylvester kann ich mich nicht mehr erinnern. Dann begann das Jahr 2005. Im Januar wurde ich mehr und mehr unruhig und ungeduldig. Natürlich war ich schwer krank, immer noch bettlägerig, aber ich brauchte eine Zukunft. Ich wollte wieder ins Leben zurück. Viel zu viele Ideen schwebten in meinem Kopf. Die Realisierung dieser Ideen hätte mich völlig überfordert. Sie waren, gemessen an meinem stark geschwächten Zustand und auch, weil das Leben nie so kommt, wie man es sich vorstellt, völlig unrealistisch. All mein Denken diesbezüglich baute sich auf Illusionen auf, nur um nicht mehr in einem mir zukunftslos erscheinenden Erleben verharren zu müssen.

In den elf Wochen, während denen ich im Krankenhaus lag, hatte ich fast keinen Außenkontakt. Nur Karin und Laura, meine Mutter, ihr Lebensgefährte und Björn waren mehrmals bei mir. Peter kam mal vorbei, weil seine Freundin durch Zufall gleichzeitig in der Psychiatrie war. Meine Psychotherapeutin und meine Vermieterin besuchten mich auch, daran habe ich jedoch nur sehr vage Erinnerungen. Ich kann mich daran erinnern, dass ich mich besonders darüber gefreut habe, dass mein Musiktherapeut Professor Kerner kam. Überraschend war der Besuch der Pflegedienstleiterin des Krankenhauses. Ich kannte sie gar nicht. Sie wollte sich bei mir bedanken, dass ich mich für das Krankenhaus so sehr eingesetzt hatte. Dabei erzählte sie mir, wie gerne sie hier arbeitete und was es für sie bedeutete. Das zu hören hat mich sehr aufgebaut.

Erst zwei Jahre später erfuhr ich, dass auch meine Hausärztin, Frederike und meine Freundin Britta mich in dieser Zeit besucht haben. Daran kann ich gar nicht erinnern. Ich fragte Britta, wie ich mich bei dem Besuch verhalten, was ich erzählt hätte. Dazu teilte sie mir mit, dass ich fast gar nicht geredet habe und sie sich einfach still ans Bett gesetzt hätte. Für mich war es schockierend, zu erkennen, dass ich wohl so krank gewesen bin, dass ich diese Besuche gar nicht mehr wahrgenommen habe.

Im Nachhinein erkläre ich mir diese Ausfälle einerseits durch die schwere Gehirnentzündung und andererseits durch meinen schwachen Ätherleib (Lebenskräfteleib). Er ist der Träger der Gestaltungskräfte unseres physischen Körpers und der Sitz des Gedächtnisses. Grundsätzlich besitze ich einen starken Ätherleib. Im Vergleich mit anderen Menschen würde ich davon ausgehen, dass ich tatsächlich ein überdurchschnittlich gutes Gedächtnis habe. Ich hätte nie gedacht, dass ich jemals solche gravierenden Gedächtnisverluste erleben würde. Dies empfand ich als etwas beängstigend, weil es auch einen Kontrollverlust bedeutete. In der Zeit selbst habe ich gar nicht gemerkt, dass ich die Erlebnisse nicht „speichern" konnte. Erst später wurde mir bei Gesprächen bewusst, dass ich aus der Zeit von September 2004 bis Februar 2005 vieles nicht mehr erinnern kann.

Was ich als besonderes Geschenk erlebt habe, war, dass meine begabte rhythmische Masseurin, Frau Rose, mehrmals am Wochenende kam und mich in meinem Krankenbett massiert hat. Das war wundervoll. Sie ist einfach phantastisch!

Immer wieder wurde mir Blut abgenommen. Dabei stellte sich nach ca. neun Wochen heraus, dass die Viren auf nur 200 zurückgegangen waren und die T4-Zellen sich auf 68 erhöht hatten. Das war ein guter Erfolg. Bei den zwei folgenden Kernspinaufnahmen im Krankenhaus wurde sichtbar, dass die Herde sich verkleinert, aber noch nicht aufgelöst hatten. Die Gehirnhaut zeigte bei der letzten Aufnahme noch eine leichte Schwellung, und auch die Störung der Bluthirnschranke war noch vorhanden.

Während eines Telefonats erzählte mir Dr. Bauer, dass er sich bereits im Oktober während meines Kuraufenthaltes gefragt hätte, ob der Virus im Kopf aktiv sei. Ich habe davon nicht wahrgenommen. Erst jetzt berichtete er darüber, dass ich ihm seit dieser Zeit wesensverändert vorgekommen wäre, er Ausfallerscheinungen, Sprach- und Konzentrationsstörungen wahrgenommen hätte. Warum jedoch hatte er mich dann immer noch nicht ernst genommen? Ich selbst kann mich im Nachhinein nur daran erinnern, dass es auffällig war, dass ich während dieser Zeit meine Grenzen im Umgang mit Anderen nicht mehr genügend halten konnte. Immer wieder hatte ich Dr. Bauer geduzt und mein sprachliches Verhalten war nicht mehr angemessen gewesen. Auch während des Krankenhausaufenthaltes konnte ich meine Wortwahl viel weniger bewusst steuern als sonst. Dazu kam das erwähnte Stottern.

Am Ende des Krankenhausaufenthaltes hatte ich ein interessantes Erlebnis mit einer neuen Therapiemethode, bei der das Anschauen geschliffener Farbgläser eine heilende Wirkung haben sollte. Anna Maria hatte diese Forschung unterstützt. Sie wurde im Krankenhaus vorwiegend für Asthma-Patienten angewandt. Als ich mir die farbigen Gläser ansah, hatte ich ein berührendes spirituelles Erlebnis.

In den letzten Tagen im Krankenhaus rief Anna Maria an. Sie war in einem außergewöhnlich schlechten Zustand und hatte seit Tagen hohes Fieber. Der Anlass ihres Anrufes war ein Konflikt mit ihrem Sohn Raphael. Ihre Verzweiflung und die Brisanz in ihren Aussagen wirkten so heftig auf mich, dass ich mich verpflichtet fühlte, zu ihr zu fahren. Dazu war ich jedoch überhaupt noch nicht in der Lage. Mir selbst ging es noch viel zu schlecht. Deshalb riet ich Anna Maria zu einem Krankenhausaufenthalt. Das wollte sie jedoch auf keinen Fall. Letztendlich besprachen wir, dass sie sich überlegen wollte, ob sie für die nächsten Tagen zu Karin gehen würde, die sie sicher gern betreut hätte.

Seit längerem war klar, dass sich etwas in ihrem Leben verändern musste. Oftmals ging es ihr seelisch und auch körperlich sehr schlecht. Ich konnte ihr nur bedingt helfen, weil sie von den naturheilkundlichen Hilfen, die mir zur Verfügung standen, nur wenig annahm. Meine Beratungen und mein Mitgefühl schienen ihr trotzdem immer noch sehr wertvoll zu sein. Deshalb rief sie mich an.

Nach diesem Telefonat war ich sehr überdreht, schockiert und konnte nicht schlafen. Als ich am nächsten Tag bei ihr anrief, war Raphael am Apparat. Anna Maria war nicht da. Sie hatte sich nicht einmal krankschreiben lassen. Raphael erzählte, dass seine Mutter sich überhaupt nicht helfen lassen würde, alle Hilfe ablehnte. Auch er litt unter diesem Zustand.

In meiner eigenen Hilflosigkeit der schwierigen Situation gegenüber habe ich Raphael in diesem Gespräch wohl etwas überfordert. Ich versuchte ihm deutlich zu machen, wie wichtig es zurzeit wäre, mehr auf seine Mutter einzugehen, und erklärte ihm, wie schlecht es um sie stand. war sehr verzweifelt, weinte und meinte, dass seine Mutter keine Hilfe von ihm und seinen Schwestern annehmen könne. Auch ich fühlte mich somit hilflos. Wahrscheinlich habe ich mich zu stark von dem Druck seiner Mutter beeinflussen lassen und diesen scheinbar zu sehr an Raphael weitergegeben. Raphael muss sich dann wohl bei seiner Mutter über dieses Gespräch beklagt haben, denn Anna Maria meldete sich danach nicht wieder.

Dazu kam, dass mich der Pfleger, der mich am Abend des Krampfanfalles gefunden hatte, am Tag vor meiner Entlassung fragte, ob ich Anna Maria um finanzielle Unterstützung für ein Behindertenheim bitten könnte. Ich war jedoch mit Packen und der Entlassung so beschäftigt, dass es für mich gar nicht in Frage kommen konnte. Er wirkte sehr bestimmend auf mich ein und wollte wenigstens ihre Adresse von mir erhalten. Aufgrund dessen, dass der Pfleger der Schwager von Laura war, sah ich mich zudem unter Druck und gab sie ihm entgegen meinem eigentlichen Willen. Karin erzählte mir später, dass Anna Maria dies als Vertrauensbruch erlebte, weshalb sie mir die Freundschaft ganz kündigte.

Ich schrieb Anna Maria eine Entschuldigung für die mögliche Überforderung von Raphael und die Herausgabe ihrer Adresse, habe aber nie eine Antwort erhalten. Mehrere Monate litt ich sehr unter dem Verlust dieser wertvollen Freundschaft. Irgendwann war ich nicht mehr enttäuscht, sondern eher wütend. Für mich war es nicht zu verstehen, dass sie in den letzten Monaten meines Krankseins so viel Aufwand betrieben hatte, um mich von der Einnahme lebensverlängernder Medikamente zu überzeugen und sich jetzt ohne Aussprache von mir abwandte. Immer wieder hatte sie mir mitgeteilt, wie wichtig ich für ihr Leben sei und deshalb sogar meine Ärzte ohne mein Einverständnis beeinflusst. Wie war es zu erklären, dass sie jetzt unsere Freundschaft zerstörte, nur, weil ich das Beste für sie und ihren Sohn in einer Situation wollte, die sie selbst als sehr dramatisch geschildert hatte? Es tat mir leid, dass ich ihre Adresse weitergegeben habe. Ich konnte es mir nur durch meinen immer noch sehr angeschlagenen Zustand erklären. Sonst wäre es mir nicht passiert. Anna Maria hatte mich während meines elfwöchigen Krankenhausaufenthalt nie besucht, jedoch telefonisch mit ihren Problemen belastet.

Später fanden Almuth und Herr Wienert eine weitere mögliche Erklärung für den Abbruch der Freundschaft. Sie hatten während des Besuches von Anna Maria im Kurhaus wahrgenommen, dass sie sich von ihrer damaligen Freundin stark beeinflussen ließ. Diese brauchte für ein von ihr geplantes Bauprojekt sehr viel Geld von Anna Maria und musste sich deshalb zwischen uns stellen.

Als ich mit Karin über meine Enttäuschung sprach, verhielt sie sich ähnlich wie bei dem Konflikt mit Dr. Baltrusch. Sie stand voll und ganz hinter Anna Maria, forderte sogar von mir, dass ich ihr dankbar sein müsste. Durch sie hätte ich in dem Kurhaus von Dr. Bauer eine Heimat gefunden. Ich erwiderte, dass Dr. Bauer das Geld nur bekommen habe, weil ich mich dort so wohl gefühlt und sie mich gut betreut hatten, und nicht umgekehrt. Dann folgten noch andere Vorwürfe, die ich jedoch auch alle widerlegen konnte. Karin wurde während dieses Gespräches in ihren Argumenten gegen mich immer grausamer. Der Höhepunkt war ihre Äußerung, dass ich die anthroposophische Medizin jetzt nicht mehr weiter öffentlich vertreten könnte, weil ich chemische Medikamente nähme. Das traf mich tief. Sie wusste, wie schwer es mir gefallen war, mich für diesen Schritt zu entscheiden. Dies alles war schockierend für mich, so vernichtend, meiner Ansicht nach fast sadistisch, dass ich in diesem Gespräch innerlich völlig zusammengebrochen bin. Der Kontakt zu Karin blieb nach diesem Gespräch nur noch auf oberflächlichere Inhalte begrenzt.

Heute ist mir klar, dass Karin eine sehr wichtige Person für mich auf meinem Lebensweg gewesen ist. Ich war jedoch mit Sicherheit genau so wichtig für sie, habe sie vielfach beraten, sowohl mit Gesprächen, als auch mit Bachblüten, Aura Soma etc., mich liebevoll und praktisch um sie gekümmert, ihr Heiler vermittelt und auch ihre Wohnung gefunden. Von ihrer liebevollen Präsenz, ihrer Mütterlichkeit habe ich sehr profitiert, aber unter ihrer erzieherischen Art und ihrem verletzenden Verhalten bezogen auf meine Erlebnisse mit den beiden Ärzten und jetzt wieder habe ich auch sehr gelitten.

Meine Freundschaft mit Karin war mit der Zusammenarbeit mit Anna Maria verbunden gewesen. Beide hatten sich tief von meinem Umgang mit meinem Schicksal berühren lassen. Dadurch durfte ich mich eine lange Zeit bei diesen gemeinnützigen Projekten und auch mit meinen beratenden Fähigkeiten in ihrem persönlichen Leben einbringen. Dies hatte mir eine Aufgabe, einen Sinn und dadurch Lebensfreude gegeben. Jedoch hatte es mich auch in meinem schwerkranken Zustand sehr viel Kraft gekostet und so sicher zu dem Fortschreiten meiner Erkrankung beigetragen. Im Nachhinein kann ich erkennen, dass es sehr gut war, dass diese Aufgabe zu diesem Zeitpunkt geendet hat, unsere Verbindung gelöst wurde. So konnte ich mich viel intensiver um mein neues Leben und damit meine Zukunft bemühen. Den Anfang der Unterstützung anthroposophischer Projekte hatte ich mitbewegt, meinen ganzen Idealismus eingebracht. Danach lief es auch ohne meinen Einsatz weiter.

Ein größeres Abschiedsgeschenk hätte ich mir nicht vorstellen können.

Die Zeit im Krankenhaus ging Mitte Februar nach elf Wochen zu Ende. Es war mir bewusst geworden, dass das Pflegepersonal auch in diesem Krankenhaus sehr überfordert ist. Da ich nicht pflegebedürftig im eigentlichen Sinne war, mich selbst waschen und essen konnte, hatten die Pflegekräfte nur die notdürftigste Zeit bei mir verbracht, also morgens und abends etwa fünf Minuten. Bei diesem Aufenthalt konnte ich das gut akzeptieren, weil ich mich in einem eher benommenen Zustand befand und deshalb gut allein sein konnte. Interessant ist jedoch, dass Patienten wie ich, die eher selbständig sind, auch in der Pflege eines anthroposophischen Krankenhauses mit ihren emotionalen Bedürfnissen kaum berücksichtigt werden.

Es war klar, dass ich in meiner körperlichen und seelischen Verfassung nach der Entlassung noch nicht in meine Wohnung zurück konnte. Noch immer war ich fast ausschließlich bettlägerig und wurde mit dem Rollstuhl zu Untersuchungen gefahren. Dazu kam die

Infektionsgefahr, sodass ich außerhalb meines Zimmers meistens einen Mundschutz getragen habe. Dr. Jonas stellte einen Antrag auf Rehabilitation im Kurhaus von Dr. Bauer, der von der Krankenkasse bewilligt wurde.

Dann war das Abschlussgespräch mit Dr. Heyden. Aus Dankbarkeit für die Hilfe während dieser Zeit hatte ich ihm einen Brief geschrieben. Er hatte mir bewiesen, dass er ein Arzt mit besonderem naturheilkundlichen und schulmedizinischen Wissen ist, der dies in hervorragender Weise verbinden und anwenden konnte. Auch er bedankte sich für die Zusammenarbeit. Dann besprachen wir das weitere Vorgehen in Bezug auf die Einnahme der chemischen Medikamente. Dr. Lauscher hatte Dr. Heyden darin beraten, weil er sehr viel Erfahrung mit der Behandlung von AIDS-Patienten hat. Grundsätzlich ist eine Kombination von zwei Wirkstoffen die geringste, und fünf die höchste. Natürlich wollte ich möglichst wenige verschiedene einnehmen. Dr. Lauscher riet zu Kombivir, einem Medikament mit nur zwei Wirkstoffen. Ich fragte nach, ob er Erfahrung mit dieser vergleichsweise leichten Therapie bei bereits so schwer immungeschädigten Patienten wie mir habe. Das bestätigte er, und so ließ ich mich auf diese Dauertherapie ein. Dazu musste ich noch wegen der Gefahr einer erneuten Toxoplasmose weiterhin ein sehr hochdosiertes Antibiotikum einnehmen.

Die rhythmische Masseurin hat mir einen liebevollen Brief geschrieben, in dem sie mir mitteilte, dass sie viel von mir gelernt hätte und dass sie sich vorgenommen hätte, für sich selbst einen ähnlich mutigen Weg, wie sie ihn bei mir erlebt hatte, zu finden. Ich mochte sie sehr gern. Sie hatte mich immer in meinem Bett behandelt und war sehr liebevoll mit mir umgegangen. Der Brief hat mich sehr gefreut, vor allem, dass sie mir dies so offen schreiben konnte.

Heilsam war auch das Gespräch mit Dr. Jonas. Er entschuldigte sich dafür, dass er mir für das Erstgespräch den Praktikanten geschickt und so hart auf meine Dekompensation reagiert hatte. Er wollte eine gute Anamnese und habe nicht bedacht, was dadurch ausgelöst werden könnte. Dann hat er sich sogar noch bedankt, dass er viel von mir gelernt habe, weil ich so gut mitgearbeitet hätte. Das therapeutische Team hätte bei mir erleben können, wie stark sich solche intensive Mitarbeit auf den Heilerfolg auswirken würde. Für ihn war bei meinem schlechten Zustand am Anfang ein völlig anderer Krankheitsverlauf zu erwarten gewesen. Er hätte nicht geglaubt, dass ich diesen schwer lebensbedrohlichen Krankheitsprozess trotz der zwischenzeitlichen schweren Krankheitseinbrüche so schnell überwinden könnte. Das Wertvollste an diesem Gespräch erschien mir, dass er mir mitteilte, dass er sich vorgenommen hätte, bei anderen Patienten mehr darauf zu achten, welche Selbstheilkräfte bei ihnen vorhanden seien und was sie selbst bestimmen und beisteuern könnten. Mein Widerstand bei der Einnahme des Epilepsiemittels hätte ihm gezeigt, dass ich stärker als er in der Arztposition mit meiner nach einer Gesundung strebenden inneren Führung in Kontakt war. In Zukunft wollte er dies mehr berücksichtigen. Ein größeres Abschiedsgeschenk hätte ich mir nicht vorstellen können. Ich war tief berührt!

So wurde ich deutlich stabiler, und doch in noch stark geschwächtem Zustand entlassen. Fast nicht zu glauben ist, dass ich es in der einen Woche danach geschafft habe, alles für die lange Kur vorzubereiten, und vor allem die ganzen Unterlagen aus über einem halben Jahr, Behördenbriefe usw. zu sortieren, und auch noch sämtliche Wäsche waschen konnte. In herausfordernden Zeiten sehe ich immer wieder, wie groß die Fähigkeit in mir ist, in höchstem Maße koordiniert vorzugehen trotz meiner erheblichen körperlichen Defizite ungewöhnlich starke Kräfte zu mobilisieren.

Der Kontakt zu meiner Putzhilfe Susanne hatte sich im Rahmen des Krankenhausaufenthaltes sehr positiv entwickelt. Sie war immer wieder ins Krankenhaus gekommen, um mir neue Wäsche zu bringen, alte abzuholen und für mich zum Bioladen zu fahren, wenn ich etwas Besonderes essen wollte. Das Wichtigste jedoch war das Wasser. Susanne brachte mir regelmäßig Wasser. Seit 1994/95 trinke ich ausschließlich Plose-Wasser, keinen Kaffee, Tee, Saft oder ähnliches.

Das Plose-Wasser ist ein Wasser mit höchster Lebendigkeit (hohe OM Zahl) und wenigen Mineralien. Dadurch kann der Körper sehr gut entschlacken, sich reinigen. Es wird von Ärzten und Heilpraktikern auch zur Ausleitung von Chemotherapien empfohlen. Nur wenn ich krank bin trinke ich Tee und selten mal eine Flasche Saft. Ich mag mittlerweile nichts Anderes mehr. Es ist eine reine Gewohnheitssache.

Susanne half mir auch bei der Vorbereitung meines Kuraufenthaltes. Dr. Bauer hatte mir angeboten, mich abzuholen. Für mich war es erst unvorstellbar, dass er eine so weite Fahrt für mich auf sich nehmen wollte. Dies teilte ich ihm mehrmals mit. Lars hätte mich sicher auch hingebracht. Dr. Bauer wollte es jedoch unbedingt und konnte auf diesem Wege noch Anna Maria besuchen. Als er nachmittags nach der Hinfahrt und dem Besuch bei Anna Maria bei mir ankam, war er natürlich bereits sehr erschöpft. Deshalb überredete ich ihn, ein wenig auf meinem Sofa auszuruhen. Durch ihn erfuhr ich dann, dass Anna Maria erzählt hatte, dass Raphael sich in dem Gespräch mit mir überfordert gefühlt hätte und sie deshalb Abstand von mir nehmen wollte. Dr. Bauer und ich brachen bei regnerischem Wetter nach einer kurzen Pause zu unserem langen Weg ins Kurhaus auf. Meine Mutter hatte uns leckeren Zucchinikuchen gebacken und Getreideburger gebraten. Dr. Bauer war ganz begeistert und wollte die Rezepte.

Während der Fahrt hatten wir ein unglaublich gutes, tiefsinniges Gespräch über die spirituelle Bedeutung des Immunsystems. Immer wieder war Dr. Bauer erstaunt von dem, was ich darüber herausgefunden hatte und reflektieren konnte, wie das Immunsystem generell funktioniert, aber im Besonderen, was der AIDS-Virus im psychisch-geistigen Sinne verändert. Wir hatten reiche und befruchtende Stunden miteinander, die mir gut getan haben, gerade nach der langen Zeit der wenigen Gespräche - und Dr. Bauer sicher auch. Er wollte, dass ich ihm diese Erkenntnisse, auch die Sprachübungen zum Thema ICH-Stärkung aufschreibe, weil er sie für einen Fachartikel gut verwenden könnte.

> *Ich fühlte mich befreit, endlich wieder Menschen um*
> *mich - ein ganz anderes Lebensgefühl, ich hatte so*
> *viel nachzuholen!*
> ———————

Kurz vor unserem Ankommen fing es an zu schneien. Ich kann mich noch daran erinnern, wie phantastisch es aussah und sich in mir anfühlte, als wir durch diese Berglandschaft fuhren, die dicken Flocken, die fallend von den Scheinwerfern des Autos beleuchtet wurden, die großen dunklen Tannen, die von weißem Schnee bedeckt waren. Es war einfach göttlich. Dr. Bauer meinte sehr treffend: „Deutschland, ein Wintermärchen".

Das Team des Kurhauses hatte erst überlegt, dass sie wegen mir eine Nachtwache einstellen müssten, weil bei meinem Aufenthalt mit dem Abszess alles so schief gelaufen war und ich jetzt in einem noch kränkeren Zustand ankam. Ich habe ihnen jedoch mitgeteilt, dass sie es wegen mir nicht machen müssten. Mir wäre es unangenehm gewesen, dass nur wegen mir so hohe Kosten entstanden wären. Deshalb sahen sie von ihrem Vorhaben ab. Eigentlich wollte Dr. Bauer die erste Nacht im Kurhaus verbringen. Auch dies wollte ich nicht. So fuhr er nach unserem Ankommen doch nach Hause. Es war mittlerweile 22 Uhr. Erst zwei Jahre später erfuhr ich, dass grundsätzlich eine Nachtbereitschaft im Haus erreichbar sein muss und man dort somit permanent über diese gesetzliche Vorgabe wissentlich hinweggegangen war.

Während der ersten Wochen ging es mir verhältnismäßig gut. Ich fühlte mich befreit, endlich wieder Menschen um mich - ein ganz anderes Lebensgefühl, ich hatte so viel nachzuholen! Am Anfang war es noch etwas zäh, weil ich nicht mit zu mir passenden Patienten beim Essen saß. Dann schaute ich mich im Speisesaal um und sah jemanden, an dessen Tisch ich unbedingt sitzen wollte. Ich fragte ihn, ob er etwas dagegen hätte. Er ließ es zu.

Ernesto ist ein begnadeter Eurythmist. Wir haben auch nach der Kur den Kontakt erhalten. Wir saßen zu viert am Tisch, noch eine sehr nette Mutter von zwei Kindern und eine unglaublich liebenswürdige alte Dame aus der Schweiz. Sie wollte immer mit ihrem „besseren" Ohr neben mir sitzen und so viel wie möglich über Spiritualität und Astrologie von mir erfahren. Es hat mir unglaublich gut getan, diesen großen Respekt von einer so liebevollen reifen, alten Dame zu erhalten, gerade nach meiner Durststrecke bezüglich von Kontakt und Anerkennung.

Manches Mal haben wir uns gekrümmt vor Lachen. Ernesto war so lustig. Auch ich hatte in dieser Zeit großen Humor. Ich konnte mich selbst in einer Weise lächerlich machen, die einfach nur lustig war, ohne mich oder jemand anderen zu verletzen. Es hat alles gut gepasst zwischen uns. Einmal haben wir geweint vor Lachen, mir taten die Nieren und der Bauch richtig weh. Mit Ernesto konnte ich auch lange Spaziergänge durch den Schnee machen und dabei tiefsinnige Gespräche führen. Es war eine Gnade. Ich war sehr traurig, als alle fast gleichzeitig abreisen mussten. Als Ernesto gefahren ist, hatte ich Tränen in den Augen. Wir hatten eine wunderbare Zeit gehabt.

In der Zeit danach wurde ich wieder depressiver. Seelisch schwankte ich erheblich. In der Leidenszeit des letzten Jahres, von dem fast die Hälfte allein im Bett gelegen hatte, mangelte es mir stark an Ansprache, Hilfe und Halt von Außen. Fast immer war ich allein gewesen. Deshalb hatte ich jetzt ein großes Redebedürfnis. Almuth war in den ersten Wochen noch als Altenpflegerin beschäftigt. Als sie diese Tätigkeit aufgab und sich berenten ließ, wurde sie meine wertvollste Stütze. Wir verbrachten viel Zeit miteinander.

Meine körperliche Verfassung wurde immer besser. Ich sah gut aus, hatte bereits etwas zugenommen. Beim Essen konnte ich wieder mehr vertragen. Stetig nahm ich zu, sodass ich sogar wieder übergewichtig wurde. Die körperliche Kraft und das Wohlbefinden wuchsen auch immer mehr. Das Einzige, was noch mehrere Monate anhielt, war der starke Nachtschweiß als ein Symptom der Immunschwäche. Mehrmals in jeder Nacht war alles durchgeschwitzt. Es war sehr unangenehm. Die Schlafstörungen waren während dieses Aufenthaltes auch ein extrem großes Problem. Ich kann mich daran erinnern, dass ich richtig froh sein konnte, wenn ich mal drei Stunden am Stück geschlafen hatte. Ansonsten dämmerte ich nur noch vor mich hin.

Integration von Traumata - Heilung auf tiefster Ebene

Neben den Behandlungen im Kurhaus waren mir wieder ambulante osteopathische Behandlungen bei Dr. Adler wichtig. Bei ihm erlebte ich einen großen Durchbruch in meiner Heilungsgeschichte. Beim zweiten Termin behandelte er meine Leber. Auf einmal fühlte ich in mir Ängste, Trauer und sexuelle Gewaltempfindungen. Ich war gar nicht darauf vorbereitet. Dr. Adler konnte dies auch empfinden. Dann riet er mir, diese Empfindungen geistig symbolisch in die Flamme einer Kerze abzugeben, zu verbrennen. Er hatte diese vorher bewusst angezündet, was er sonst nie tat. Später erzählte er mir, dass er geahnt hatte, dass es eine besondere Behandlung werden würde. Zweimal gelang es uns während dieser Behandlung, diese starken Gefühle wieder aufzulösen, aber das Empfinden in mir entwickelte sich immer bedrohlicher. Ich erlebte mich als Opfer schwerer Gewalt. Da er das Gleiche empfand wie ich, konnte ich die innere Verunsicherung, die dieses Unerwartete auslöste, besser ertragen.

Die Empfindungen wurden so stark, dass ich immer mehr das Bedürfnis spürte, mich zusammenrollen, mich ganz wegziehen, auflösen zu wollen. Ich konnte ihm das mitteilen, und er sagte: „Dann tun Sie es doch!" Das konnte ich mir überhaupt nicht vorstellen. Alles war mir so peinlich: Wie konnte ich überhaupt so etwas empfinden, geschweige denn, mich mitten während einer solchen Behandlung einrollen? Dies verunsicherte mich noch mehr. Es erschien mir unmöglich. Da er es jedoch unterstützte, habe ich mich tatsächlich überwunden. Immer mehr hätte ich mich einrollen wollen auf dieser Liege. Das Bedürfnis, gedrückt zu werden, nicht mehr da sein zu wollen, wurde immer stärker. Trauer, Stöhnen hätte ich gern herausgelassen, habe es mich aber nicht getraut. Dann beendete ich diese Situation bewusst.

Dr. Adler fragte mich danach, was ich erlebt hätte. Ich erzählte ihm von dem Bedürfnis nach äußerlichem Druck, das Gefühl, gehalten werden zu wollen. Dazu teilte er mir mit, dass er dieses Bedürfnis genauso gehabt hätte. Er hätte mich gern mit seinen Armen am Rücken gedrückt, aber er hätte sich dies nicht getraut, weil er gerade heute vor dieser Behandlung zum ersten Mal von meinen Erlebnissen mit Robert auf der Insel erfahren hätte. Dadurch ahnte er, wie belastet mein Verhältnis zu männlichen Ärzten sein müsste.

Durch diese Aussagen war geklärt, dass wir beide das gleiche Bedürfnis empfunden hatten, und so versuchten wir es erneut. Ich habe mich erneut auf der Liege eingerollt und er hat mich mit dem Arm am Rücken gestützt. Dadurch entstand das tiefgreifendste Gefühl, was ich je hatte, ein großer Durchbruch: Zum ersten Mal hatte ich das Gefühl, ich bin nicht mehr nur Denken, Reflektieren, sondern ich war eins in meinem Körper, ohne mein Bewusstsein zu verlieren. Ich war tief in meinem Körper und meinen Gefühlen. Dies fühlte sich so wohltuend, so entspannend an! Ich konnte viel Schmerz, so viel Trauer empfinden, und doch oder gerade deshalb fühlte ich mich eins mit mir selbst. Es war ein Zustand, den ich noch nie erlebt hatte.

Dann habe ich ihn wieder bewusst beendet, weil ich wusste, dass der nächste Patient bereits warten würde. Während der Behandlung hatte ich das Gefühl gehabt, dass es Dr. Adler nicht so belastet hat. Er hatte dabei so ausgeglichen auf mich gewirkt. Als ich ihn darauf ansprach, äußerte er, dass es schon sehr belastend für ihn gewesen wäre, dass auch er stark mit den Kräften, die bei der Leberbehandlung entstanden sind, gerungen hätte. Er erklärte mir, dass er seiner inneren Führung gefolgt wäre, jedoch nicht mit dieser Stärke des Ausgelösten gerechnet hätte.

Diese Behandlung war ein Tor zu etwas, das mich in einen Raum meiner Seele und der Erlebnisse meiner Vergangenheit geführt hatte, die ich jetzt bearbeiten musste. Am nächsten Tag ging es mir noch ganz gut. Dann jedoch begann eine sehr schwierige Zeit. Es entstand genau das Gegenteil von dem, was ich in diesem Erlebnis als erlösend empfunden habe, nämlich permanent kreisendes Denken, zwanghaftes Grübeln, ein völliges Abgespaltensein von meinem Körper und meinen Emotionen. Meine inneren Auseinandersetzungen bezogen sich jetzt darauf: Warum hatte ich diese Empfindungen gehabt, was hat es zu bedeuten, was soll ich damit weiter anfangen? Das Grübeln darüber wurde zum großen Horror! Ich fühlte mich stark gequält.

Wenn ich stottere, zeigt es mir: Da ist etwas, was mich belastet, damit fühle ich mich unsicher, ängstlich oder überfordert.

———————

In den nächsten Wochen habe ich Samidh immer wieder angerufen. Er hatte genau die Kompetenzen, die ich jetzt brauchte, hatte Erfahrung in der Begleitung von Menschen mit Gewalt- und Missbrauchserlebnissen. Er erklärte mir, dass unser Körper alle Erlebnisse speichern würde. Der Körper hat auf diese Weise ein Gedächtnis, das nicht lügen kann. Wenn ich solche Gefühle hätte, könnte es nicht anders sein, als dass ich solche Erlebnisse tatsächlich gehabt hatte. Wie sie sich in der Realität meiner Vergangenheit gestaltet hätten, könnten wir jetzt nicht erkennen. Dafür bräuchte ich viel Geduld mit mir selbst und diesem nun begonnenen Prozess. Irgendwann würde es sich nach und nach offenbaren. Das Bewusstsein würde immer nur so viel freisetzen, wie aktuell schon reflektiert und verarbeitet werden kann, ohne neue Belastungen und Retraumatisierungen zu verursachen.

Das waren Erklärungen, die mich befreiten von dem Wahn, sofort alles wissen zu wollen. Gerade Menschen mit Gewalterfahrungen neigen dazu, alles dafür zu tun, die Kontrolle unter allen Umständen behalten zu können. So ist es auch bei mir. Bei mir geht die Kontrolle vor allem über das Denken. Seine Erklärungen erleichterten mich etwas.

Seit mittlerweile einem ganzen Jahr hatte ich keine Menstruation mehr. Im Krankenhaus waren bei einem gynäkologischen Konzil wegen meiner schweren körperlichen Erkrankung verfrühte Wechseljahre diagnostiziert worden. Dr. Adler hatte auch am Unterleib gearbeitet. Ein paar Tage nach der Behandlung setzte meine Periode wieder ein und kam danach ganz regelmäßig von allein. So hatte er einen tiefgreifenden Heilungsimpuls gesetzt, der sogar bis ins Hormonelle wirkte.

In den letzten Wochen im Krankenhaus und auch in den ersten Wochen der Kur hatte ich gar nicht mehr gestottert. Nach den Behandlungen von Dr. Adler begann es wieder. Deshalb habe ich Dr. Heyden angerufen. Er riet mir erneut, ein Anti-Epileptikum zu nehmen. Dies wollte ich jedoch nicht. Dann sah er als einzige Möglichkeit, die antiviralen Medikamente, die scheinbar das Stottern auslösten, zu reduzieren. Das war mir jedoch zu gefährlich, weil ich ohnehin die geringst mögliche Dosis einnahm.

Wir sprachen noch darüber, wann ich das hochdosierte Antibiotikum reduzieren könnte. Dazu war er überhaupt nicht bereit und machte mir größte Ängste, dass ich jederzeit eine neue Toxoplasmose bekommen könnte, weil diese Parasiten „überwintern" würden. Keinesfalls dürfte ich diese hohe Dosierung reduzieren. Sicher hatte er recht, jedoch waren seine Aussagen so hart und beängstigend, dass es mir nach dem Gespräch sehr schlecht ging.

Das Stottern störte mich eigentlich gar nicht. Im Laufe der Zeit wurde klar, dass es immer nur dann entstand, wenn es um psychisch belastende Themen ging. Diese epileptischen „Anfälle" werden psychogen genannt. Ich gehe davon aus, dass die traumatischen Erinnerungen, die durch die Behandlung von Dr. Adler freigesetzt wurden, diese Verbindung von psychischer Belastung und Stottern entstehen ließ. So wurde es mir zum Wegweiser. Wenn ich stottere, zeigt es mir: Da ist etwas, was mich belastet, damit fühle ich mich unsicher, ängstlich oder überfordert. Durch das Stottern konnte ich anhand des Ausmaßes oder der Art und Weise zum ersten Mal erkennen, wie belastet oder überfordert ich mich gerade fühlte. Es war wie ein Indikator meines seelischen Zustandes. Auch war dadurch zum ersten Mal für andere erlebbar, wie es mir gerade ging. Ich empfand es als heilsames körperliches Symptom, was mir nur selten peinlich war, weil ich sehr humorvoll damit umging.

Ende Februar reiste Frederike mir zum dritten Mal in die Kur nach. Wir erlebten eine wertvolle Zeit miteinander, gingen viel spazieren und verstanden uns sehr gut. Zum ersten Mal war es etwas ausgeglichener zwischen uns. Vorher brauchte sie sehr viel Hilfe von mir und war zu einem ausgeglichenen freundschaftlichen Kontakt nicht in der Lage. Mit vielfachen Beratungen, Aura Soma und Bachblüten hatte ich sie bei ihrer Krankheits- und Lebensbewältigung unterstützen können, aber auch in der Vermittlung von professionellen Beratern wie Bärbel und Samidh.

In den drei Jahren, die wir uns jetzt kannten, hatte sie sich und ihr Leben vollkommen verändert und war viel freier geworden. Sie stand mehr auf eigenen Beinen, hatte sich von ihrem Mann getrennt, lebte in einer eigenen Wohnung und hatte ihre chemischen Medikamente drastisch reduzieren können. Es war erfüllend für mich, dies miterleben zu dürfen und daran so stark beteiligt gewesen zu sein.

Mir scheint, dass dieses medizinische
Versorgungssystem an Macht- und Geldmissbrauch
in allerhöchstem Maße erkrankt ist.

Relativ zu Anfang meines Kuraufenthaltes fand eine Vorstandssitzung zur Planung des Neubaus am Kurhaus statt. Einer der Vorstandsvorsitzenden bat mich, Anna Maria zu fragen, ob sie vielleicht den Kontakt zu einem möglichen weiteren Sponsor vermitteln könnte. Er wusste, dass auch dieser Mann hohe Summen für gemeinnützige Zwecke spendete. Anna Maria könnte ihn bitten, dem Haus Geld zu geben, damit außer dem geplanten Neubau auch die Renovierung des Altbaus durchgeführt werden könnte. Da ich keinen Kontakt zu Anna Maria hatte, entschied ich, dass ich dies selbst tun wollte. So entstand ein Brief, der mich sehr viel Zeit und Kraft kostete, jedoch im Laufe der nächsten Jahre von vielen Menschen gelesen wurde. Einen Teil davon möchte ich gern hier zitieren:

„Ich schreibe Ihnen, weil ich Sie gern um etwas bitten würde. Mir wurde mitgeteilt, dass Sie Gelder für gemeinnützige Zwecke weiterleiten. Mit diesem Brief möchte ich Sie über den derzeitigen Stand der Naturheilkunde und vor allem der anthroposophischen Medizin informieren. Dahinter liegt die Bitte um Unterstützung in den Bereichen, die mir so wichtig sind, wie die Ausbildung von Ärzten und der Erhalt der Naturheilkunde in Krankenhaus und Kurklinik.

Der Einsatz dafür bedeutet einen großen Teil meines Lebenssinns. Deshalb setze ich mich seit vielen Jahren dafür ein. Da ich selbst schwer erkrankt bin, erlebe ich zurzeit, dass dieser wichtige Bereich im Krankenkassensystem gar nicht mehr weitergeführt werden kann. Im Moment dürfen keinerlei Medikamente mehr verschrieben werden, die nicht durch Studien belegbare Nebenwirkungen haben. Deshalb fallen fast alle naturheilkundlichen und vor allem alle anthroposophischen Medikamente aus der Bezahlung für Kassenpatienten raus. Auch in den Krankenhausaufenthalten ist es nur noch möglich, das Akuteste mit schweren chemischen Medikamenten zu behandeln.

Mir scheint, dass dieses medizinische Versorgungssystem an Macht- und Geldmissbrauch in allerhöchstem Maße erkrankt ist. Es geht vor allem in der Politik fast niemandem mehr darum, zu erkennen, welche seelisch - geistige Grundlage oder krankheitsfördernde Lebensführung hinter der Erkrankung steht, und Leiden will gar keiner mehr. Die Deutschen stehen an einem Punkt, an dem Krankheiten nur in ihren Symptomen bekämpft werden. Auch möchten die Menschen und Arbeitgeber keine längeren Krankheitszeiten, und so sind alle gehetzt und werden immer unreflektierter.

Jeder Extremsport ist möglich, alle Unfallfolgen werden von den Krankenkassen und somit der Gemeinschaft getragen. Auch haben das Essverhalten und alle Suchtverhalten bisher kaum Konsequenzen für den Menschen selbst. Jeder kann alles tun, jede Störung, fast jedes Leiden wird ihm abgenommen und dies dauerhaft.

Die Grundlage sehe ich in einem Machbarkeitswahn („Hochmut", natürlich mit verschiedenen Ursachen wie Angst, Macht, mangelnder Aufklärung und Geld). Dabei steht dies wiederum im Zusammenhang mit einer grenzenlosen Forschung und damit zusammenhängenden grenzenlosen medizinischen Fortschritten, die jedoch in keinem Zusammenhang zu den Erfordernissen des Mensch-Seins stehen. Eine Medizin, die unbezahlbar ist. Technischer Fortschritt und fast grenzenlose Möglichkeiten einer chemischen Behandlung gehen auf Kosten einer Verdrängung von Mitmenschlichkeit, Eigenverantwortung und vor allem neu: der Naturheilkunde. Der Nutzen dieser gewaltigen Kosten für die Forschung scheint uns groß, menschlich jedoch wage ich dies in Frage zu stellen.

Der Preis ist eine völlige Abhängigkeit. Meiner Ansicht nach ist diese Entwicklung „unmenschlich". Für mich bedeutet Mensch-Sein die Möglichkeit, Leben zu erfahren, eine Aufgabe in der Gemeinschaft zu erfüllen, zu lernen, Schmerzen bewusst zu durchleben, um die Grenzen zu spüren, zu fühlen. „Da ist eine Mauer, der Weg ist nicht richtig für mich, dieses Verhalten führt mich zu Krankheiten oder Verlusten." Auch entwickelt sich durch bewusstes Durchleben und Überwinden keine Schwäche, sondern oftmals Reife und Stärke. Es finden Gemeinschaft und Begegnungen statt, die sonst nicht möglich wären. Ich allein trage die Verantwortung für alle Zusammenhänge meines eigenen Lebens. Nur so kann ich Er-Wachsen werden im Sinne eines seelisch-geistigen Wachstums, anstatt in ei-

ner permanenten Versorgung im Stillstand zu verharren, in starker Abhängigkeit.

Vor allem jedoch ist das soziale Mitempfinden durch die Anonymisierung des Krankenkassensystems vollkommen aufgelöst. Der Mensch wird enorm geschwächt und vor allem egozentrisch. Es besteht gar kein Bewusstsein mehr darum, wie viel Geld bezahlt wird und was der Andere an Leiden durchleben muss, was er selbst zum Ausgleich seiner eigenen Missstände tun sollte, von gegenseitiger ehrenamtlicher Hilfe ganz zu schweigen.

Es scheint mir eine bedenkliche Entwicklung zu sein, dass jeder Unfall, jede Krankheit, jede Unwegsamkeit des Lebens als „Unfall der Schöpfung" angesehen wird, indem es bei allem die Möglichkeit der Ab-Sicherung und des Ausgleiches geben soll, anstatt gerade diese Sicherheit und den Ausgleich in der eigenen Biographie und im eigenen Innern freizusetzen. Dann erst können Wege gefunden werden, bei denen diese Sicherheit im Leben umsetzbar wird und nicht durch eine „Versicherung" abgesichert ist.

Ich erlebe das Gesundheitswesen im Zustand einer schwersten Suchterkrankung. Bei jeder Suchterkrankung ist die Grundlage mangelnde Eigen- und Sozialverantwortung. Sucht bedeutet für mich, das Maß, die Grenzen nicht genügend zu erleben. Immer mehr Rechte führen zu immer mehr Egoismus, mangelndem Mitgefühl und sozialer Verantwortungslosigkeit. Dabei glaube ich, dass nur, wenn diese Grenzen im Einzelnen individuell und gesellschaftlich erkannt und gehalten werden, dies zu überwinden sein wird.

Die Einführung des Krankenkassenwesens erschien lange Zeit als großer sozialer Segen, der es sicher anfangs auch gewesen ist. Jetzt jedoch scheint es immer weiter zu Zerstörung menschlicher und sozialer Verhaltensweisen zu führen. Gerade durch diese Egozentrik wird so viel Leiden geschaffen! Die eigenen unerschöpflichen Rechte wurden von allen Seiten vielfach missbraucht. Dies zeigt sich zur Zeit darin, dass in der Not zu Hilfsmethoden der Geset-

zesänderungen gegriffen werden muss, die jedoch kaum eine soziale, selbstverantwortliche, gemeinschaftsbildende Veränderung im Sinne des Lernens im Umgang mit dem eigenen Lebensweg und der eigenen Gesundheit beinhalten. Deshalb kann dadurch kein grundlegender Durchbruch, keine Heilung dieser sozialen Missstände bewirkt werden..."

Briefe zu schreiben gehört zu meiner Lebensaufgabe und zu meinen größten Fähigkeiten. Immer wieder löse ich damit Konflikte, stelle Dinge klar, versuche etwas zu bewirken, bedanke mich oder reflektiere das Jahr für die Menschen, die mich lange begleitet haben usw.

> *In dieser Grundhaltung der heutigen Gesellschaft ist zu erkennen, dass darin der göttliche Geist, die göttliche Hilfe und so etwas wie eine Lebensaufgabe vollkommen ausgeschlossen wird. Genau das jedoch, ist das, worum mein ganzes Leben kreist. Ich ringe genau mit diesen Fragen, und genau das ist es, warum ich so viel Leiden bewusst auf mich genommen habe, in dem ich so lange auf die „Erlösung" durch chemische Medikamente verzichtet habe.*

Unendlich viele Briefe sind so im Laufe der Jahre entstanden. Noch nie jedoch hat mich ein Brief so viel Zeit und Kraft gekostet. Insgesamt habe ich über sieben Wochen daran gearbeitet und dabei viele Stunden investiert. Nach vielen Veränderungen und Korrekturen von mir, Bärbel und Dr. Bauer schickte ich ihn zu diesem möglichen Sponsor. Lange haben wir vergeblich auf eine Antwort gewartet. Ich weiß nicht, ob er ihn erhalten hat, ob er nicht spenden wollte oder er sich nicht angesprochen fühlte. Da dieser Brief jedoch eine sehr wichtige Wirkung in vielen späteren Begegnungen für mich hatte, war er trotzdem von größtem Wert.

Im Rahmen dieses Briefes setzte ich mich nochmals stark mit meiner Einschätzung und dem Stand des derzeitigen Gesundheitswesens auseinander. Dabei stieß ich auf eine interessante Broschüre des Vereins zur Förderung und Integration von autistischen Menschen, aus der ich etwas zitieren will (Prospekt FIAM aktuell Nr. 4):

„Zur ‚Unersättlichkeit' der Inanspruchnahme von Gesundheitsleistungen. Wer will sich also hier, angesichts einer alle Lebensbereiche durchdringenden Medizinindustrie und der täglichen medialen Dauerdusche, dem Füllhorn medizinischer Glückseeligkeiten widersetzen, obwohl das Unbehagen und die Ahnung, einer gigantischen Werbestrategie aufzusitzen, durchaus vorhanden ist. Aber es überwiegt die Sorge, die Angst um die scheinbar ständig bedrohte Gesundheit. Der Medizinjournalist, Arzt und Buchautor Werner Bartens (*Was hab ich bloß? Die besten Krankheiten der Welt*) spricht vom ‚ausgebildeten' Patienten, der sich immer intensiver über alle möglichen Krankheiten oder potentiellen Gefahren informiert. Anschließend sucht er mit Zeitungsausschnitten, Internet-Ausdrucken, den letzten Informationen vom Gesundheitsmagazin die Arztpraxen auf, um die neu vermuteten Risiken abklären zu lassen. ... Tägliche Schlagzeilen: ‚Kopfschmerzen nicht verharmlosen - so kündigt sich ein Schlaganfall an!' ‚Jedes Ziehen in der Brust ernst nehmen - mögliche Frühzeichen eines Herzinfarktes!' ‚Jede 3. Zecke ist infiziert - nur die Impfung schützt.'

Unsere Gesellschaft befindet sich in einer Art von ‚kollektivem Medizinstudium', wobei alle Krankheiten, alle möglichen Risiken durchlitten werden, seien sie auch noch so selten. Ja, man kann sogar sagen, je unwahrscheinlicher ein Risiko ist, je seltener eine Krankheit vorkommt, desto größer wird die Bedrohung erlebt.

‚Wenn Gesundheit', so Klaus Dörner, ‚nur als Zustand existiert, indem der Mensch vergisst, dass er gesund ist', wie soll Gesund-Sein dann noch gelingen, angesichts einer Dauerberieselung gesundheitsbedrohender Schreckensmeldungen?"

Als ich dies zum ersten Mal gelesen habe empfand ich es als belustigend, und doch zeigt es einen Teil unserer Realität. Dabei glaube ich, dass wir uns diesem Teufelskreis als Zeitgenossen kaum bis gar nicht entziehen können. In dieser Grundhaltung der heutigen Gesellschaft ist zu erkennen, dass darin der göttliche Geist, die göttliche Hilfe und so etwas wie eine Lebensaufgabe vollkommen ausgeschlossen wird. Genau das jedoch, ist das, worum mein ganzes Leben kreist. Ich ringe genau mit diesen Fragen, und genau das ist es, warum ich so viel Leiden bewusst auf mich genommen habe, in dem ich so lange auf die „Erlösung" durch chemische Medikamente verzichtet habe.

Es war wieder die Erfahrung gewesen, dass ich reale Geschehnisse geistig aufgenommen hatte und zu meinen eigenen gemacht hatte.

In der Zeit, in der ich diesen Brief schrieb, merkte ich, dass ich mich wieder übernommen hatte. Die Anstrengung dabei, meine Schlafstörungen und die Folgen der Behandlung bei Dr. Adler führten dazu, dass ich immer mehr aus mir heraus geriet. Dadurch konnte der Zustand eines erneuten Schwellenerlebnisses entstehen.

Eines Abends hatte ich mit meiner Mutter ein Gespräch, bei dem ich schon sehr überdreht war. Direkt danach entstanden schwerste Zukunftsängste und Schuldgefühle. Wieder stellte ich alles in Frage, was ich tue, wie ich denke, und glaubte nur noch, dass ich schrecklich und schuldig bin und dass sehr Schlimmes passieren wird als Folge meiner Fehlhandlungen.

Bei diesem Erlebnis stand das Thema im Vordergrund, dass ich dafür bestraft werde, weil ich Andere missioniert, weil ich zu viel über mich erzählt, weil ich die Grenzen anderer Menschen verletzt und sie damit überfordert habe. Es war grauenhaft. Ich fand dazu in meiner Vorstellung viele Beispiele in meinem bisher gelebten Leben, die diese „Schlechtigkeit" bestätigten, worunter ich natürlich extrem litt. Ein Gespräch mit einem Questico-Berater in dieser Nacht bewirkte eine weitere Verschlechterung meines Zustandes. Mein verzweifelter Zustand verdichtete sich immer mehr.

Durch „Zufall" fiel mir dann weit nach Mitternacht ein Buch in die Hände, das ich von meiner Freundin Britta geschenkt bekommen hatte. Darin lag eine Karte mit einem Photo von ihr. Darunter stand: „Ich hab Dich lieb und wenn Du mich brauchst, kannst Du Dich melden." Diese Aussage bewirkte etwas wie eine Erlösung. Ich hatte vorher so an mir gezweifelt. Ich hatte sogar das Gefühl gehabt, dass ich mich umbringen müsste, weil ich ein so schlechter Mensch bin.

Am nächsten Morgen wollte ich mich bei meiner Mutter entschuldigen. Sie meinte, ich müsse mich auf keinen Fall entschuldigen, ich hätte sie doch gar nicht beleidigt oder angegriffen. Ich kam mir jedoch so schuldig vor, so offen und wund. Dann teilte sie mir mit, dass genau zu dem Zeitpunkt, als ich die Erlösung durch die Karte von Britta erlebt hatte, mein Onkel, ihr einziger Bruder, verstorben sei. Er wurde seit einiger Zeit nach einer schwierigen Krebsoperation künstlich beatmet und ernährt.

Alle, mit denen ich später darüber gesprochen habe, Dr. Bauer, Bärbel und auch Samidh, waren der Meinung, dass ich den Sterbeprozess meines Onkels durchlebt hätte, weil er dies in der Betäubung durch stärkste Schmerzmittel, Sedativa und künstliche Beatmung nicht bewusst hätte leisten können. Die Themen, die ich in dieser Todesnacht durchlebt hatte, waren genau seine Lebensthemen gewesen. Mein Onkel war ein Mensch, der herzensgut war. Meine Mutter meinte immer, dass er sein letztes Hemd gegeben hätte. Aber genauso gut er war, so „bollerig" war er auch. Er musste immer Recht haben und war teilweise extrem intolerant und wollte alle überzeugen und helfen, ohne zu fühlen, was der andere ist und wirklich braucht. Er überschritt die Grenzen anderer Menschen und nahm sie gar nicht wahr. Genau in diesem Punkt, dieser Charakterschwäche, unter der viele in seinem Umfeld gelitten hatten, habe ich mich in dieser Nacht selbst in Frage gestellt.

Solche Erlebnisse, bei denen ich vom weltlichen Geschehen, ohne es zu wissen beeinflusst wurde und es geistig durchlebt habe, hatte ich - wie beschrieben - bereits häufiger erlebt, nur noch nie im direkt familiären Kontakt. Es war eine erneute Erfahrung, dass ich reale Geschehnisse geistig aufgenommen und zu meinen eigenen gemacht hatte. Interessant ist jedes Mal, dass ich mich währenddessen immer mit den problematischen, dunklen Aspekten identifiziere, nur diese erlebe und nur auf sie reagiere. Ich stelle alles Persönliche vollkommen in Frage. Dadurch zerstöre ich mich selbst, das, was mich jetzt ausmacht, wo ich in meiner Entwicklung stehe. Der Anspruch, den ich dabei durch diese innere verurteilende Instanz erlebe, kann nur zerstörend wirken, weil nichts Positives mehr übrig bleibt. Daraus resultiert dann ein massives Gefühl des Versagens und Verzweifelns, das mir jeden Selbstwert und jede Basis raubt, leben zu dürfen.

Bezeichnend bei diesen Zuständen ist, dass ich mir dabei nie meiner gesamten Person, meines ganzen Wesens bewusst bin. Ich schließe wesentliche Teile aus. Das Wahrnehmen, die Integration meiner Gesamtpersönlichkeit ist mir währenddessen im Empfinden und Denken überhaupt nicht mehr zugänglich. Alles in mir konzentriert sich nur noch auf das Defizit. Dabei vergesse ich vollkommen, was ich alles an Gutem getan, gedacht und vor allem bewirkt habe. Daraus entsteht Selbstauflösung, Selbstzerstörung pur. Bei dem Erlebnis kann ich es jedoch gar nicht anders sehen. Die Gegenbewegung muss ich danach bewusst aus mir heraus aufbauen, indem ich die positiven Eigenschaften und Taten wieder erinnere.

Die Schwellenerlebnisse an sich sind sowohl seelisch, als auch körperlich extrem anstrengend. Danach erlebe ich jedes Mal eine Zeit, in der ich mich tief verunsichert und innerlich wund fühle. Auf äußere Einflüsse reagiere ich dann besonders stark und bin schnell verletzlich.

Die darauf folgende bewusste Auseinandersetzung, die Selbstzerstörung und die Selbstzweifel zu überwinden, kann eine in Phasen verlaufende Selbstüberschätzung zur Folge haben. Diese entsteht vermutlich daraus, weil ein Überleben mit einem so negativen Selbstbild nicht möglich wäre und die Gegenbewegung aus diesem traumatisch bedingten Hintergrund dann erst mal zu stark wird. Nur so scheint der Selbsterhalt möglich. Ich glaube, dass manche Menschen, die arrogant erscheinen, diesem Schwanken zwischen Selbstablehnung und scheinbarer Selbstüberschätzung mehr oder weniger erlegen sind und ihnen das Bewusstsein dafür fehlt. Es ist ein Schutz, sich wieder größer zu fühlen, um vor sich, dem Leben und anderen Menschen bestehen zu können, um überhaupt wieder die Grundlage zum Leben zu finden. Auch glaube ich, dass je schwerer die Demütigung, das Trauma war, desto stärker auch die Schwankung in die Gegenrichtung zwischenzeitlich sein kann.

So hatte ich erneut ein Schwellenerlebnis überwunden und eine neue Erfahrung machen dürfen. Ich empfinde die Bewältigung solcher geistigen Schwellenerlebnisse als das Wertvollste, was ich in meinem Schicksal erreichen konnte. Für mich war nichts schlimmer, als das Durchleben eines solchen psychischen Ausnahmezustandes in vollem Bewusstsein. Psychische Erkrankungen sind meiner Ansicht nach viel quälender als die stärksten Schmerzen und die Gewalt, die ich erlebt habe. Gerade dafür schreibe ich auch diese Biographie, damit Einsichten darüber gewonnen und Heilungswege eröffnet werden können, die uns wieder konstruktiv mit dem eigenen Schicksal und den unserem Menschsein innewohnenden eigenen Heilkräfte verbinden.

In den nächsten Wochen hatte ich immer wieder ähnlich instabile Zustände. Diese vielfachen Einbrüche erkläre ich mir als Spätfolgen der Toxoplasmose und des immer noch nicht vorhandenen physischen und geistigen Immunsystems.

Am Schlimmsten war für mich, dass ich für die psychischen Folgen der schweren Traumata bei ihm gar kein Verständnis bekommen konnte und sein Umgang dadurch auch immer wieder sehr verletzend war.

Bei Frederikes Abreise kam der Zivi zu spät, um sie mit zwei anderen Patienten zum Bahnhof zu bringen. Er war für seine Unzuverlässigkeit und auch für sein gefährlich schnelles Fahren bekannt. Da die Unruhe und der Unmut der Abreisenden so stark auf mich wirkte, äußerte ich mich ihm gegenüber hart und verletzend, als er endlich in totaler Gleichgültigkeit eintraf und die Abreise übereilt stattfinden musste.

Mein Verhalten führte zu einem Konflikt mit Herrn Wienert, bei dem ich nachmittags Therapie hatte. Scheinbar hatte der Zivi ihm von meinen Äußerungen erzählt. Deshalb kritisierte mich Herr Wienert nun hart und massiv. Ich ging weinend raus. Später entschuldigte er sich für sein unangemessenes Verhalten. Die Aussprache verlief sehr konstruktiv. Es entwickelte sich dadurch tieferer, harmonischerer Kontakt zwischen uns.

An diesem Abend hatte ich noch einen Termin mit Dr. Bauer. Zu Beginn teilte ich ihm mit, dass ich seelisch noch sehr instabil sei. Alles war zu viel gewesen. Dazu sagte er nichts, sondern fing sofort damit an, dass er mir etwas Unangenehmes sagen müsste. Ich bat ihn darum, dass er es bitte nicht heute machen sollte, weil ich es nicht zusätzlich verkraften würde. Er meinte jedoch mehrmals, dass es doch sein müsste. Auf meinen geschwächten Zustand ließ er sich gar nicht ein, sondern konfrontierte mich damit, dass der Zivi sich bei ihm beschwert hätte. Es würde nicht gehen, dass ich das

Personal vor anderen Patienten derart behandeln würde. Dr. Bauer ließ gar nicht zu, fragte erst gar nicht, was denn wirklich vorgefallen war, sondern klatschte mir den Unmut, der sicher in gewisser Weise gerechtfertigt war, einfach an den Kopf! Ich erzählte, dass Frederike und die anderen Patienten auch sehr aufgebracht waren, starke Kritik geäußert hätten und ich deshalb unter der dadurch entstandenen Spannung überreagiert hätte.

Dr. Bauer ließ meine Aussagen gar nicht zu und blieb vehement von dem überzeugt, was er gehört hatte. Es war so schlimm und so hart für mich, dass ich erneut weinend herausging. Dr. Bauer reagierte gar nicht darauf. Den ganzen Abend ging es mir entsetzlich schlecht. Nachts konnte ich es nicht mehr aushalten. Ich rief Björn um ein Uhr an. Um mich zu beruhigen, telefonierten wir über drei Stunden. In dieser Nacht ging Björn ungewöhnlich offen und einfühlsam mit mir um. Er zeigte großes Verständnis für mich. Es war das erste Mal, dass ich in den vergangenen Jahren jemanden nachts angerufen habe. Nur einmal hatte ich Herrn Dr. Hesse in der Nacht der Blutvergiftung geweckt. Immer wieder war mein Leiden auch nachts sehr groß gewesen, aber es wäre eine zu große Überwindung für mich gewesen, jemanden stören zu müssen.

In dieser Nacht hatte ich noch einen Traum mit Dr. Bauer, in dem ich immer hinter ihm herrennen musste, damit er mich überhaupt wahrnahm. Am nächsten Tag verlief unser Gespräch relativ harmonisch. Für ihn war es nicht schlimm gewesen. Er war der Auffassung, dass er seinem Auftrag wegen der Beschwerde des Zivis sofort hätte nachkommen müssen. Noch immer sah er nicht ein, dass er damit einen Tag hätte warten können, bis ich seelisch wieder etwas stabiler gewesen wäre - und vor allem, dass er mir zuerst hätte zuhören sollen, was ich zu dem Vorfall zu sagen hatte.

Ich erzählte ihm von meinem Traum und dass ich tatsächlich immer das Gefühl hätte, ihm hinterher rennen zu müssen. Er wollte sich weder mit der AIDS-Erkrankung noch mit den posttraumatischen Belastungsstörungen auseinandersetzen und fachgerecht beschäftigen. Dabei kritisierte ich nicht, dass er keine ärztliche Erfahrung damit hatte. Dafür gibt es AIDS- und Trauma-Spezialisten. Jedoch wäre es sicher im Laufe der mittlerweile vielen Monaten meiner Behandlung durch ihn notwendig gewesen, einen solchen Spezialisten um Rat zu bitten, oder sich um einen angemessenen Informationsstand zu bemühen. Am Schlimmsten war für mich, dass ich für die psychischen Folgen der schweren Traumata bei ihm gar kein Verständnis bekommen konnte und sein Umgang dadurch auch immer wieder sehr verletzend war. Als ich ihn darauf ansprach, gestand er mir, dass er es tatsächlich gar nicht verstehen könnte. Er hätte in seinem ganzen Leben niemals mit Menschen zu tun gehabt, die schwerer psychisch krank gewesen wären. Dies wäre wie ein „schwarzes Loch" für ihn.

„Frau Sandgi, man trifft nur selten im Leben eine so große Seele wie Sie. Ich selbst kann den Weiten, die Sie erfassen können, nur begrenzt folgen."

In den nachfolgenden Wochen konnte sich Dr. Bauer etwas besser auf mich einlassen. Wenn ich nicht diese ungewöhnlich große Liebe für ihn empfunden hätte, hätte ich es nie durchhalten können. Ich glaube, dass ich in ihm immer das Väterliche suchte, das mir aufgrund des frühen Todes meines Vaters sehr fehlte. Auch in meiner Kindheitserinnerung war mein Vater wenig präsent, weil er so viel gearbeitet hat. Durch das entstandene Defizit und das damit verbundene Bedürfnis an väterlicher Zuwendung war ich scheinbar bereit, sehr viel mehr zu ertragen, als für andere verständlich war. Sicher hatte zudem die karmische Verbindung zwischen Dr. Bauer und mir noch eine starke Wirkung. Auf der anderen Seite habe ich Dr. Bauer während des gesamten Kuraufenthaltes in Bezug auf sein eigenes Leben oder berufliche Situationen beraten. Immer wieder stand ich ihm durch meine Begabung, Menschen und Situationen tief zu durchschauen und ein Bewusstsein im Anderen dafür zu schaffen, hilfreich zur Seite.

Oft bezog sich dies auf Schwierigkeiten, die Dr. Bauer mit Herr Dr. Hesse hatte. Dann entwickelte sich jedoch auch eine Situation, in der ich ihm in der Beziehung zu einem seiner Kinder helfen konnte. Nach einer persönlichen Begegnung mit dem Kind und mehreren Gesprächen über es hatte ich einen hellsichtigen Traum zu dem Hintergrund seiner Lebensproblematik, der von größter Bedeutung war. Erst habe ich mich gar nicht getraut, ihn anzusprechen. Wie konnte ich es als Patientin wagen, etwas so persönliches und dann noch bedeutendes anzusprechen? Wie immer konnte ich es jedoch auch nicht zurückhalten. Dr. Bauer bestätigte die Richtigkeit des Inhaltes und dankte mir sehr dafür. Er und seine Frau nahmen sogar die konkrete Unterstützung in Anspruch, die mir in diesem Traum gezeigt wurde. So erhielt sein Kind die Hilfe, die es sehr dringend brauchte.

Diese Erlebnisse mit Dr. Bauer stärkten unsere Beziehung. In einem Gespräch war er von meinen Beschreibungen so beeindruckt, dass er äußerte: „Frau Sandgi, man trifft nur selten im Leben eine so große Seele wie Sie. Ich selbst kann den Weiten, die Sie erfassen können, nur begrenzt folgen." In einer Teamsitzung wurde von einer seiner Angestellten sein Umgang mit mir sehr angezweifelt. Er wurde von dieser Therapeutin gefragt, wie er sich von einer Patientin beraten lassen könnte. Dr. Bauer reagierte sehr gelassen auf diesen Vorwurf und äußerte, dass er meinen Rat in Anspruch nehmen könnte, weil er sich mir gegenüber frei fühlen würde.

Meine seelisch-geistige Offenheit drückte sich sogar in Bezug auf das Weltgeschehen aus. Zum Beispiel wurde ich nachts genau zu dem Zeitpunkt wach, als der Pabst starb. Obwohl ich weder Radio noch Fernsehen hatte, wusste ich, dass er gerade jetzt verstorben war. Dies bestätigte sich am nächsten Morgen. Die ganzen letzten Tage war eine enorme geistige Kraft für mich erlebbar gewesen, die ich mir damit erklärte, dass so viele Menschen für ihn gebetet hatten. Als er verstorben war, wusste ich, dass es in der Menschheitsgeschichte zuvor noch nie eine Zeit gegeben hatte, in der so viele Menschen gleichzeitig gebetet hatten. Die dadurch entstehende geistig-spirituelle Energie konnte ich sehr gut nutzen, um an dieser Biographie zu arbeiten. Viele Erkenntnisse und Einsichten wurden in diesen Tagen möglich.

Es war eine schwierige Zeit, in der ich in meine seelische Verfassung kaum bewusst eingreifen konnte, mich alle äußeren und inneren Ereignisse hin- und her schleuderten. Ich hatte meinen Halt nach den todesnahen Erlebnissen verloren.

In der Karwoche durchlebte ich einen starken inneren Transformationsprozess, vielleicht so, wie das Osterfest eigentlich im Sinne von Sterben und neuem Erwachen zu verstehen sein könnte. Am Gründonnerstag erfuhr ich, dass sich meine Blutwerte wieder deutlich verschlechtert hatten. Dabei kam es zu einem Missverständnis. Dr. Bauer teilte mir telefonisch mit, dass sich die Blutwerte verbessert hätten. Ich holte das Fax aus meinem Fach. Dabei konnte ich sofort erkennen, dass sie sich nicht verbessert, sondern verschlechtert hatten, weil der aufgeführte Wert (77) der Viren mal 1000 genommen werden musste. Dr. Bauer hatte dies nicht verstanden. Es bedeutete, dass ich 77000 Viren hatte. Die T4-Helferzellen waren auf unter 40 gesunken. Deshalb ging ich am Karfreitag noch zu Dr. Bauer und erklärte ihm, dass er sich vertan hatte. Auch er war etwas schockiert. Unter der Therapie mit AIDS-Medikamenten sollten keine Viren nachweisbar sein. Falls sich diese doch vermehren konnten, bedeutete es, dass die Medikamente nicht mehr wirksam genug, vielleicht die Viren sogar resistent geworden waren und die Therapie nun umgestellt werden müsste. Nach rund zwölf Wochen bereits Resistenzen, undenkbar! Ich war sehr verzweifelt.

Am Abend hatte ich noch große Schwierigkeiten mit einer Patientin am Tisch. Sie kritisierte mich, weil ich zu viel redete. Dies führte bei mir zu einer massiven Selbstablehnung, zu Selbstzweifeln und einem totalen Rückzug. Grundsätzlich war es eine Tatsache, dass ich nach der langen Zeit des Schweigens ein großes Nachholbedürfnis hatte, mich mitzuteilen. Ich redete zu viel, und vor allem durch die Entzündung im Sprachzentrum meines Gehirns zu schnell und zu ausschweifend. Ich konnte mich selbst schwer eingrenzen und diese Schwächen korrigieren. Auch meine seelische Verfassung war so, dass ich es schwieriger empfand, die Grenzen und Bedürfnisse der Anderen wahrzunehmen und zu beachten. Nachdem klar wurde, dass dies zu weiteren Schwierigkeiten führen würde, bat ich das Küchenpersonal darum, auf meinem Zimmer essen zu dürfen. Dies wurde mir ausnahmsweise erlaubt.

Am Karfreitag folgte dann noch ein sehr aufwühlendes Gespräch mit einem Questico-Berater, von dem ich mich durch seine Aussagen stark verletzt fühlte. Mein seelischer Zustand wurde immer instabiler, drohte zu eskalieren. Die Nacht war furchtbar. Auch Karsamstag und Ostersonntag erlebte ich schwerste Depressionen und war tief verzweifelt. Ich hatte mich völlig von dem gesamten Kurbetrieb zurückgezogen, ging auf kein Konzert und keine Feier mehr, war völlig allein.

Am Sonntagabend klopfte es an meiner Zimmertür. Zwei Frauen kamen herein. Ich kannte sie nur vom Sehen und hatte noch nie mit ihnen gesprochen. Sie wollten wissen, warum ich nicht mehr zum Essen käme. Als ich ihnen den Grund erzählte, teilten sie mir mit, dass sie sich gedacht hätten, dass es wegen der alten Dame sei. Sie hätte schon mehr Ärger verbreitet und sie seien wütend deshalb. Dann sagten sie mir, dass sie mich mögen würden, ich hätte eine sehr schöne Ausstrahlung. Wir kamen in ein intensives Gespräch und sie wollten, dass ich mich zu ihnen an den Tisch setzte. Sie waren der Meinung, dass sie viel von mir lernen könnten. Es war wie die Wiedergeburt für mich, gerade an diesem Ostersonntag.

Ich aß einige Tage bei den beiden Frauen, bis ihre Kur endete. Dabei merkte ich deutlich, dass ich mich bei den interessanten Gesprächen am Tisch nicht mehr so verausgaben sollte. Deshalb bat ich darum, ab diesem Zeitpunkt immer oben auf meinem Zimmer zu essen. Almuth hielt dies unter therapeutischen Gesichtspunkten für wichtig und unterstützte es als Kurmaßnahme.

Insgesamt zeigte sich mein Leben in den Monaten nach der Entlassung aus dem Krankenhaus als ein permanentes Hin und Her der Extreme. Einmal niedergeschmettert, gedemütigt und verletzt, dann wieder etwas euphorisch. Es war eine schwierige Zeit, in der ich meine seelische Verfassung kaum bewusst eingreifen konnte, mich alle äußeren und inneren Ereignisse hin- und herschleuderten. Ich hatte meinen Halt nach den todesnahen Erlebnissen völlig verloren. Da mir dies in dieser Zeit gar nicht bewusst war, konnte ich ihn nicht willentlich wieder aufbauen und war den Schwankungen total ausgeliefert.

Immer wieder „rutschte" ich in einen „Ich-losen" Zustand. Das war sehr typisch für diese Zeit. Es war Ausdruck meines nicht mehr vorhandenen Immunsystems und Selbstwertgefühls. Da ich bislang nicht geschafft hatte, diese Grenzen ICH-haft aus mir selbst heraus zu erschaffen, versuchte ich mir ein Umfeld zu suchen, das möglichst positiv, harmonisch und liebevoll auf mich wirkte. Und doch brach diese Stabilität durch äußere Erlebnisse immer wieder ein.

Obwohl die psychosenahen Zustände seit der Entlassung im Februar immer wiederkehrten, entgleisten sie nie. Das war erstaunlich. Als ich darüber nachdachte, woran es liegen könnte, wurde mir klar, dass es nur eine Veränderung gab, die dies erklären könnte: die Torf-Öle. Fast täglich hatte ich eine körperliche Anwendung mit Torf-Ölen in Form von Öldispersionsbädern oder Massagen. Beim letzten Kuraufenthalt hatte ich sie Dr. Bauer empfohlen und er hatte sie im Haus eingeführt. Während dieses Aufenthaltes konnte ich an mir selbst erleben, wie wichtig sie für mich waren. Ich telefonierte mit den Herstellern (Peter Böhlefeld und seiner Frau von der Firma Wandil in Oettern) und bekam eine befriedigende Erklärung: Rudolf Steiner hatte angegeben, dass Torf-Öle in der Zukunft von großer Bedeutung werden würden, weil die Menschen durch die Wirkung von Elektrik und anderen Einflüssen stark beeinträchtigt würden. Der Torf könnte vor schädlichen Einflüssen schützen. Mich schützte es auch in meiner großen Offenheit.

Mir wurde erklärt, dass Torf in einem jahrhundertelangen Prozess entstehen würde. Die Elementarwesen dieser Pflanzen seien während dieser Zeit „gefangen". Rudolf Steiner hatte Angaben zur Bearbeitung des Torfes gemacht. Durch diese Bearbeitung, die sie bei der Entstehung der Torf-Öle leisteten, würden sie befreit. Durch die Dankbarkeit, die die Elementarwesen danach ausstrahlen würden, wäre ihre starke Heilwirkung zu erklären, die ich nun erlebte.

In den nächsten Jahren habe ich die Torf-Öle immer wieder Menschen empfohlen, gerade wenn sie mir sehr offen, bedürftig, belastet und/oder „hüllenlos" vorkamen. Immer wieder wurde mir bestätigt, wie wertvoll die Substanzen gewirkt hätten. Sie sind sicher kein Ersatz für Psychopharmaka, jedoch wäre es sicherlich sinnvoll, sie in therapeutische Konzepte mit einzubeziehen.

> *Diese Erkrankung ist, wie die anthroposophische Grundlage es annimmt, nur durch den Christus-Impuls, den ich mit bedingungsloser Liebe übersetzen würde, zu heilen. Diese Liebe erlebe ich, wenn die Dunkelheit, die die AIDS-Erkrankung umgibt, als Schöpfungsinhalt akzeptiert, angenommen, „durchliebt" und verwandelt wird.*

Seitdem ich auf meinem Zimmer aß, hatten sich meine Kontakte im Kurhaus sehr positiv verändert und waren nun besser als je zuvor.

Ich hatte meine Erwartungen, Schuldgefühle und Ängste losgelassen. Die Menschen kamen auf einmal auf mich zu. Oft konnte ich anderen Patienten helfen, weil ich so viel über die Abläufe des Hauses wusste, oder wenn sie persönliche Probleme hatten. Jetzt war ich zufriedener. Obwohl die meisten nichts von mir wussten, haben sich viele bei mir bedankt, wenn sie sich verabschiedeten. Sie meinten, dass es einfach meine offene, freudige Präsenz gewesen wäre, die sie berührt hätte.

Ein ganz besonderes Geschenk war die freundschaftliche Verbindung zu Eva, einer 30-jährigen Pianistin. In dieser Zeit waren drei Musiker gleichzeitig da, sodass das Haus immer von Musik erfüllt war. Jeden Abend übte Eva während der Abendbrotzeit. Da ich ohnehin allein aß, setzte ich mich mit meinem Essen zu ihr in den Saal und durfte so täglich ein Privatkonzert genießen. Es war unglaublich, vor allem, wenn sie improvisierte. Danach gingen wir meist noch spazieren. Wir hatten eine wundervolle Zeit miteinander. Über die Ostertage traf ich mich noch mit einer Frau von meinem früheren Essenstisch. Bei unseren mehrstündigen Waldspaziergängen haben wir um den Christus-Impuls und das, was in der Anthroposophie als „Asuras" bezeichnet wird, gerungen. Dabei entstanden die wertvollsten Gespräche, die ich je über die geistigen Grundlagen der AIDS-Erkrankung geführt habe.

In den anthroposophisch-spirituellen Grundlagen werden drei Kräfte erklärt, die die Herausforderungen des Lebens beschreiben, die luziferischen (steigenden Kräfte), die ahrimanischen (fallenden Kräfte) und die asurischen Kräfte.

AIDS ist, soweit ich es beurteilen kann, die einzige Erkrankung, die durch asurische Kräfte verursacht wird. Zu den ahrimanischen Erkrankungen zählen die sogenannten „kalten" Erkrankungen, wie zum Beispiel Krebs und Rheuma. Als luziferische Erkrankungen versteht man „warmen", entzündlichen Erkrankungen. Die AIDS Erkrankung wird als asurisch angesehen, weil durch sie die Mitte angegriffen wird. Als Folge von AIDS entstehen sowohl Erkrankungen, die durch die ahrimanischen Kräfte, als auch durch die luziferischen Kräfte ausgelöst werden können. Diese Erkrankung ist, wie die anthroposophische Grundlage es annimmt, nur durch den Christus-Impuls, den ich mit bedingungsloser Liebe übersetzen würde, zu heilen. Diese Liebe erlebe ich, wenn die Dunkelheit, die die AIDS-Erkrankung umgibt, als Schöpfungsinhalt akzeptiert, angenommen, „durchliebt" und verwandelt wird.

Liebe bedeutet in diesem Zusammenhang für mich, dass ich durch meine Erkrankung herausgefordert wurde, Menschen mit einem völlig anderen Zugang zum Leben und zur Moral zu akzeptieren, sie anzunehmen in ihrer Art. Die mir befremdlich erscheinenden Lebensinhalte in aller Dunkelheit, die dahinterstehenden Schicksale, die scheinbar unakzeptabler Taten und abzulehnenden Charakterzüge und menschlichen Schwächen, die ich bei AIDS Kranken erlebt habe, haben mich herausgefordert, mich zu weiten in meinem beschränkten Denken und Empfinden, wodurch sich bei mir eine größere Liebesfähigkeit entwickelte. Dies bedeutet nicht, die Gewalt, die Sucht usw. „gutzureden" oder gar zu unterstützen, sondern den Sinn bzw. den Anfang, die Ursache dahinter zu sehen und vor allem nach konstruktiven und lebbaren Lösungen zu suchen. Vergebung, Toleranz und Liebe sind hier gefragt. Die AIDS kranken Menschen brauchen Hilfe und Unterstützung, damit eine Wiederanbindung an das vorbestimmte Schicksal, das im Einklang mit dem ganzen Wesen ist, wieder aufgenommen werden kann. Das Anstreben dieser Wiederanbindung an das eigene Schicksal ist dabei ganz wesentlich, weil die asurischen Kräfte genau dies verhindern und sogar so wirken, dass der Mensch sich noch weiter von seinem göttlichen Impuls und Wesen entfernt und dadurch keine Entwicklung mehr stattfinden kann.

Um diese Impulse rangen wir zu diesem Osterfest. Ich empfand es wie eine Auferstehung, eine große Gnade. Diese Frau hat mich tief beeindruckt und mir sehr viel gegeben. Immer wieder teilte sie mir eindringlich mit, wie wichtig es sei, dass ich nach meinen schweren Krankheitsprozessen, dieser nahen Sterbeerfahrung jetzt wieder lerne, meine Entscheidungen aus mir selbst heraus zu treffen und vor allem mehr innezuhalten, wieder zur Ruhe zu kommen, mich zu sammeln.

Natürlich hatte sie Recht, aber dazu war ich überhaupt nicht in der Lage. Ich fühlte mich noch viel zu sehr getrieben und haltlos. Für ihre Aufmerksamkeit, ihr Interesse und ihren großen Respekt war ich trotzdem sehr dankbar. Gerade zu diesem Zeitpunkt nach all den Schwierigkeiten brauchte ich beides dringend. Ihr Umgang mit mir und meinem Schicksal war sehr heilsam, erfüllt von dieser christlichen Liebe. Zum Abschluss habe ich ihr und ihrem Mann noch eine Beratung an meinem Auragerät geschenkt. Solche Begegnungen machen mein Leben reich.

Eigentlich sollte ich kurz nach Ostern entlassen werden. Aufgrund der schlechten Blutwerte konnte ich mir dies jedoch nicht vorstellen und verlängerte den Aufenthalt. Ich bat die Sekretärin von Dr. Heyden, den mit ihm vereinbarten ambulanten Termin trotzdem telefonisch stattfinden zu lassen. Sie sicherte mir zu, dass ich ihn wie vereinbart erreichen könnte. Während der letzten Wochen war klar geworden, dass das Leben allein in meiner Wohnung nicht mehr wie vorher möglich sein würde. Dr. Bauer hatte mit den Angestellten des Kurhauses und dem Vereinsvorstand besprochen, dass sie sich vorstellen könnten, dass ich dauerhaft im Kurhaus leben würde. Das Angebot hat mich sehr erstaunt, positiv überrascht, jedoch konnte ich mir dies nur schwer vorstellen. Für mich war das Kurhaus wie eine Heimat geworden, aber ich wusste, dass es kein dauerhafter Wohnort werden konnte. Deshalb dachte ich über verschiedene Möglichkeiten nach, wo ich weiter leben könnte.

Ein Jahr zuvor hatte ich von einem anderen Kurgast, Frau Marder, von einem anthroposophischen Wohnprojekt gehört, das im Entstehen war. Dies wollte ich bei der geplanten Rückreise besichtigen. In der Zwischenzeit hatte ich mehrere Gespräche mit Frau Marder geführt, die das Projekt leitete. Alles klang sehr vielversprechend für mich. Über 60 Wohnungen sollten entstehen. Zurzeit waren dort

12 Wohnungen bezogen und ca. 6 fertig, jedoch noch nicht verkauft. In der Stadt gab es eine Abteilung in einem Krankenhaus, die Dr. Kirsch, einem anthroposophischen Arzt, geführt wurde. Das war für mich das Wichtigste. Frau Marder erzählte mir, dass es in dieser Stadt auch einen anthroposophischen Pflegeverein geben würde. Auf dem Gelände sollten noch ein Hospiz, ein Bioladen und ein Vollwertrestaurant entstehen. Alt und Jung, Gesunde und Kranke würden hier zusammen wohnen. Es sollten mehrere Wohngruppen entstehen und einzelne Wohnungen verkauft werden. Eigentlich hätte ich gern eine Wohnung gemietet. Frau Marder teilte mir jedoch mit, dass die Warteliste für eine Mietwohnung sehr lang sei. Es würde mehrere Jahre dauern, bis ich dann eine Wohnung beziehen könnte. Deshalb musste ich mich mit der Frage eines Kaufes auseinandersetzen. Es gab zwei Wohnungen im Erdgeschoss, die für mich in Frage kamen. Ich habe für eine von ihnen einen Betrag von 2.500 Euro zur Reservierung überwiesen, die Besichtigung musste ich aber wegen der verschobenen Heimreise erstmal absagen.

Am vereinbarten Telefontermin an einem Donnerstag rief ich Dr. Heyden an. Als ich zu ihm durchgestellt wurde, teilte er mir jedoch mit, dass er von der Absprache nichts wüsste und gerade in einer Untersuchung sei. Deshalb hätte er keine Zeit. Er gab mir einen neuen Termin für den nächsten Tag zur selben Zeit (17 Uhr). Seine Sekretärin versicherte mir jedoch, dass sie mit ihm besprochen hätte, dass ich anrufen würde. Als ich dann am Freitag zu seinem vorgegebenen Termin anrief, erfuhr ich, dass er bereits seit Mittag im Urlaub sei. Ich war sehr erstaunt.

Von Dr. Bauer wusste ich, dass Dr. Heyden an diesem Wochenende auf eine Ärztetagung fahren wollte, auf der sie sich auch treffen würden. Dr. Bauer hatte mir mitgeteilt, dass auch Dr. Kirsch, der Arzt aus der Stadt mit dem Wohnprojekt, daran teilnahm und Dr. Heyden mit ihm befreundet sei. Durch die Verhandlungen mit Anna Maria hatte ich noch die private Handynummer von Dr. Heyden. Da er nicht erreichbar war, sprach ich abends auf seine Mailbox, dass sich meine Blutwerte verschlechtert hätten und wir gerade deshalb einen Gesprächstermin ausgemacht hatten. Dann bat ich ihn noch darum, dass er bitte Dr. Kirsch über mich, meinen Krankheitsverlauf und vor allem meine Unfähigkeit, mich untersuchen zu lassen, unterrichten sollte, weil ich vorhätte, in diese Stadt zu ziehen. Weil ich so aufgeregt war, stotterte ich bei dieser Ansage stark, wodurch sie sehr lange dauerte. Dr. Heyden meldete sich nie wieder und sprach auch nicht mit Dr. Kirsch.

Da ich nun den dritten Versuch direkt hintereinander gemacht hatte, ihn zu erreichen und er sogar einen von ihm selbst ausgemachten Termin nicht eingehalten hatte, war ich sehr enttäuscht und wollte nicht nochmals an ihn herantreten. Er wusste, wo ich zu erreichen war, auch wusste er von der Wichtigkeit dieses Termins mit ihm. Vor der Entlassung hatten wir verabredet, dass er meine weitere medizinische Betreuung telefonisch übernehmen würde, weil Dr. Bauer nicht über genügende Kompetenzen in der Behandlung der AIDS-Erkrankung verfügte. Er hatte dies zugesagt. Große Wut und Enttäuschung bewegten mich ihm gegenüber in den nächsten Wochen. Sein Versprechen, das er mir im Krankenhaus gegeben hatte, dass er immer für mich da sei, hatte er hier nun schon gebrochen, und ich war nicht bereit, wie in den ersten Jahren wieder hinter ihm herzulaufen.

Ich hatte nur zwei Möglichkeiten: Chemie oder Sterben, beide waren nicht das, was ich mir gewünscht hätte, beides war schwer zu ertragen.

Jetzt war jedoch die Frage nach der Weiterbehandlung akut. Es wurde mir Blut abgenommen und festgestellt, dass ich tatsächlich bereits gegen einen der beiden Wirkstoffe resistent geworden war. Ich weinte sehr. Endlich konnte ich weinen, allen Schmerz und alle Verzweiflung raus lassen. Es war schmerzhaft, aber auch befreiend. Ich wandte mich an Dr. Peters. Er war immer zuverlässig gewesen, mit ihm hatte ich nie Probleme gehabt. Ich wusste, dass er mich schätzte. Einen solchen Arzt brauchte ich jetzt, einen der voll und ganz hinter mir stand und zudem noch langjährige Erfahrung in der AIDS-Behandlung hatte. Er erklärte sich sofort bereit, mir telefonisch zur Seite zu stehen. So schickte ich ihm meine medizinischen Unterlagen. Nach einer telefonischen Beratung mit ihm begann ich Ende Mai mit einer 5-fach-Wirkstoffkombination.

Erst war ich sehr skeptisch, so viel Chemie einzunehmen. Ich hatte große Ängste, aber Dr. Peters überzeugte mich davon, dass es grob fahrlässig gewesen war, mich mit einem völlig zerstörten Immunsystem nur mit zwei Wirkstoffen behandelt zu haben. Es wäre klar gewesen, dass deshalb nach kürzester Zeit Resistenzen auftreten würden. So konnte ich mich darauf doch einlassen. Die erste Zeit war schwierig, weil ich einen dauerhaften bitteren Geschmack im Mund bekam. Dann jedoch gewöhnte ich mich daran und vertrug die Medikamente relativ gut.

Insgesamt habe ich in diesen Monaten nach der Entlassung seelisch noch stark mit der neuen Situation, chemische Medikamente einzunehmen, gerungen. Immer wieder war ich sehr verzweifelt und stellte mir die Frage: Bin ich noch derselbe Mensch? Wie verändern diese Medikamente mich? Welche Folgen werden sie haben, vor allem im seelisch-geistigen Sinn? Bin ich mir treu? Tief waren die Fragen, stark das Ringen darum. Wieder diese Zerrissenheit, denn ich hatte nur diese zwei Möglichkeiten: Chemie oder Sterben! Beide waren nicht das, was ich mir gewünscht hätte, beides war schwer zu ertragen. So viele Jahre hatte ich daran gearbeitet, die AIDS-Erkrankung zu überwinden - hatte das Vertrauen gehabt, dass dies möglich ist. Jetzt war diese Möglichkeit ausgeschlossen. Mein Lebenskonzept, mein Ringen um dieses Ziel, ein Teil meines Lebenssinnes waren mir dadurch genommen. Das machte mich verzweifelt und vor allem erst mal vollkommen halt- und orientierungslos.

Weil ich das Gefühl hatte, mir selbst durch die Einnahme der Medikamente nicht mehr treu gewesen zu sein, steigerte sich mein Leiden zeitweise ins Unermessliche! Ich konnte gar nichts mehr abwehren, nichts mehr unterscheiden und verzettelte mich immer mehr. Mein Immunsystem war komplett zerstört, sowohl im körperlichen, als auch im geistigen Sinne. Durch die daraus entstehende völlige Grenzenlosigkeit machte ich eine sehr tiefe und wertvolle seelische Erfahrung: Es war mir erstmalig möglich, die Wahrheit hinter der „philosophisch-spirituellen Theorie" zu erleben, dass die Dualität (gut und böse - richtig und falsch), die wir als Mensch erleben, eigentlich gar nicht existiert. Es war ein tiefes Erlebnis, dessen Hintergründe schwer zu beschreiben sind. Gerade durch das Erleben, dass die Dualität nicht im eigentlichen Sinne existiert, erkannte ich, dass der Mensch nur an dieser scheinbaren Dualität seine Entscheidungs- und Unterscheidungsfähigkeit ausbilden kann. Es schien mir so, als wenn ein Aspekt des Sinns der aufeinander folgenden Inkarnationen (der Wiedergeburten) darin läge, diese Fähigkeiten im Individuellen, nicht durch Vorgegebenes, Dogmatisches auszubilden. Entscheidend dabei ist: Was passt zu uns? Was brauchen wir, was gehört zu unserem ureigensten Weg, zu unserem Plan und unserer Aufgabe? Wir lernen dabei, unsere eigene Moral und Unterscheidungsfähigkeit zu bilden. Ich begriff, dass wir erst dadurch Immunität im geistigen Sinne, Ich-Haftigkeit entwickeln können! Bei meinen Erlebnissen von Grenzenlosigkeit hatte ich jedes Mal erlebt, welche Folgen es hat, unfähig zu sein, zu entscheiden und zu unterscheiden. Das Leben kommt ins Stocken, Chaos und Orientierungslosigkeit entstehen!

Auf der einen Seite stand in meinem nun die Gnade solcher tiefen Lebenserkenntnisse, die nur durch die weit fortgeschrittene Immunerkrankung möglich war, auf der anderen Seite das Ringen mit dem neuen Leben unter Chemie. In den nächsten Jahren fühlte es sich für mich immer wieder so an, als wenn ich meine Biographie eigentlich in der Sterbephase im letzten Jahr bewusst abgeschlossen hatte und sie jetzt genauso bewusst neu beleben musste. Dies war sehr herausfordernd. Durch die nun aktuell folgenden Überlegungen und Bemühungen um einen möglichen Umzug gerieten diese Fragen und das Ringen darum zwischendurch in den Hintergrund.

Nach Ostern behandelte mich Dr. Adler zum dritten Mal. Ich hatte ziemliche Angst vor dieser Behandlung, weil mich das, was beim letzten Mal ausgelöst worden war, so aufgewühlt hatte. Eine wertvolle Idee zur Verarbeitung des Erlebten war das Töpfern in der Kunsttherapie. Almuth hatte mir geholfen, mich in der zusammengerollten Position auf der Liege während der letzten Behandlung in Ton zu töpfern. Dieser Prozess war sehr wichtig gewesen. Und doch fühlte ich mich in emotionaler Hinsicht noch sehr offen.

Dieses Mal behandelte Dr. Adler mich überwiegend an der Halswirbelsäule. Irgendwann drehte er sie nach rechts und es kam zu einer sehr merkwürdigen Reaktion bei mir. Plötzlich schüttelte ich mich massiv am ganzen Körper. Es war wie eine Entladung, wie ein epileptischer Anfall. Danach war ich in einem Zustand von Verwirrung, und wie beim letzten Mal fühlte ich mich sadistisch gequält. Ich hatte das Bedürfnis zu weinen und zu stöhnen, konnte jedoch nichts loslassen, es saß in mir fest und quälte mich stark. Dr. Adler beendete die Behandlung direkt danach.

Ich erzählte ihm, wie verwirrt ich mich gefühlt hatte. Auch er hätte dies so empfunden. Für ihn war noch jedoch etwas vorausgegangen. Er hatte es bewusst dahin gelenkt, es bewusst ausgelöst, als er am oberen Nacken einen Hauptleberpunkt bearbeitete. Auch dieser Punkt schien dieselben Themen und Gefühle freizusetzen wie die direkte Leberbehandlung beim letzten Mal.

Dr. Adler erklärte mir, dass er mich als Baby gefühlt und dass ich in diesem Lebensabschnitt eine schwere Gewaltsituation erlebt hätte. Dabei empfand er es so, als wenn ich erst total resigniert, traurig, wütend gewesen sei, und dann verwirrt, warum das passieren konnte. Die Verwirrung wäre erst später als Folge entstanden, weil ein Baby solche Erlebnisse und Gefühle noch nicht einordnen konnte. All dies müsste im nonverbalen, vorsprachlichen Entwicklungszustand stattgefunden haben, weil ich es sonst sprachlich hätte ausdrücken könnte. Durch meine Rückmeldung des Erlebten hatte sich seine Wahrnehmung bestätigt.

> *Wie an einen Strohhalm habe ich mich an Ratgeber und Heiler geklammert und kaum noch Kontakt zu meinem Innern, zu mir selbst aufnehmen können. Dies hat mich in immer weitere Unsicherheit geführt und nicht zu mir selbst.*

Nach der Behandlung fühlte ich mich einerseits befreit, andererseits wieder in einem sehr aufgewühlten emotionalen Zustand, wie nach der ersten Behandlung. Ich wusste, dass auch dieses Erlebnis ein Teil eines großen Durchbruchs auf meinem Heilungsweg war. Dr. Adler hatte mir empfohlen, danach ins Bett zu gehen, um die Empfindungen in mir wirken zu lassen, indem ich sie bewusst nacherleben sollte. Wieder empfand ich einen so angenehmen Bezug zu meinem eigenen Körper und fühlte mich wohl in ihm, mit ihm.

Der Tag danach war jedoch sehr schwierig. Wie beim ersten Mal fand wieder eine totale Gegenreaktion statt. Innere Stimmen lösten Ängste und Schuldgefühle in mir aus. Ich konnte den Bezug zu meinem Körper nicht mehr halten und musste erst wieder die Kontrolle über meine Gedanken, meinen Verstand herstellen. Die durch die Behandlung ausgelösten, aktivierten, im Körper lange Jahre gespeicherten Erinnerungen blockierten mich, setzten mir stark zu und ließen mich extrem durcheinander geraten. Ich konnte diese neue Öffnung, diese neuen seelischen Empfindungen nicht steuern, konnte nicht damit umgehen.

Osteopathie ist meiner Ansicht nach die tiefgreifendste Heilungsmethode, die ich kennen gelernt habe. In ihr liegen unglaubliche Chancen. Sie bietet die Möglichkeit, tiefste Zusammenhänge von

Störungen unabhängig von Raum und Zeit im Karma wahrzunehmen und diese dann auszugleichen, zu erlösen. Die Gefahr, die ich darin jedoch gleichzeitig erlebe, ist, dass dabei zu viel ausgelöst wird, was später im Wesen unbearbeitet weiterwirkt. Damit meine ich, dass der Osteopath Störungen auffindet (was eine seiner großen Begabungen ist), diese dann durch die Technik der Osteopathie in Bewegung bringt, ausgleichen/auflösen will, und der Patient dann mit dem, was sich dadurch emotional oder gedanklich verändert, überfordert ist. Der Mensch hat etwas verdrängt, blockiert, was in der Situation, in der es erlebt wurde, nicht verarbeitet werden konnte. Dieses verdrängte Erlebnis hat zu Störungen geführt, die sich meist psychosomatisch ausdrücken. Nicht ohne Grund wurden diese emotionalen oder gedanklichen Erinnerungen in andere Ebenen verdrängt. Dies ist eine Schutzfunktion der Seele. Wenn dieser Schutz durch die Behandlung aufgebrochen und das Verdrängte ins Bewusstsein gebracht wird, muss dies bewusst verarbeitet werden. Weil mir dies nach den beiden Behandlungen nicht möglich war, bin ich in eine starke emotionale Verwirrung geraten. Einerseits habe ich während der osteopathischen Behandlungen und in den Stunden danach erlebt, wie es ist, einen wohltuenden Zustand in meinem Körper zu empfinden, eine Einheit zwischen Körper und Seele. Dieses Gleichgewicht schien durch das ursprüngliche Trauma zerstört worden zu sein. Andererseits ist durch die Behandlung etwas losgebrochen, wovon ich überhaupt nicht wusste, wie ich damit umgehen konnte.

Meine Frage war und ist dabei: Was wird aus diesen bei einer Behandlung ausgelösten stark emotionalen Erinnerungen? Wie wird das Ausgelöste aufgelöst, sodass ich durch die Integration wieder freier werde und die einmalig empfundene Einheit von Körper und Seele dauerhafter aufrecht erhalten kann? Ich hatte das Gefühl, dass es einer Be- und Verarbeitung bedürfte, die ich nicht leisten konnte.

Die Suche danach führte zur Sucht. Ich fühlte mich hilfsbedürftig und konnte Entscheidungen kaum noch selbst treffen. Dabei geriet ich immer weiter aus mir heraus, weil etwas geöffnet worden war, das ich nicht unter Kontrolle hatte. So wurde die Hilfe der spirituellen Beratungen von Questico zur Sucht, bei der ich sehr viel Geld ausgab. Dazu kam, dass die angeblich „hellsichtigen" Aussagen sich häufig widersprachen. Dies bewirkte eine noch stärkere emotionale und geistige Verwirrung.

Im Nachhinein kann ich erkennen, wodurch dieser Teufelskreis entstanden ist: Erst die existentiell bedrohliche Lebenserfahrung. Eigentlich hatte ich mit dem Leben abgeschlossen. Danach die aufgebrochenen traumatischen Erinnerungen durch die Osteopathie. All dies führte zur Entwurzelung und somit zu einem Verlust meiner eigenen Ent- und Unterscheidungsfähigkeit. Wie an einen Strohhalm habe ich mich an Ratgeber und Heiler geklammert und kaum noch Kontakt zu meinem Innern, zu mir selbst aufnehmen können. Dies hat mich in immer weitere Unsicherheit geführt und nicht zu mir selbst.

Der Mensch ist das einzige Wesen auf der Erde, das eine bewusste Entscheidungsfähigkeit besitzt. Ich begriff, dass Entscheidungen zu treffen mich zum Menschen macht. Wenn ich mich nach den Meinungen anderer richte, lebe ich das Leben dieser Anderen!

Die Angst um die Zukunft, das Hoffen auf etwas Besseres, die völlige Erschöpfung haben mich dazu getrieben, mich immer wieder von der Zuwendung anderer und Ratgebern ausgleichen lassen zu müssen. Es war wie auf der physischen Ebene die Einnahme der Chemotherapie: Meine eigenen Kräfte hatten aufgegeben, und genauso musste ich mir psychisch von Menschen helfen lassen, war abhängig von ihnen.

In dieser Zeit wurde mir bewusst, was es bedeutete, dass ich mein

Entscheidungsvermögen fast verloren hatte, wie orientierungslos ich mich dadurch fühlte. Ich erkannte, dass meine Entscheidungs- und Unterscheidungsschwäche die Grundlage für meine Selbstzerstörung bildeten und dies Ausdruck meiner Immunschwäche war, oder vielleicht sogar das Immunsystem vernichtet hatte.

Erst ein halbes Jahr später wurde mir von einer Mitarbeiterin einer AIDS-Hilfe erklärt, dass die Unfähigkeit, Entscheidungen treffen zu können, eine typische Symptomatik bei Toxoplasmose-Patienten sei. Sie selbst hatte einen Toxoplasmosepatient erlebt, der deshalb immer wieder die Hilfe und den Schutz der Psychiatrie gebraucht hatte. Ähnliches hörte ich später auch noch von anderer Seite. Weil bei mir noch diese Freisetzung von unverarbeiteten traumatischen Erinnerungen dazukam, war das Ausmaß dieser Schwierigkeit wahrscheinlich noch verstärkt.

Der Mensch ist das einzige Wesen auf der Erde, das eine bewusste Entscheidungsfähigkeit besitzt. Ich begriff, dass Entscheidungen zu treffen, mich zum Menschen macht. Wenn ich mich nach den Meinungen anderer richte, lebe ich das Leben dieser Anderen! Die Entscheidungs- und Unterscheidungsfähigkeit bildet sich in vielen aneinander folgenden Inkarnationen in Form einer Erziehung und Lehre am Leben aus. Die durchlebten Erfahrungen und Konsequenzen von Taten sind entscheidend für die Reifung dieser Fähigkeiten. Einige Philosophien, wie auch der Zen-Buddhismus, gehen davon aus, dass es keinen freien Willen gibt, dass alles, was geschieht, wie ein Film bereits vor dem Leben klar ist. Ich glaube dies jedoch nicht. Und doch glaube ich, dass alle Zusammenhänge von höchsten geistigen Kräften gelenkt und hilfreich unterstützt werden. Deshalb ist für mich die Anthroposophie die von mir gewählte Möglichkeit, diese Qualitäten ICH-haft im Leben auszubilden. Es ist die meinem Wesen entsprechendste Form der spirituellen Ausbildung, die mir als Mensch in diesem Leben zugänglich geworden ist. Ich selbst habe noch nie einen Vortrag Rudolf Steiners ganz gelesen, und doch würde ich meinen jetzigen spirituellen Zugang als anthroposophisch bezeichnen. Diese Grundlagen meiner Spiritualität sind gerade in den letzten Jahren nicht aus Büchern entstanden, sondern wurden aus vielen Gesprächen und Lebenserfahrungen gebildet.

Viele Religionen sprechen von der Heiligkeit, von Sünde und lehren religiöse Vorgaben und moralische Grundsätze. Sie zeigen damit das Abzulehnende, das scheinbar Dunkle oder das Anzustrebende, Helle auf, aber bieten kaum einen Weg, dem gerecht zu werden; oder sie „verteufeln" das Dunkle, lehnen es ab, meiden es. Mir geht es vor allem darum, zu erkennen, wo ich oder die Anderen individuell im Schicksal gerade stehen. Dies ermöglicht mir, den Status quo zu erkennen und diesen zu akzeptieren, um davon ausgehend die Möglichkeit der Weiterentwicklung zu schaffen. Gerade die Auseinandersetzung mit der Dunkelheit, mit dem Schwierigen halte ich für absolut notwendig und wesentlich dabei, um ganz zu werden, um tiefer zu reifen. Nur im Akzeptieren und der Auseinandersetzung damit kann Heilung, Toleranz, Liebe, der Christus-Impuls in sich immer weiter entwickelnder Form gefunden werden. Ich muss mich als Mensch annehmen lernen mit allen Facetten, auch den unangenehmen. Der Mensch kann nie perfekt werden. Ich habe lange gebraucht, um zu realisieren, dass es nicht darum gehen kann, hier auf der Erde heilig zu werden. Jesus Christus soll sinngemäß gesagt haben: **„Selbst der Gerechte fällt eben sieben Mal am Tag" (Spr. 24,16).**

Die Erfahrung dieser beschriebenen Orientierungslosigkeit bot mir die Möglichkeit über diese wichtigen Themen des Menschseins, nämlich Selbstwertgefühl, Unterscheidungs- und Entscheidungsfähigkeit, tiefere Einsichten zu erhalten. Durch das bewusste Durchleben dieser Phase entstand im Laufe der nächsten zwei Jahre ein reiferer seelisch-geistiger Zustand, in dem meine Intuition und mediale Begabung mit meinem Verstand und Realitätssinn besser in Einklang kommen und wirken konnten. Das war gerade nur durch dieses durchlebte völlige Ausufern möglich geworden.

In den nächsten Wochen hatte Dr. Adler keinen freien Termin mehr. Er war zu einer Bearbeitung des Erlebten nicht bereit. Als ich dann starke Unterleibsschmerzen bekam, machte ich einen Termin bei einem anderen Osteopathen in der Nähe. Durch die ausgelöste Verwirrung war die Behandlung bei ihm als Mann sehr herausfordernd. Deshalb ließ ich mich später bei seiner Freundin behandeln, was etwas leichter war.

Irgendwie kam ich sofort auf die Idee, das Fohlen kaufen zu wollen. Absurd, aber es war typisch für die Zeit nach dem Krankenhaus.

Während der Suche nach den Hintergründen meiner traumatischen Erinnerungen verwies mich Samidh an eine Kollegin, die so hellsichtig ist, dass sie für die deutsche Kriminalpolizei bei der Aufklärung von Verbrechen tätig ist. Als ich sie zum ersten Mal anrief, teilte sie mir als Erstes mit, dass sie möglichst keinerlei Vorinformationen über mich wollte. Ich solle ihr erst mal gar nichts über mich und mein Anliegen erzählen, weil sie sonst zu stark persönlich beeinflusst und ihre Hellsichtigkeit beeinträchtigt werden würde.

Dann beschrieb sie mir von sich aus, was sie von meinem bisherigen Leben wahrnehmen konnte. Das, was sie mir dabei zu meinen traumatischen Erlebnissen mitteilte, war sehr hilfreich. Die Ereignisse, die sie von sich aus beschrieb, konnte sie nicht wissen, und doch war es mir möglich, ihre Aussagen an der Realität meines Lebens nachzuvollziehen. Vieles, was ich mir bislang nicht erklären konnte, wurde mir durch sie endlich verständlich. Ich konnte mich selbst besser verstehen. Diese Frau begleitet mich bei tieferen Lebensfragen oder Entscheidungen noch heute. Sie ist die hellsichtigste Person, die ich kennen gelernt habe.

Auch körperlich hatten die Osteopathiebehandlungen starke Veränderung in der Wahrnehmung meines Unterleibs bewirkt. Um dies heilsam zu unterstützen, habe ich Ende März mit dem Reiten angefangen. Auch der Umgang mit Pferden tat mir gut. Der Reitstall war nicht weit von dem Kurhaus entfernt.

Auf einem Spaziergang traf ich eine Frau mit einer hochträchtigen Stute. Wir unterhielten uns und ich konnte ihr bei der Namensfindung für das erwartete Fohlen helfen. Zwei Tage später wollte ich zur Reitstunde. Die Stute war gerade im Geburtsprozess, sodass mein Unterricht ausfallen musste. Ich hatte das große Glück, in den letzten Minuten zusehen zu können, in denen das Fohlen geboren wurde. Es war so unglaublich, das erste Stehen, das erste Wasserlassen - alles konnte ich miterleben! Irgendwie kam ich sofort auf die Idee, das Fohlen kaufen zu wollen. Absurd, aber es war typisch für die Zeit nach dem Krankenhaus. Es war, als wenn ich das Leben, das ich in der langen Zeit des Krankseins, der Einsamkeit, des Leidens vermisst hatte, nachholen wollte, weil es auf einmal wieder möglich war, auch wenn mir vieles dabei heute etwas lebensfremd erscheint.

Die Idee nahm schnell Formen an. Ich führte Verkaufsgespräche, eine Freundschaft mit der Besitzerin begann. Im Nachhinein ist es schwer verständlich, dass ich in dieser Zeit glauben konnte, für ein solches Tier sorgen zu können, aber ich war wie in einem Rausch. Gott sei Dank hat das „Schicksal" dafür gesorgt, dass ich doch noch einsichtig wurde und mich aus dieser Bindung lösen konnte.

Neue Perspektiven

Bei der Entscheidung für das Wohnprojekt ging es genauso ungewöhnlich zu: Die Entscheidung war eigentlich gefallen, bevor ich mir die Wohnung angesehen hatte. Mittlerweile musste ich die Anzahlung auf 6.500 Euro erhöhen, damit die Wohnung, die in Frage kam, für mich reserviert blieb.

Anfang Mai fuhren Almuth und ich zur ersten Besichtigung. Die Wohnung sagte mir sofort zu. Das Wohnprojekt lag direkt am Wald. An diesem Tag hatten wir viele Termine, auch bei Dr. Kirsch. Dr. Bauer hatte ihm auf einer Ärztetagung von mir erzählt und ich hatte ihm die medizinischen Unterlagen zugeschickt. Danach gingen wir ins Rathaus, wo ich die Unterlagen für den Behindertenkredit abgegeben habe. Es war noch nicht klar, ob ich ihn bewilligt bekomme. Ich hatte jedoch eine feste Zusage des Leiters eines alternativen Versicherungsunternehmens, den ich auch während der Kur im letzten Jahr kennen gelernt hatte. Dieses Unternehmen finanzierte ohnehin den Bau des Wohnprojektes. Da die Zinsen bei diesem Unternehmen aber erheblich höher waren als die für den Behindertenkredit, hoffte ich noch auf eine Zusage dafür.

Insgesamt hatten wir einen ausgefüllten, angenehmen Tag mit vielen neuen Begegnungen, der Wohnungsbesichtigung, der Planung der Küche und beim Kennenlernen der Stadt. Mit Almuth war es wie immer frei, fröhlich und leicht. Sie kümmerte sich um mich wie eine Mutter. Ich konnte ihr voll und ganz vertrauen. Zwischen uns hatte sich eine seelisch sehr nahe, wertvolle Beziehung entwickelt, die für mich von größter Bedeutung war.

Es war klar geworden, dass ich in das Projekt ziehen wollte. Deshalb bat ich Lars, mir mein Auto zu bringen. Seit Ende letzten Jahres hatte ich es Susanne geliehen, weil sie ihre Familie damit leichter versorgen konnte. Lars brachte mir auch meine gesamten Behördenunterlagen, Aktenordner und löste mein Sparkassenschließfach auf. Die sechs Tage, die wir gemeinsam im Kurhaus verbracht haben, waren erfüllt von guten Gesprächen und ausgedehnten Spaziergängen. Lars erklärte mir zum ersten Mal die Hintergründe seiner Spiritualität. Er orientierte sich an der Soto-Schule des Zen-Buddhismus. Es war für mich hochinteressant, weil ich dadurch auch Samidh besser verstehen konnte, der sich nach der zweiten großen Zen-buddhistischen Schule richtete. Auch Dr. Bauer und Lars hatten ein langes Gespräch über seine Spiritualität. Dr. Bauer war sehr beeindruckt von Lars.

Währenddessen musste ich mich weiterhin um die Verhandlungen wegen Krediten kümmern. Ich hatte nur 6.500 Euro Eigenkapital. Erst seitdem ich den Berufsschadensausgleich als Ärztin (Okt. 2002) bekam, hatte ich etwas sparen können. Ich brauchte jedoch mindestens 20.000 Euro. So musste ich Björn bitten, mir meinen Erbteil auszuzahlen. Vor kurzem hatte ich durch „Zufall" erfahren, dass meine Mutter unser Elternhaus notariell auf ihn überschrieben hatte, ohne mir davon erzählt zu haben. Gerade weil sich in den letzten Jahren eine sehr harmonische Familiensituation entwickelt hatte, war es für mich unverständlich, dass sie dann ohne mich zu informieren mein Elternhaus vererbte. Erst hat es mir nichts ausgemacht. In der Zeit, in der ich so schwer krank war, war mir Geld völlig unwichtig gewesen. Jetzt jedoch brauchte ich mein Erbe.

Dies führte zu einer Familienkrise, deren genauen Hintergründe ich hier nicht beschreiben möchte. Ich wurde massiv angegriffen, weil beide kein Verständnis hatten, dass ich in das Projekt ziehen und deshalb meinem Bruder zumuten würde, das Erbe auszahlen zu müssen. Dabei bot ich ihm sogar an, die Zinsen, der er für den Kredit zahlen müsste, selbst zu übernehmen. Bei diesen Auseinandersetzungen entstand eine dauerhafte Störung zwischen Björn und mir. Letztendlich zahlte er mir gerade so viel, dass es mir möglich wurde, das Eigenkapital für den Kredit aufzubringen.

Mir wurde in diesem Zusammenhang schmerzlich bewusst, wie viel Sicherheit, Halt und Geborgenheit der Mensch aus seiner Familie, aus Partnerschaft und Freundschaften, aus der eigenen Gesundheit, dem Zuhause, aus dem Beruf und der wirtschaftlichen Absicherung zieht. Während des Wartens auf den Kredit und den Konflikten mit der Familie wurde bei mir alles gleichzeitig in Frage gestellt. Nichts war mehr sicher. Auch dies trug zu meinem instabilen Zustand bei.

Die damit verbundene seelische Offenheit hatte jedoch auch positive Auswirkungen: Ich war sehr „hellfühlig", spürte sehr viel von meinen Mitmenschen, was weit über das menschlich „Normale" hinausging. Beispielsweise hatte ich an einem Samstag auf einmal größtes Mitleid mit Dr. Bauer, obwohl ich ihn den ganzen Tag nicht gesehen hatte. Ich weinte, weil er mir so Leid tat wegen seines angeschlagenen Gesundheitszustandes, und weil ich nicht verstehen konnte, warum Herr Dr. Hesse ihm nicht mehr half, obwohl er gesund war. Darüber diskutierte ich an diesem Tag sowohl mit meiner Mutter, als auch mit Almuth. Am Montag erzählte mir Dr. Bauer, dass er sich am Samstag gesundheitlich so schlecht gefühlt hätte wie noch nie zuvor. Er beschrieb seinen Zustand als sehr bedrohlich. Dies hatte ich scheinbar wahrgenommen, ohne davon zu wissen.

Solche Erlebnisse hatte ich in dieser Zeit vermehrt auch mit Menschen, die mir nicht nahe standen, die ich kaum oder sogar gar nicht kannte. Dazu auch ein Beispiel: Eine Frau war gerade angereist. Ich stand im Abstand mehrerer Meter von ihr entfernt, als ich hörte, dass sie zu ihrem Mann sagte, dass ihr so schwindelig sei. Spontan sagte ich: „Sie haben zu wenig getrunken." Daraufhin teilte mir ihr Mann mit, dass sie während der Fahrt Durchfall gehabt hatte und sich nicht getraut hätte zu trinken, weil sie sonst wieder hätten anhalten müssen. So sei meine Vermutung sicher richtig gewesen. Ich hatte es gefühlt. Das Energiefeld dieser Frau hatte sich trocken angefühlt und das, obwohl sie mehrere Meter von mir entfernt stand. Noch heute habe ich diese Fähigkeit zu fühlen, ob jemand genug trinkt.

Auch hellsichtige Träume hatte ich immer wieder, die vor allem für Björn und Andrea sehr wichtig waren, aber auch für Dr. Bauers

Kind, wie bereits erwähnt. Ich wusste nicht, dass Andrea ein ernsthaftes Problem mit ihrem Kiefer hatte. In einem Traum wurde mir gezeigt, dass mein alter Zahnarzt ihr helfen könnte. Erst habe ich diesem Traum keinerlei Bedeutung beigemessen. Als sie jedoch in einem Gespräch beiläufig von Schmerzen im Kiefer erzählte, fiel mir der Traum wieder ein. Sie wurde bei meinem Zahnarzt behandelt, und er konnte ihr noch weitere Hilfe vermitteln. Andrea sagte selbst, dass diese Hilfen der größte Durchbruch auf ihrem Heilungsweg während der letzten Jahre waren.

Zehn Tage vor meinem Geburtstag kam Andrea zu Besuch. Sie war gerade in einer großen Krise, weil sich ihr Lebensgefährte von ihr getrennt hatte. Seit einigen Wochen hatte ich sie mit sehr großem seelischen Einsatz telefonisch begleitet. Die Zeit mit ihr im Kurhaus habe ich trotzdem genießen können. Sie hatte neben ihrer eigenen Betroffenheit immer wieder auch die Möglichkeit, sich auf meine Lebensthemen einzulassen. Kurz vor meinem Geburtstag entstand eine Krise zwischen uns, die wir noch überwinden konnten.

An diesem Geburtstag habe ich nur sehr wenig Anrufe und nur einen Brief erhalten. Ganz das Gegenteil vom letzten Jahr. Dieser einzige Brief jedoch war ein Besonderer. Frederike hatte ihn geschrieben. Ich finde, dass sie mir mit ihren Worten eine sehr wertvolle Beschreibung meines Schicksals geschenkt hat:

"Ich wünsche Dir, dass Dir wichtige Menschen sagen, wie segensvoll Du in ihr Schicksal gewirkt hast. Vielleicht war Dein Wirken durch die Gesamtbedingungen Deines Schicksals ein noch viel tieferes, als wenn Du einen ungestörten Weg zum Arztsein hättest gehen dürfen: Alles war der existenziellen Bedrohung und Gewalterfahrung abgerungen, und Du hast ja nicht nur Mitmenschen und Freunden sehr geholfen, sondern als Multiplikator gewirkt, indem viele Heiler durch Dich ganz viel gelernt haben für ihr eigenes Wirken."

Das kleine Geburtstagsfest bei schönem Wetter im Wald mit Andrea und diesen geschriebenen Worten waren wie ein Ausgleich dafür, dass so wenige an mich gedacht hatten. Grundsätzlich fand ich es nicht schlimm, dass nur wenige Freunde sich gemeldet hatten. Ich fand es nur bezeichnend für diese Lebensphase von mir. Es zeigte, dass ich auch in Bezug auf meine Freundschaften meine durch den durchlittenen Sterbeprozess eigentlich abgeschlossene Biographie neu beleben musste.

Andrea reiste am Tag nach meinem Geburtstag ab. Kurze Zeit später hatten wir nochmals ein Konfliktgespräch, bei dem klar wurde, dass die Freundschaft an diesem Punkt enden musste. Es war schade, aber sicher auch richtig. Seitdem ich sie 1998 kennen lernte, hatte ich mich so um sie bemüht, sie gestärkt und ihr viele Hilfen vermitteln können. Sie hatte enorme Entwicklungen gemacht, war jedoch nie in der Lage gewesen, mich mit meinen Bedürfnissen und auch mit den Auswirkungen meiner Erkrankung genügend wahrzunehmen und zu berücksichtigen. So war es für mich eine wertvolle und lehrreiche Zeit gewesen, jedoch nun auch entlastend, nicht mehr so viel Kraft investieren, und vor allem nicht mehr so viel Rücksicht nehmen zu müssen.

Eines Nachmittags Anfang Juni rief Barbara an. Vor 4 Jahren war bei ihr ein gutartiger Gehirntumor gefunden worden, den man sofort nach der Diagnosestellung operiert hatte. Da der Tumor im Bereich des Bewegungszentrums lag, war eine totale Entfernung nicht möglich gewesen. Seitdem waren regelmäßige Kernspin-Untersuchungen durchgeführt worden. Jetzt war aufgefallen, dass sich der Tumor verändert hatte. Bei einer Gewebeprobeentnahme wurde festgestellt, dass er nun bösartig geworden war. Barbaras Lebenserwartung schien nur noch sehr gering zu sein.

Als sie es mir erzählte, musste ich sehr weinen. Noch nie habe ich um einen Menschen so geweint, wie in diesem Moment. Zwischen uns bestand eine wertvolle Freundschaft, eine Herzensliebe. Noch nie hatte ich miterlebt, dass ein mir nahestehender Mensch eine „tödliche" Diagnose erhalten hatte. Ich war tief betroffen.

Die nächsten Monate verliefen mit Chemotherapie und Bestrahlung sehr schwierig für Barbara. Eine große Herausforderung, gerade, weil auch sie diese schulmedizinischen Behandlungen aufgrund ihrer spirituellen Einstellung schwer akzeptieren konnte. In dieser Zeit habe ich mich sehr gesorgt, wie lang sie noch leben würde. Sie hat es jedoch gut überstanden und ihre Krankheit als Entwicklungschance genutzt. Noch immer ist sie gefährdet, weil der Tumor weiterhin wächst, aber sie hat ihr Leben danach eingerichtet. Gerade ihre Disziplin, ihre speziellen heilungsfördernden Körper-Übungen regelmäßig auszuführen, hat mich tief beeindruckt.

Auch bei mir selbst waren ab Mitte Mai in manchen Bereichen auffällige Einschränkungen meiner Gehirnleistung erlebbar: Ich konnte mir Termine nicht mehr merken, von einem Moment auf den anderen vergaß ich, was ich gerade tun wollte. Auch Namen und Gesichter konnte ich mir schwer merken. Immer wieder habe ich alles Mögliche verlegt oder irgendwo vergessen und musste lange danach suchen. Teils waren diese Ausfälle massiv. Diese Symptomatik hielt mehrere Monate an und ist abgeschwächt auch heute noch vorhanden. Eigentlich sollte ich drei Monate nach der Entlassung ein Kontrollkernspin durchführen lassen. In den vielfältigen Anforderungen des Umzuges habe ich aber nicht mehr daran gedacht.

Ich hatte nicht, wie ich es mir gewünscht hatte,
heiraten können, keine Kinder bekommen, mich
beruflich nicht verwirklichen können. Jetzt durfte ich
„wenigstens" eine Wohnung kaufen.

Susanne packte mittlerweile zu Hause meine wichtigen Sachen, die im Schlafzimmer waren, vor allem meine vielen Tagebücher und Kassetten, auf denen die Gespräche mit Bärbel aufgenommen worden waren. Ich wollte, dass sie sicher verpackt und geordnet sind. Das Umzugsunternehmen war für den 7. Juli bestellt.

Anfang Juni fuhren Almuth und ich erneut zu meiner neuen Wohnung. Die Gemeinschaft feierte gerade Sommerfest. Ich wollte einige Unterlagen und Gegenstände in die Wohnung bringen, die auf der Reise nicht mehr in mein Auto gepasst hätten. Dabei lernte ich meine zukünftigen Mitbewohner kennen. Ich fühlte mich sehr unsicher ihnen gegenüber. Gerade zu Anfang sind neue Kontakte immer schwer für mich, obwohl ich eigentlich ein offener, spontaner Mensch bin.

Natürlich traten seit der Entscheidung für das Projekt immer wieder Zweifel auf, Zweifel, ob dieser große Schritt „richtig" sein wird. Bärbel hatte mir sehr dazu geraten, Almuth war sogar der Meinung, dass ich nur zwei Möglichkeiten hätte: Entweder, dass ich weiterhin von Klinik zu Klinik „wanderte", oder in dieser Gemeinschaft das finde, was ich eigentlich bräuchte. Björn und meine Mutter waren total dagegen. Dr. Bauer musste sie sogar anrufen, um ihre Bedenken etwas zu mildern. Meine Mutter ließ sich jedoch nicht überzeugen. Es war schwer, gegen diese permanente Ablehnung anzugehen oder sie zu ertragen. Mir war klar, dass es absurd erschien, mit einer absehbar tödlichen Erkrankung eine Wohnung zu kaufen, aber ich sah auch keinen anderen Weg, in ein genügend betreutes Alltagsumfeld zu finden, das auch noch zu meinem Lebensstil passte. In der Zeit, in der ich im letzten Jahr so schwer krank gewesen war, hatte ich es nicht geschafft, durch Zeitungsannoncen Unterstützung zu bekommen. In Krankheitszeiten ist mir die dazu nötige Organisation nicht mehr möglich. Deshalb hatte ich so viel Einsamkeit und mangelnde Hilfe in lebensbedrohlichen Erkrankungsphasen ertragen müssen. Um diesen Zustand zu verändern, suchte ich jetzt diese Gemeinschaft.

Erst zehn Tage vor dem Umzug wurde der Behindertenkredit bewilligt. Ich war unglaublich erleichtert. Die ganzen letzten Wochen hatte ich mich auf den Notartermin am 8. Juli 2005, einen Tag nach dem bevorstehenden Einzug, gefreut. Immer wieder träumte ich davon, dass jemand, den ich wirklich liebe, dabei sein sollte. Es war so besonders, eine Wohnung zu kaufen.

Für mich hatte dieser Notartermin eine große Bedeutung, weil ich es nicht nur als den Anfang für ein neues Leben erlebte, sondern auch als einen ganz besonderen Tag. Ich hatte nicht, wie ich es mir gewünscht hatte, heiraten können, keine Kinder bekommen, mich beruflich nicht verwirklichen können. Jetzt durfte ich „wenigstens" eine Wohnung kaufen. Mir ist klar, dass dies keinesfalls ein Ersatz oder etwas Vergleichbares ist, aber doch hatte der Termin auf dieser Grundlage eine besondere Wichtigkeit für mich. Ich tagträumte immer wieder von diesem Notartermin und war seelisch jedes Mal stark berührt dabei. Es würde die folgenreichste Unterschrift meines Lebens sein.

Genauso wie auf dieses wichtige Ereignis, freute ich mich auf mein Bett. In den letzten elf Monaten hatte ich keine vier Wochen in meinem eigenen Bett geschlafen. Mein wunderbares Biobett! Ich stellte mir immer wieder vor, wie wohltuend die erste Nacht in meinem eigenen Bett sein würde. In den gesamten letzten Monaten hatte ich immer schwerste Schlafstörungen gehabt. Deshalb hatte mir Dr. Bauer mehrmals eine festliegende Braunüle (Injektionsnadel) gelegt, damit ich mir nachts anthroposophische Medikamente *(Stibium metallicum präparatum D6 und Bryophyllum 5%)* in die Vene spritzen konnte. Während der Kur hatte ich viele Wochen erlebt, in denen ich höchstens drei Stunden am Stück geschlafen hatte. Schlafstörungen sind extrem quälend. Dementsprechend überdreht und seelisch instabil war ich auch.

Tagsüber war ich mit den Vorbereitungen für den Umzug beschäftigt. Unzählige Anrufe mussten getätigt werden. Immer mehr wuchs der Druck, alles bedenken zu müssen. Ich fühlte mich teils sehr überfordert, wurde immer unruhiger. Eine Wohnung am Telefon aufzulösen, der Wechsel der Ärzte, aller Behörden, zumal sogar in ein anderes Bundesland, Kreditverhandlungen etc. - dies war wirklich herausfordernd. Und doch war ich bestens koordiniert dabei.

Almuth hatte sich etwas sehr Besonderes für die Kunsttherapie überlegt. Sie ließ mich meine Wohnung maßstabsgetreu (natürlich verkleinert) töpfern. Daran konnten wir die Planung der Möbelaufstellung vornehmen. Dicke Grundmauern sollte ich töpfern. Es hat so viel Spaß gemacht, eine wunderbare Idee! Susanne maß zu Hause meine Möbel aus. Wir malten danach einen Plan, den wir am Umzugstag in der Wohnung aufhängen wollten, um die Arbeiter leichter dirigieren zu können.

In der Zwischenzeit hatte ich erfahren, dass es in meinem neuen Wohnort sogar eine anthroposophisch ausgebildete Kunsttherapeutin gab, die sich intensiv in Traumatherapie fortgebildet hatte. Darüber habe ich mich sehr gefreut, weil mir Kunsttherapie sehr wichtig ist.

Eine Woche vor dem Umzug telefonierte ich mit Frau Marder. Ich sollte einen Lebenslauf mit Bild anfertigen, der für alle Dorfbewohner sichtbar aufgehangen wird. Diesen hatte ich ihr jetzt geschickt. Dabei fiel ihr auf, dass ich meine AIDS-Erkrankung nicht namentlich erwähnte, sondern von einem Unfall sprach. Sie erzählte mir, dass sie den Dorfbewohnern auf einer Bewohnerkonferenz bereits mitgeteilt hatte, dass ich AIDS hätte. Für sie sei klar gewesen, dass sie es wissen müssten. Ich war erstmal schockiert und wusste gar nicht, wie ich darauf reagieren sollte. Deshalb nahm ich mich erst mal zurück. Als Frau Marder dann jedoch meinte, dass sie nicht gewusst hätte, dass ich durch eine Gewalttat infiziert worden wäre, musste ich mich wehren. Sie hatte es so verstanden, dass ich in meinem medizinischen Beruf angesteckt worden sei. Ich sollte den Bewohnern nicht von der Vergewaltigung erzählen, weil das Dorf dies nicht tragen könnte. Ich teilte ihr klar mit, dass ich ihr erzählt hätte, dass ich vergewaltigt wurde und auch mehrmals von der Opferentschädigung gesprochen hatte. Frau Marder war selbst schockiert, dass ihr dieser folgenreiche Fehler unterlaufen war, die Bewohner ohne ein vorheriges Gespräch mit mir aufgeklärt zu haben.

Nach dem Gespräch war ich sehr verunsichert. Wie würde mein Leben in einer fremden Stadt verlaufen, in der ich niemanden kannte und in der alle Mitbewohner des Projektes von meiner AIDS-Erkrankung wussten? Frau Marder hatte mir versprochen, dass sie für Aufklärung durch eine AIDS-Hilfe sorgen würde und ich auf einer Bewohnerkonferenz über meine Bedenken und meinen Umgang mit der Erkrankung sprechen könnte.

Es war nicht mehr rückgängig zu machen, alles war fertig vorbereitet, meine Kartons zu Hause gepackt, die Kredite bewilligt. Ich musste es akzeptieren und versuchte, mir die ungewohnte Situation und meinen möglichen Umgang damit vorzustellen. Dr. Bauer, Almuth und Bärbel waren ebenfalls schockiert, fast noch mehr als ich.

Das Leben, es wird reicher in mir.

In der letzten Woche vor dem Umzug hatte ich ein Abschlussgespräch mit Dr. Adler. In der Zwischenzeit hatte ich keine Behandlungen mehr bei ihm gehabt. Bei diesem Gespräch teilte ich ihm deutlich meinen Unmut darüber mit, dass er die Öffnung für traumatische Hintergründe meiner Biographie bewusst herbeigeführt und danach keine Verantwortung für die Folgen übernommen hatte. Dr. Adler nahm diese Äußerungen sehr ernst, teilte mir jedoch dazu mit, dass er dies getan hätte, weil er wusste, dass ich in der Kuranstalt therapeutisch gut betreut war. Darauf widersprach ich ihm sehr deutlich und sagte, dass die Therapeuten dort keinerlei Erfahrungen mit Traumatherapie hätten. Sie waren völlig überfordert damit. Das konnte er einsehen.

Nach dieser Klarstellung und seiner entschuldigenden Haltung folgte ein sehr konstruktives Gespräch über die Osteopathie an sich, die großartigen Heilungsmöglichkeiten, aber auch die erlebten Gefahren. Es wurde uns klar, dass das grundsätzliche Umgehen mit Osteopathie in Deutschland noch nicht sehr weit ausgereift ist. Auch Dr. Adler war noch auf der Suche. Dadurch können solche „Fehler" passieren. Wir verabschiedeten uns nach einem harmonisch endenden Konfliktgespräch.

Die letzte Woche war extrem aufregend, die letzten Vorbereitungen standen an. Dann die Gedanken an die Verabschiedung: Sie sollte nach fünf Monaten Kuraufenthalt besonders sein. Ich hatte mir überlegt, dass ich das Gedicht von Rudolf Steiner, mein Seelengedicht, eurythmisch aufführen wollte:

Es keimen der Seele Wünsche
Es wachsen des Willens Taten
Es reifen des Lebens Früchte

Ich fühle mein Schicksal
mein Schicksal findet mich
Ich fühle meinen Stern
mein Stern findet mich
Ich fühle meine Ziele
meine Ziele finden mich.

Meine Seele und die Welt sind eines nur.

Das Leben, es wird heller um mich
Das Leben, es wird schwerer für mich
Das Leben, es wird reicher in mir.

In der Mittagsrunde des Tages vor der Abreise sprach ich vor allen Patienten und dem therapeutischen Team erst das Gedicht allein, dann sprach Almuth es, während ich die eurythmischen Elemente dazu vorführte. Als ich fertig war, schwiegen alle. Niemand klatschte, ich war total irritiert. Die Stille war kaum aushaltbar. Ich verließ den Saal, weil ich glaubte, dass irgendetwas falsch gewesen sein musste. Im Herausgehen hörte ich nur noch von Dr. Bauer: „Guten

Appetit". Dann kamen alle aus dem Saal und bedankten sich persönlich bei mir. Sie erklärten mir, dass sie von meiner Vorführung innerlich sehr bewegt waren und deshalb nicht klatschen konnten. Herr Dr. Hesse meinte, dass er mir das nie zugetraut hätte. Eine über 80-jährige Eurythmistin sagte mir sogar, dass die Aufführung auch eurythmisch von mir sehr gut von mir ausgeführt worden sei.

Ich war dankbar für diese Rückmeldungen. So kam ich noch mit allen Mitpatienten in ein Gespräch über meine Wohnung und wurde mit den besten Wünschen für mein neues Leben verabschiedet. Bei diesem Anlass und zu meinem Geburtstag hatte ich in kürzester Zeit über 30 Menschen die Hand geschüttelt. Dabei stellte ich fest, dass ich wahrnehmen kann, wie unterschiedlich sich bei jedem Menschen die vorhandene Lebensenergie anfühlt. Ab diesem Zeitpunkt konnte ich immer anhand eines Händedrucks genau spüren, wie viel Lebenskraft jemand gerade hat, ob es ihm gut geht, oder er sehr erschöpft ist.

Am nächsten Morgen war es soweit. Die Cellistin, die ich bereits aus drei Kuraufenthalten kannte, spielte mir noch mit Klavierbegleitung mein Lieblingsstück von Johann Mattheson vor. Ich war sehr glücklich mit diesem Abschied. Almuth hatte sich sogar bereit erklärt, mich zu fahren und die ersten vier Tage beim Umzug zu unterstützen. Das war die Erfüllung meines Wunsches, diesen für mich so wichtigen Notar-Termin mit einem geliebten Menschen zu erleben. So fuhren wir am frühen Nachmittag nach einer wunderbaren Verabschiedung im vollgepackten Auto zu meiner neuen HEIMAT!

Nachwort

Wie beim ersten Band ist mir wichtig, darauf hinzuweisen, dass die Ausführungen dieser Biographie meinen ureigenen Weg aufzeigen, und dass jeder die notwendigen Schritte zu seiner eigenen Heilung und seinem Weg nur in sich selbst und im Zusammenhang mit seinem Leben finden kann. Die Ausführungen in dieser Biographie entstanden aus meinem derzeitigen Bewusstseinsstand und den dabei erlangten Fähigkeiten.

Auf meiner Suche nach Wahrheit und der Umsetzung meiner persönlichen Schicksalsaufgaben ist dies das Resultat meiner äußeren und inneren Möglichkeiten und energetisch komplexesten Zustände unter diesen Lebensumständen.

Diesem Buch wird ein dritter Band folgen, der auch sehr ereignisreich und turbulent sein wird! Viele neue Perspektiven und Gedanken haben sich in der Zeit nach meinem Umzug ergeben, die ich darin beschreiben werde.

Danksagung

Die Danksagungen berühren mich jedes Mal sehr. Ich bin ein Mensch, der Dankbarkeit als elementar wichtiges, wertvolles Gefühl empfindet. Wir sind auf andere Menschen, die Natur und Wesen aus der geistigen Welt angewiesen. Nur durch sie ist Leben und Entwicklung möglich. Deshalb möchte ich mich auch hier wieder bei vielen bedanken:

Erneut möchte ich mich an erster Stelle aus tiefster Seele bei den Helfern, Engeln, Erzengeln und geistigen Führern der nicht sichtbaren Welt bedanken. Vieles, wie die Überwindung sowohl schwerster psychischer Erkrankungen wie den Psychosen, als auch körperlicher Erkrankungen wie der Blutvergiftung und dass ich die Aufgabe mit Anna Maria zum Wohle vieler Menschen bewältigen durfte, wäre sicher nicht ohne ihre Unterstützung möglich gewesen. Die damit verbundenen notwendigen „Zufälle", das glaube ich zutiefst, sind von diesen geistigen Wesen gelenkt und gewollt gewesen. Dafür bedanke ich mich.

Bei den verstorbenen Seelen von Frau Dr. Veret, Rudolf Steiner und dem Begründer der Osteopathie, Andrew Taylor Still, einer Heilmethode, die ein großer Segen für mich ist, möchte ich mich ebenfalls ausdrücklich bedanken.

Hier in der irdischen Welt gibt es viele Menschen, denen ich sehr dankbar bin: Nochmals möchte ich meinen Eltern für die Grundlagen meines Leben danken. Auch bedanke ich mich bei allen Heilern, Ärzten, Therapeuten und Helfern, die mich in meinem Heilanliegen oder auch bei Krankheiten begleitet haben. Es sind so viele, denen ich dankbar bin, die ich hier nicht persönlich erwähnen kann. Im Besonderen danke ich Dr. Heinrich, der mir durch seinen Mut und tiefgreifenden Heilerwillen ermöglicht hat, die Blutvergiftung ohne chemische Einwirkungen zu überstehen, wodurch ich zeigen konnte, was durch ein tiefes Heilanliegen möglich ist, sowie Dr. Erdmann, Dr. Krämer, Dr. Adler und natürlich Bärbel.

Ganz besonders möchte ich mich auch dieses Mal bei meinen Beamten bedanken. Sie waren so menschlich, so bemüht, dass es weit über das hinaus ging, was ist üblich ist und was ich erwarten konnte.

Zudem danke ich den Schülern der 12. Klasse der Rudolf Steiner Schule, die im Kunstunterricht als Projekt am Cover dieses Buches gemalt haben, und ihrem Lehrer, einem Mitstudenten vom Waldorfinstitut. Die gesamten Bilder, die dabei entstanden sind, können auf meiner Internetseite angesehen werden (`www.aids-biographie.de/waldorf.html`).

Ich danke Dr. Peter Selg für die Erlaubnis, einen seiner Vortragstitel als Überschrift für mein Buch zu nutzen.

All meinen Freunden danke ich, dabei vor allem Inja, die in allen Lebenssituationen eine wichtige und liebevolle Beraterin war und ist, Martina, die oft bis kurz vor Mitternacht mit mir noch wunderbare Gespräche geführt hat und mich durch ihren Humor so oft zum Lachen brachte, Gudrun, die mit ihrer Mütterlichkeit immer hinter mir stand, Barbara, die mir seelisch sehr nahe steht, Lore, die mich vor der Psychiatrie im Ausland bewahrt hat und Uwe, ein guter Freund, der mir ein Vorbild in seinem geistigen Streben ist. Auch Karin und Anna Maria danke ich für die Zeit der wertvollen Freundschaft.

Durch Pascals Hilfe hat das Buch ein Layout, was meinen Wünschen voll entspricht. Er hatte immer die Geduld, mir alles zu erklären und möglich zu machen, was jetzt real geworden ist. Vielen Dank dafür!

Dann danke ich noch Johannes, der für mich seit über einem Jahr als Begleitperson tätig ist. Gemeinsam haben wir dieses Buch über mehrere Monate und unzählige Stunden Korrektur gelesen. Durch seine sehr guten Fragen konnte der Inhalt an manchen Stellen noch erheblich mehr an Tiefe gewinnen. Viele Aufrufungszeichen hat er aber auch geklaut und für mein Empfinden zu viele Wörter klein schreiben wollen. Bei unserer gemeinsamen Arbeit hatten wir unglaublich viel Spaß und bereichernde Gespräche.

Mein besonderer Dank geht noch an Almuth, die für mich durch ihren liebevollen, mütterlichen Umgang sehr heilsam war. In den darauffolgenden Jahren wurde sie auf meinem Lebensweg noch eine viel bedeutendere Helferin.